Sebastiano De Filippi

(director)

PROYECTO ERKS
ENTRE EL MITO Y LA CIENCIA

Aportes desde la academia para la zona Uritorco

Sebastiano De Filippi
(director)

PROYECTO ERKS
ENTRE EL MITO Y LA CIENCIA

Aportes desde la academia para la zona Uritorco

Juan Acevedo – Sebastián Araya – Néstor Berlanda
Leopoldo Mariano Buderacky – Sebastiano De Filippi – Cristián Gallastegui
Alejandro Otamendi – Sebastián Pastor – Ariel Sarvi
Fernando Soto Roland – Flavio Vega – Diego Rodolfo Viegas

Ediciones Coliseo Sentosa

Copyright: los autores, 2021
Primera edición, marzo de 2021
ISBN 979-8-706-68530-0

Ediciones Coliseo Sentosa
Santiago de Chile
Diseño editorial: Diego Zúñiga C.

Fotografía de portada: María Eugenia Liva
Fotografía de contraportada: Luis Timisky

Agradecimientos

El editor desea agradecer sus valiosos aportes a los autores: los licenciados Acevedo, Araya, De Filippi y Viegas, los doctores Berlanda, Gallastegui, Otamendi y Pastor, los profesores Buderacky, Sarvi, Soto Roland y Vega.

El director de la obra agradece el apoyo cotidiano de su familia, en particular de María Eugenia, Moreno Witaicón y Agustín Confite; sin su paciencia y aliento constantes un trabajo como este nunca hubiera visto la luz.

Los autores manifiestan su agradecimiento al doctor Jeffrey J. Kripal y a los entrañables parajes serranos cordobeses que inspiraron estos escritos.

ÍNDICE

PREFACIO

El cerro Uritorco es un monte en la provincia argentina de Córdoba, que se eleva unos 1.949 metros por sobre el nivel del mar, algo más de una milla para los estándares estadounidenses. Dicho sencillamente: es alto, pero no tanto. ¿Es esto una metáfora o una parábola? ¿Podemos entender realmente lo que sucede alrededor de él? ¿Podemos escalar su altura conceptual?

Esta zona montañosa se volvió centro de un vibrante grupo de comunidades, prácticas rituales, peregrinaciones guiadas y creencias metafísicas que remontan al historiador de las religiones de las Américas a algo muy parecido, si no idéntico, a lo que generalmente se conoce como movimientos New Age.

Estas corrientes culturales podrían ser mejor o más precisamente descritas como "religiones metafísicas" en el sentido en el que Catherine Albanese definió la expresión: como un colorido bricolaje de ideas, prácticas y maestros que parecen desorganizados o aleatorios, pero que de hecho se organizan como limaduras de hierro en torno a un campo magnético invisible, alrededor de la centralidad de mente (o Mente), energía, curación y correspondencias mágicas.[1]

Son cualquier cosa menos aleatorios. Simbolizan, indican, significan. Y tomarán casi cualquier cosa que se encuentre alrededor para señalar lo que tienen para decir o lo que está siendo dicho a ellos o por medio de ellos. Cualquiera sea el nombre que queramos asignarles, estas corrientes, pensamientos y gurúes atacan de raíz nuestros supuestos sobre lo que es real y lo que no lo es. Entiendo que "eso", que Juan Acevedo tan deliciosamente llama "That", es el tema más profundo de este libro. Una nueva realidad. O una realidad muy antigua.

Las montañas, por supuesto, funcionan desde siempre como potentes sitios de los sagrado o irrupciones en nuestra realidad ordinaria desde alguna otra dimensión de la realidad. Como tal, la montaña sagrada se relaciona con conceptos de trascendencia muy antiguos y universales, como el contacto entre el cielo y la tierra, la mediación entre lo que está aquí "abajo" y allí "arriba", donde los dioses viven y desde donde descienden a nuestro mundo para interactuar con nosotros, engañarnos, aterrorizarnos, enseñarnos, guiarnos o tener sexo con nosotros.

---

[1] Albanese, Catherine, *A Republic of Mind and Spirit: A cultural history of American metaphysical religion*, New Haven, Yale University, 2008.

En nuestro mundo científico ya no hay más "arriba", por supuesto. Todo es abajo. O todo es arriba. Vivimos en una esfera rotante en el espacio exterior. Lo que algunos de estos ensayos parecen sugerir es que probablemente en la historia de las religiones jamás existió un "arriba" tan sencillamente definido.

Si vamos a tomar en serio las extrañas historias relatadas en estas páginas –y soy el primero en entender que realmente necesitamos una cautela profunda y un robusto sentido de suspicacia para ello– creo que al final tendremos que concluir que cualquier cosa que sea "eso" o "That" no juega en absoluto con las reglas de nuestro juego, es decir con los mapas cinestésicos, las capacidades sensoriales y las herramientas cognitivas que la evolución nos ha otorgado, haciéndonos lo que somos.

"Eso" parece operar completamente por fuera de nuestras reglas, mapas, capacidades y herramientas, inclusive cuando decide (esta parecería ser la palabra adecuada) irrumpir para mostrarse a estos primates en evolución, algunos de los cuales parecen ostentar dones o habilidades singulares para percibir lo que se les presenta y traducirlo en muestras míticas o de ciencia ficción, como naves espaciales, enormes toros y duendes guías.

Hubo un tiempo en el que creí que si escuchaba por un tiempo suficiente estas historias fantásticas y estas experiencias alucinantes finalmente todas ellas cobrarían un sentido coherente. Creí sinceramente que al final llegaríamos a "explicarlas".

Ya no lo creo. Pienso, de hecho, que ese tipo de fe intelectual es especialmente ingenua y está fuera de lugar, ya que supone dos cosas que son casi seguramente falsas: que el finalmente el mundo es accesible por completo a nuestra particular capacidad sensorial (que es exactamente lo que se necesitaría si realmente pudiéramos "explicar" todo); y que nuestras actuales disciplinas y categorías de conocimiento, nuestras ciencias exactas y sociales, y nuestras humanidades son suficientes o de alguna manera completas, y que por ende nuestro actual estado de conocimiento resulta omnisciente.

Ello, por supuesto, es tonto. Pero es igualmente tonto creer que dichas formas disciplinadas de conocimiento no tienen nada que ofrecer en este campo. Tienen todo para ofrecer.

Los eruditos trabajos aquí presentados, que constituyen la primera reflexión sostenida sobre el fenómeno del Uritorco desde la academia argentina, son expresiones icónicas de lo que es posible en este campo. Son modelos de erudición técnica universitaria: concebidos cuidadosamente, profundamente investigados y copiosamente anotados al pie de página, manifiestan suspicacia cuando es apropiado y empatía cuando resulta necesario.

La mayoría de los autores se manifiesta mentalmente abierta ante fenómenos que no comprenden (pues nadie los comprende); al mismo tiempo, son profundamente críticos de los gurúes fraudulentos y de todos los que se aprovechan del desconocimiento ajeno por medio de una supuesta certidumbre, siempre lista para rellenar los espacios en blanco.

Estos ensayos pelean la buena batalla, rechazando tanto las soluciones cómodas y fáciles de quienes solo desean desacreditar, como la pasividad de los que solo pueden creer y el engaño de quienes estafan a la gente. Como la colección de textos que es –y no un libro que se limita a un tema o a un autor– esta obra practica un auténtico y bienvenido escepticismo, "verdadero" en el sentido de ser escéptico en relación a cualquier posición y a todas las posiciones, incluyendo las más materialistas y mecanicistas.

Como otra expresión de disciplina y humildad intelectuales, los ensayos están llenos de sugerencias y de neologismos que no siempre encajan en el orden actual del conocimiento, y que pueden parecer caídos de la nada, casi como los fenómenos que intentan describir. Esoterismo. Metarrealidad daemónica. Mitogénesis. Alta extrañeza. Ufología. Además, mencionadas casi al pasar en alguna biografía de los autores, aparecen esas plantas psicoactivas superinteligentes que ingresan a las redes neuronales de los primates humanos logrando los más sorprendentes efectos y revelaciones.

Tales expresiones y epifanías sugieren claramente que estamos trabajando hacia la configuración de nuevas formas de conocimiento, nuevas maneras de conocer: una nueva epistemología o *episteme*, para utilizar la jerga académica.

No sería la primera vez que la Argentina nos lo enseñara. Hace algunos años, el antropólogo Diego Escolar se acercó a conclusiones similares en un notable artículo sobre formas luminosas anómalas. Necesitó emplear expresiones como "relativismo ontológico" y "fronteras de la antropología" para describir sus encuentros en 1998 durante una expedición con arrieros huarpes.[2]

Fronteras, en efecto. Parecemos estar ya más allá de ellas. Sí, llegamos aquí con todas las herramientas de la universidad moderna: antropología, medicina, teología, biología, psicología, filosofía, arqueología e historia, por mencionar solo algunas. Todas ellas son muy necesarias pero ninguna de ellas, tomada por separado, resulta por completo adecuada.

Quizás la montaña es más alta de lo que pensábamos.

Sin embargo, estos ensayos insuflan esperanza, al tiempo que dan nuevamente testimonio de algo que siempre pensé: los relatos de

---

2 Escolar, Diego, "Boundaries of Anthropology: Empirics and ontological relativism in a field experience with anomalous luminous entities in Argentina", *Anthropology and Humanism* 1, 2012.

fenómenos paranormales son algo global, no local. Por ende, nos permiten formas radicalmente nuevas de compararlos entre sí a través de espacios y tiempos: nos dan una base, un fundamento, los cimientos de una serie de experiencias compartidas, si bien en apariencia dispersas y locales en su forma de aparecer.

Estos fenómenos paranormales dan un poderoso testimonio en relación a nuestras conexiones, a aquello que fundamentalmente nos une, a nuestra paranormal especie compartida. Compartimos algo imposible. Somos algo imposible. Tenemos en común una base del ser que resulta tan extraña y tan significativa que parece poder hablarnos solo a través de las formas visionarias más extremas y por medio de las ideas más fantásticas. Se esfuerza para ello. Tiene muchos deseos de hablar.

Espero podamos escuchar, al tiempo que estas historias apuntan hacia nuevas teorías, nuevos conocimientos, nuevas ecologías y nuevos mundos; que podamos tener oídos para sus susurros secretos, evitando creer sus gritos en público.

Hay una diferencia esencial entre el susurro y el grito. Ambos son parte del fenómeno, de "eso". Ahora debemos descifrar cómo reconocer la diferencia entre uno y otro, sentándonos con paciencia entre ambos. Tendremos que aprender a no aterrizar. Estos valientes autores nos muestran cómo.

Jeffrey J. Kripal

El doctor Kripal es Profesor Titular de la Cátedra "James Newton Rayzor" de Filosofía y Pensamiento Religioso en la Universidad Rice de Houston, donde se desempeña asimismo como Decano Asociado de la Facultad de Humanidades. Es autor de los libros *Kali's Child* (1995), *Roads of Excess, Palaces of Wisdom* (2001), *The Serpent's Gift* (2006), *Esalen* (2007), *Authors of the Impossible* (2010), *Mutants and Mystics* (2011), *Secret Body* (2017), *The Flip* (2018) y coautor –con Whitley Strieber– de *Super Natural* (2016). Coeditó otros cinco volúmenes y publicó numerosos artículos académicos.

INTRODUCCIÓN

Estamos ante un evento sin precedentes en relación al cúmulo de alteridades fenomenológicas que se identifica con la "zona Uritorco", ese multiforme conjunto de hechos y dichos en torno a Ángel Acoglanis, Guillermo Terrera, José Trigueirinho, la ciudad metafísica de Erks, la materialísima ciudad de Capilla del Monte y –por supuesto– el propio cerro Uritorco de la Córdoba argentina: por primera vez un grupo de profesionales universitarios conjuga sus saberes para abordar esta variopinta otredad de manera seria, racional, fundamentada y, sobre todo, científicamente interdisciplinaria.

Así, la arqueología, la historiografía y la antropología nos aportarán datos fundamentales sobre el pasado de esta área geográfica, informaciones que han sido abundantemente tergiversadas por autores de tendencias vacuamente esotéricas o sencillamente ayunos de suficiente versación específica.

Por su parte, las ciencias etnográfica, sociológica y política nos acercarán un análisis de aquellos hechos del presente que modifican tanto la vida cotidiana como la percepción popular de localidades como Capilla del Monte.

Desde la filosofía, la teología y el derecho se plantearán reflexiones profundas, ricas de posibles proyecciones a futuro, que apuntan a identificar y estudiar los patrones mentales que acuden a configurar una realidad insólita y compleja, por momentos difícilmente aferrable y en constante desarrollo.

Nociones propias del ámbito de las disciplinas médicas –desde la clínica hasta la psiquiatría, pasando por la quiropraxia– nos permitirán abordar con conocimiento de causa el derrotero terapéutico del protagonista del reciente giro esotérico en las serranías cordobesas, el misterioso "doctor" Acoglanis.

Finalmente, ulteriores aportes de profesionales de la psicología, la informática y el arte completarán el panorama de esta obra, filtrando a través de sus conocimientos específicos y de sus formas mentales los curiosos discursos sobre la mítica Erks.

De alguna manera, este es un libro dual: los eruditos universitarios podrán tomarlo como un acercamiento exploratorio al ámbito temático y rastrear las fuentes bibliográficas citadas para profundizar en sus respectivos campos académicos; pero el lector casual podrá acceder sin inconveniente a lo medular de los textos, acaso omitiendo la lectura de las notas al pie de página.

Por lo demás, es bueno aclarar que esta obra no busca narrar de forma cronológica o analizar de manera orgánica los hechos que se produjeron en torno al cerro Uritorco a partir de 1983. Quienes estén interesados en una exposición completa de esta historia –de la que es protagonista Ángel Cristo Acoglanis– pueden remitirse a *La Ciudad de la Llama Azul*, libro escrito por el director de este trabajo, que relata todo ello pormenorizadamente. Asimismo, quienes deseen ahondar en la intervención de Guillermo Alfredo Terrera –y, en menor medida, de José Hipólito Trigueirinho– en esta saga podrán acudir a *Los Señores del Uritorco*, obra producida en coautoría con Fernando Soto Roland.

Aquí, por el contrario, el lector encontrará doce abordajes a otros tantos aspectos de este auténtico mundo paralelo que crece a la sombra del Uritorco, precisamente a partir de los hechos narrados en esos libros. Son abordajes que enriquecen y completan las obras mencionadas –sin necesariamente concordar con sus conclusiones– y pueden ser apreciados sin necesidad de otras lecturas.

El licenciado Juan Acevedo abre el juego proponiendo un acercamiento desde la psicología a la mitogénesis del Uritorco, con referencias a la Teoría del Aquello, una construcción de interesantes potencialidades explicativas de la que es coautor y que supo aplicar con provecho en el campo de la ufología. A continuación, el licenciado Sebastián Araya conjuga la férrea lógica que deviene de su formación técnico-científica con toda la apertura mental necesaria para analizar un auténtico tema de frontera: la interacción de eventuales fenómenos de posesión espiritual con los de sanación aparentemente milagrosa.

El doctor Néstor Berlanda enlaza la profesión de psiquiatra con su experiencia de investigador en el campo de lo alternativo para relacionar la recepción de la fenomenología que nos interesa con la construcción y práctica de cultos mistéricos. El profesor Leopoldo Mariano Buderacky –antropólogo, politólogo, arqueólogo y teólogo– hace foco sobre el funcionamiento del grupo Uksim, acaso la principal comunidad mística establecida a los pies del Uritorco.

El licenciado Sebastiano De Filippi aporta algunas reflexiones y revelaciones sobre la existencia, origen y entidad reales de tres objetos a la vez artísticos y arqueológicos –acaso tan emblemáticos como mitológicos– que Terrera relacionaba con el mito de la Ciudad de la Llama Azul. El doctor Cristián Gallastegui, médico formado por Ángel Acoglanis en la praxis osteopática propia de este último, relata con conocimiento de primera mano en qué consiste dicho método y cómo se los transmitió el propio Acoglanis.

El doctor Alejandro Otamendi enfoca desde la antropología un tema medular: cómo la construcción de narrativas populares de temática esotérica configuró – desde el propio gobierno municipal– un nuevo tipo de turismo en Capilla del Monte. El doctor Sebastián Pastor, auténtico referente de la arqueología en la provincia de Córdoba, nos ubica con todo detalle en tiempo y espacio a través de su trabajo sobre el poblamiento de las serranías cordobesas por parte de los pueblos originarios, desterrando reiterados embustes al respecto.

El profesor Ariel Sarvi, desde su especialidad en filosofía de las religiones, lanza una mirada sobre los imaginarios, las creencias y las praxis que un puñado de inefables "guías de Erks" ha instalado en la zona adyacente a Capilla del Monte. El profesor Fernando Soto Roland combina un acercamiento historiográfico y un abordaje sociológico para brindar un pantallazo del desarrollo de las mentalidades a la sombra del cerro cordobés.

El profesor Flavio Vega reflexiona desde el campo de la historia sobre algunas de las cuestiones medulares que fueron construyendo, por estratos, el conjunto de endebles esoterismos que hoy caracteriza a Capilla del Monte. El licenciado Diego Rodolfo Viegas, en su condición de abogado y antropólogo con frecuentación de la investigación ufológica, propone una panorámica de los cultos ovni en la Argentina, con sus peculiares contactados y santuarios.

Los textos reunidos en la obra presentan distintos grados y distintos tipos de cientificidad, según el área temática tratada, la metodología de abordaje de la misma y el estado del arte de la disciplina a través de la cual se la enfoca. Adicionalmente, la búsqueda de interdisciplinariedad permite distintos rangos de formalismo académico en la redacción –con algunos textos más cercanos al *paper* universitario y otros al ensayo de divulgación científica–, toda vez que un psicólogo podrá discurrir también sobre antropología, un filósofo sobre religión y un historiador sobre sociología, por citar solo algunos ejemplos posibles.

Finalmente, los marcos teóricos de cada autor resultan a veces divergentes –cuando no diametralmente opuestos– entre sí: algunos no consideran (o niegan) la existencia real de lo que podríamos llamar "sucesos forteanos", mientras otros están abiertos a su presencia o la dan por sentada. Algunos se declaran abiertamente hijos de la Ilustración europea, otros enarbolan las banderas del indianismo ancestral americanista; algunos comulgan con visiones de raigambre marxista y otros tributan al pensamiento liberal; algunos comulgan con disciplinas espirituales y otros se declaran totalmente materialistas.

En todos los casos el director de la obra no solo respetó sino valoró la multiplicidad de miradas, que termina configurando un libro diversificado cuya unidad reside en el cordón dorado de un absoluto compromiso ético con la reflexión racional sobre las realidades estudiadas. El resultado, creemos, es un reflector que por primera vez ilumina de manera directa un objeto de estudio al que la ciencia oficial hará bien en atender a partir de ahora.

Esta operación resulta necesaria, dado que a la fecha el ámbito en estudio navega bajo la égida de conductores radiales y empleados bancarios, empresarios hoteleros y gastronómicos, emprendedores turísticos y comerciales, letrados y fotógrafos jubilados, cultivadores y artesanos, taxistas y baqueanos, pintores de brocha gorda y monotributistas desocupados, que ofician de expertos investigadores, cuando no directamente de contactados, chamanes, gurúes, canalizadores, iniciados, santones, maestros, sacerdotes, profetas, mesías, sanadores, guías, adivinos y facilitadores.

Estos operadores intentan subvertir la manera en la que tiende a funcionar el ascenso social; este último se da –al menos en teoría– a través del desarrollo de una capacidad y la demostración de algún mérito: generalmente adquirir un grado académico, profesar una actividad docente o ser reconocido como parte de cierta *intelligentsia* requiere tiempo, esfuerzo y estudio para acopiar conocimientos, desarrollar esquemas superadores y realizar aportes concretos a la sociedad. En esta suerte de realidad paralela, por el contrario, se ejercita un "ascenso social" súbito y autoadjudicado, concretando en un santiamén el precepto bíblico "los últimos serán los primeros": así, una persona rústica, apenas escolarizada y a menudo de escasas luces se erige como profesor, maestro o guía, pasando así de la noche a la mañana de integrar la base de la pirámide social a ubicarse en su pináculo (cuando no más arriba aún).

Estos auténticos doctores *rerum nullarum* no se sonrojan al parir publicaciones autoeditadas en las que los contenidos más incoherentes son expresados por medio de un español igualmente escandaloso. Ante esta profusa *Lumpenliteratur* producida por ellos –o por ellos avalada y difundida, cuando no creen necesario hacer el esfuerzo de ejercitar la escritura– el lector crítico espera textos que ofrezcan algún grado de atendibilidad.

Dicho esto, tras presentar los doce escritos de profesionales universitarios con trayectoria en investigación, docencia y divulgación en nuestra publicación de índole tendencialmente académica ¿acaso creemos que se zanjan disputas, se establecen verdades objetivas, se alcanzan conclusiones definitivas o se dice la última palabra sobre el tema? Por supuesto que no.

Es positivo y hasta necesario que toda persona con conocimientos y reflexiones para aportar sobre estos temas lo haga con total libertad, al margen de cual pudiera ser su oficio o calificación profesional, mientras lo mueva la buena fe y una cuota de responsabilidad. No se olvide jamás que debemos el descubrimiento de Troya al empresario bancario Heinrich Schliemann, el desenterramiento de Abu Simbel al artista circense Giovanni Belzoni y los primeros estudios sobre los comechingones al ingeniero militar Aníbal Montes.

Con todo, en un ámbito merecedor de estudio serio –y bastardeado por crédulos ingenuos y pícaros timadores– una obra como la presente, surgida de la elaboración intelectual y el análisis científico, abre una puerta interesante. Esperamos que otros investigadores universitarios ingresen por ella para desarrollar el resultado de nuestros esfuerzos o refutarlos. Después de todo, precisamente para ello está la universidad: para ofrecer alguna referencia conceptual confiable a la sociedad que la sustenta.

El pensamiento crítico desembarca en Erks. Ya nada será como antes.

I

Juan Acevedo

MITOGÉNESIS URITORQUEANA

*Una mirada desde la psicología antropológica de la conciencia:
metarrealidad daemónica y conciencia arquetipal*

Hic sunt dracones[3] es la advertencia que parece que leyéramos al sumergirnos en el territorio "imaginal" de la zona Uritorco. En esta línea, comentaremos aquí tres momentos en los cuales el autor pudo comprobar personalmente cómo las fuerzas mitogénicas primordiales parecen operar en esta geografía serrana de Córdoba.

El mito, en su génesis, se presenta a nuestros ojos acorde a nuestra propia carga de material preexistente y varía de persona a persona o de grupo en grupo, asumiendo formas por completo diferentes y sorprendentes. En estas tres oportunidades el firmante tuvo el privilegio de estar acompañado, con lo cual quedará claro que entrar en una vivencia y en un territorio imaginales[4] puede ser algo concreto, mensurable.

Vale aclarar que en ninguna de estas oportunidades ni mis acompañantes ni yo estábamos bajo los efectos de sustancia alguna, ni expuestos a circunstancias que pudiesen generar visiones o alucinaciones.

Perdidos en el espacio imaginal

En una de nuestras visitas al cerro Uritorco, en el año 1988, lo ascendimos junto a Raúl Porcel y Carlos Barroso, compañeros de estudio de la Universidad Nacional de Rosario. En esa oportunidad elegimos quedarnos en la parte alta conocida como Valle de los Espíritus, ubicada en la cara este del cerro, en un camino que lleva a los puestos de Huertas Malas. Estábamos

---

[3] "Aquí hay dragones", frase latina que se incluía en antiguos mapas cuando se llegaba al límite de lo conocido, en referencia a que en las zonas desconocidas existían monstruos.

[4] La vivencia y el territorio imaginales son espacios topológicos a mitad de camino entre lo físico y lo psíquico, planteados en la Teoría Especial del "Aquello" (TEA).

17

junto a una tranquera de palos, en una pequeña pirca: definitivamente era un límite.[5]

El camino sobre el que estábamos tenía hacia un lado el macizo rocoso que ascendía abrupto hacia la cima y hacia el otro una caída franca de varios metros. Pasamos allí un par de días lluviosos, solo con la protección de un nylon.

Una tarde, habiendo parado la lluvia, salimos a caminar. Desde donde estábamos hasta un lugar que llamábamos "la pampilla" había unos cien metros lineales. Es el punto desde donde se puede ver hacia los lados oeste y este del cerro, donde siempre sopla viento de uno u otro lado. Desde allí descendimos hasta el pequeño valle, donde no había nadie acampando. En ese recorrido no vimos nada en particular.

Al atardecer nos dimos cuenta de que en "la pampilla" había alguien, lo que nos pareció extraño ya que deberíamos haberlo visto subir: no había otro lugar por donde hacerlo. Nos dedicamos a observarlo desde lejos; lo veíamos acomodar piedras y sacar algunas cosas de una mochila. Mientras tanto se acercaba el anochecer, otro límite. Hacía frío y la única manera de llegar a nuestro refugio era pasando precisamente por donde estaba esa persona. Así lo hicimos.

Cuando llegamos hasta donde estaba lo saludamos y nos invitó a sentarnos en una improvisada mesa con cuatro asientos formados por una piedra central más grande y cuatro más pequeñas que hacían de asientos. En la mesa había un pan cortado, con cuatro rodajas. Nos convidó una a cada uno y nos dijo que nos estaba esperando: unas noches atrás había recibido un mensaje telepático que le decía que ese día se encontraría con tres seres cósmicos y que a la noche tendría la confirmación del contacto con un importante avistamiento de una nave de otro mundo. Por esto había preparado todo para encontrarnos y recibirnos. Además, le habían pedido que compartiera pan con nosotros.

Se trataba de un muchacho más joven que nosotros, transitando su segunda década de vida, bien vestido, con campera de jean y una mochila pequeña. No tenía carpa ni nada para pasar la noche, que sería muy fría dadas las condiciones climáticas: estaba muy nublado y posiblemente iba a llover de nuevo. Como mínimo, parecía alguien muy poco preparado.

Si bien nosotros estábamos vestidos normalmente, dadas las circunstancias en que habíamos aparecido –justo en el momento en el que

---

[5] La idea de límite hace referencia al concepto del antropólogo inglés Victor Turner, quien acuñó la categoría de "liminalidad" o estado intermedio, que –más allá de esta categorización específica– hace referencia a tiempos, lugares y situaciones que pueden entenderse como umbrales en los que el devenir acontece de manera diferente al cotidiano. Véase: Turner, Victor, *El proceso ritual*, Madrid, Taurus, 1988.

su "guion" decía que apareceríamos casi de la nada– él estaba seguro de que no éramos lo que parecíamos ser. Tratamos de explicarle que estábamos acampando a muy poca distancia y que si nos acompañaba podíamos demostrarle lo que decíamos, además de abrigarnos, ya que la noche estaba cayendo.

Le preguntamos por donde había subido y a qué hora. Personalmente suponía que estaba allí desde temprano, si bien nosotros recién lo vimos por la tarde. Nos dijo que había subido por el camino y que había sentido que debía dirigirse a ese preciso lugar, donde se puso a trabajar en la improvisada mesa para tres invitados. En conclusión, debió haber pasado muy cerca nuestro al subir y tendríamos que haberlo visto, aunque definitivamente eso no sucedió.

En ese lugar la noche cae de repente, de un minuto para otro. Por esto nunca salíamos sin linternas a pilas o una caja de fósforos. Encendimos las linternas y nos encaminamos los cuatro hacia el campamento. Caminamos más de diez minutos, pero ni nuestro nylon ni la tranquera ni la pirca aparecían. Continuamos otro largo trecho, notando que el camino ascendía francamente, aunque sabíamos que luego de la tranquera el mismo descendía hacia Huertas Malas. Confundido, imaginé que estábamos en otro camino que posiblemente no conocía. Decidí que debíamos regresar por el mismo lugar para retomar el derrotero desde el principio.

Volvimos al punto de partida y luego de un largo rato pudimos encontrar nuevamente la "pampilla" y la mesa con sus cuatro piedras. La temperatura había empezado a descender. Propuse mantenernos en movimiento y retomar el camino "correcto", aunque siempre supe que había un solo camino posible. Volvimos a andar, solo que el camino ascendía y la vegetación estaba del lado de la pared de piedra, verde y alta, movida por el viento. Pregunté a Raúl qué le parecía y su respuesta fue categórica: "No estábamos pegados a la pared del cerro". Decidimos regresar nuevamente. No había dudas, algo raro ocurría.[6]

En un último intento, decidimos con Raúl seguir adelante para ver hasta dónde nos conducía este "otro camino". Él estaba seguro de que nos llevaba a la cima, lo cual era completamente imposible. Habíamos ascendido una gran cantidad de metros en medio de un pastizal que nos pasaba las rodillas y que en ese momento estaba a ambos lados de donde caminábamos.

---

[6] Las ideas de Patrick Harpur sobre los aspectos fenomenológicos de la imaginación nos permiten dar cuenta de situaciones de carácter anómalo sin caer por ello en la "literalización" propia de la cultura occidental de principios del siglo XX. Véase: Harpur, Patrick, *Realidad daimónica: una guía de campo para el Otro Mundo*, Girona, Atalanta, 2015.

Parecía un camino desconocido, mucho más a la izquierda del que deberíamos haber tomado.

Por fin, de repente creí ver la pirca, aunque no la tranquera. Delante de nosotros había una pared lítica; a medida que nos acercábamos resultó no ser una pirca sino una habitación construida en piedra, con ventanas y puerta, típica de los puestos, o al menos así pareció a primera vista. La construcción, de quizá un poco más de un metro y medio de altura, estaba derrumbada hacia adentro. En ese momento íbamos caminando en dirección norte, así que hacia nuestra izquierda debía estar la pared rocosa de la cima. Recorrimos el lugar, entramos y salimos, y pensé que sería un buen refugio para pasar la noche, aunque a ninguno de mis compañeros le resultaba agradable la idea.

Estuvimos un poco más de media hora en ese lugar, pensando qué pasos seguir. De repente, a la izquierda y por encima de nosotros comenzó a brillar una luz intensa. Podía ser dos cosas: una linterna o una estrella saliendo en el firmamento. Justo en aquel momento las tres linternas que teníamos empezaron a fallar al unísono. Nuestro compañero estaba seguro de que aquella luz era la nave anunciada, aunque nosotros preferíamos pensar en alguien con una luminaria eléctrica que nos ayudara a salir hacia algún lugar conocido. Le preguntamos si quería que lo acompañásemos a ver de qué se trataba, pero nada quiso saber al respecto, por lo que Raúl y yo decidimos subir al encuentro de la luz. Nuestro compañero y Carlos se quedaron en la estructura.

Subimos sin demasiado esfuerzo, lo que era bastante raro si es que aquello era la cima. Poco a poco pudimos ver el cielo de lo que era la parte oeste, de modo que efectivamente estábamos no solo subiendo sino también llegando a un lugar abierto y alto. De pronto la luz desapareció de la misma forma en que había aparecido. Llegamos a la cima, no podía ser otra cosa. Ya no había pastos, solo roca, y podíamos ver en todas las direcciones. El cielo era extraño: no encontraba ninguna de las constelaciones conocidas. Desde el lado norte del horizonte se avecinaba una gran tormenta, con relámpagos y truenos. A nuestro alrededor sonaba algo semejante a unas chicharras que parecían volar cerca.

Raúl me abrazó y me preguntó qué estaba viendo. En medio de la negrura de la noche había a nuestro alrededor otras montañas muy altas y ambos sabíamos bien que desde la cima del Uritorco no se ve nada parecido. Así llegamos a la conclusión de que estábamos indefectiblemente en "otro lado".

Rodilla en tierra e intentando hacer funcionar nuevamente las linternas, decidimos que lo más sensato era retroceder e intentar nuevamente llegar a la "pampilla", aunque temíamos descender y ya no encontrar ni a Carlos ni a nuestro joven acompañante. Finalmente pudimos bajar, ya que el terreno descendía de forma leve. Mediante silbidos encontramos a nuestros compañeros, lo que fue un alivio.

De repente las linternas volvieron a la vida.[7] En ese momento me prometí volver de día a esa estructura que tenía algo de arqueológico, de originario. Retomamos el camino en sentido contrario y esta vez tardamos mucho más, pero finalmente llegamos a un lugar conocido, si bien estaba mucho más allá de la "pampilla". Era una zanja que me resultaba muy conocida; decidimos pasar allí lo que faltaba de la noche. Nos amontonamos por el frío, mientras la tormenta se acercaba.

De pronto escuchamos que alguien gritaba: eran dos mujeres y un hombre que se acercaban. Nos contaron que estaban perdidos, las mujeres estaban al borde de un ataque de histeria e insistían que hacía horas que intentaban bajar sin éxito. Les señalamos el camino de descenso. Si bien lo tomaron, al rato volvieron a aparecer por el mismo lado, declarando que no habían dejado de bajar, lo cual era –desde ya– materialmente imposible.

Dadas las circunstancias, decidí acompañarlos hasta pasando el valle, a Ojo de Agua; les pedí que no mirasen hacia atrás y que descendieran lo más rápido que pudiesen, pues ya teníamos la tormenta encima. Luego de ese tramo regresé a donde estaban mis compañeros. El frío que el viento de la tormenta producía era terrible: nuestros cuerpos empezaron a temblar sin posibilidad de controlarlos, ya al borde de la hipotermia. En ese momento Carlos tuvo una muy buena idea, la de golpearnos las espaldas unos a otros y darnos bofetadas. Pensamos en ese momento que dormirnos equivalía a morir.

La tormenta pasó rauda sobre nuestras cabezas, bramando sin siquiera llover. Estábamos abrazados cuando, de un momento a otro, con la misma rapidez con la que había caído la noche, un rayo de sol nos anunció la llegada del día.

Nuestro compañero decidió bajar sin más, convencido de que el contacto se había concretado. Allí nos despedimos y él fue a buscar su mochila, que no estaba a más de cincuenta metros de donde estábamos. Lo saludamos, ya a la distancia, y volvimos a la mesa. Miramos atentamente a nuestro alrededor y no vimos que hubiese otro camino: solo había uno, con la pared de piedra a un lado y la caída al otro.

---

[7] Los efectos electromagnéticos asociados a diferentes tipos de acontecimientos de características anómalas han sido descritos infinidad de veces en la literatura relacionada a temas que van desde la mediumnidad, la parapsicología y la psicología profunda hasta raptos por entidades no humanas. Véase: Acevedo, Juan y Néstor Berlanda, *Los extraños: abducciones extraterrestres en la Argentina*, Buenos Aires, Emecé, 2000.

Emprendimos el regreso y en menos de diez minutos llegamos al lugar del nylon, la pirca y la tranquera de palos. Carlos no aguantó más la situación, decidió regresar a su casa en ese preciso momento y optamos por acompañarlo. A poco de empezar a caminar, en una vuelta del camino de descenso, un rayo cayó muy cerca de él. Creímos que había pasado lo peor, pero no fue así. Carlos empezó a correr por el camino y no se detuvo hasta llegar a la base del cerro. Raúl y yo regresamos caminando, sumidos en un profundo silencio.

El tiempo pasó. Volvimos a subir por allí gran cantidad de veces, pero nunca encontramos la estructura de piedra.

Cuando el minotauro abandonó el laberinto

Un año después, coincidimos en la base del Uritorco varios de los grupos que solíamos visitar el cerro con regularidad. Éramos un variopinto conjunto de personas, con intereses diversos. Estaban los practicantes de artes marciales, los Caballeros Americanos del Fuego (CAFH)[8], los seguidores de formas de gnosticismo y guerreros de las cohortes del nagual Carlos Castaneda (quien también habría visitado el lugar en su supuesta última visita a la Argentina).

Nos llevábamos bien y disfrutábamos estando juntos. Esa tarde decidimos que por la noche haríamos un asado. Entre los personajes más especiales y entrañables había una pareja a la que llamábamos "los condes de la sal", porque él decía ser de familia aristocrática europea; solían andar siempre con el hijo de ella. Los tres habían recorrido juntos varios lugares. Lo cierto es que un par de días atrás el "conde" y el hijo de su compañera, de unos nueve años de edad, habían partido solos hacia un sitio escabroso y de acceso nada sencillo. El lugar era Huertas Malas y, en particular, la "casa del ermitaño".

Se trata de un cañadón de paredones muy altos, con una construcción de piedra en la pared del cerro, a unos cuarenta metros de la margen del río Huertas. Sobre este lugar se contaban muchas historias, entre ellas una que relataba que por allí vivió un viejo ermitaño que había plantado gran cantidad de árboles y plantas, principalmente frutales.

En esa oportunidad lo preocupante para Emma Luna –que era como una madre para todos los jóvenes que allí nos reuníamos– era que el conde y el niño debían haber llegado el día anterior a la noche. La compañera de él

---

8 Los Caballeros Americanos del Fuego eran un grupo sectario, cercano al Opus Dei, cuyos integrantes eran mayormente profesionales; en ese caso particular venían de la ciudad de Rosario y su núcleo central se encontraba en la Facultad de Medicina de la Universidad Nacional de Rosario (siendo incluso algunos de sus directivos miembros del grupo).

estaba preocupada y con suficientes motivos. El camino de ida y de regreso presentaba varios lugares complejos y peligrosos, sobre todo para un niño. Finalmente me pidió ir a buscarlos, lo que significó despedirme del asado.

Pregunté a Raúl Porcel si quería acompañarme, a lo que accedió. Era una caminata de unas cuatro horas, por lo que teníamos que prepararnos para regresar de noche; podíamos estar de vuelta apenas pasada la medianoche. Emma nos preparó una vianda típica para una salida rápida. Juntamos lo necesario, incluyendo las cuerdas, y arrancamos a caminar con rapidez.

Pasamos por el balneario del "gitano", luego por los parajes que por aquella época pocos conocían por fuera de los baqueanos –como la junta del río Huertas y el Alazanes– y encaramos la quebrada del Toro, el camino por donde se llegaba a la "casa de plata". Luego anduvimos por el sendero (que ascendía primero y descendía abruptamente después) que llevaba hacia la cascada de las golondrinas y a Huertas Malas. Estando casi a medio camino los encontramos. Venían de regreso: el niño por delante y el conde un poco retrasado.

Lo primero de lo que nos percatamos fue que el niño pasó a nuestro lado como si no nos hubiera visto, lo cual nos llamó mucho la atención. Al mirar atentamente vimos cómo el conde trastabillaba y caía al suelo. Corrimos a ayudarlo: algo le pasaba, le costaba hablar y parecía estar muy débil. Entre los dos lo tomamos por los hombros y decidimos emprender el regreso.

Al preguntarle qué les había pasado, comenzó a balbucear cosas ininteligibles, aunque insistía en que algo los perseguía. Parecía estar realmente muy asustado. Pensé que podían haber pasado varias cosas: una intoxicación, la ingesta de sustancias o la picadura de un reptil. Descarté rápidamente las dos primeras opciones y le pregunté insistentemente si lo había mordido una víbora. Le revisamos las piernas y los brazos pero no encontramos nada extraño.

Bajamos trabajosamente hasta el cruce de los ríos y un poco más adelante, en una olla de agua muy grande que debe cruzarse por las rocas de su margen pegada al cerro, decidimos descansar un momento. El niño continuaba sin decir palabra y con la mirada fija. Le preguntamos si estaba bien, si sabía qué les había pasado, pero repitió lo mismo que el conde: que algo los perseguía.

Aprovechamos el descanso para tirar un poco de agua fresca al conde y ver si así reaccionaba. Pareció surtir efecto y poco después nos contó que habían pasado una noche horrible. Habían salido a la mañana con la impresión de que algo los seguía; él se iba sintiendo con menos fuerzas a cada momento y muy descompuesto. Le consultamos por lo que había comido y por el agua que había bebido, pero afirmó que había comido el

Nestum[9] de siempre y tomado solo el agua que habían llevado en botellas de plástico. Fuese lo que fuese, ambos parecían no estar en sus cabales.

De repente empezó a anochecer. Me acerqué al conde para ayudarlo a pasar por una parte del camino en la que había muchas piedras cuando de pronto, a mis espaldas, un fuerte sonido me llamó la atención. Algo se movió entre las piedras con pasos pesados y una de las ramas de los altos árboles que estaban pegados al camino cayó al suelo con estruendo. Cuando giré lentamente para ver qué era lo que había detrás mío, lo primero que vi fueron dos pezuñas descomunales que se afirmaban entre las piedras, como haciendo equilibrio.

Subí lentamente la mirada: frente a mis ojos había una especie de toro parado en dos patas. Tenía una cabeza y unos cuernos enormes, que eran los que golpeaban contra las ramas. Las dos patas delanteras colgaban hacia adelante en una pose extraña. La figura en su conjunto era majestuosa pero aberrante. Logré ver los ojos de "eso", que estaban mirando hacia abajo, mientras resoplaba por sus enormes belfos. El miedo se apoderó de mí.

A estas alturas, el conde estaba prácticamente desmayado; lo cargué entonces. El niño comenzó a gritar, así que pedí a Raúl que se pusiera atrás de todos. El pequeño iba primero, luego lo seguía yo con el conde a cuestas y Raúl cerrando la fila. Salimos casi corriendo del lugar. Llegamos finalmente con Emma, dejando al conde y al chico a su cuidado. Nos agradecieron y preguntaron si estábamos bien, a lo que respondí que sí.

De allí cruzamos el puente colgante con Raúl en dirección a la fogata donde ya estaba todo preparado todo para la esperada cena. Nos sentamos frente al fuego sin decir palabra y así estuvimos un largo rato. De repente tuve ganas de orinar, así que me fui hacia la costa del río. En un momento me di cuenta de que Raúl me había seguido entre los árboles. Me percaté entonces de lo nervioso que estaba y a él le pasaba lo mismo: nos temblaba el cuerpo. En verdad, yo seguía muerto de miedo, no podía quitarme de la cabeza la imagen de lo que había visto.

Fue en ese instante cuando sentí una serie de golpes fuertes, en la cabeza primero, luego en la cara y en el resto del cuerpo. Traté de recuperarme pero no lo conseguí. En un momento me encontré en el piso y recién fue allí cuando me di cuenta de que quien me estaba golpeando era Raúl, que no paraba de insultarme. Cuando se calmó solo atiné a preguntarle si al ponerse detrás del conde había visto o percibido algo. Con voz temblorosa todavía, me gritó: "¡¿Percibir?! ¡No fue lo que percibí, fue lo que vi!".

Temeroso de la respuesta le pregunté, casi por lo bajo, qué había visto. La respuesta de Raúl me dejó inmóvil; en realidad nos dejó atónitos a ambos, tanto que nos quedamos quietos, mirando en todas direcciones. Ese

---

[9] Se trata de una papilla infantil a base de cereales.

miedo nos duró mucho tiempo. Incluso nos costó mucho poder volver a pasar por aquel lugar. La respuesta de Raúl fue concreta, sencilla, contundente: había visto un toro enorme y negro parado en dos patas.

El duende o el guía de lo imposible

Corría el año 1990. Una mañana salimos a caminar junto a Oscar Alemanno y Andrea Campos, ambos psicólogos, con intención de recorrer la parte posterior o cara oeste del paraje conocido como El Zapato y tratar de llegar hasta Los Mogotes. Antes de emprender la caminata, Arnoldo Campos, puestero local, nos llamó para advertirnos que en esa zona mucha gente solía perderse. Nos pidió que tuviésemos cuidado y, sobre todo, que por ninguna razón siguiéramos a "un chivo de color negro".

Es bueno recordar que en aquellos años aún no se estaba construyendo el dique El Cajón, por lo que en esa parte se encontraban registros arqueológicos importantes, que luego fueron tapados por las aguas. Primero recorrimos esa zona y después nos encaminamos hacia unas extrañas formaciones geológicas.

Decidimos almorzar en aquel lugar, aprovechamos la sombra de esas extrañas formaciones. Estábamos sobre una enorme piedra que descendía hasta el arroyo. A lo lejos, justo por encima de los paredones de Los Mogotes, había una roca que me atrajo desde siempre. Era casi esférica, enorme y estaba sola en la altura. Sabía desde hacía tiempo que en el mundo de los pueblos originarios[10] ese tipo de formas no era para nada casual. Debía llegar hasta ella de alguna manera y sería esa tarde.

Mientras guardábamos los restos del frugal almuerzo, charlábamos sobre qué ruta podíamos seguir para llegar a la altura y, de ser posible, encontrar una piedra con muchos morteros sobre la que nos habían informado y que estaba precisamente en esa zona. Entonces, a unos diez metros de donde nos encontrábamos, sobre la orilla del arroyo, apareció un niño. Era moreno, de entre siete y diez años. Llevaba el torso desnudo, tenía pelo y ojos negros, una sonrisa brillante, y llevaba pantalones cortos. Iba descalzo.

Ya casi estábamos saliendo cuando se me ocurrió que podíamos preguntar al muchachito si conocía la ubicación de la piedra de los morteros. Retomamos el andar con dirección norte, tras los pasos del niño, que para

---

[10] Recomiendo al respecto el capítulo "El paisaje ritual en El Shincal de Quimivil: la importancia de los estudios arqueoastronómicos" de Gustavo Díaz, Ian Farrington y Ricardo Moyano (pp. 41-63), en Couso, María Guillermina, Diego Gobbo, Lidia Anahí Iácona, Reinaldo Andrés Moralejo, Rodolfo A. Raffino (eds.), *Una capital inka al sur del Kollasuyu: El Shincal de Quimivil*, Buenos Aires, Fundación de Historia Natural Félix de Azara, 2015.

ese momento ya no estaba a la vista. Pensé que había echado a correr luego de vernos. Sus huellas seguían por la orilla del arroyo y cruzaban de un lado al otro el río Dolores. A lo lejos escuchamos un silbido: en una oquedad de la roca estaba el niño.

Nuevamente nos encontramos casi frente a él, a no más de diez metros. Mientras yo lo saludaba con la mano en alto, él dio un salto hacia la parte de atrás de donde se encontraba, con la agilidad propia de un chico. Me extrañó que nos esperase para luego volver a salir corriendo. Andrea, que era muy observadora, se reía y me preguntaba en qué momento lo había visto correr. Era una muy buena pregunta. Justo por donde había desaparecido, se ubicaba un estrecho pasadizo en la roca que ascendía. No sin dificultad, ayudándonos unos a otros, ascendimos finalmente hacia una parte que debía estar a unos diez metros por encima del arroyo. Miramos en todas las direcciones, pero no teníamos mucha idea hacia dónde podía haberse dirigido el niño.

Caminamos un rato, alejándonos de la zona de El Zapato y del arroyo cuando, a lo lejos, Oscar divisó nuevamente al muchachito, que estaba encaramado en unas rocas altas, muy por delante de nosotros. Hacia allí nos dirigimos, mientras que Andrea y Oscar se percataban de que algo extraño estaba ocurriendo. Oscar, el más escéptico de los tres, miraba con ojos curiosos. Al acercarnos nos dimos cuenta de que el niño hacía una serie de extraños movimientos en la cresta de la roca en la que se encontraba subido. Realmente me costaría mucho tratar de describirlos, aunque lo más parecido sería una mezcla de posturas de yoga, calistenia y acrobacia.

Llegamos cerca de la roca y esta vez Andrea tomó la delantera. Recuerdo que algo dijo al niño, pero este solo le dirigió un silbido agudo al tiempo que realizó otra ronda de movimientos y sencillamente se dejó caer hacia la parte que no veíamos. Tiramos las mochilas y corrimos alarmados: la caída era de más de cinco metros, escabrosa. Miramos minuciosamente alrededor, pero el niño no estaba por ningún lado.

Por una parte supusimos lo peor: se había caído, aunque no había habido ningún ruido luego de la caída y ningún cuerpo a la vista. Al rato, Oscar descubrió que justo a su izquierda había un camino de descenso. Nosotros tardamos un buen rato en descender, dado lo accidentado del lugar. No había forma ni de que el niño hubiese corrido por ese abrupto camino sin que lo hubiésemos visto, ni que se hubiese caído sin que lo hubiéramos escuchado o visto. Buscamos por todas partes pero no encontramos nada. Finalmente Oscar admitió que algo anormal había ocurrido.

Al cargar nuestras mochilas nos percatamos de que no teníamos idea de dónde estábamos. Todavía teníamos bastantes horas de luz, así que decidimos continuar. Frente a nosotros, a una distancia considerable, se levantaba una especie de peñón de unos quince metros de altura en dirección oeste, que parecía descender hacia el este. De repente, escuchamos los agudos silbidos.[11] Era nuevamente el niño: esta vez estaba en una oquedad a mitad de altura en la cara sur del peñón, mirándonos y esperándonos. A mi criterio no había manera de descender hasta donde se encontraba el niño sin un equipo de sogas y rápel.

Nos quedamos largo rato haciéndole señas y pidiéndole a gritos que descendiera, pero él solo respondía con los silbidos y algún gesto con sus brazos y manos. Luego de pensarlo un rato, se me ocurrió que Oscar y yo podíamos subir por la cara este, mientras Andrea se quedaba allí. Efectivamente recorrimos la parte oeste del peñón, pero no existía forma de bajar salvo haciendo rápel o con un parapente.

Nos dividimos en la parte donde el peñón ascendía y recorrimos la distancia hasta el borde. De hecho, no había forma de que el chico hubiese ido a otro lado que no fuese hacia ese preciso lugar, aunque ya no escuchábamos sus silbidos. Buscamos por todas partes y pedimos a Andrea que nos informase si todavía el niño estaba en la oquedad, a lo que nos gritó que no, que debía haber subido. Pero no lo había hecho.

Finalmente empezó a caer la tarde. Andrea se nos unió. El pequeño había desaparecido, de la misma manera en la que había aparecido. Estaba claro que o corría a una velocidad increíble, descalzo y entre las piedras, o se desplazaba de otra manera que no queríamos imaginar, dado que el niño aparecía y desaparecía a su antojo. Estábamos muy consternados. De pronto, casi sin darme cuenta, miré hacia el lado norte; a no más de cien metros de recorrido franco estaba la piedra "bola". Sin saber cómo, aquel niño nos había guiado exactamente hacia donde queríamos ir.

En pocos minutos llegamos al lugar que tanto quería conocer. Allí encontramos cosas que entiendo podrían responder a la presencia prehispánica de antiguos pobladores: esencialmente, acomodamientos particulares de piedra, sobre todo una muy grande y rectangular sobre la que se encontraba el cráneo de un chivo, que aún conservo.

Nos abrazamos, muy emocionados, en aquella altura tan buscada. Comimos algo de lo que teníamos y, en silencio, agradecimos a nuestro misterioso guía. Recorriendo el camino de regreso, Oscar nos manifestaba que el niño parecía absolutamente humano, pero que lo que hacía no lo era.

El puestero Campos nos esperó hasta tarde esa noche para preguntarnos qué había pasado. Yo no entendía cómo sabía que algo especial nos había sucedido. Luego de que le contara lo ocurrido me dijo que habíamos tenido

---

[11] Varias entidades mitológicas, sobre todo las guaraníticas, eran propensas a manifestarse en horas de la siesta, entre ellas el Pombero, el Yasy Yateré y el Caraí; lo más singular es que todas ellas parecían comunicarse mediante silbidos. Véase: López Breard, Miguel Raúl, *Diccionario folklórico guaranítico*, Corrientes, Moglia, 2004.

suerte, ya que "el duende a veces te premia y otras te castiga, sobre todo si anda acompañado de un chivo negro, que para la creencia popular responde a una presencia demoníaca de la siesta y el monte".

Arnoldo me confesó que a su primo le había pasado lo mismo: hacía ya unos años, durante la hora de la siesta, se encontró con el niño. A diferencia de nosotros, este lo llevó hasta un árbol seco donde había un panal de abejas; allí el niño se perdió, pero desde aquel día ese hombre no podía dejar de escuchar a las abejas revoloteando a su alrededor. Luego me contó que hay quienes lo pasan aún peor, porque lo que escuchan son gritos desgarradores.

Cuando le pregunté si él creía que me había topado con el duende, se sonrió, me puso una mano en el hombro y respondió que no importaba lo que él creyese, lo importante era lo que yo creía que nos había sucedido.

Imaginación verdadera y metasentido

Remitámonos ahora al análisis de las experiencias recién expuestas. Elegí estas tres por un motivo concreto: no ocurrieron encontrándome en soledad, sino acompañado por más de una persona. En la primera y en la segunda experiencia eran tres las personas que iban conmigo y en la última dos.

La inmersión en la vivencia imaginal puede acontecer de muchas formas: en la primera experiencia las tormentas, la lluvia, la aparición de una persona sin historia (notoriamente mal preparada para lo que declara estar haciendo en el lugar), un ser que pasa por nuestro lado sin que nos percatemos de ello. Hasta allí podemos argumentar un sinfín de explicaciones, pero el universo imaginal no necesita de ellas: las mismas siempre fallan, solo permiten una lectura.

De alguna manera reconocemos que hay algo en la situación que no está en su lugar. Sin embargo, no es nada completamente notorio, no se trata de un joven de pelo verde o con lóbulos auriculares vulcanos: nada fuera de lo normal y todo fuera de lo normal a la misma vez. Esa parece ser la firma de la vivencia imaginal y de algunos *daimones*.[12]

La tarde-noche se constituye como umbral y genera el mal paso del camino no solo equivocado, sino inexistente. El hecho de regresar en tres oportunidades al punto de partida indica que era plenamente consciente, por un lado, de que no había posibilidades de error, aunque en la última oportunidad seguí adelante para encontrarme indefectiblemente con la

---

[12] Los *daimones* son entidades propuestas por Platón como intermediarios entre los dioses y los hombres, generalmente engañosas, paradojales y traviesas, además de cambia-formas. En el marco de la Teoría General del "Aquello" (TGA) son entidades informacionales capaces de sustanciación psicoide.

marca de lo inefable, un no-lugar. Lo importante para mí, como un remate de cuento de fantasía, era la construcción totalmente concreta: recuerdo el frío de la piedra, su color, sus líquenes, su derrumbe; para mí era un refugio, en cambio para mis compañeros un lugar que inspiraba recelo y miedo.

Como anticipé más arriba, busqué ese lugar durante muchos años, sin éxito. Siempre pensé que en la zona podría existir un conjunto concreto de estructuras de origen precolombino; si bien encontré unos seis sitios en diferentes partes del cerro y sus alrededores, nunca di con una construcción perfectamente pircada como la de aquella noche.

En cambio, tiempo después, tuve la inmensa suerte de trabajar durante dieciséis años en otro sitio liminal, el Centro Ceremonial y Arqueológico de El Shincal de Quimivil, en Londres (departamento de Belén, Catamarca). Allí estaban aquellas pircas derrumbadas por el paso de unos trescientos años. Pero como si fuera poco, en la actualidad me encuentro trabajando junto al Equipo de Investigación Interdisciplinario de El Shincal (Facultad de Ciencias Naturales y Museo, Universidad Nacional de La Plata), donde estoy pronto a presentar un proyecto para estudiar un grupo de estructuras pircadas que se encuentran en la zona norte del río Calabalumba, cerca de su unión con Los Paredones.

Finalmente, lo que tanto busqué parece haber aparecido, solo que en un lugar completamente diferente. La guía fue una hogaza de pan, una cena ritual: un encuentro con lo imposible y con lo sagrado. Otras tres personas que venían de ningún lugar e iban a ninguna parte, existentes solo en la memoria de los que estuvimos allí, al igual que nuestro anfitrión, un rostro en la multitud, nadie y a la vez todos los que subían con esa misma historia a la cima del Uritorco. Doña María Apaza Machaca, líder espiritual de la etnia Q'ero, me dijo que ese cerro es un *apu*,[13] un ser, una divinidad, y por ende, uno entre muchos *archai*.[14]

La segunda experiencia, la más anómala y profunda de las tres, tiene al personaje del "conde de la sal", materia alquímica por excelencia al igual que el mercurio, que representa al dios del engaño, el gran embaucador,

---

[13] El *apu* es el espíritu de una montaña, parte de un intrincado sistema de prácticas y creencias relacionadas a los ancestros a lo largo de todos los Andes sudamericanos. El *apu* posee una contraparte femenina, la *ñusta*. Los humanos, en función de acciones excepcionales en su vida, pueden eventualmente convertirse en *apus* o *ñustas*.

[14] Los *archai* son seres pertenecientes a los espacios nouménicos, topológicamente más allá de los espacios imaginales, representaciones o sustanciaciones de arquetipos profundos y estructurantes de la conciencia del *unus mundus* o *anima mundi*. A diferencia de los *daimones*, que se relacionan más estrechamente con lo humano, los *archai* son mucho más complejos, dado que pueden encarnar deidades.

uno entre tantos *tricksters*.[15] Sucedió en un lugar marcado por el misterio y por leyendas que cuentan tanto los baqueanos como los turistas: hablo de Huertas Malas y de la casa del ermitaño. En el centro de la acción están un niño y un adulto que insisten en que son perseguidos por "algo", aunque nunca nos dicen nada sobre ese "algo", que además parece consumirles la energía vital. Cabe agregar que los viejos *archai*, a diferencia de los *daimones,* se apoderan de nuestra alma (*psiké*) si no estamos preparados, así como de nuestra fuerza vital (*animus*).

Desde una mirada mitológica o arquetípica, la dama sabia estaría encarnada en Emma Luna, guardiana de la subida al cerro, que es quien nos convoca, y por otro lado nosotros, los "héroes" que salimos al rescate dejando de lado los placeres prometidos (el asado); finalmente se da el encuentro con el teriántropo. Entonces, ¿estaba realmente allí este ser? ¿Estaban sus patas, las rocas, sus cuernos, la gran rama que cae sobre el camino estruendosamente, el bramido, los ojos? ¿Por qué no grité de terror antes de salir corriendo?

Es que la vivencia imaginal también tiene esa característica: actuamos de formas completamente diferentes a lo que suponemos que haríamos o hacemos regularmente en estado de vigilia. De hecho, nunca supimos si el conde o el niño habían visto algo. Con el paso del tiempo nos enteramos de que algunos lugareños contaban que cada tanto veían a lo lejos, en apartados rincones y parajes de difícil acceso, a un animal que parecía un toro que se paraba en dos patas y que era más grande que un toro común. Solían llamarlo Kakumen.

Tiempo después investigué sobre la palabra para ver si coincidía con alguna leyenda y encontré que "cacumen" significa "capacidad extraordinaria para razonar, deducir o comprender lo difícil y confuso". Otro de sus significados es "perspicacia, agudeza de intelecto, ingenio". En el uso anticuado significa "cima de una montaña o parte más elevada de un monte". Todo esto me sorprendió sobremanera. ¿Por qué lo conocían por ese nombre? ¿Por qué un toro y no otra cosa? Muchos dioses de la antigüedad fueron representados con toros, pero en América se trataba del ganado que trajeron los españoles.

¿Podría pensarse como una representación del mismo cerro? Nuevamente vemos cómo la escena empieza a generar, lentamente, ese ambiente de extrañeza, hasta finalmente explotar en toda su arcaica magnificencia. ¿Sería esta la forma en que antiguamente se veía a los dioses?

---

[15] Los *tricksters* son dioses y semidioses embaucadores, pícaros, bufones o locos. Pueden ser humanos o teriantrópicos; desobedecen las reglas y toda norma de comportamiento, sin dejar por ello de ser sagrados.

Todo indica que lo que vi tenía una existencia concreta y física. Sin embargo, hay una parte en mí que nunca termina de entregarse, como una niebla que quiere disimular el peso de la evidencia. Al otro día regresamos, con mucho temor: allí estaban las pisadas y la rama caída. Busqué infructuosamente durante horas algo más, pero no encontré nada. Raúl no tenía dudas, aunque tampoco entendía por qué se quedó al final de la fila sin una palabra de resistencia, ya que él sentía esa presencia que había visto a sus espaldas al momento de salir del lugar (y de allí su posterior reacción violenta). Él sentía que yo, sabiendo lo que estaba sucediendo, lo había puesto en aquel lugar, en peligro, a propósito, acaso para probar su valentía.

Hoy todavía recuerdo que en ese momento pensé que él no lo vería, aunque no hubiese tenido lógica alguna: ¿cómo no ver semejante cosa? Así que tomé como otro elemento válido lo que transmitió con su comentario: el miedo. Nuevamente, lo que fuese apareció de ningún lugar y regresó a ninguna parte, ya en medio de la noche. De aquella experiencia me quedó un temor a pasar por esa encrucijada al atardecer, temor que duró muchos años, además de un poco de miedo a las vacas y toros que solían andar por diferentes partes de la serranía. Vale agregar que estando con Raúl nos acontecieron algunos otros sucesos que dejaré para otra oportunidad.

Finalmente, el encuentro en medio de la siesta con este niño portentoso, que con sus incomprensibles actos terminó llevándonos a pocos metros de un lugar al que hacía mucho tiempo deseaba llegar, sin saber cómo lograrlo. En esa experiencia los tres presentes somos psicólogos. Oscar es una persona de naturaleza escéptica y Andrea no es definitivamente una creyente, pero ambos habían trabajado en la Teoría General del "Aquello" ("That"), al igual que Raúl.

La siesta es otro típico momento del día liminal en algunos lugares. El niño, como ciertos seres mitológicos del Noroeste y del Noreste argentino, se comunicaba solo con silbidos, como el Pombero en el Litoral o los duendes en la Puna.[16] Era completamente de día, con un sol radiante, o sea que no estaba la noche que podría habernos engañado con sus oscuridades o el atardecer que todo lo cambia. Por otro lado, ¿cómo supo Arnoldo Campos que algo nos había pasado? Y, de hecho, ¿por qué nos advirtió antes de salir?

---

[16] Los seres espirituales y mitológicos de nuestras culturas originarias son centenares. Entre ellos existe un sincretismo con la definición de "duende" traída desde Europa, de igual manera que con la de "salamanca"; sin embargo, todos tienen raíces profundas en el folclor tradicional local. Diaguitas, guaraníes y mapuches comparten este tipo de comunidad con seres feéricos locales hasta el día de hoy.

Tampoco recuerdo haber vuelto a encontrar las grandes estructuras de piedra donde comimos. Con el tiempo llegué a pensar que habían quedado tapadas por las aguas del dique, por remota que pudiera parecer la posibilidad.

La piedra en forma de bola es un lugar liminal por excelencia, posee una magia indescriptible y desde allí la vista de la serranía es única. Toda esa parte alta posee registros de aleros pircados, probablemente de origen prehispánico.

A diferencia de las otras dos experiencias, aquí no había nada de índole metamaterial[17] o teriantrópico; lo anómalo era el movimiento del niño y la rapidez con la que desaparecía de nuestra vista para aparecer pocos minutos después cientos de metros más adelante, en un terreno muy escarpado. De hecho, jamás lo vimos correr: siempre estaba en un lugar cerca de nosotros y luego, tras seguirlo en su desaparición, aparecía de nuevo en un tiempo y un espacio que no era el que conocemos.

Cuando se tiró tras la piedra caí en la cuenta de que no era posible que pudiera sobrevivir a ese salto, sin embargo seguimos actuando como quien persigue una mariposa. Los tres sabíamos que algo sucedía, pero de alguna manera estábamos en una especie de sueño, aunque completamente despiertos.

La vivencia imaginal tiene, por decirlo de alguna manera, una "textura" diferente a la de todos los días. Algo la anticipa, hay cierto detenimiento de los sentidos o de alguno de ellos. Por ejemplo: no recuerdo tener impresiones olfativas en ninguna de las tres oportunidades. El aire adquiere cierta vibración tenue, la luz parece estar detenida (como sucede en otoño), el tiempo no se percibe de la misma manera y definitivamente hay cierta adrenalina corriendo por las venas. Pero estoy convencido de que nada de esto es lo que hace que tres personas compartan la misma experiencia y una cuarta sepa que ha ocurrido sin participar de la misma. Existe algo más que conecta todo esto, una especie de entrelazamiento cuántico, pero en un microsistema.

El joven de la primera experiencia y el niño de la tercera entran, en mi opinión, en la categoría de *daimones*, seres intermediarios que en el caso del primero bien pudiese ser una persona de carne y hueso que encarna, actúa ese papel. El ser de la segunda experiencia me resulta más identificable con una fuerza extrema y por ende primigenia, arcana y hasta

---

[17] La metamateria es una forma particular de orden espacial y temporal de la información, capaz de acceder al estado de substancia, pero no como materia ordinaria sino de otro tipo, que se diferencia de la misma por su transitoriedad e impermanencia.

peligrosa, mucho más mitológica que las demás. Me dejó claro que no todos estamos preparados para este tipo de experiencias nouménicas.[18]

Ahora bien, ¿qué mensaje dejó cada una de estas experiencias? Ninguno. O muchos, que aún hoy sigo tratando de descifrar; pero en ninguno de los casos se trató de algo concreto o expreso. Yo, como observador involucrado con alguna preparación previa de tipo intelectual, pude vivir, registrar y estudiar, pero para la mayoría de los desprevenidos una sola de estas experiencias puede ser devastadora o reveladora. Es que el mito finalmente se devela como un grupo de semillas de posibles futuras transacciones entre lo humano y lo espiritual; por ende, semillas neorreligiosas o "cultógenas".

Estas y otras experiencias similares me ayudaron a entender, desde adentro, un fenómeno complejo que ciertamente no va a ser dilucidado en este puñado de páginas, pero al menos nos dan una posibilidad de desentrañar que no todo lo que acontece en estos lugares responde a la sencilla y escueta explicación de engaño, mentira, sugestión o esquizofrenia.

Cierto es que con el paso del tiempo aparecen actividades y negocios mitógenos, que producen dinero con el mito y aportan material ficcional para su estabilidad: es parte del turismo esotérico, ufológico y seudoespiritual, con su enorme parafernalia de cosas que se venden en la calle techada de Capilla del Monte, incluido su ya famoso "festival alienígena" veraniego.

No faltan los oportunistas de turno que migran acorde al devenir mitogénico, buscando territorios fértiles para sus creencias, ideas, actos y emprendimientos. Tampoco faltaron y faltarán aquellos que pretenden restablecer el accionar mitogénico en otros lugares, como el caso de Talampaya en La Rioja, Tandil en Buenos Aires o la zona del cerro Arco en Mendoza.[19] Pero el mito tiene sus propias leyes, sus propios intereses y hasta su propia "agenda".

---

[18] La experiencia nouménica refiere a la vivencia de un espacio topológico profundo definible como metarrealidad, mucho más cercano al horizonte de los acontecimientos del "Aquello" y alejado de la conciencia ordinaria.

[19] Se han tratado de establecer lugares similares a la misteriosa Erks capillense. Entre ellos tenemos el caso de la mendocina Isidris, de la que es ideóloga Verónica "Kervher" Lizana. El otro caso es el de Ricardo González, peruano radicado en la Argentina, heredero del IPRI (Instituto Peruano de Relaciones Interplanetarias); él fue quien propuso la existencia de otra ciudad intraterrena en Talampaya o la presencia allí de una extensión de la propia Erks. A esto se suma la historia de la Hermandad de la Mano Roja, creada por Brother Philip (seudónimo de George Hunt Williamson). También hay noticias del "disco solar" *mitakunah* que se estaría rearmando en Tandil. También está Zuruv o Zurubidris, ciudad subacuática que se encontraría en lo profundo

Reflexiones y reflejos

Acude a mi memoria la vidriera de un negocio de ropa en Capilla del Monte, donde del lado izquierdo había remeras con motivos alienígenas y en la derecha las había con motivos indígenas: esa es la matriz del mito uritorqueano, una increíble metáfora del pasado reflejado en el futuro, pero con las mismas propiedades. Lo originario es tan desconocido como lo extra e intraterrestre en el imaginario popular argentino. Por ese motivo ambos necesitan ser recreados como construcciones ficcionales y precisamente es allí donde comparten su aura de sabiduría; una sabiduría que, como especie, necesitamos urgentemente.

Es posible que todo se trate de una nueva forma de entender lo que creíamos que era la "realidad", que se presenta ya no como una realidad alternativa u otra realidad, sino como algo que es tratado como completamente natural: la misma realidad, solo que mucho más vasta.

También caen las perspectivas de locación, adentro y afuera, por algo que pugna por integrarse en una unidad. Estimo que todo, o mucho de esto, es solo el comienzo de una forma de entender el mundo que todavía no imaginamos y que posiblemente algunas comunidades originarias ya conocían hace miles de años. Aquí adentro y aquí fuera hay algo que se comunica con los seres humanos tratando de acompañarlo en su solitario viaje por el cosmos, contándole cosas en sus sueños o sus vivencias imaginales, respecto a que el universo está plagado de alma, de espíritu, y que todo es mucho más vasto y complejo de lo que nos animamos a pensar.

Pero en medio de toda esta vastedad también están las confusiones, las miserias humanas, las intenciones espurias, las conveniencias políticas o económicas y, sobre todo, los "lados B" de las historias maravillosas. Cuando la gente simplemente es creyente es muy fácil engañarla y el engaño puede utilizarse para muchas cosas, sobre todo cuando el ingenuo creyente cree que no lo es.

Si hay algo que el mito realiza es un profundo cambio social en las inmediaciones de su núcleo. Con el tiempo las cosas cambian; algo más de veinte años es suficiente. La zona Uritorco cambió. Hoy son más los foráneos que la habitan que los lugareños, que poco a poco son desplazados. Capilla del Monte es un mercado de ofertas holísticas. De hecho, en el camino hacia el cerro hay un cartel que reza las treinta especialidades que el profesional holístico de turno ofrece al desprevenido visitante.

---

del río Paraná, entre Victoria y Rosario, "activada" por Matías De Stefano y Peggy Phoenix Dubro (contactada con la entidad Kryon) en 2014.

El lugar ya no es lo que era y ya no están los puesteros. El puesto es una oficina techada y los baqueanos ya casi no las visitan. Sin embargo, al mismo tiempo, nada ha cambiado: el cerro continúa y continuará incólume ante el paso del tiempo, a no ser que le coloquen la prometida aerosilla.

La subida al Uritorco fue cerrada en muchas oportunidades. El propio cerro fue vendido y comprado por familias patricias, hubo abusos, gente perdida, búsquedas intensas y hasta muertes. Ya no se puede acampar en el Valle de los Espíritus y son varias las personas –entre ellas dos mujeres en los últimos meses– que desaparecen en la zona para ser luego encontradas muertas. También existen cultos sectarios. La sombra del mito crece y empieza a mostrar su lado oscuro, tenebroso. La anfirrealidad,[20] las posiciones nouménicas, las vivencias imaginales están aquí, pervirtiendo nuestra ya socavada seguridad, y nos dicen que –nos guste o no– nada es lo que parece... y lo que parece tampoco es.

Para intentar concluir

Poder investigar la génesis de un mito moderno desde el momento cero y en compañía de un grupo de personas fue, y lo sigue siendo, una oportunidad única, enriquecedora y maravillosa. Hacerlo desde la observación vinculante, plantear una nueva disciplina como la psicología antropológica de la conciencia, poner la experiencia en primera persona y no ser un mero observador me permitió especular sobre un terreno prístino, tratando de establecer cuáles eran las fuerzas que allí se daban cita, cómo funcionaban, actuaban y se relacionaban, y qué efectos producían en los diferentes actuantes sociales. Me dio la posibilidad también de aportar, desde mis intereses, una cantidad de argumentos que, si bien pueden o no ser válidos, no pueden ser soslayados sin más.

Los años entre 1986 y 1996 han sido los de una década ininterrumpida de trabajo in situ. No se trata de un material necesariamente científico, pero posiblemente sí académico, ya que el paso por la colegiatura en psicología y otras entidades académicas terciarias me aportó una cantidad de herramientas necesarias para encarar este tipo de trabajos. Se trata de un estudio de carácter humanista, social, antropológico y hasta etnográfico. Considero que ninguna de estas disciplinas puede ser estimada como completamente científica en el sentido mecanicista y cartesiano de la palabra; más allá de sus pretensiones particulares, son cuerpos de conocimiento en construcción.

---

[20] La anfirrealidad puede concebirse como una realidad con dos caras: doble por naturaleza, tanto objetiva como subjetiva, literal y metafórica, física e imaginal.

Finalmente el marco de la *Thatología*[21] (aplicación de la TGA al material obtenido) permitió entender los diferentes acontecimientos desde una perspectiva que ya en los '90 era, por decirlo de alguna manera, vanguardista. Los conceptos e ideas representados en neologismos continúan en constante evaluación y construcción.

Los hechos encontrados y las conclusiones preliminares indican que existe la posibilidad de enfrentarnos a una nueva herida narcisista, la de tratar de comprender que "lo real" y "la realidad" son cosas diferentes: que se trata de una parte estructural de la naturaleza, que no existen varias realidades sino una con un rango mucho más extendido –a la que Jeffrey J. Kripal denomina "súper naturaleza"–[22] y que ese rango puede ser accedido mediante las posiciones de experiencia acrecentada; que lo imaginal como territorio puede ser, bajo ciertas circunstancias, mensurable e incluso puesto bajo experimentación.

Nos enfrentamos a que la dicotomía dentro-fuera solo es un error de apreciación, comprensión y aprendizaje monofásico.[23] Que el aparato psíquico es mucho más complejo y vasto de lo que sabíamos. Que comunidades originarias, que aún están en nuestro mundo, ya comprendían esto hace miles de años. Que muchas de las fenomenologías de lo "extraño" son finalmente una, con diferentes matices y apariencias. Que posiblemente en el fondo de toda experiencia y vivencia se encuentra un suprasistema al que, a falta de otro nombre, puede seguir siendo oportuno llamar *anima mundi* o "alma del mundo", del cual nos resta muchísimo por conocer.

Para terminar, solo recuerdo al lector que no me considero un investigador particularmente científico o cientificista, sino más bien un pensador con gustos renacentistas, un curioso y un "encontrador" más que un buscador: un inconformista que hace del filosofar una manera de dar cuenta del mundo que lo rodea. Ese mundo parece pedir a gritos un giro, un cambio en nuestra forma de entenderlo y relacionarnos con él-ella.

---

[21] Llamamos *Thatología* a la aplicación concreta, en el material tanto discursivo como experiencial, de los postulados y corolarios de la Teoría General del "Aquello".

[22] Kripal, Jeffrey J. y Whitley Strieber, *The Super Natural: A new vision of the unexplained*, Nueva York, Tarcher Putnam, 2016.

[23] Concepto vertido por Charles Laughlin –padre de la antropología transpersonal y por lo tanto también de la antropología de la conciencia– al referirse a culturas con un solo modelo de realidad (monofásicas), a diferencia de otras con modelos de realidad extendida (polifásicas). Véase: Laughlin, Charles D., "Transpersonal Anthropology: Then and now", *Transpersonal Review* 1, 1994.

En tiempos de posmodernidad, la posverdad parece querer transformarse en algo diferente, en una *neverdad*[24] inclusiva, que nos permita abordar la deconstrucción del colonialismo latinoamericano en cualquiera de sus formas y entender –parafraseando al filósofo argentino Enrique Dusell– que acaso la transmodernidad será india, aborigen y originaria, o no será.[25]

Bibliografía principal

ACEVEDO, Juan y Néstor BERLANDA, *Los extraños: abducciones extraterrestres en la Argentina*, Buenos Aires, Emecé, 2000.

BERLANDA, Néstor, *Detrás de la niebla: la historia real de un encuentro extraordinario*, Almería, Guante Blanco, 2019.

BERLANDA, Néstor y Diego Rodolfo VIEGAS, *Ayahuasca: medicina del alma*, Buenos Aires, Biblos, 2012.

CAMPBELL, Joseph, *El héroe de las mil caras: psicoanálisis del mito*, México, Fondo de Cultura Económica, 1959.

CAMPBELL, Joseph y Bill MOYERS, *El poder del mito*, Madrid, Doubleday, 1988.

CORBIN, Henry, *Acerca de Jung: el buddhismo y la Sophia*, Madrid, Siruela, 2015.

COUSO, María Guillermina, Diego GOBBO, Lidia Anahí IÁCONA, Reinaldo Andrés MORALEJO, Rodolfo A. RAFFINO (eds.), *Una capital inka al sur del Kollasuyu: El Shincal de Quimivil*, Buenos Aires, Fundación de Historia Natural Félix de Azara, 2015.

DE FILIPPI, Sebastiano y Fernando SOTO ROLAND, *Los Señores del Uritorco: la verdadera historia de los comechingones*, Buenos Aires, Biblos, 2019.

DUSELL, Enrique, *Para una ética de la liberación latinoamericana*, Buenos Aires, Siglo XXI, 1973.

HARPUR, Patrick, *El fuego secreto de los filósofos*, Girona, Atalanta, 2007.

HARPUR, Patrick, *Realidad daimónica: una guía de campo para el Otro Mundo*, Girona, Atalanta, 2007.

HILLMAN, James, *El código del alma: la respuesta a la voz interior*, Madrid, Martínez Roca, 1999.

JENKINS, Elizabeth, *Iniciación en el corazón de los Andes*, Madrid, B, 1998.

KRIPAL, Jeffrey J. y Whitley STRIEBER, *The Super Natural: A new vision of the unexplained*, Nueva York, Tarcher Putnam, 2016.

LAUGHLIN, Charles D., "Transpersonal Anthropology: Then and now", *Transpersonal Review* 1, 1994.

LÓPEZ, Fabián (comp.), *CIFO, el legado: tratado de metaufología del siglo XX para el siglo XXII*, Rosario, Centauro, 2019.

---

[24] *Neverdad*: negación e inclusión de la verdad monofásica, capitalista, colonialista y patriarcal en un concepto integrador o inclusivo, en el que se cambia el "no" por el "ne", en una entidad integral polifásica.

[25] Dusell, Enrique, *Para una ética de la liberación latinoamericana*, Buenos Aires, Siglo XXI, 1973.

LÓPEZ BREARD, Miguel Raúl, *Diccionario folklórico guaranítico*, Corrientes, Moglia, 2004.

TURNER, Victor, *El proceso ritual*, Madrid, Taurus, 1988.

VAN GENNEP, Arnold, *Los ritos de paso*, Madrid, Alianza, 1960.

VIEGAS, Diego Rodolfo, *Antropología transpersonal: sociedad, cultura, realidad y conciencia*, Buenos Aires, Biblos, 2016.

II

Sebastián Araya

DEL CUCHILLO OXIDADO
AL ESCALPELO ETÉRICO

*Un análisis de la alta extrañeza que rodea los procesos de posesión
espiritual y sanación por métodos hiperdimensionales*

En una sociedad del conocimiento se genera, comparte y distribuye saber
con el fin de mejorar la condición humana. Una sociedad del conocimiento,
sostiene Castelfranchi en su mentado artículo,[26] difiere de una sociedad de la
información en que la primera sirve para transformar la información en
recursos que le permiten tomar medidas efectivas, mientras que la segunda
solo crea y difunde las observaciones en bruto.

Aquello que a los ojos de investigadores de "alta extrañeza" hace
interesante a las "observaciones forteanas"[27] es precisamente lo que rechazan
los especialistas de otras disciplinas científicas, haciéndolos retroceder con
horror clamando anatema: su absurdo aparente. Y es que la realidad tal como
la conocemos es lo que sucede a la mayoría de las personas la mayor parte del
tiempo, pero no a todas las personas todo el tiempo: ahí es cuando los límites
comienzan a ser difusos. Cada tendencia estadística cobija valores atípicos;
para determinados casos, los sujetos de investigación y los eventos asociados
pueden adquirir una curtosis diferente a la acostumbrada campana de Gauss.

La teoría de la información propuesta por el matemático estadounidense
Claude Shannon estableció que la cantidad de información asociada a un
hecho es inversamente proporcional a su probabilidad de ocurrencia.[28] El

---

[26] Castelfranchi, Cristiano, "Six Critical Remarks on Science and the Construction of
the Knowledge Society", *Journal of Science Communication* 6, 2007.

[27] Expresión acuñada para aquellos fenómenos marginales estudiados a comienzos
del siglo XX por Charles Fort. Véase: Fort, Charles, *The Book of the Damned*, Nueva York,
Liveright, 1919.

[28] Shannon, Claude, "A Mathematical Theory of Communication", *Bell System
Technical Journal* 27, 1948.

astrofísico estadounidense Joseph Hynek, por su parte, definió la alta extrañeza como "una medida de rareza sobre determinados hechos reportados en los casos ovni, cada uno de los cuales es difícil de explicar en términos del sentido común".[29]

Más tarde, su discípulo Jacques Vallée recogió el guante y como buen informático asoció ambos temas: "los avistamientos de alta extrañeza son los que proveen mayor cantidad de información, pero el testigo de estas observaciones solo los reportará a una persona en quien confíe, dado que su probabilidad de ocurrencia es tan baja que lo creerán desquiciado".[30]

Coincidiendo con otro ufólogo catedrático, Don Elkins –profesor de Física e Ingeniería durante más de una década en la Universidad de Louisville (Kentucky)–, la alta extrañeza no debería reducirse a los casos ovni, dada la presencia de una abundante casuística alrededor de "contactados silenciosos"[31] que han ejercido con la mayor discreción la misión que les fuera encomendada. Este hermetismo se ve profundizado en nuestra área de estudio debido a que el ejercicio ilegal de la medicina se encuentra penado por la ley.

Permítanos el lector la posibilidad de reestructurar con un ejemplo –prodigioso y a la vez macabro– todo lo antedicho, desprendiéndonos del bagaje académico. ¿Qué pasaría si un enfermo –desahuciado por la medicina científica occidental, diagnosticado con adenocarcinoma pancreático y con un pronóstico de semanas de vida– se adentrase en una habitación en penumbras donde al pie de un altar en el que descansan despojos humanos, junto a tenebrosos cirios que despiden una luz nimbada, y que al vacilante eco de sus pasos lo aguardase un círculo de orantes donde la más anciana, ataviada en ceremoniales vestiduras y con ojos cerrados, esgrimiera un ensangrentado cuchillo de monte?

Mientras se tiende en la improvisada cama (en la que se observan manchas de sangre y fluidos de la intervención previa), el enfermo escucha una voz gutural invocando en una lengua desaparecida a dioses olvidados y en aquel instante el antihigiénico cuchillo desgarrara la piel en una incisión horrorosa, a la vez que una mano extrae el tumor sin titubeos y luego aquella porción de páncreas bajo el tabernáculo, cedido por una morgue, es colocada sobre la incisión y "absorbida" por el cuerpo, revascularizándose sobre la porción sana del palpitante órgano, en tanto que las manos de los demás asistentes –impuestas sobre la herida– operan para que se cierre casi sin dejar cicatrices.

---

[29] Hynek, Joseph Allen, *The UFO Experience*, Chicago, Regnery, 1972, p. 28.

[30] Vallée, Jacques, *UFOs: The psychic solution*, Saint Albans, Granada, 1977, p. 118.

[31] La expresión fue acuñada por Keel para describir a aquellos contactados que mantienen un bajo perfil pero que experimentan regularmente contactos ufológicos. Véase: Keel, John, *UFO: Operation Trojan Horse*, Nueva York, Putnam, 1970.

Luego de unos pocos días de convalecencia, el paciente acude con entusiasmo al consultorio de su confundido oncólogo, quien examina los estudios de donde todo rastro de tumor ha desaparecido.

Si este hecho, forteano sin duda pero atestiguado y verificado por dos doctores clínicos y un neurofisiólogo, fuese negado por la mera improbabilidad de ocurrencia en función de la cotidianeidad de otros desenlaces más lúgubres, ¿existirá la posibilidad de nutrir a la sociedad del conocimiento con hechos tan maravillosos y marginales pero que correrían el riesgo de ser inmediatamente condenados por su alta extrañeza?

Resumiremos en primera instancia el caso del argentino Ángel Cristo Acoglanis y luego analizaremos otros expedientes, haciendo énfasis en ciertas peculiares concordancias con el terapeuta de Rosario. Observaremos en los casos de Pachita y Arigó un "asedio de la otredad", es decir un conjunto de experiencias de alta extrañeza que desde una óptica antropológica se podría caratular como catalizador de una iniciación chamánica, aunque desde la perspectiva ufológica encajarían como procesos de reclutamiento: en el apartado que estudiaremos como "manipulación hiperdimensional" individuos de cierta clase son propensos a ser elegidos, contactados y finalmente poseídos.

Para evitar este último término –tan vapuleado, demasiado cercano al dogma teológico y tan alejado del contexto científico– nos parapetaremos en los términos académicos provistos por la psicóloga estadounidense Martha Stout, quien denominó como "estados disociativos del ego" a una formación de la personalidad o a una constelación de rasgos psicológicos y patrones de conducta cuya existencia es generalmente separada del individuo consciente o ego observador.[32]

Acoglanis

Dos corrientes antagónicas de información relatan los primeros años del sanador Ángel Cristo Acoglanis.

La primera y más extendida es un relato de carácter cuasi-mesiánico, aumentando y auspiciado por el propio Acoglanis junto a sus discípulos y seguidores: su nacimiento en Grecia, sus primeros estudios en medicina, su especialización en la India y el emprendimiento de un místico viaje, bajo el auspicio de lamas tibetanos, hacia el noreste del Himalaya. Allí, transitando una rigurosa vida ascética, es iniciado en ancestrales conocimientos esotéricos, especializándose en técnicas de acupuntura, digitopresión y quiropraxia.

---

[32] Stout, Martha, *The Myth of Sanity: Divided consciousness and the promise of awareness*, Londres, Penguin, 2002, p. 100.

Habiendo completado su formación, modelando su personalidad en base a las perfecciones *pāramitās* o "virtudes del espíritu", abandona el monasterio, regresando a Cachemira. Emigra hacia la Argentina a mediados de la década de 1960 para arribar a la provincia de Córdoba, donde ejercerá como médico.

La segunda corriente es menos romántica: nace en Rosario en 1924, completa solo sus estudios primarios y comienza a trabajar muy tempranamente para contribuir a la restringida economía familiar. Dos años más tarde abandona el hogar paterno –lo que indicaría que quizás no todo estaba bien allí– para desempeñarse como obrero. En 1952 contrae nupcias con Zulema Serra, con quien se muda a Ramallo y tiene dos hijos.

Como se observará en la historia del brasileño Arigó, Acoglanis se convierte en un entusiasta militante en política, incluso presentándose en 1962 como candidato suplente por el Partido Justicialista. Es un dato no menor, dado que la lealtad peronista lo amparará en varias oportunidades: Rubén Elías Antonio será su asesor financiero y contacto político; Ramón Froilán Verón le facilitará el acceso a Los Terrones, el recinto sagrado donde se celebraría un nuevo santo oficio; el sociólogo Lino Marcos Budiño será más tarde el canalizador principal del material testamentario de Erks; y el profesor Guillermo Alfredo Terrera, detentador del Bastón de Mando, volcará el marco legendario de tonalidad filofascista para enriquecer la mística del incipiente culto.

En una psicopática anagogía con la versión narcisista de sus primeros cuarenta años, en 1964 Acoglanis abandonó a su familia para desembarcar en Córdoba, encaminando su trabajo como curandero rural. Esta faceta innata de sanador lo conecta con la mexicana Pachita; ya existen estudios previos en la monumental obra hagiográfica del jesuita Herbert Thurston y en la investigación del doctor Hubert Larcher –tanatólogo francés– donde se especula que el acervo génico predispone un sistema nervioso peculiar, propenso a estados alterados de conciencia y con ciertas capacidades taumatúrgicas. No obstante, Laura Knight-Jadczyk comenta al respecto:

> Una cosa me resulta clara después de todos estos años de estudio: los fenómenos psíquicos (trátese de curaciones, manifestaciones de materia, bilocación o cualquier otro) prácticamente no guardan relación alguna con el grado de espiritualidad de la persona. Encontré el caso de un linaje familiar con la capacidad de "detener el flujo de la sangre" con la sola imposición de la mano y la casi totalidad de los miembros eran alcohólicos, promiscuos, abusivos con sus cónyuges o hijos, y en general lo que podría considerarse como éticamente deficientes. Con todo, ciertos miembros del linaje manifestaban este curioso "poder" y a menudo eran requeridos por vecinos y amigos para salvar vidas,

¡aún si debían ser arrastrados fuera de un bar en pleno estupor alcohólico![33]

Para el año 1968, Ángel se había unido sentimentalmente con Ofelia Schmidt. De esta unión nació un hijo que, siendo aún pequeño, enfermó y falleció. Esta tragedia –que veremos repetida en el caso inglés de George Chapman– lo afectó sobremanera y poco tiempo después la pareja se separó. Sus siguientes veinticinco años pueden dividirse en cuatro etapas en función de las estrechas asociaciones que mantuvo con otros maestros, gurúes, místicos y entidades.

El primero en la lista fue su mentor en la sanación de la columna vertebral: un discreto monje que había sido enviado a Sudamérica en busca de un antiguo objeto de piedra. A partir de 1969, el lama tibetano apodado Saarumá impartió gratuitamente su conocimiento durante cinco años en un departamento de las hermanas Anchorena, en el barrio más adinerado de Buenos Aires, enseñando diversas técnicas en corrección de vértebras a seis sanadores argentinos, cinco doctores en medicina –entre ellos: María Isabel Mur, Héctor Alexis Quarin y Carlos Mario Fiore (este último, creador del método "Columna Vitae")– y a nuestro taumaturgo autodidacta.

Pero de la misma forma en que no existe documentación que ampare el título de médico presuntamente obtenido por Acoglanis en Grecia,[34] tampoco tenemos pruebas materiales de la visita del lama tibetano. En correspondencia con el autor de *La Ciudad de la Llama Azul*, el mismo nos explica que el relato procede de sus entrevistas del año 2015 con el doctor Carlos Fiore:

> Acepté el testimonio del doctor Fiore porque tenía coherencia interna y explicaba razonablemente varias cosas. Sin embargo, no subsisten pruebas propiamente dichas de la existencia de Saarumá; de hecho –como expuse en mi libro– Fiore decía que el lama nunca se dejó fotografiar. En un momento sospeché que Fiore estaba ocultando que se trataba de un contacto con un instructor desencarnado, por así decirlo, para que no se desconfiara de su relato o se lo malinterpretara. Pero descarté esa posibilidad, porque pese a que era un hombre racional, cuando

---

[33] Knight-Jadczyk, Laura, *La historia secreta del mundo y cómo salir de él con vida*, Castelsarrasin, Pilule Rouge, 2008, p. 144.

[34] Dangel, Guillermo J., *Todo sobre el cerro Uritorco y la ciudad de Erks*, Buenos Aires, de la Tortuga, 2013, p. 15.

tenía algo sobrenatural para contar lo relataba con absoluta tranquilidad.[35]

Su segunda asociación, algo efímera en lo físico pero tal vez más perdurable a otro nivel, fue a través de su viaje a la estancia "La aurora". Los hechos de alta extrañeza allí acontecidos merecerían un análisis detallado pero, para resumir, digamos que luego de una serie de singulares fenómenos e insólitos avistamientos durante el año 1976, el propietario del lugar, Ángel María Tonna, comentó que había sido contactado por un ser, líder de los visitantes hiperdimensionales, con el prosaico y terrícola nombre de Nicolás, para que divulgase un mensaje: los elegidos debían acercarse al lugar para tener experiencias particulares. Ya casado con Beatriz Mühn, Acoglanis preparó su viaje hacia "La aurora" a fin de entrar en contacto con los "médicos del Espacio" y convertirse en útil instrumento de los Hermanos Mayores:

No podía imaginar ni suponer, lo tomé literalmente, cuando me dijo "los hermanos del Espacio necesitan de un ser que ceda sus brazos". Así fue el mensaje que transmitió Ángel María Tonna a María Isabel, cuando viajó ella hasta Aurora, Salto, Uruguay. María Isabel era parte del equipo médico que formaba Ángel en Buenos Aires. Tenía glaucoma, alguien le había comentado que allí en Aurora había médicos del Espacio. En ese momento, me asusté, lloré, le supliqué que no fuera, pero Ángel ya había decidido ir. Cuando regresó, trajo con él una fotografía fotocopiada del hermano Nicolás. La misma había sido tomada por Ángel Tonna. Ese fin de semana, cuando volvíamos del campo, Ángel decide comenzar a conectarnos con los hermanos de Aurora. Él era un excelente canalizador, un instrumento útil a la necesidad del momento, no era médium, tenía una enorme capacidad para transmitir a través de su naturaleza los diversos mensajes que fueron revelando nuestros hermanos mayores.[36]

Curiosamente, el glaucoma de Marisa Isabel "Marisa" Mur detuvo su desarrollo a la par que Acoglanis afirmó haber aceptado compartir su cuerpo con aquella entidad, con el sugestivo nombre –en aparente tributo a su antiguo maestro tibetano de carne y hueso– de Saruma. Uno de los objetivos de la entidad era develar la presencia de un centro espiritual intraterreno, aunque de existencia etérica, llamado Erks. Pero esta "zona liminal" debía ser

---

[35] Comunicación de Sebastiano De Filippi al autor, por medio de correo electrónico, 5/8/2020.

[36] Así lo relata la propia Beatriz Mühn en su blog de Internet: www.bettymuhn.wordpress.com/2015/08/26/ser-instrumento.

antes activada mediante un trabajo ceremonial y luego la apertura debía mantenerse por medio de la energía provista a través de rituales de contactismo con la Jerarquía oculta de los maestros ascendidos:

> En marzo de 1983, un mes después de la visita a "La aurora", en presencia de Betty y Marisa se produjo la transmigración del espíritu de Saruma al cuerpo de Acoglanis. Cumplido este pasaje, Ángel partió acompañado por las dos mujeres en dirección al lugar desde donde –siempre y solamente a partir de las horas vespertinas– se podían ver luces provenientes de Erks y eventualmente contactar la propia ciudad: el ya citado cerro Uritorco, en la provincia de Córdoba.[37]

A partir del año 1984 comenzó la etapa más fructífera del sanador criollo: una gran cantidad de famosos, poderosos y adinerados pacientes fueron sometidos a notables –aunque no infalibles– intervenciones y sanaciones en su consultorio céntrico de Buenos Aires. A la par, ocurría un sinnúmero de situaciones concupiscentes entre colegas, asistentes y pacientes femeninas. ¿Sería arriesgado pensar que alguna identidad disociativa lograse sanar a través de esta energía recolectada y empleada como un "bien fungible"? Serge Hutin, historiador rosacruz y amigo personal de Jacques Vallée, expuso:

> Por lo que se refiere a las acciones de un humano sobre otro, la ley de analogía adopta esta forma: un mecanismo de repercusión, de transmisión. Nos damos cuenta de ello por la existencia de una categoría bastante especial de hechizo: aquella en la que el mago, realizando la unión sexual con una persona de buena voluntad, es capaz de movilizar aquella fuerza prodigiosa que es la energía sexual con la finalidad de obtener tal o cual resultado sobre el sujeto que hay que hechizar, por lejos que pueda encontrarse.[38]

Otro dato no menor, en la escala opuesta al placer, era el dolor que atravesaban los pacientes durante el tratamiento, algo que veremos dramáticamente acentuado en el caso de Pachita:

> Quienes fueron atendidos por Acoglanis cuentan que sus manos poseían una fuerza increíble. Todos los consultados coincidieron en que ningún médico les había provocado tanto dolor, pero

---

[37] De Filippi, Sebastiano, *La Ciudad de la Llama Azul: luces y sombras sobre el cerro Uritorco*, Buenos Aires, Biblos, 2018, p. 105.

[38] Hutin, Serge, *Techniques de l'envoûtement: initiation et connaissance*, París, Pierre Belfond, 1973, p. 31.

tampoco ninguno, luego de esos espasmos torturantes, les había producido una curación tan inmediata. [...] Sin embargo las curaciones obtenidas por Acoglanis no parecen el resultado de un estudio médico determinado, por más tibetano que sea, tampoco el producto de una larga experiencia o simplemente talento. Parece más bien que algo especial actuaba sobre Acoglanis, y lo demostraría esa transfiguración que sufría su persona y tanto comentan sus discípulos.[39]

Su tercera asociación fue con el profesor cordobés Guillermo Alfredo Terrera. Nacido en 1922, el doctor Terrera ostentaba títulos universitarios en humanidades, habiéndose desempeñado durante una treintena de años en diversas instituciones educativas, pero desde 1978 sus intereses habían virado hacia lo esotérico, en paralelo a la cultivación de un marcado pensamiento verticalista tendiente al fascismo. Esto había terminado por alejarlo del ámbito académico pero lo había nutrido de una serie de disciplinados acólitos a los que iniciaba dentro de una férrea jerarquía, luego de las imprescindibles sesiones espiritistas, por medio de la imposición del Bastón de Mando.

La relación entre el falocéntrico erudito y el lascivo medicastro fue signada por una velada contienda de egos y duraría poco más de un año: desde febrero de 1985 hasta septiembre de 1986. En su obra *Saruma*, Terrera parece escindir a su contraparte en dos seres diferentes. Personifica a Saruma como un indoario de barba y bigotes, trigueño y delgado, de vestimenta sencilla y humilde, que usaba un saco deslucido, "pantalón gris, camisa blanca, corbata común y llevaba puestos unos gastados mocasines marrones".[40] En cuanto a Acoglanis, intenta minimizarlo al punto de casi invisibilizarlo; incluso una de sus acólitas, Elsa Tear, enfatiza esta segregación en los dos seres físicos que le reclaman el uso del Bastón de Mando.[41]

La animadversión del profesor quizá se explique por el verse eclipsado por el taumaturgo quien, carente de toda instrucción académica, esgrimía sin embargo la capacidad de invocar a voluntad prodigios lucíferos que obnubilaron a sus propios discípulos en su pasaje por Los Terrones:

---

39 Dangel, Guillermo J., *La ciudad perdida de Erks: una ciudad subterránea habitada por extraterrestres*, Buenos Aires, García Molt, 1995, p. 22.

40 Terrera, Guillermo Alfredo, *Saruma: un ser cósmico*, Córdoba, Sol Rojo, 2001, p. 19.

41 En la entrevista realizada por Luz Mary López en abril de 2014, Elsa Tear se refiere a Saruma como a un "oriental transmigrado": véase, en Internet, www.vimeo.com/104885708#at=1065.

Acoglanis describía a Terrera como un docto fabulador, dispuesto a utilizar una historia esencialmente verdadera (la del Bastón), deformándola burdamente para consolidar una secta religiosa de estructura piramidal; en el contexto de esta secta cultivaba un proyecto político en el que quería ser reconocido como la persona más adecuada para gobernar la Argentina. [...] Terrera describía a Acoglanis como un carismático bribón, dispuesto a utilizar una historia esencialmente verdadera (la de Erks), deformándola burdamente para consolidar una secta religiosa de estructura piramidal; en el contexto de esta secta no perdía ninguna oportunidad para llevarse a la cama a todas las mujeres más o menos jóvenes que se le ponían a tiro.[42]

La visión escorada que ambos veían en el otro puede sintetizarse en la figura de un líder mesiánico manipulando a sus seguidores en pos de intereses egocéntricos. En el caso de Acoglanis observamos una capacidad colosal para la fabulación, no solo para reinventar su propia historia sino en la facilidad para volver dócil y maleable a quien cayera bajo su magnético influjo, que con las mujeres rayaba las márgenes hipnóticas:

[Elsa Tear] intentó explicarle el malestar sufrido a lo largo de la noche pero Sarumah ya sabía todo, y le dijo: "Eso es lo que esperábamos, la estamos limpiando". La mujer sorprendida y con desconfianza entonces preguntó: "¿Usted quién es?" a lo que Sarumah contestó algo que cambiaría la vida de esa mujer. Le dijo: "Nosotros somos el cosmos. Usted está programada desde siempre. Toda su vida fue observada y computarizada. Hemos seguido toda su vida a través de nuestros Espejos. Como se aceleraron los tiempos, tuvimos que acelerar también su proceso de depuración. Me refiero al cumplimiento de su karma. De ahí todos sus inconvenientes, problemas y sufrimientos. Tuvimos que hacerle cumplir y pagar los sufrimientos que debería haber cumplido en varias vidas futuras".[43]

Considerando estas palabras, es notable que en el ámbito del contactismo nos topemos siempre con la existencia de sujetos "programados" u "observados" desde la tierna infancia por una Jerarquía espiritual, por "comandantes estelares" o "maestros ascendidos". Pareciera que estos individuos han de cargar con una cuota extra de sufrimiento a lo largo de su

---

[42] De Filippi, Sebastiano, *La Ciudad de la Llama Azul*, op. cit., p. 137.

[43] Dangel, Guillermo J., *La ciudad perdida de Erks: una ciudad subterránea habitada por extraterrestres*, op. cit., p. 61.

interferida vida, que según el sistema de creencias se explica como la sumatoria de incomprobables errores de vidas pasadas, pecados, carencia de fe o la extinción de presuntas deudas kármicas; estudiaremos también esta manipulación culpógena en los casos de Pachita y Arigó.

La cuarta y última asociación de Acoglanis, a través de la cual florece mundialmente el testamento de Erks –emergente sistémico del material canalizado mayormente por Lino Marcos Budiño– surge de su relación con el místico brasileño Trigueirinho. Es poco lo que conocemos sobre la juventud de José Hipólito Trigueirinho Netto que, como alguien inteligentemente sostuvo, "se ocupó de borrar las huellas de su pasado, un poco como Acoglanis".[44]

Nació en 1931, en San Pablo y falleció el 15 de septiembre de 2018 en Minas Gerais, Brasil. Sabemos que estudió cinematografía en Italia y cuando retornó a su patria produjo, en 1960, su única película: *Bahia de todos os santos*. Luego retornó a Europa en una búsqueda, que se prolongaría por más de diez años, de crecimiento espiritual, adhiriéndose finalmente a las doctrinas teosóficas y a las enseñanzas de gurúes hindúes.

Al momento de entrevistarse en Buenos Aires con Acoglanis, Trigueirinho contaba cincuenta y siete años y solo seis libros escritos; treinta años más tarde tendría en su haber más de ochenta títulos publicados, todos referidos, en mayor o menor medida, a Erks. Como no podemos realizar un pormenorizado análisis de los hechos de su vida, resumiremos el trabajo realizado por Santiago Casado –licenciado en Ciencias de la Comunicación–, quien postuló en 1997 la hipótesis de que el corpus bibliográfico del gurú brasileño, mal categorizado como de "autoayuda", consistía en obras confeccionadas con la finalidad de "unirse a la secta" y pertenecientes al género ligado al manifiesto del "relato utópico":

> Entendiendo por género a un tipo relativamente estable de enunciados, el relato utópico surgió en la historia luego del ascenso del capitalismo mercantil y de la aparición de la intelectualidad burguesa. Según Carlos Mangone y Jorge Warley, autores de *El manifiesto*, el relato utópico podría ser definido como "manifiestos-programas que hacen hincapié en expectativas, predicciones o profecías a partir de una lectura de la historia". [...] La isotopía fundamental del corpus está articulada en torno a la oposición entre dos tipos de actantes: el hombre nuevo versus el hombre denso. A partir de esta isotopía fundamental se derivan isotopías segundas que agregan nuevos

---

matices, pero que están subordinadas a la primera. Esa isotopía fundamental "hombre nuevo versus hombre denso" es la que da al corpus toda su coherencia y lo dota de sentido. La dimensión o punto de vista común que une a los dos términos consiste en "la actitud frente a la existencia".[45]

Las obras de Trigueirinho se orquestan en cuatro "zonas" o "movimientos" que invitan al lector a ceder su libre albedrío, erosionando sus defensas cognitivas para lograr una evolución espiritual al unirse a la secta, sometiéndose al llamado implícito a la obediencia ciega al carismático líder de la orden, a la devota disciplina, y finalmente a abandonar el propio raciocinio y entregarse al grupo limitando la posibilidad de decidir sobre los hechos de su propia vida:

> Es común en sus libros que Trigueirinho se vea "obligado" a la acción por órdenes cósmicas que le llegan a través de algún "ser evolucionado", como por ejemplo Sarumah. Generalmente hacia el final de los libros, este llamado a la acción se hace en forma explícita y clara, en forma de un listado de conductas a seguir, entrando ya en el componente programático, donde se dan normas para el seguir por el devoto y donde se establece una serie de tareas individuales y grupales en forma de afirmaciones, por ejemplo "Serviré con espiritualidad y alegría".[46]

Nuevamente nos topamos aquí con la idea de "programación", ya no a nivel individual sino grupal: aquellos que obedezcan y cedan su libertad podrán ingresar en los reinos sublimes de Erks; por ejemplo, en un pasaje del texto y frente a la posibilidad de un desastre nuclear se dice que

> todos aquellos que así se sintonicen [con el nivel etéreo, perteneciendo a la secta] y vivan en esa consciencia estarán totalmente protegidos, no importa lo que ocurra en el mundo exterior.[47]

La asociación de Trigueirinho y Acoglanis se acentuó rápidamente: viajaron juntos al centro ceremonial cordobés, donde el místico brasileño logró un "cambio de mónada" o "transmutación de su alma", para más tarde presentar sus respetos ante los "médicos del Espacio" en la estancia uruguaya

---

[45] Véase, en Internet, www.sites.google.com/site/cosaspensadas/cosas-de-comunicacion/1997-greimas-erks.

[46] Ibíd.

[47] Trigueirinho, José: *Erks: mundo interno*, Buenos Aires, Kier, 2004, p. 33.

"La aurora".[48] Probablemente, a nivel hiperdimensional, la "Jerarquía espiritual" había logrado que la antorcha cambiase de manos, de manera que el "mensaje" se diseminase a través de una pluma más versada y articulada: desde 1989, año del deceso de Acoglanis, Trigueirinho comenzó a ofrecer no menos de cinco obras anuales inspiradas en la doctrina del terapeuta argentino.

Pachita

Bárbara Guerrero siempre recordó su infancia entre lágrimas. No conoció a sus padres, quienes la abandonaron de bebé, siendo adoptada por Charles, un africano residente en la península de Yucatán, empleado de un circo itinerante, que la cuidó durante catorce años; de él aprendió la técnica para ingresar en estado de trance. Pachita se entrenó además como trapecista y cantante, pero el pasatiempo que más disfrutaba era cuidar de los animales: a simple vista podía percibir si un malestar los aquejaba; el veterinario del circo se había acostumbrado a consultarla, aunque ella tuviera solo nueve años. Cuando Charles retornó a África, Pachita lucharía al lado de Pancho Villa, trabajaría en un cabaret y como vendedora de billetes de lotería.

Antes de cumplir treinta años algo extraño ocurrió. Comenzó a tener desvanecimientos crónicos, siempre en un determinado horario: a las 3 de la tarde. Esta situación se agravó y se le sumó ver inusitadas luces en los cielos, que asoció a platillos volantes: "Mira –mencionó al pasar a su ayudante y amigo, el neurofisiólogo y psicólogo Jacobo Grinberg-Zylberbaum– así hacen esas naves, se paran encima de tu cabeza y hacen [un ruido muy peculiar]".[49]

Los trances fueron cada más prolongados y en este estado alterado de conciencia, del que Pachita no guardaba recuerdo alguno, surgió "Hermanito" Cuauhtémoc. Esta identidad disociativa tomaba el control completo de su cuerpo, con la salvedad de no utilizar sus ojos: los mantenía casi siempre cerrados; sin embargo, no demostraba desorientación espacial y reconocía perfectamente los límites de los objetos, aunque sin poder distinguir la izquierda de la derecha.

En un principio, "Hermanito" diagnosticaba enfermos, prescribiendo hierbas y preparados para morigerar su padecimiento. Pero una tarde Pachita despertó con sus manos y prendas ensangrentadas: quienes presenciaron el macabro evento la vieron manipular un cuchillo de monte y abrir de par en par el torso de un paciente al que extrajo dos tumores, para luego cerrar limpiamente la herida. Lo más extraño fue que la persona no sintió dolor y se recuperó de su enfermedad, empero la escena había sido tan siniestra que

---

[48] De Filippi, Sebastiano, *La Ciudad de la Llama Azul*, op. cit., p. 147.

[49] Grinberg-Zylberbaum, Jacobo, *Pachita: un testimonio veraz del poder de la mente sobre la materia*, México, Colofón, 1994, p. 84.

muchos de los espectadores se descompusieron y corrieron a llamar a las autoridades.

Pachita pasó dos años en un asilo. Este penoso tiempo quedó grabado a fuego en su mirada y desde entonces fue más cautelosa con las incorporaciones de "Hermanito". Para cuando recuperó la libertad intentó recomponer su vida; se casó y tuvo cinco hijos, dos de los cuales murieron. Johanna Michaelsen, quien por aquel entonces llevaba casi catorce meses y 200 operaciones como ayudante de Pachita y además se preparaba para ser la nueva hospedante de la entidad, le preguntó si "Hermanito" Cuauhtémoc no habría podido hacer algo por sus hijos. La respuesta fue tan incómoda que le hizo replantear su vida:

> "Mi esposo venía a ayudarnos, pero era muy tomador. A veces se burlaba de mí y me decía que solo veía visiones. Yo traía un embarazo de seis meses. Un día, el Hermano dijo que como señal y para dejar de dudar me iba a hacer desaparecer a mi niño. Se lo dije a mi esposo y él se siguió burlando. Decía que solo eran ideas y que yo estaba mal de la cabeza. Pues no me lo va a creer pero estando una noche en este mismo cuarto me sentía como mareada y al ratito me di cuenta de que ya no tenía nada en mi vientre. Me lo esfumó y desapareció. Desde ese día mi compañero ya no ha vuelto a ayudarnos".
>
> "Me dijo que era la voluntad del Padre que el niño abandonase esta tierra, que se trataba de un asunto karmático por el que debía sufrir y llorar su pérdida. Estuve tan furiosa con Hermanito que no le permití que saliese por semanas, pero finalmente abdiqué debido a su enorme persistencia".[50]

La identidad disociativa de Pachita operó durante casi cincuenta años,[51] y antes que Michaelsen fueron muchos los que colaboraron en sus intervenciones. Armando fue el ayudante más veterano y también se dedicaba por su cuenta a curar. Sin embargo, durante las operaciones él conservaba su ego observador: según comentaba, había hecho un pacto con la entidad que consistía en que a cambio de mantener su conciencia no recibiría tanta protección como sí tenía Pachita por ofrecer su cuerpo. Al parecer, esa era la

---

[50] Ibíd., p. 54.

[51] Según Jodorowsky, serían setenta años: la primera operación que Pachita realizó en trance fue a los diez años cuando, tomando una hoja de un lanzador de cuchillos, abrió el vientre de una elefanta preñada con la cría en postura transversal, extrajo el retoño y luego cerró la herida aplicándole simplemente sus manos, sin dejar cicatriz. Jodorowsky, Alejandro, *La danza de la realidad: psicomagia y psicochamanismo*, Madrid, Siruela, 2001, p. 310.

razón que argumentaba "Hermanito" por la cual recibía tantos "daños", debiendo someterse repetidas veces a su cuchillo, dejando sus vísceras expuestas al menos una vez por año, lo que permitía que la mano de Pachita hurgara en búsqueda del fétido y pulsante "daño" en sus entrañas.

Alejandro Jodorowsky fue otro colaborador que asistió semanalmente a sus intervenciones por casi tres años. Describió su experiencia, primero como ayudante y luego como paciente. Reproducimos a continuación su relato porque nos brinda una pista fundamental acerca de lo que más adelante estudiaremos como *loosh* o sufrimiento inconsciente:

> Como desde mi encuentro con Castaneda no había cesado de sentir un agudo dolor en el hígado, fui a ver a Pachita premunido de un huevo. Pachita me lo frotó en la región dolorida y me dijo: "Niño querido del alma, aquí tienes un tumor. Te voy a operar para arrancártelo de cuajo", viendo la palidez de mi rostro se puso a reír. [...] Me quité la camisa, como si fuera algo chistoso. Mas cuando me vi extendido en la cama, frente a Pachita, que blandía su cuchillo disfrazada de héroe azteca y rodeada de fanáticos que rezaban, empecé a sentir miedo. Quizás estaban todos locos. Presa del pánico, exclamé: "Ya se me pasó el dolor, Hermano. No es necesario que me opere". Intenté levantarme. La poseída, con inmensa autoridad, me obligó a quedar tendido, me colocó la punta del cuchillo detrás de mi oreja izquierda y descendiéndolo lentamente me dijo: "Si no quieres que te opere el hígado, comenzaré a abrirte desde aquí, te sacaré el corazón". Siguió bajando el cuchillo, "¡Luego te cortaré el estómago y, por fin, te sacaré del hígado a ese chingado diablo!" [...] Hizo un rollo con mi piel y dio un corte. Oí el ruido de las dos hojas de acero. Comenzó el horror. Aquello no era teatro. ¡Sentí el dolor que siente una persona a la que le cortan la carne con unas tijeras! Corría la sangre y pensé que me moría. Después, me dio una cuchillada en el vientre y tuve la sensación de que lo abría dejando mis tripas al aire. ¡Espantoso! Nunca me había sentido tan mal. Durante unos minutos que me parecieron eternos, sufrí atrozmente y me quedé blanco. Pachita me hizo una transfusión. A medida que escupía su extraño líquido rojo por el tubo de plástico que me había embutido en la muñeca, sentí poco a poco que me invadía un agradable calor. Después levantó mi hígado sangrante y comenzó a tirar de una excrecencia que tenía. "Vamos a arrancarlo de raíz", afirmó el Hermano.
>
> Y yo padecí, aparte del olor a sangre y de la horrorosa visión de la víscera granate, el dolor más grande que había sentido en mi vida. Chillé sin pudor. Dio el último tirón. Me mostró un pedazo de

materia que parecía moverse como un sapo, la hizo envolver en papel negro, me colocó el hígado en su sitio, me pasó las manos por el vientre cerrando la herida y al momento desapareció el dolor. Me vendaron, me envolvieron en la sábana, me llevaron al salón y me acostaron entre los otros operados. Allí me quedé inmóvil media hora, feliz de estar vivo. Pachita, limpiándose la sangre, se arrodilló junto a mí, me tomó las manos y me preguntó cómo me llamaba. Luego, me estrechó entre sus brazos y me entregué a ellos con sed de madre. Cuanto más pedí, más me dio. Quise un infinito cariño, obtuve un infinito cariño. Sí, Pachita conocía el alma humana y sabía utilizar muy bien una terapia que mezclaba el amor y el terror.[52]

La integración del doctor Grinberg en el equipo de operaciones le permitió intercambiar opiniones con varios protagonistas de los eventos, en particular con doña Candelaria, la más antigua de las asistentes, y con Memo, uno de los hijos de Pachita. Memo, al igual que su hermano Enrique (más tarde hospedante de la entidad y sanador emigrado a Francia), ayudaba durante las intervenciones y se ocupaba de la mayoría de las tareas administrativas, como poner orden en la siempre creciente fila de enfermos o llevar nota de las prescripciones de las hierbas y preparados que se recetaba a los convalecientes. Con todo, siempre fueron renuentes en torno a la identidad disociativa de su madre, quizá por el trato despectivo que a veces ostentaba "Hermanito".

Doña Candelaria tenía cierta reticencia a acercarse mientras Pachita operaba:

Yo veo que alrededor de sus manos hay otras manos. La verdad es que solo veo el cuerpo del enfermo sin ropas y esas manos. Casi no veo las manos suyas [de Grinberg], ni las de Pachita. Esas otras manos brillan más y siempre me asustan. Por eso ya ve que no me acerco. Sí, usan instrumentos. Cortan y suturan y paran la sangre y son muy rápidas. La verdad es que las manos de usted las ocupan esas manos brillantes y yo sé que cuando usted mueve un dedo, ellas son las que lo hacen pero usted no se da cuenta.[53]

Armando luego le refiere:

---

[52] Grinberg-Zylberbaum, Jacobo, *Pachita: un testimonio veraz del poder de la mente sobre la materia*, op. cit., pp. 310-312.
[53] Ibíd., p. 54.

El trabajo operatorio no termina con la operación. Los seres siguen trabajando los injertos, ligando conductos, dando energía, y restableciendo y fortificando las células.[54]

Una convaleciente que fue más tarde entrevistada coincidió:

Veía muchísimas manos. Las sentí muy claramente dentro de mi cuerpo. Eran 10 o 20 o 40 manos que rápidamente me tocaban los riñones y la vejiga. Algunas tenían uñas y me rasguñaban, pero todas operaban y no se estorbaban.[55]

Memo, por su parte, sostuvo que había hospedado a "Hermanito" en una única ocasión, para que este operase a su madre de una embolia cerebral resultante del shock por el asesinato de su primer hijo en la masacre de Tlatelolco.[56] Quizá como resultado de esto, había logrado cierta visión expandida de la realidad sobre la que Grinberg interrogó:

- ¿Qué es lo que "ves" durante las operaciones?
- Pues es como un quirófano súper moderno. La única diferencia es que la luz no viene de una lámpara sino de las gentes que ayudamos y cada cual tiene su función.
- ¿Función?
- Mira, mi mamá es el cirujano principal, Armando es el jefe del instrumental, doña Candelaria la afanadora [enfermera] y tú eres el anestesiólogo.
- ¿Yo?
- Sí, hombre, tú quitas el dolor y anestesias, y al suturar aplicas anestesia local a las heridas y cuidas que el operado no sufra.[57]

Aparte del evento de alta extrañeza que tuvo lugar con la sustracción del feto de Pachita, "Hermanito" tenía un trato poco tolerante con su hospedante. Michaelsen, antes de retirarse del grupo de intervenciones, se sintió molesta con la actitud despreciativa de la entidad cuando no permitía a Pachita

---

[54] Ibíd., p. 53.

[55] Ibíd., pp. 68-69.

[56] La masacre de Tlatelolco fue el asesinato de estudiantes y civiles por militares y policías el 2 de octubre de 1968 en la plaza de las Tres Culturas, en la sección de Tlatelolco de la Ciudad de México. Los eventos se consideran parte de la "guerra sucia" en México, cuando el gobierno utilizó sus fuerzas para reprimir a la oposición política. La masacre ocurrió diez días antes de la apertura de los Juegos Olímpicos de 1968.

[57] Grinberg-Zylberbaum, Jacobo, *Pachita: un testimonio veraz del poder de la mente sobre la materia*, op. cit., p. 71.

pintarse sus uñas: "¿Dime, mi hijito, cuántas veces les he dicho que no permitan que 'mi carne' utilice ese horrible esmalte de uñas?"[58] Si "Hermanito" descubría este acto de rebeldía de "su carne", acostumbraba a decorar las uñas de sus hijos para que cuando despertase Pachita del trance le recordaran su enfado.

Desconfiando que tras "Hermanito" acechara una entidad diabólica, Michaelsen partió hacia un retiro espiritual en un Centro Fundamentalista Cristiano en donde más tarde recibió un exorcismo. Luego, ya convertida en una dogmática ministro, comentó:

> No podía entender por qué Hermanito, más allá de su humor irónico, trataba de forma tan cruel a Pachita; no le permitía comprarse nuevas prendas ni vestirse adecuadamente y lo más despiadado: evitaba curarla cuando ella enfermaba, lo que ahora era cada vez más frecuente. Incluso la pobre excusa del "karma" me parecía cada vez más falsa. Además su familia se estaba cayendo a pedazos. Con los meses, la paz que había percibido en un principio se deterioró en la presencia de la casi constante tensión y murmuraciones entre sus hijos.[59]

Pachita fallecería siete años después, el 29 de abril de 1979.

Nos hace falta cubrir un último aspecto que se conecta con las ceremonias del sanador Acoglanis en el Uritorco. Recordemos que el "Ángel de Los Terrones" tenía por costumbre celebrar los rituales en su "altar mayor", desde donde se avistaban las supuestas luces de la ciudad de Erks:

> Llegado el atardecer, llevaba [a grupos cada vez más numerosos de amigos, pacientes y discípulos] a Los Terrones para participar en un ritual de contacto visual con Erks, cuyas luces parecían manifestarse a la vista de todos, venciendo la incredulidad general. En estas ocasiones, Ángel explicaba que era Saruma y se presentaba un poco jocosamente como "el portero de Erks". Las personas que acompañaron a Acoglanis en estas ceremonias se cuentan de a centenares, pero solo hace poco se conoció este dato.[60]

El caso de Pachita era menos inocente. "Hermanito" realizaba dos clases de intervenciones: por enfermedades y por "daños". La alta extrañeza de estos últimos merecería un estudio aparte que tal vez pudiera asociarse con los

---

[58] Michaelsen, Johanna, *The Beautiful Side of Evil*, Eugene, Harvest House, 1982, p. 125.
[59] Ibíd., pp. 134-135.
[60] De Filippi, Sebastiano, *La Ciudad de la Llama Azul*, op. cit., p. 109.

implantes en la fenomenología de abducciones pero, para sintetizar y de acuerdo a lo recolectado por los asistentes, digamos que la remoción de estos "objetos" requería por parte de la identidad disociativa no solo la acostumbrada y dramática apertura del plexo solar con el cuchillo de monte, sino además la transmogrificación a su forma física del "daño" que solo se hallaba en su cuerpo etérico (energético). Por lo general, el aspecto que adquirían una vez materializados en los intestinos del paciente era el de una pequeña alimaña, a la que se cubría de inmediato con una tela o papel negro.

Una vez finalizadas las curaciones del día, los "daños" acumulados eran transportados a fin de realizar un ritual de destrucción. Quienes estaban a cargo de ello eran Armando (recordemos que había sido múltiples veces intervenido por esto mismo) y los hijos de Pachita. "Hermanito" tenía prohibido que "su carne" efectuase esta labor:

> Doce personas eran casi siempre convocadas para formar un círculo alrededor del camastro de operaciones y orar al Señor por protección cuando había que remover "daños". Los objetos removidos eran envueltos en papel oscuro, atados con hilos y cubiertos con una correa de cuero adornada de campanillas. [...] El doctor Carlos más tarde me comentó sobre las sesiones que se celebraban en el cerro; batallas espirituales en las que frecuentemente aquellos que formaban el círculo de protección alrededor de una hoguera [donde se quemaban los "daños"] eran blancos de piedras, desperdicios e incluso estallidos que caían del cielo. A veces atacaban a todos exceptuando a una o dos personas, antes que enterrasen o se lograra quemar el objeto en el fuego.
> "Puedes escuchar a los espíritus aullando con furia en la noche. Es mejor que no te arriesgues a esa experiencia", me dijo el doctor Carlos. Tuve que coincidir. Más allá de mi curiosidad y el deseo de aprender, no tenía más interés en toparme con esa clase de entidades.[61]

Arigó

Un día típico en la vida de José Pedro de Freitas, conocido desde su juventud como Arigó –un campesino brasileño que decía ser poseído por el médico alemán Adolf Fritz– comenzaba temprano en la mañana: una fila de enfermos y desahuciados esperaba a su puerta. Durante un período de dos décadas, entre 1950 y 1970, Arigó trató a más de un millón de pacientes (pueden haber sido menos, debido al hecho de que algunos regresaban en

---

[61] Michaelsen, Johanna, *The Beautiful Side of Evil*, op. cit., p. 133.

más de una ocasión): trescientos enfermos al día, cinco días a la semana, durante casi veinte años.

Atendía hasta las 11 de la mañana, cuando se trasladaba a su trabajo en las oficinas de Bienestar Social –su único ingreso, dado que no cobraba por sanar– y allí se desempeñaba por cuatro horas como recepcionista; luego almorzaba junto a su familia y volvía presuroso a su "clínica". Los pacientes aguardaban pero sabían que serían atendidos. Por lo general, luego de la medianoche habían sido todos despachados, a razón de un paciente por minuto: eso era lo que le tomaba al presunto doctor Fritz diagnosticar, intervenir, suturar y controlar la operación, junto a la prescripción de la receta correspondiente.

Arigó nació el 18 de octubre de 1922 en Fazenda do Faria, un pueblito del interior brasileño, ubicado en Congonhas do Campo, cercano a Belo Horizonte (Minas Gerais) y falleció en la misma localidad a causa de un accidente de automóvil, en 1971. Fue el primogénito de una familia rural con otros nueve hijos y aunque siempre intentó negarse a hablar de ciertos sucesos, desde sus primeros años había experimentado alucinaciones y algunas veces era perseguido por lo que parecía ser unos destellos de una luz misteriosa.

Podemos trazar similitudes con los inicios de Acoglanis: su infancia estuvo rodeada de pobreza y del negligente trato de su padre Antônio, un trabajador rural. Tampoco logró ser un buen estudiante: abandonó en tercer grado la escuela primaria para trabajar en una mina de hierro. Al igual que el "portero de Erks", el jovial paisano brasileño aspiraba a cargos políticos: de hecho, lo que lo lanzó a la fama como sanador fue la intervención de un político sindicalista.

Pero al igual que Pachita, la irrupción de la identidad disociativa –el médico alemán Adolf Fritz– tuvo un marcado sesgo dictatorial:

> Estaba charlando con unos amigos, y de repente comenzaron a contar anécdotas picantes y hablar sobre temas retorcidos al tiempo que una voz me indica que saliese de allí.[62]

Arigó obedeció: había aprendido que no convenía hacerse el rebelde con aquella presencia. Cualquier desacato conducía a consecuencias desagradables, como migrañas y molestias físicas. Cuando fue a Belo Horizonte por un trabajo temporario, se sintió atraído por aventuras amorosas pero, a diferencia del picaflor argentino, la voz guardiana estaba siempre alerta parar evitar cualquier indulgencia:

---

62 Pires, Herculano, *Arigó: vida, mediunidade e martírio*, San Pablo, Paidéia, 1963, p. 13.

Un sábado estaba de guardia y fui a uno de los pisos superiores. Estaba elucubrando en mi cabeza alguna diversión para la noche. Al final del día, sentí la necesidad de ir al baño. Pero cuando quise salir, no podía hacerlo: había quedado encerrado. El personal del piso ya se había retirado y el edificio había cerrado. Me quedé allí hasta el lunes por la mañana. Pasé el sábado y el domingo encerrado en aquel cubículo, sediento y hambriento. Cuando salí y me encontré a solas en la habitación, la voz me preguntó si me había divertido. Ya no quise volver a tener problemas.[63]

A consecuencia de esto, Arigó destilaba responsabilidad y compromiso, y no tardó en convertirse en un líder sindical y luego en presidente del gremio de mineros. Pero el sector en huelga fue obligado por las autoridades a un acatamiento forzoso y eso terminó con sus años en la minería. Cuando renunció a la presidencia, abrió un restaurante, incursionó en bienes raíces y luego vendió autos usados. En 1946, a la edad de veinticinco años, abandonó la casa de sus padres para contraer matrimonio con Arlete André, una prima lejana; tuvieron seis hijos. Y aquí fue cuando se agudizó el asedio hiperdimensional.

Arlete contaba las dificultades que tuvo que enfrentar con su esposo: además de dolores de cabeza crónicos se despertaba asustado y veía formas oscuras que reptaban en la habitación. Una entidad lo aterrorizaba por las noches: al parecer el doctor Fritz tenía una enorme fisonomía de "perfil alemán" y "rostro rojizo", además de una enorme cabeza calva. La situación no mejoró, las migrañas se profundizaron y las pesadillas se hicieron más vívidas.

Al igual que Memo, el hijo de Pachita, las visiones nocturnas tenían por escenario futuristas salas de operaciones, con una peculiar cama donde yacía un paciente junto a un médico alto que hablaba con voz gutural. No es un dato menor la mención similar que hacen muchos abducidos al "quirófano". Es más, la iniciación chamánica presenta una imaginería semejante; el ufólogo Thomas Eddie Bullard comentó en un estudio comparativo entre las abducciones y la narrativa folclórica:

Los paralelos entre el fenómeno ovni y el folclor fueron una piedra angular a través de la cual los investigadores extendieron el trabajo pionero de Vallée. Estos pequeños enanos grises reportados en los avistamientos de aterrizajes tienen sus semejanzas en las creencias populares alrededor del mundo. [...] Pero si nos enfocamos en la imaginería, la estructura narrativa y los patrones mitológicos recurrentes, vemos que se corresponden con la iniciación y los viajes chamánicos. [...] El candidato está

---

[63] Pires, Herculano, *Arigó: vida, mediunidade e martírio*, op. cit., p. 13.

gravemente enfermo o en trance, y su alma abandona el cuerpo y se encuentra con unos guías que lo acompañan al inframundo, donde los demonios lo torturan; eventualmente es implantado con cristales de roca en su cabeza, que le brindan poder y comunicación con las entidades espirituales; esto ocurre en una tétrica caverna con una iluminación uniforme pero no localizada. Cuando el iniciado retorna, puede permanecer inconsciente por días y subsecuentemente cambia su vida por la de un chamán, con la capacidad de sanar. [...] Cualquiera familiarizado con los informes de abducción rápidamente identifica las equivalencias entre el tiempo perdido, los pequeños guías, el procedimiento quirúrgico en la nave o caverna y la transformación que se produce después. Incluso el aspecto de la iluminación en la habitación durante la revisación médica tiene correlaciones con las leyendas siberianas.[64]

La historia cuenta que Arigó despertó espantado y comenzó a correr por las calles, llorando a los gritos, en paños menores. Las autoridades llamaron a médicos y sacerdotes para conjugar ansiolíticos y exorcismos, sin mayores resultados. Fue entonces cuando claudicó ante Fritz: solo así terminaron las migrañas y las pesadillas. Más tarde, el supuesto médico alemán comentó: "Arigó no vende doctrina y es por eso que lo elegí. Me llevó quince años preparar a este médium y no lo habría hecho de no estar seguro de su honestidad".

A los ojos de la ufología profunda, este comentario es curioso al menos por dos razones; en primer lugar, resuena con una frase atribuida a la identidad disociativa Saruma, hospedada por el sicalíptico Acoglanis, cuando menciona "Yo he encontrado un cuerpo libertino pero, a pesar suyo, hago mi trabajo; porque ninguna fuerza dispersante nos puede desviar del camino, si persistimos con conciencia cierta".[65]

En segundo lugar, estas identidades disociativas hablan siempre de imponer su voluntad por sobre el libre albedrío del ego observador: como si estuvieran reclamando la posesión de un ser humano al que denominan peyorativamente como "mi instrumento" o, en el caso de Pachita, "mi carne". La psicología moderna califica este proceder –el tratar como un objeto a un ser humano– como narcisista y con fuertes rasgos psicopáticos. Efectivamente estas identidades disociativas parecen actuar como entidades posesoras, pues ¿dónde queda la libertad del individuo cuando ingresan en trance?

---

[64] Bullard, Thomas E., *The Myth and Mystery of UFOs*, Lawrence, University of Kansas, 2010, pp. 140, 236.

[65] De Filippi, Sebastiano, *La Ciudad de la Llama Azul*, op. cit., p. 151.

El supuesto Fritz, antes de hablar a través de Arigó, comenzó a darle intuiciones sobre la medicación necesaria para curar a los enfermos. Arigó recibía muestras gratis de amigos en Belo Horizonte que conocían su capacidad como médium. Al poco tiempo, una noche, realizó su primera curación: un anciano trabajador ferroviario que caminaba a duras penas, luego de una orden verbal, dejó sus muletas y volvió como si nada al trabajo.

Pero fue en 1950 cuando tuvo lugar un singular evento. El senador Carlos Alberto Lúcio Bittencourt, un político y sindicalista, recorría el distrito de Arigó en busca de votos para su candidato presidencial. Como Arigó aún contaba con la lealtad del sindicato, prometió apoyar a Bittencourt. El senador invitó a Arigó junto a otros mineros a asistir a un mitín en la cercana ciudad y terminaron por hospedarse en un hotel de Belo Horizonte.

El senador estaba enfermo: había sido informado recientemente de que padecía cáncer de pulmón, necesitaba una cirugía inmediata y tenía la intención de viajar a los Estados Unidos para recibir tratamiento tan pronto como terminara la campaña. Esa noche, mientras yacía en su cama, Arigó entró vertiginosamente a su habitación: los ojos en blanco del trance profundo y una filosa navaja de afeitar en su mano parecieron una mala combinación a Bittencourt, que entró en pánico y no tardó en desmayarse.

Cuando despertó por la mañana, tenía desgarrada la parte superior del pijama, y había sangre en todo su pecho, junto a una pequeña y limpia incisión en la caja torácica. Se levantó tambaleándose y como pudo fue hacia su armario para vestirse. Todavía en estado de shock, fue a despertar a Arigó, que roncaba en brazos de Morfeo. Apresuradamente le contó lo que había visto, le mostró la herida y el pijama ensangrentado y terminó por contagiar sus nervios: el médium no tenía memoria de nada de lo que había ocurrido.

El senador y el sanador salieron confundidos del hotel: el primero, en un taxi a visitar a su médico; el segundo subió a su jeep y condujo hasta su casa. El médico fue el más sorprendido, ya que las radiografías no mostraron rastro alguno del cáncer: se había desvanecido. Bittencourt no tuvo dudas, había ocurrido un milagro, y comenzó a contar a la gente lo que había sucedido, inclusive en sus discursos políticos. Arigó se convirtió en una celebridad conocida en todo Brasil. Los enfermos y heridos comenzaron a correr hacia su puerta y durante las siguientes dos décadas continuaron llegando.

La primera cura espectacular, atestiguada por varias personas, fue la de una mujer con cáncer de útero. Estaba muriendo: el sacerdote ya había administrado la extrema unción y algunos parientes la lloraban en silencio. Arigó era un amigo de la familia y había venido a presentar sus respetos. Cuando ingresó en la habitación, serio y circunspecto, se compadeció del estado de la mujer e intentó orar. Comenzó a sentir una sensación de hormigueo; sabía que era el anuncio de la inminente aparición de Fritz.

Trató de controlarse y evitar la "incorporación" frente a los presentes que lo miraban de reojo. Temblando y sudando, se retiró hacia un lugar apartado, pero fue en vano. La apremiante presencia del médico incorpóreo comenzó a extender el control por todo su sistema nervioso. Ya en medio de una duermevela, en lucha por su soberanía corporal, se vio corriendo hacia la cocina y tomando un afilado cuchillo regresó a la habitación.

Frente a la aturdida familia quitó frenéticamente la sábana que cubría a la desfalleciente mujer, clavó el cuchillo en su vientre y comenzó a retorcerlo y empujarlo, ampliando la pavorosa incisión. En medio de los gritos de espanto de los parientes metió la mano en la herida y extrajo un enorme tumor, del tamaño de una naranja. Lo curioso fue que, aparte de la sangre adherida al tumor, la mujer no había sangrado en absoluto. Regresó a la cocina, dejó caer el cuchillo y el tumor en la pileta y se desplomó en una silla. Cuando los estupefactos familiares se acercaron, lo hallaron sollozando.

El médico que había diagnosticado el cáncer fue llamado inmediatamente a la escena: no encontró hemorragias y su paciente afirmó que se sentía completamente aliviada. Con cierta reticencia, se llevó el tumor para realizar una biopsia. La mujer se recuperó en poco tiempo. No hubo una explicación médica posible para la extirpación del tumor, ni para la supervivencia de la mujer y mucho menos para la desaparición de todos los rastros del cáncer. Arigó, según la agradecida familia y el médico, había realizado un milagro.

Las filas de enfermos se alargaron frente a su puerta. Los trataba durante horas, pero una vez que concluía su labor, afirmaba no recordar nada de lo ocurrido. Escribía largas y complicadas recetas médicas, en cuestión de segundos, mientras miraba fijamente hacia la nada. Operaba con unas tijeras, un cuchillo y de vez en cuando unas pinzas: sin anestesia y sin asepsia, pero sin dolor y sin infecciones.

Las recetas a veces eran para medicamentos olvidados hace tiempo –como ocurrió con el "profeta durmiente" Edgar Cayce– pero en otras ocasiones estaban en la vanguardia farmacéutica y los remedios aún no se habían importado a Brasil. Posteriormente este fue un punto importante planteado por su abogado defensor en oposición al cargo presentado contra Arigó por brujería (curanderismo). Como describe Fuller: "Para probar la brujería, era necesario demostrar que un acusado había distribuido personalmente brebajes de raíces y hierbas. Esto fue claramente algo que Arigó jamás hizo".[66]

Otra intervención extraordinaria, esta vez en presencia de un médico, fue la remoción de un cáncer declarado como inoperable: Carlos da Costa Cruz trabajaba como dentista en Belo Horizonte y tenía su consultorio en el mismo edificio que el cónsul y antropólogo británico Harold Victor Walter, quien se

---

[66] Fuller, John G., *Arigó: Surgeon of the rusty knife*, Nueva York, Thomas Y. Crowell, 1974, p. 112.

había convertido en un observador frecuente en la "clínica" de Arigó. A la cuñada de Cruz, Sonja, varios médicos habían diagnosticado cáncer hepático inoperable, incluido su propio padre. Desesperados, Carlos, Sonja y su progenitor viajaron a Congonhas do Campo. Arigó comunicó que ella tenía un tumor en el hígado e insistió en realizar de inmediato la intervención. La descripción es poco menos que fantástica:

> Fue cuestión de minutos: Sonja se recostó en el piso sobre unos diarios viejos en la pequeña habitación. Arigó trajo algo de algodón y varios instrumentos, incluyendo tijeras y cuchillos. Seleccionó una navaja e hizo una incisión. Tanto Cruz como su suegro sabían que era imposible cortar el hígado sin una hemorragia masiva y ninguno de los dos podía explicar por qué permitieron que esto se hiciera, o por qué permanecieron tan pasivos mientras Arigó cortaba a la paciente con un instrumento no esterilizado y sin anestesia. Quizás, pensaron más tarde, era porque esta era su última oportunidad: todo lo demás había sido ya considerado.
>
> Observaron que la sangre brotaba, pero era solo un pequeño goteo que se deslizó a los lados de la herida. Luego, afirmó Cruz, sucedió algo aún más extraño: Arigó insertó las tijeras profundamente en la herida, y cuando retiró la mano, las tijeras parecieron moverse por sí solas. Cruz se volvió para mirar a su suegro, quien asintió e intercambiaron perplejas miradas. Ninguno pudo creer más tarde lo que ahora estaban viendo. Posteriormente, Arigó retiró las tijeras, metió la mano en la herida y extrajo el tumor y con un gesto espectacular, lo colocó en la mano de Cruz. Luego tomó el algodón y limpió a lo largo de la incisión. Cuando terminó, los bordes de la herida se adhirieron sin puntos y Arigó colocó momentáneamente un crucifijo sobre ella. Luego dijo a Sonja que se levantara y, más allá de toda explicación lógica, lo pudo hacer: estaba débil y temblorosa, pero no sentía dolor.[67]

La biopsia del tumor confirmó que era cáncer. El hígado se regeneró; es el único órgano principal que puede hacer esto y, en consecuencia, la mujer vivió. Ni Cruz ni su suegro médico tenían una explicación de lo que habían visto.

En 1956, Arigó fue condenado por práctica ilegal de la medicina y sentenciado a quince meses de prisión; más tarde fue indultado por el presidente de Brasil, Juscelino Kubitschek (cuyos familiares habían sido

---

[67] North, Gary, *Unholy Spirits: Occultism and New Age humanism*, Houston, Institute for Christian Economics, 1994, pp. 234-235.

salvados por el doctor Fritz). En 1962 fue nuevamente arrestado durante siete meses por practicar medicina sin licencia. La historia cuenta, sin embargo, que luego de sanar a un guardia se le permitió continuar tratando a personas mientras estaba en la cárcel.

El 11 de enero de 1971, cuando regresaba a Congonhas conduciendo bajo una intensa lluvia, Arigó perdió el control del auto, que se cruzó de carril, embistiendo frontalmente a un camión y falleciendo a causa de un traumatismo cerebral. Curiosamente y a pesar que José Pedro era muy reservado, unos días antes había organizado una fiesta junto a sus familiares y amigos:

> El Zé Arigó sabía que iba a morir. El "Dr. Fritz" se lo decía desde 1968, afirmándole que iba a suceder de un modo violento. [...] Empezó a prepararse para ese gran día sin perturbaciones. Se alejó de la presidencia del centro espiritista, según "Fritz" debía morir a los 49 años. Así lo anunció en una entrevista en diciembre de 1970 por TV. Declaró: "Estoy tranquilo, creo que cumplí mi misión en la Tierra". El "Dr. Fritz" anunció en una sesión del centro espiritista en 1968: "Al morir Arigó, continuaré dando consultas, ya escogí mi nuevo instrumento: el 'Prêto'".[68]

El "Prêto" era Altemir Gomes de Araujo, de 36 años, casado y padre de tres hijos. Desde 1948 era el ayudante del Fritz, encargado de traducir sus recetas para los clientes.

Chapman

Durante los primeros veinticinco años de su vida George Chapman, un ex-bombero que vivió cerca de Aberystwyth, en Gales, no tuvo ninguna señal de que iba a ser un sanador. Luego, en 1945, tras la muerte prematura de su pequeña hija Vivian, sus poderes latentes parecieron despertar y junto a su esposa intentaron diferentes métodos para lograr tener una noticia del destino de su hijita. Chapman pronto descubrió que podía ingresar en trance fácilmente: en sesiones semanales regulares celebradas entre amigos dio voz a diversas entidades con nombres tales como Ram-a-din-i o Chang Woo.

No pasó mucho tiempo antes de que la amable voz del "doctor Lang" comenzase a hacerse oír, revelando que utilizaría la mediumnidad de Chapman para sanar a los enfermos. Hablando con un acento de clase alta, Lang solía caminar por la sala de espera de su consultorio haciendo un gesto compasivo a los que lo rodeaban. Sin embargo, durante el trance, al igual que

---

68 Siqueira, Paulo, *Zé Arigó: vida y muerte*, Buenos Aires, Fontefrida, 1971, p. 89.

Pachita y Arigó, Chapman dejaba de estar al tanto de lo que ocurría a su alrededor.

En un primer momento, el doctor Lang habló con moderación sobre su existencia terrenal como médico, pero con el tiempo reveló su nombre completo y donde había trabajado durante muchos años: en el famoso hospital de Middlesex, en Londres. Las investigaciones realizadas en la Asociación Médica Británica por Leslie Miles, amigo de Chapman, mostraron que William Lang había sido un distinguido cirujano y oftalmólogo: nacido el 28 de diciembre 1852 en Exeter (Devon), había realizado sus prácticas en el hospital de Middlesex desde 1880 hasta su retiro anticipado, por problemas en su vista, en 1914 y había muerto –mientras Chapman era un adolescente en Liverpool– el 13 de julio de 1937.

La asociación entre William Lang y George Chapman evolucionó rápidamente. Con suma facilidad y destreza, Lang controlaba el cuerpo de Chapman durante más de seis horas diarias con el fin de "operar" invisiblemente sobre el cuerpo etérico de aquellos que confiaban en su curación. La sanación se llevaba a cabo tratando a la contraparte etérica del órgano afectado, que producía un correspondiente efecto en el cuerpo físico: aquí no se atemorizaba a los pacientes con sangrientos instrumentos y solo algunas veces se escuchaba que Chapman chasqueaba sus dedos, señal de que el doctor Lang solicitaba su escalpelo etérico. El reaparecido doctor era asistido por su hijo Basil –muerto años antes que el padre– y un grupo de invisibles y anónimos ayudantes, los cuales producían una serie de extraños ruidos, según atestigua una de sus pacientes:

George Chapman y yo [Barbara Cartland] conversamos un poco y luego me dijo: "Ahora voy a decirle adiós y caeré en un trance en el que permaneceré hasta las 5 de esta tarde". Cerró los ojos durante unos minutos y empezó a hablar como el doctor Lang, con un fuerte acento escocés. Escuché atentamente, pues ya se sabe que el acento francés o escocés es la mejor manera de disfrazar una voz. Pero durante la media hora que estuve con el "doctor Lang" no pronunció una sola palabra con el mismo acento que tenía George Chapman. Me examinó sin tocarme y, utilizando términos médicos, me dijo que tenía una pequeña adherencia en el hígado que más tarde podría traerme problemas, pero que la extraería mediante una operación espiritual.
Me tumbé en el sofá y mientras me acostaba me dijo: "No se preocupe por los ruidos". No tenía la menor idea de lo que me estaba hablando, pero al operarme escuché unos ruidos muy fuertes, como si golpearan dos trozos de metal directamente sobre mi cabeza. Miré hacia arriba pero, hasta donde pude darme cuenta, era absolutamente imposible que este ruido proviniera de

la pared próxima a mí, ni de la habitación del lado, ni de ninguno de los otros muros que estaban demasiado lejos. El ruido era constante y no conseguí explicarme de donde procedía.[69]

Desde la década de 1940, Chapman –que había terminado recogiendo y heredando muchas de las antiguas posesiones del doctor Lang e incluso dormía en la cama del médico– viajó por el mundo para que su compañero descorporizado pudiese continuar con la misión de aliviar el sufrimiento, a razón de diez libras esterlinas por cada sesión de quince minutos. Cientos de operaciones exitosas, muchas de ellas vistas con asombro por médicos ortodoxos, se habían realizado sobre dolencias que iban desde cálculos biliares a tumores cancerosos.

De la misma impresionante forma, familiares sobrevivientes y ex-pacientes del doctor Lang fueron capaces de comunicarse con el cirujano espiritual durante las sesiones de trance y confirmar que él era el hombre que tan bien habían conocido. La hija de Lang, Marie Lyndon Lang, fue naturalmente escéptica cuando oyó en 1947 que su padre había vuelto a habitar, de a intervalos, el cuerpo de George Chapman. Pero después de escuchar su voz, habiendo observado sus gestos, y haciendo preguntas personales sobre los sucesos que solo ella y su padre sabían, hizo la siguiente declaración: "La persona que habla a través de George Chapman y afirma ser William Lang es, sin lugar a dudas, mi padre".

Durante treinta y un años, hasta su muerte a la edad de noventa y cuatro, en mayo de 1977, Marie Lyndon hablaba regularmente con su padre fallecido. A petición suya, sin embargo, tanto sus consultas como su conexión íntima con el cada vez más popular doctor Lang fueron mantenidas en secreto hasta su muerte. Un ejemplo típico de una sesión de sanación fue relatado por el autor y periodista Joseph Bernard Hutton durante su tratamiento en manos del etérico galeno, que terminó por inspirarlo a escribir su libro:

Hutton visitó la clínica en busca de ayuda para una afección ocular. La recepcionista le dijo "el Dr. Lang lo verá ahora". Un hombre en bata blanca se presentó como el Dr. Lang. Los ojos del hombre estaban firmemente cerrados y permanecieron así durante toda la cita, pero se movió como si pudiera ver. Ya estaba al tanto de la receta de sus anteojos. Al palpar suavemente los ojos de Hutton con los pulgares, Lang percibió que habían sido operados cuando era niño e hizo el diagnóstico de su problema actual. Al poner sus manos sobre otras partes del cuerpo de

---

69 Chapman, George y Roy Stemman, *Cirujano de otro mundo*, Barcelona, Urano, 1986, p. 119.

Hutton pudo diagnosticar la otra enfermedad del paciente: un virus de la hepatitis que le quitaba fuerzas; su médico habitual la había diagnosticado como poliomielitis no paralítica, pero Hutton no se lo había mencionado.

El Dr. Lang luego le pidió que se acostara en el sofá, sin desvestirse, y comenzó a "operar". A veces llamaba a asistentes invisibles (incluido su hijo Basil) para que le pasaran instrumentos, y se veía que sus manos se movían como si las estuviera tomando y usando. Le dijo a Hutton que había desacoplado ligeramente el cuerpo energético de Hutton de su cuerpo físico para trabajar sobre él. Hutton comenzó a tener las sensaciones físicas de incisiones, aunque eran indoloras; luego sintió como si las heridas estuvieran siendo suturadas. Lang describió con calma todo lo que estaba haciendo mientras trabajaba. Cuando la operación concluyó, Hutton se sentó y descubrió que no podía ver nada. Sin embargo, Lang le aseguró que volvería a ver mucho mejor; incluso le mencionó que por las noches, cuando el desprendimiento de su cuerpo etérico fuese un hecho natural, él seguiría tratándolo para mejorar su visión. Efectivamente, esto sucedió poco después cuando se sentó en su automóvil "como uno de esos trucos cinematográficos", escribe Hutton. Más tarde, los síntomas de la hepatitis (dolores de cabeza, mareos y agotamiento) también desaparecieron.[70]

Prometiendo "poner fin a todo este enredo de charlatanería", la nieta del doctor Lang, Susan Fairtlough, reaccionó con denodada burla cuando oyó que un sanador estaba "fingiendo" ser su abuelo. Pero después de conocer a George Chapman y a "su" Lang, la señora Fairtlough dijo lo siguiente:

Para mi horror o, más bien, para mi consternación, el hombre que estaba en aquella habitación era indiscutiblemente mi abuelo: no lo era físicamente, pero sí tanto su voz como su comportamiento sin lugar a dudas. Habló y evocó acontecimientos precisos de mi infancia y estaba tan impresionada que lo único que pude decir fue: "Sí, abuelo" o "No, abuelo".[71]

En una de las últimas entrevistas realizadas por el desaparecido investigador de lo paranormal Joseph "Joe" Fisher, desconsolado y harto de las

---

[70] Hutton, J. Bernard, *Mãos que curam: un relato objetivo e convincente de curas espirituais*, San Pablo, Pensamento, 1978, pp. 17-22.

[71] Fisher, Joe, *The Siren Call of Hungry Ghosts: A riveting investigation into channeling and spirit guides*, Nueva York, Paraview, 2001, p. 114.

falsedades y manipulaciones que había descubierto a través de distintas sesiones de otros contactados, cuestionó a la entidad que albergaba Chapman sobre las peculiares razones que hacían su relación tan indisputable:

Fisher: "¿Por qué es tan raro hallar una entidad como usted que pueda ser rigurosamente documentada?"

Lang: "Bueno, creo que las entidades pueden rastrearse si se puede encontrar en primer lugar un médium que logre establecer contacto genuino... Yo conozco tanto sobre mi vida como recuerdo de cuando estaba en la Tierra. Uno no se olvida. Uno tiene memoria..."

Fisher: "Pero parece que una gran cantidad de información proporcionada por las entidades desencarnadas es claramente errónea."

Lang: "Usted verá, podría ser así, como le digo, a veces el médium no es tan perfecto como a uno le gustaría que fuese."

Fisher: "¿O es, que algunas entidades están más cerca del plano terrestre que otras?"

Lang: "Bueno... cuando una persona muere, en general se está muy cerca del plano físico, al menos por un tiempo. Por lo tanto, si se ponen en contacto con un médium pueden brindar evidencia con total claridad. Pero en general no se permanece cerca de la Tierra por mucho tiempo: uno se empieza a alejar, por así decirlo."

Fisher: "Pero usted se ha mantenido cerca: con un objetivo, es de suponer..."

Lang: "Bueno, así es, estoy vinculado a George... los espíritus te rodean todo el tiempo. Solo se trata de convertirse en lo suficientemente sensible como para hacer contacto con los espíritus y, como digo, George y yo tenemos una cercanía a través de nuestras anteriores vidas, al pertenecer a una familia, si me explico, y después de haber trabajado de esta manera durante otras vidas... todavía culpo mucho a la mediumnidad... usted encontrará hoy que la mediumnidad no está siendo practicada lo suficiente y no hay demasiados médiums de trance completo por lo que, diría yo, no están completamente desarrollados. La gente parece querer atarse una corbata al cuello y convertirse en una clase de médico que no es... Creo que si se dice que la curación viene del espíritu, debe probarse que así sea."

Fisher: "Es solo que siento que las entidades con las que he hablado son manipuladoras. ¿Tiene sentido para usted?"

Lang: "Tiene sentido, claro. Eso puede suceder."

Fisher: "¿Ve a ese tipo de personas desde su punto de vista?"

Lang: "Claro. En este mundo hay manipuladores y de igual modo hay personas que quieren aparentar ser importantes, no siendo auténticas. Sé que hay muchos [encarnados] que dicen que sus guías son todos importantes y todos ellos parecen necesitar que así sea, pero cuando se les pregunta '¿Usted investigó a su guía?' y responden: 'Oh, no; pero me ha dicho que era algún famoso cirujano, ahora está usando un nombre diferente porque, como ven, no quiere que su familia se vea involucrada'. Bueno, sin duda, cuando uno desembarca en este mundo desea que su familia sepa dónde se encuentra. Eso es lo que hice yo. Mi hija y mis nietos, todos ellos vinieron a verme."

Fisher: "¿Usted se ve como un 'guía' de George?"

Lang: "Bueno, no me gusta la palabra 'guía'. Siento que soy un amigo cercano de George y estoy aquí para ayudarle y, si lo desea, para guiarlo. Cuando entras en el mundo físico tienes un guía, pero no es por lo general un 'indio piel roja'. Por lo general es un miembro de tu familia que te ama y quiere ayudarte en el camino correcto. Si más adelante desarrollarás el don de la mediumnidad, sin duda alguien se contactará a la brevedad para ayudarte."[72]

Aunque Fisher se retiró reticente de esta entrevista, no se le puede atribuir al supuesto médico (y masón) los excesos de los anteriores taumaturgos. Hay dos datos de color que subrayamos: en primer lugar, el doctor Lang desde el primer día en que tomó posesión de Chapman recitaba la siguiente plegaria:

Oh Maestro, una vez más yo, William Lang, te agradezco que me hayas permitido regresar. Agradezco a George que me haya autorizado a utilizar este, su cuerpo físico. Agradezco a todos aquellos que cooperan con este, que es Tu trabajo. Amén.[73]

Más allá de dirigir la *latomorum* jaculatoria al "Maestro" (en vez del acostumbrado "Señor" del judeocristianismo), el contraste de considerar el libre albedrío de su hospedante no debiera pasar desapercibido. En segundo lugar, a diferencia de la atención gratuita o en extremo frugal dispensada por Pachita y Arigó, su contraparte europea tenía una clara visión de la administración empresarial:

La verdad es que los pacientes que consultan al doctor Lang en el extranjero tienen que pagar más que en Inglaterra, pues

---

[72] Fisher, Joe, *The Siren Call of Hungry Ghosts: A riveting investigation into channeling and spirit guides*, op. cit, pp. 285-286.

[73] Chapman, George y Roy Stemman, *Cirujano de otro mundo*, op. cit., p. 134.

necesitamos cubrir todos nuestros gastos. Volar a los Estados Unidos y quedarnos en un hotel durante cinco días nos cuesta mucho dinero a Michael [su hijo] y a mí. Y estos gastos deben ser cubiertos, por lo que las doscientas personas tratadas por el doctor Lang en cada viaje tienen que pagar mucho dinero, si lo comparamos con lo que pagarían a un médium o curandero estadounidense. Sin embargo, esta cantidad era mucho menor que la que habría gastado esa [persona] si hubiera tenido que trasladarse a Inglaterra para verme, aspecto que, sin duda, no [se] tomó en cuenta. Hasta el momento, no he obtenido ganancias con mis viajes a América, debido por una parte a que los gastos son cuantiosos y, por otra, a que mientras permanezco en el extranjero tengo que pagar el mantenimiento del centro de Aylesbury y el salario del personal.[74]

George Chapman falleció el 9 de agosto del 2006, a los 85 años, luego de atender pacientes por casi seis décadas; su hijo, Michael, quien lo asistió durante treinta años, alega haber heredado el "don" a través del descorporizado doctor Basil Lang.

Manipulación hiperdimensional

Sería difícil situar a Acoglanis en algunos de los casos presentados. Sin duda existen puntos en común como los ya citados, empero escapan a las singulares características hieráticas de su ministerio. A diferencia de Pachita, Arigó o Chapman, el trance de Acoglanis sucedía más en el "altar" de Los Terrones que en la cama de su consultorio (aun cuando fuera utilizada con fines terapéuticos). Es el legado de su sacerdocio, patrocinado y extendido por Trigueirinho, el sitio congregacional del Uritorco –eje de la etérica ciudad de Erks– la principal diferencia con los demás taumaturgos.

El fenómeno que ciertos vanguardistas de las ciencias sociales están logrando atisbar es un comportamiento que se ha repetido a lo largo de nuestra historia: un factor exógeno manipula a determinados sujetos "especiales", "contactados" o "elegidos" para instrumentar el surgimiento de nuevos movimientos sociales junto a la eclosión de sectas que terminan convirtiéndose en influyentes cultos. Una observación no menor es que estos nuevos ritos, al igual que las religiones organizadas y las sectas establecidas, están saturados de rituales y ceremonias.

Fred Beckman, especialista en clínica médica, y Douglas Price-Williams, profesor del departamento de Psiquiatría de la Universidad de California – ocultos miembros del Colegio Invisible que encabezaba el ufólogo Jacques

---

[74] Ibíd., p. 176.

Vallée a fines de los '60– establecieron el criterio académico para la teoría ufológica del Sistema de Control: en función de la base de datos sobre avistamientos y encuentros cercanos con ovnis, los médicos observaron una

> estructura de "onda" como un patrón de aprendizaje no cíclico que asemejaba un programa de refuerzo, pudiendo llevar a la retención de imágenes y a cambios irreversibles en el marco mitopoético de la humanidad.[75]

Haciendo una apretada síntesis, la idea inicial elaborada por el Colegio Invisible (el grupo de científicos liderado por Vallée y Hynek junto al ingeniero eléctrico Bill Powers, el físico Jarel Haslett, el doctor Peter Sturrock, el médico Fred Beckman y el psiquiatra Douglas Price-Williams) postulaba que el fenómeno ufológico no es necesariamente indicio de visitantes extraterrestres, ni alucinaciones o ilusiones ópticas; se trataría más bien de expresiones de un complejo "sistema de control" que serviría para estabilizar la relación entre las necesidades del ser humano consciente y las complejas realidades evolutivas de un mundo que el hombre se ve necesitado de entender.

Sin embargo, una década más tarde, Vallée hablaría del Sistema de Control ya en términos de una "maquinaria de manipulación de masas", debido a un cambio radical en el punto de vista del astrofísico luego de una reveladora entrevista con el experto en inteligencia militar Thaddeus P. Floryan (que figura con el pseudónimo de "Major Murphy" en su obra):

> Entiendo que una maquinaria de manipulación de masas se esconde detrás del fenómeno ovni. [...] Los contactados son parte de esta maquinaria. Y están ayudando a la concreción de un nuevo sistema de creencia: una expectativa de contacto entre una gran parte de la opinión pública. Esta expectativa hace que millones de personas ansíen el cumplimiento de un antiguo sueño: la salvación desde lo alto, entregándose a un poder superior de unos supuestos sabios visitantes del cosmos.[76]

Dicho de otro modo: el fenómeno ovni, junto a los eventos de alta extrañeza, se desempeña más como un sistema de vigilancia que como una exploración de la Tierra por visitantes del espacio exterior. Parafraseando al ex-jesuita español Salvador Freixedo, pareciera que ciertos encuentros

---

[75] Vallée, Jacques, *Forbidden Science 1*, Berkeley, North Atlantic, 1992, p. 420.
[76] Vallée, Jacques, *Messengers of Deception*, Berkeley, And/Or, 1979, p. 20.

cercanos reflejaran la actividad de vigilancia en el régimen de producción de una granja.[77]

Asimismo, muchas de las curaciones milagrosas ocurridas durante los procesos de abducción o las que hemos estudiado como sanaciones prodigiosas no necesariamente serían una prueba de benevolencia hiperdimensional: simplemente se estaría preservando recursos, de forma análoga a la que un granjero cuida a su ganado.

Marshall Vian-Summers, de manera independiente y desde una perspectiva neocristiana, definió al Sistema de Control bajo el concepto clarificador de Programa de Pacificación, que según explica en sus obras estaría ya instaurado en Occidente a partir de las religiones abrahámicas (judaísmo, cristianismo e islamismo), para someter a los creyentes al paradigma mental de la sumisión. La "intervención extraterrestre", que se acentúa en las áreas geográficas "liminales",[78] sería un programa a largo plazo para controlar a la humanidad a través de un adoctrinamiento que busca suprimir el juicio crítico y enaltecer la mansedumbre por medio de una narcotización emocional:

> Los individuos que están siendo pacificados serán llevados a creer que están ganando una conciencia superior, cuando en realidad se les está quitando todo su poder. El Programa de Pacificación se basa en un entendimiento de la psicología y las tendencias humanas. Así los individuos son condicionados a pensar que, para ser aceptables ante Dios, básicamente deben renunciar a lo que Dios les ha dado para que usen: su intelecto. "Bien, para ser aceptable ante Dios debo ser manso y sumiso, no juzgar y abrazarlo todo. Buscar lo bueno en todo". [...]
> Esta influencia está volviéndose algo omnipresente. La gente fluye hacia lugares donde la Intervención está operando, creyendo que la "energía" allí es muy alta. Dicen: "Este es un lugar tan iluminador...". [...] "Realmente, este es un lugar poderoso. ¡Aquí es donde ocurren cosas extraordinarias!". Y cuanto más tiempo pasan allí, pierden su capacidad crítica y piensan menos en volver a sus vidas anteriores. Se creen más indiferentes y absorbidos en sí mismos, y cada vez más disfuncionales. [...] Piensan que el amor es simplemente pasividad, felicidad y consentimiento, porque es así como el Programa de Pacificación trabaja en ellos. Luego se vuelven evangelizadores, convirtiéndose ellos mismos en pacificadores. Y después de un tiempo pierden toda capacidad

---

[77] Freixedo, Salvador, *La granja humana*, Barcelona, Plaza & Janés, 1989.

[78] Son mejor conocidas como "zonas ventana". Véase: Keel, John, *Our Haunted Planet*, Londres, Cox & Wyman, 1971, p. 81.

crítica. Y si algo está realmente mal, sentirán alguna incomodidad, pero pensarán que es solo parte de su problema psicológico, e intentarán ignorarlo o enterrarlo. Y después harán cualquier cosa que la Intervención les diga que hagan. Dirán: "Oh, he recibido un mensaje. Tengo que ir a hacer esto. Estoy siendo guiado. Este es mi guía interno".[79]

Como ocurre con Acoglanis en la estancia "La aurora", cuando los "médicos del Espacio [buscaban] un hombre dispuesto a donar su cuerpo para cumplir una misión", estas formas de "guía" e intrusión son, en los efectos, una posesión. En realidad, los seres humanos que caen bajo esta influencia resultan descartables: cuando los "instrumentos" dejan de ser útiles –es decir, una vez cumplida la labor– los contactados pueden hacerse rápidamente a un lado: una enfermedad fulminante, un accidente imprevisto o un orquestado drama amoroso acaba con las marionetas.

Reflexiones finales

En la introducción de este trabajo hablábamos de deponer el término "posesión" por la expresión "estado disociativo del ego". De acuerdo a la doctora Stout, la diferencia entre verse afectado por un estado alterado del ego y el cambiar por completo a una identidad disociativa, como en el trastorno de identidad,[80] radica en que una persona influenciada solo por un estado alterado del ego retiene al ego observador: la capacidad de auto-observarse y evaluarse a sí misma. Cuando se activan los estados disociativos la distinción crucial es si se retiene o pierde el ego observador: la diferencia entre estar incómodamente dividido dentro de uno mismo y la de ser por momentos completamente reemplazado por un "alter ego".[81]

El concepto de identidad disociativa puede alternarse, con un mínimo de esfuerzo intelectual, con el término más orgánico de "introyecto", propuesto por la psicóloga Elan Golomb, que surge como emergente sistémico de infancias traumáticas:

> Un adulto puede sospechar que está cayendo bajo el poder de la introyección negativa cada vez que su comportamiento parece desviarse en una dirección contraria a sus objetivos como adulto. Es una explicación probable para el sentimiento inexplicable de

---

[79] Vian-Summers, Marshall, *The Allies of Humanity, Book Two: Human unity, freedom and the hidden reality of contact*, Boulder, New Knowledge, 2005, pp. 125-135.

[80] Esta condición se denominaba anteriormente "trastorno de personalidad múltiple".

[81] Stout, Martha, *The Myth of Sanity: Divided consciousness and the promise of awareness*, op. cit., p. 127.

insuficiencia e inferioridad, especialmente cuando se trata de lograr algo. [...]

Hay una guerra en curso entre el adulto que encuentra su camino en la vida y su parte infantil aún bajo el dominio del introyecto negativo. La parte adulta puede prevalecer si la persona aprende a reconocer que los mensajes de este padre interno están equivocados. Los mensajes le dicen a la persona que ella no tiene lo que se necesita para triunfar en el mundo real. El padre interno retira su apoyo si el adulto persiste en sus esfuerzos. Esto conduce a ansiedad severa, depresión y sentimientos de abandono. [...]

Debido al debilitamiento de su ego, el hijo de un narcisista se desanima fácilmente por las dificultades de la vida real. El padre interno negativo distorsiona la realidad para demostrar su punto sobre la insuficiencia de la persona y la persona cree en su mensaje.[82]

Cuando analizamos los casos de Pachita y Arigó, notamos infancias difíciles cuando no traumáticas, con padres ausentes o violentos. Más tarde, ya como adultos, observamos que en ambos casos trataron de asumir roles idealistas de paternidad con abnegados intereses: Bárbara juntando dinero para crear un jardín de infantes y José Pedro en la defensa del gremio de mineros; además, claro, de ofrecer sus cuerpos durante varias horas al día a entidades que eran consideradas por los enfermos y asistentes como superiores, divinas o angelicales, logrando alcanzar su objetivo, quizá inconsciente, de proyectar el rol de madre o padre "sobrenatural". Esto no se ha pasado por alto en los modernos estudios antropológicos:

Abducidos y videntes marianos por igual han tenido frecuentemente desde la infancia un distanciamiento con la figura paterna, cuando no maltratos o situaciones sociofamiliares angustiantes y perturbadoras a nivel de la psique personal. En la abrumadora mayoría de "apariciones marianas", los testigos eran niños o púberes, cuya conciencia aún se encuentra inestable y en formación. En un gran porcentaje habían heredado ciertas taras de sus padres, vivían en condiciones de enfermedad, pobreza y extrema soledad.[83]

---

82 Golomb, Elan, *Trapped in the Mirror: Adult children of narcissists in their struggle for self*, Nueva York, Harper, 1992, p. 46.

83 Viegas, Diego Rodolfo: *Antropología transpersonal: sociedad, cultura, realidad y conciencia*, Buenos Aires, Biblos, 2016, p. 397.

Dicho esto, la primera conclusión que podemos avizorar es que ni Pachita ni Arigó, como tampoco Chapman, debieran considerarse como sanadores; los tres casos manifiestan trance de posesión, es decir, pierden el ego observador y no recuerdan nada de lo que habían realizado durante las intervenciones. Por lo tanto, no se trata de curanderos en el sentido estricto de la palabra: alguien o algo –consideremos en principio una identidad disociativa– operaba a través de ellos para realizar la curación.

Pero la intervención que realiza Memo, el hijo de Pachita, cuando ella enferma tras la muerte de su primogénito, pone en tela de juicio que la identidad disociativa sea exclusiva del hospedante, es decir, que sea un producto de las redes neuronales de Pachita. La entidad o introyecto que se autodenomina "Hermanito" Cuauhtémoc pareciera mantener un psiquismo propio. Esta conclusión se ve reforzada cuando Enrique, hermano de Memo, hereda la capacidad de introyectar a "Hermanito". Jodorowsky relata la curación de su hija en Francia:

> Cuando Pachita murió, me contó Guillermo Lauder que el médico no pudo firmar de inmediato el certificado de defunción, porque el pecho del cadáver estaba caliente. Ese calor duró tres días. Solo entonces se la pudo declarar muerta. Tiempo después, el don pasó a su hijo Enrique que, poseído por el Hermano, empezó a operar como su madre. [...]
>
> Mi hija Eugenia padecía en aquella época una enfermedad casi de exclusividad francesa, la espasmofilia, con contracciones involuntarias de los músculos del vientre muy dolorosas. Había perdido el apetito y estaba en los huesos. Ningún médico la pudo curar. A pesar de que tenía una formación universitaria y una férrea educación racional –hasta los 16 años la educó en Düsseldorf su madre alemana–, le propuse que intentara curarse con el Hermano. Por pura desesperación, ya que ella no creía en esas "supercherías", aceptó. Llegamos al apartamento y nos abrió la puerta un ayudante mexicano que había venido con Enrique. [...] Al cabo de un rato, la puerta del fondo se abrió y salieron dos personas cargando a una tercera, envuelta en una sábana ensangrentada, pálida, al parecer profundamente dormida o muerta. La acostaron en el suelo, junto a nosotros. Espantada, mi hija me pidió que nos fuésemos inmediatamente de allí y, temblando de pies a cabeza, se levantó para huir.
>
> Apareció una figura extraña, un hombre que sabía mantenerse en la sombra, y pidió a Eugenia que se acercara. Esta, de golpe, se calmó y lo siguió dócilmente. Yo presencié la operación. Había como antes solo una cama y el lugar estaba apenas iluminado por una vela. Una muchacha cubierta de sangre yacía tendida en el

suelo, con expresión risueña. Al Hermano, a pesar de manejar el cuchillo de monte, no se le veía de pie portando, aterrador, la túnica del emperador azteca. Ahora el curandero permanecía, sentado, en la sombra. No se veía de él más que sus manos. La "carne" se había hecho impersonal. Auscultó el vientre de mi hija, le dijo que llevaba allí acumulada una gran cólera contra su padre y que la iba a curar de un mal que no era daño. El cuchillo se hundió en la carne, corrió la sangre, las manos se introdujeron en la herida, parecieron poner los órganos en su sitio, volvieron a salir, sobaron la piel, no quedó huella del corte. Eugenia nunca se quejó. El Hermano hablaba esta vez con dulzura y no producía dolor. Al salir, así se lo hice observar al ayudante, que me respondió que de encarnación en encarnación el Hermano iba progresando y que últimamente había aprendido a no hacer sufrir a los pacientes. Eugenia nunca más volvió a tener espasmos, recuperó su peso normal y muy pronto encontró al hombre de su vida.[84]

Una conclusión secundaria surge de preguntarnos –si aceptamos el relato que nos exponen las entidades sobre sus identidades terrenales previas– ¿qué clase de educación en las ciencias se recibe en el "Más Allá"? Las tres entidades esgrimen un conocimiento profundo en todas las disciplinas clínicas modernas e incluso más avanzadas: desde el diagnóstico, el anestesiado (aunque no siempre efectivo con Pachita), la intervención y extracción de tumores, la colocación y soldado de huesos, la perfusión de órganos y el agregado de fluido cerebroespinal, además de los procedimientos asociados a la asepsia y al cierre de la incisión, sin mencionar el corto plazo en la recuperación del paciente.

Pero la cuestión más interesante es preguntarse sobre el tiempo. Vemos que el doctor Lang fallece en 1937, reapareciendo en el trance de Chapman en 1945: esto le brinda tan solo ocho años para haberse adaptado a su nueva "realidad", además de haber aprendido y perfeccionado cualquier disciplina, demostrando por cierto gran maestría, a la vez de haber reunido a un grupo de expertos como sus asistentes. ¿Quizá la naturaleza del tiempo no sea la misma que en nuestra realidad? ¿Tal vez el tiempo "allí" sea variable y selectivo?

La tercera conclusión gira en torno al dolor: tanto con Acoglanis como con Pachita las curaciones implicaban sufrimiento intensivo; con Pachita la mitad de sus pacientes (en particular, según la ministro ultraconservadora Johanna Michaelsen, todos aquellos que manifestaban una fe cristiana) solía sufrir

---

[84] Jodorowsky, Alejandro, *La danza de la realidad: psicomagia y psicochamanismo*, op. cit., pp. 318-320.

terriblemente durante la operación. Si consideramos la posibilidad de que las entidades sean seres de una realidad de nivel superior –y como vimos exhiben una tecnología biológica y médica decididamente avanzada– entonces, ¿por qué prescindir de los efectos de la anestesia? ¿Acaso el sufrimiento sería una forma de compensación, una moneda de intercambio por la curación?

Robert Monroe sugirió el concepto de *loosh* para una clase de energía libido-emocional cuantificable, producida por los seres orgánicos como una mercancía muy valorada a los ojos de entidades descorporizadas que obtendrían provecho de ella.[85] Esto nos lleva a una reflexión que abarca también al caso Arigó: ¿era necesario la incisión a través de bárbaros instrumentos, si las entidades podían transmogrificar (es decir, hacer aparecer y desaparecer) órganos, fluidos y demás elementos a voluntad? Fuller observó algo semejante:

> En el momento de la intervención a Puharich había mucha tensión en el ambiente y varios de los pacientes que la observaron, en verdad, lloraron. Cualquier cosa que Arigó haya hecho obviamente tenía la capacidad de despertar las emociones. Quizá ese sea su secreto.[86]

Se podrá argumentar que el aspecto dramático y teatral de las intervenciones era un medio para expandir, en áreas rurales como las de México o Brasil de aquel entonces, la existencia de un contactado con capacidades de sanación milagrosas: un buen truco publicitario en una época sin Internet ni redes sociales. No debiera pasar desapercibido que las sanaciones milagrosas son otro fenómeno movilizador de masas: el caso de Arigó es emblemático, al haber tratado a más de un millón de enfermos. Pero ¿sería esa una justificación suficiente cuando Chapman lograba los mismos resultados sin utilizar mórbidas escenificaciones –y sin necesidad de espectadores– al operar directamente sobre el cuerpo energético, sin ninguna parafernalia ceremonial o cuasi-religiosa? El doctor Baldwin reflexionó:

> La angustia que emana de los que están a punto de ser víctimas es una energía que puede ser recogida por las Entidades Negativas. La energía del miedo de las personas, así como la lujuria de sangre en los curiosos que asistían en multitudes a los sacrificios,

---

[85] Monroe, Robert A., *Far Journeys*, Nueva York, Bantam Doubleday, 1985, pp. 162-178.

[86] Fuller, John G., *Arigó: Surgeon of the rusty knife*, op. cit., p. 35.

también puede ser cosechada y usada como "alimento" para esta clase de entidades y sus superiores.[87]

Si damos cabida a la hipótesis del *loosh*, debemos considerar que la devoción, la energía emocional provista a través de una entrega total a la experiencia mística, es un fenómeno que claramente se observa en Capilla del Monte. De hecho, según la definición que ofrece Trigueirinho en base a los textos canalizados de Ángel Cristo Acoglanis y Lino Marcos Budiño, el vocablo *erks* significaría "devoción".[88]

En la actualidad, la "zona ventana" del cerro Uritorco se ha convertido en una meca para los "autoconvocados". Al igual que el santuario de Fátima en Portugal y el de Lourdes en Francia, resultantes de emblemáticas mariofanías ufológicas, el Uritorco es un destino de moderna peregrinación para quienes están en busca de una conexión con la otredad.

Para terminar, y dado que la ocasión bien lo amerita, hagamos notar que nuestros más eminentes hombres de ciencia tal vez prefieran ignorar informes que consideran marginales, tildándolos de "patrañas". Sin embargo, hace unos siglos, los más destacados y eminentes especialistas veían en ello la ocasión de ampliar sus conocimientos: desde el punto de vista de su dignidad, no creyeron que los rebajase el dedicar un tiempo considerable a este tipo de investigaciones o relatos. Si como científico del siglo XXI se necesitara de una disculpa por escribir el presente trabajo, sería un precedente tan bueno como cualquier otro.

Permítasenos entonces cerrar con esta frase de Carl Gustav Jung: "No cometeré la estupidez de moda de considerar todo lo que no puedo explicar como un fraude".[89]

Bibliografía principal

BALDWIN, William, *CE-VI, Close encounters of the possession kind: A different kind of interference by otherworldly beings*, Londres, Headline, 1998.

BULLARD, Thomas E., *The Myth and Mystery of UFOs*, Lawrence, University of Kansas, 2010.

CHAPMAN, George y Roy STEMMAN, *Cirujano de otro mundo*, Barcelona, Urano, 1986.

DANGEL, Guillermo J., *La ciudad perdida de Erks: una ciudad subterránea habitada por extraterrestres*, Buenos Aires, García Molt, 1995.

---

[87] Baldwin, William, *CE-VI, Close encounters of the possession kind: A different kind of interference by otherworldly beings*, Londres, Headline, 1998, p. 35.

[88] "*Erks* deriva de *erk*, o sea, 'devoción' en irdin". De Filippi, Sebastiano, *La Ciudad de la Llama Azul*, op. cit., p. 149.

[89] Frase pronunciada durante una alocución brindada en la Sociedad de Investigación Psíquica de Londres en 1919.

DE FILIPPI, Sebastiano, *La Ciudad de la Llama Azul: luces y sombras sobre el cerro Uritorco*, Buenos Aires, Biblos, 2019.

FISHER, Joe, *The Siren Call of Hungry Ghosts: A riveting investigation into channeling and spirit guides*, Nueva York, Paraview, 2001.

FULLER, John G., *Arigó: Surgeon of the rusty knife*, Nueva York, Thomas Y. Crowell, 1974.

GOLOMB, Elan, *Trapped in the Mirror: Adult children of narcissists in their struggle for self*, Nueva York, Harper, 1992.

GRINBERG-ZYLBERBAUM, Jacobo, *Pachita: un testimonio veraz del poder de la mente sobre la materia*, México, Colofón, 1994.

HUTIN, Serge, *Techniques de l'envoûtement: initiation et connaissance*, París, Pierre Belfond, 1973.

HUTTON, J. Bernard, *Mãos que curam: un relato objetivo e convincente de curas espirituais*, San Pablo, Pensamento, 1978.

JODOROWSKY, Alejandro, *La danza de la realidad: psicomagia y psicochamanismo*, Madrid, Siruela, 2001.

KNIGHT-JADCZYK, Laura, *La historia secreta del mundo y cómo salir de él con vida*, Castelsarrasin, Pilule Rouge, 2008.

MICHAELSEN, Johanna, *The Beautiful Side of Evil*, Eugene, Harvest House, 1982.

MONROE, Robert A., *Far Journeys*, Nueva York, Bantam Doubleday, 1985.

SIQUEIRA, Paulo, *Zé Arigó: vida y muerte*, Buenos Aires, Fontefrida, 1971.

TRIGUEIRINHO, José: *Erks: mundo interno*, Buenos Aires, Kier, 2004.

VALLÉE, Jacques, *Forbidden Science 1*, Berkeley, North Atlantic, 1992.

VIAN-SUMMERS, Marshall, *The Allies of Humanity, Book Two: Human unity, freedom and the hidden reality of contact*, Boulder, New Knowledge, 2005.

VIEGAS, Diego Rodolfo, *Antropología transpersonal: sociedad, cultura, realidad y conciencia*, Buenos Aires, Biblos, 2016.

III

Néstor Berlanda

LOS MISTERIOS DE PUNILLA

El fenómeno Uritorco y su relación con los cultos mistéricos

Se presume que los primeros atisbos de la conciencia aparecieron hace aproximadamente un millón de años, cuando el cerebro humano alcanzó el desarrollo suficiente para poder fabricar herramientas que permitieran al hombre ayudarlo en su diario vivir.

El primer encuentro del hombre con el misterio, con que había algo a lo cual no podía acceder pero que era tan palpable y presente que no podía ignorarlo, fue cuando tomó conciencia de la muerte. Fue entonces, hace aproximadamente 300.000 años, cuando surgieron los primeros rituales funerarios de los neandertales que –si bien no tenían todavía el desarrollo cerebral completo necesario para simbolizar– pudieron comprender que quizás había una vida más allá de la muerte; de allí la preparación del difunto para emprender ese viaje, a partir de la observación de los ciclos de la naturaleza en los que hay una época de muerte en invierno y una de renacimiento en primavera.

Si bien había aproximaciones a ese mas allá, al misterio, el hombre necesitó tener una conformación completa de sus capacidades cognitivas, a partir del desarrollo de la corteza cerebral, para poder interpretar lo que significaban sus sueños y los estados no ordinarios de conciencia, y para poder ubicarlos dentro de un universo que poco a poco se fue poblando de dioses que protegían, castigaban y debían ser adorados.

El mundo antiguo de los dioses y los semidioses es difícil de imaginar para nosotros. Incluso las terribles condiciones de vida de la prehistoria están más allá de nuestra comprensión actual. Hace aproximadamente 40.000 años, en esas épocas oscuras y misteriosas, surgieron los primeros expertos en los Estados No Ordinarios de Conciencia (ENOC), los denominados chamanes. La palabra proviene del sustantivo en idioma tungu (de Siberia) *shaman* ("el que sabe") y este del verbo *sha* ("saber").

El término popularizado por Mircea Eliade en su libro *El chamanismo y las técnicas arcaicas del éxtasis*[90] define a estas personas que fueron al mismo tiempo hechiceros, curanderos y sacerdotes, y se utiliza para denominar a todos aquellos personajes que cumplen el mismo rol en las diferentes culturas del mundo, tanto antiguas como actuales, pese a que cada pueblo y cada cultura tiene un nombre propio para tal función (aunque, curiosamente, en muchos casos significa lo mismo).

El chamanismo es un fenómeno de transmisión, de linaje; esta es la primera constante del chamanismo. La transformación de la conciencia "normal" a la conciencia chamánica es casi siempre el resultado de una experiencia personal, de una enfermedad mental o física, o de un acontecimiento traumático que evoca una experiencia de muerte y renacimiento. Esta segunda característica es conocida incluso en la sociedad contemporánea: el hombre "enfermo" es "sanado" y por lo tanto se sabe capaz de poder curar a otros.

Una constante más del chamanismo, característica de otros tiempos y otros lugares, es la unión de realidad y sueño, de materia y espíritu, una síntesis de lo cotidiano y el evento inexplicable. En otras palabras, es la visión el contexto espiritual que predomina y el que proporciona una guía sobre la toma de decisiones personales y colectivas.

Para resumir brevemente, el chamanismo se manifiesta a través de la herencia, o por capacidad natural e innata; nace de una visión espiritual, la "llamada", a la que es una obligación responder. El rito de paso que llega a ser manifiesto es siempre un evento psicológico de la muerte y el renacimiento del ser, del ego; requiere un contexto cultural que acepta e integra el evento chamánico, que apoya el poder del chamán para interactuar con la sociedad y la cultura que lo cobija.

Los métodos con los que trabaja el chamán estimulan fundamentalmente todo el aparato sensorial. A menudo se repiten rítmicamente simples sonidos, motivos monótonos realizados vocalmente o bien con sencillos instrumentos de viento o cuerda. El *carnatic* cantado en el sur de la India y el *zikr* sufí son ejemplos de ello, como es el sonido del didyeridú australiano y la música de las montañas Atlas en Marruecos o Sébénikoro en Mali.

Eliade dedica varias páginas de su libro al papel del tambor, la construcción del cual es en sí misma un ritual preciso. La elección de la madera y del cuero, su bronceado, los métodos de montaje: nada se deja al azar. La percusión es simple, monótona y suave, constante y prolongada, a menudo acompañada por un canto sin melodía cierta, una historia o la invocación de una canción. La danza no es un requerimiento pero a menudo

---

[90] Eliade, Mircea, *El chamanismo y las técnicas arcaicas del éxtasis*, México, Fondo de Cultura Económica, 1976.

acompaña el sonido, incluso como un movimiento rítmico casi involuntario, o como posturas que pueden imitar los movimientos de la caza o de un animal.

La relación con la naturaleza –con las plantas y los animales– es fundamental: la inmensidad es no solo una dimensión física sino también una categoría existencial. De particular interés es la relación (casi fusión) con la guía del animal con el que el chamán se identifica. La identificación es completa: el chamán "se convierte" en un oso, un lobo o un pájaro.

Un aspecto final típico del chamanismo se refiere a la magia real, en particular las técnicas de curación que implican recuperar el alma de los enfermos desde el mundo espiritual en el que él se pierde. El trance extático del chamán lo lleva a lo largo de la línea del *axis mundi*, el eje del mundo, un camino perfecto que desde las profundidades de la tierra se levanta hacia el cielo y las estrellas, y cuyos correlatos abstractos y concretos son representados por un árbol o montaña sagrados, con sus gargantas, cuevas y grutas. A diferencia del hombre común que persiste entre la tierra y el cielo, en un trance el chamán aprende a moverse a lo largo de la ruta sagrada, a trabajar como terapeuta, psicopompo o como un sacerdote, y a deificar, comunicarse con espíritus aliados para cambiar el clima, ayudar en la caza o combatir enemigos.

Universalmente difundido en técnicas chamánicas es el uso de psicodélicos, más a menudo solo plantas o extractos, pero alguna veces mezclas de sustancias psicoactivas, incluidos los dispositivos y técnicas que pueden entregar los ingredientes activos.

Además de la ingesta de psicoactivos, se han utilizado otras técnicas para producir ENOC. Algunos aspectos de los métodos del chamán tienen paralelos al trance hipnótico, que también puede ser autoinducido. No se ha encontrado ninguna evidencia relacionada con técnicas de respiración específicas, sin embargo sabemos que la hipoventilación y la hiperventilación pueden modificar fácilmente la conciencia. Es posible que ello fuera pasado por alto por los observadores, disfrazado como el efecto secundario de la agitación producida por cantar o bailar, según lo descrito por los testigos en algunas sesiones chamánicas de Siberia. Además, las condiciones del entorno pueden modificar la conciencia: el frío, el miedo, el dolor o el calor ardiente de la sudación.

El chamanismo existió desde prácticamente los orígenes del homo sapiens, extendiéndose a todo el mundo. Sus orígenes pueden rastrearse en escenas y símbolos del hombre paleolítico y neolítico, pintados y grabados en cuevas y aleros rocosos en diversas partes del mundo. La similitud impresionante de temas y técnicas en ejemplos encontrados a decenas de miles de kilómetros de distancia es tal vez la evidencia más significativa de la existencia de una conciencia única, una suerte de inconsciente colectivo común a todo el mundo.

Las representaciones chamánicas presentan una tipología antropozoomorfa mixta. Se trata de seres con una mitad humana y una mitad animal, dibujados a menudo en diferentes posiciones, lo que implica danza o movimiento. Tal vez el más famoso es "El mago", encontrado en la cueva de Les Trois Frères, en Francia. En la representación hecha por el abad Henri Breuil, la criatura tiene la cornamenta de un reno, las orejas de un lobo, y la melena y la cola de un caballo, con penetrantes ojos; el órgano masculino es claramente visible.

Otras figuras de este tipo se encuentran en España, Siberia, Australia y América. Muchas de ellas –acaso la mayoría– son criaturas de sueños y visiones, la interfaz entre el mundo ordinario de la vida cotidiana y el mundo de la magia y los espíritus. Las dimensiones globales del arte rupestre son impresionantes: hay cientos de miles de pinturas y tallas ya conocidas y queda mucho por descubrir. Datan de un período de tiempo que van desde 40.000 años antes de Cristo hasta el siglo XVIII (pinturas de los San).

Lewis-Williams, basándose en los numerosos estudios publicados sobre las alucinaciones –aunque quizás sería más correcto usar el término "visiones"–, propusieron un modelo con tres estadios.[91] Este modelo es "ideal", es decir, en la realidad de los hechos determinadas personas pasarán de un estadio al siguiente, mientras que otras alcanzarán directamente el tercero e incluso habrá quienes nunca sobrepasen el primer o segundo estadio.

El primer estadio se caracteriza por fenómenos entópticos (esto es, que tienen lugar dentro del ojo), con la percepción de formas geométricas. En el segundo, la mente afectada trata instintivamente de racionalizar dichas formas y otorgarles un significado; comienza la organización: una sensación frecuente es la de viajar a través de un túnel o ser absorbido por un remolino. Al salir de él se llega al tercer estadio, con visiones espectaculares en las que todos los sentidos participan y a veces se entremezclan en extraña confusión: se puede levitar, encontrarse con extrañas criaturas, hablar con animales o transformarse en ellos. Como señaló Lemaire, los fenómenos entópticos permanecen a menudo de fondo.[92]

De acuerdo con el etnólogo Reichel-Dolmatoff, las visiones de los indígenas tukano en Colombia siguen el modelo arriba descrito con bastante

---

[91] Lewis-Williams, David, *La mente en la caverna: la conciencia y los orígenes del arte*, Madrid, Akal, 2005.

[92] Lemaire, Catherine, *Rêves éveillés: l'âme sous le scalpel*, París, Les Empêcheurs de Penser en Rond, 1993.

fidelidad.[93] Otras variantes se han documentado en numerosas sociedades chamánicas de varias partes del mundo. Por ejemplo, el chamán siente que su alma abandona frecuentemente su cuerpo y vuela al otro mundo a través de un túnel o bajo el agua. Esto recuerda experiencias místicas u otras cercanas a la muerte, cuando el sujeto vislumbra una gran luz al final de un túnel, o cuando puede volar o sentir claramente la presencia de sus seres queridos. Todas estas reacciones son las propias del sistema nervioso humano ante estímulos y situaciones excepcionales.[94]

Estas reacciones propias del sistema nervioso humano fueron las que finalmente dieron origen al cosmos tripartito original del chamanismo, que luego se replicó en la mayoría de las religiones con sus clásicos estadios de cielo e infierno, más una tercera instancia intermedia.

El chamanismo tuvo importante influencia en el pensamiento griego platónico y neoplatónico, en el antiguo Egipto, en el Medio Oriente, en las sociedades precolombinas y sin duda fue un factor en la Europa medieval, con su obsesión por la brujería. Aspectos filosóficos y religiosos del chamanismo influyeron en sistemas muy complejos como el taoísmo, el tantrismo, el gnosticismo y las corrientes esotéricas de las religiones del mundo contemporáneo.

Primero fue el templo

En 1994 se produjo en el sudeste de Turquía un descubrimiento que cambió las bases de lo que se sabía hasta entonces sobre el origen del sedentarismo, la agricultura y la civilización: en el punto más alto de una extensa cadena montañosa situada a unos quince kilómetros al nordeste de la ciudad de Sanliurfa, cerca de la frontera de Turquía con Siria, se levanta el yacimiento de Göbekli Tepe ("colina panzuda" en turco).

Durante muchos años se pensó que los fragmentos de piedra esparcidos sobre la superficie pertenecían a un antiguo cementerio bizantino y el lugar no se consideró de valor como para iniciar una exploración minuciosa. Fue el arqueólogo alemán Klaus Schmidt quien dedujo que esos fragmentos líticos no correspondían a un cementerio sino que podían pertenecer a un sitio prehistórico mucho más antiguo.

Durante generaciones las piedras de la colina habían sido removidas para despejar campos de labranza, por lo cual muchos vestigios arqueológicos pudieron haberse perdido para siempre. A partir de 1995 comenzaron las excavaciones dirigidas por Schmidt, con la participación del

---

[93] Reichel-Dolmatoff, Gerardo, *Desana: simbolismo de los indios tukano del Vaupés*, Bogotá, Procultura, 1986.

[94] Clottes, Jean, "Chamanismo en las cuevas paleolíticas", ponencia presentada ante el 40º Congreso de Filósofos Jóvenes, Sevilla, 2003.

Instituto de Arqueología Alemán y de arqueólogos turcos del Museo de Sanliurfa. Lo que salió a la luz produjo un cambio radical en la forma de entender el pasado.

La tesis principal sostenida hasta esa fecha era que la agricultura y la ganadería permitieron liberar recursos y personas para realizar otras tareas; en esta ociosidad es donde nacen las civilizaciones. Pero no era esto lo que se veía en Göbekli Tepe, fundamentalmente por su antigüedad, que remite a una época en la que teóricamente no había aparecido ni el sedentarismo ni la agricultura y tribus nómades de cazadores-recolectores vagaban por las planicies.

En lo alto de la colina se ubican anillos de monolitos en forma de "T", de más de siete toneladas, una capa sobre otra. El sitio es tan grande que se estima que en la actualidad solo se ha excavado el 5 por ciento del lugar. El complejo monumental se erigió con el propósito de servir de centro religioso: la primera "catedral" de la humanidad. Con una fecha estimada de construcción alrededor del año 9.000 antes de Cristo, Göbleki Tepe es 6.000 años más antiguo que Stonehenge y 6.500 años más viejo que las pirámides de Giza.

La teoría planteada por este yacimiento turco afirma que la evolución de la humanidad en esa época se dio al revés de lo que pensábamos. Schmidt argumenta que "el esfuerzo coordinado para la construcción de los monolitos creó la base de trabajo para el desarrollo de sociedades complejas".[95] Es decir, que para alcanzar el fin de erigir un monumento fue necesario crear la estructura adecuada a su construcción.

En otras palabras: primero vino la religión, después la necesidad de proporcionar comida (agricultura y ganadería) y alojamiento a los trabajadores. Esto da la vuelta la concepción original de la historia de la humanidad: nuestro desarrollo parece haber comenzado como consecuencia del misticismo de los seres humanos, hace más de 11.000 años, y no al revés.[96]

Los cultos mistéricos

Aunque su origen no está del todo bien determinado, es posible que los primeros cultos surgieran a partir de la religión egipcia, en relación con los

---

[95] Archanco, Eduardo, *El misterio de Göbekli Tepe, el sitio arqueológico que podría revolucionar nuestra concepción de la historia humana*, 2017, disponible en Internet: www.magnet.xataka.com/preguntas-no-tan-frecuentes/el-misterio-de-gobekli-tepe-el-sitio-arqueologico-que-podria-revolucionar-nuestra-concepcion-de-la-historia-humana.

[96] Archanco, Eduardo, *El misterio de Göbekli Tepe, el sitio arqueológico que podría revolucionar nuestra concepción de la historia humana*, op. cit.

dioses Isis, Serapis y Anubis. También se observa su existencia en religiones frigias (antigua región de Asia Menor que ocupaba la mayor parte de la península de Anatolia, en el territorio que actualmente corresponde a Turquía) como el mitraísmo, así como en el culto a Atis y Cibeles. Los misterios egipcios parecen ser los más antiguos, y los de Isis y Osiris fueron llevados a Roma por Calígula, gozando por largo tiempo de gran popularidad.

¿Qué eran los cultos mistéricos? Este tipo de culto se inscribe por fuera de lo que era la religión "oficial", la religión cívica en la que las personas ejercen su papel en el culto a través de la vida política, en donde son los líderes materiales los encargados de organizar los grandes actos religiosos. Existe, por tanto, una diferencia en el tipo de religiosidad entre esta religión política y los llamados misterios. Entre estos últimos se encontrarían, junto a otros, los misterios de Eleusis, quizás los más conocidos y los que duraron más tiempo: desde aproximadamente el 1500 antes de Cristo hasta el 396 de la era común, cuando Alarico I, rey de los godos, arrasó con lo último que quedaba de su santuario para imponer definitivamente el cristianismo.

A diferencia de la religión oficial de Occidente, los cultos mistéricos y los orientales ofrecían una relación personal con la divinidad y una garantía de inmortalidad. Las iniciaciones personales y secretas constituían una práctica voluntaria, producto de una decisión individual y, a cambio, conllevaban la promesa por parte del dios de la salvación y la felicidad eterna en el más allá.

Estos misterios se definen como cultos secretos en los que solo pueden participar las personas que se inician mediante un ritual específico.[97] A diferencia de la religión pública o política, en donde el culto era obligatorio y debían participar todos los ciudadanos, en el caso de los misterios la adhesión no era masiva. En el culto cívico quedaban excluidas las personas que no tenían derechos de ciudadanía, es decir, mujeres y extranjeros, salvo en cultos específicos. En el caso de los misterios cualquier persona podía iniciarse,[98] el ingreso era teóricamente abierto, pero una vez que se era iniciado no se podía contar ni escribir nada sobre el proceso ritual, de ahí que sepamos muy poco sobre el mismo.

En los misterios se veía y se escuchaba algo, aunque no necesariamente se comprendiera de un modo racional; se recibía una revelación, pero debía

---

[97] Bernabé, Alberto, "Las religiones mistéricas del mundo grecorromano", en Castro de Castro, David y Araceli Striano Corrochano (eds.), *Religiones del mundo antiguo*, Madrid, Sociedad Española de Estudios Clásicos, 2010, pág. 112.

[98] Bremmer, Jan N., *Initiation into the Mysteries of the Ancient World*, Berlín, De Gruyter, 2014, pág. 2.

permanecer en secreto. Había en algunos casos una enseñanza, pero lo que los misterios conferían era una experiencia.

A estos cultos mistéricos estaba siempre asociada la idea de una montaña o una caverna o el mundo subterráneo,[99] como en el caso de la diosa madre de Asia Menor llamada comúnmente Magna Mater, aunque en latín el título completo sea Mater Deum Magna Idaea. El culto a una diosa madre en Anatolia puede ser rastreado mucho antes de la invención de la escritura, remontándose hasta la época neolítica. Para los griegos su nombre frigio, Matar Kubileya, llegó a ser el más influyente. Fue llamada Kybeleia o Kybele en griego, pero sobre todo "Madre de la montaña", a veces con la adición del nombre especial de una montaña: Meter Idaia o Meter Dindimene y de allí su título en latín.[100]

Para el mundo helénico este tipo de culto también tenía el atractivo de provenir de Oriente –Anatolia, Egipto o Irán–, sede de culturas con identidad propia que conferían a los misterios el toque exótico de lo desconocido.

Como dijimos, los más conocido de todos fueron quizás los misterios eleusinos, ya sea por el tiempo que perduraron, por las personalidades que asistieron a sus ritos (Platón, Cicerón, Plutarco, Marco Aurelio), por algunas descripciones de lo que se vivía en las ceremonias y por los estudios que aún continúan sobre sus ruinas y sus testimonios.

Los misterios presentaban rituales perfectamente establecidos. Los componentes de los rituales eran tres: acciones (*drómena*), visiones (*horómena*) y dichos (*legómena*). Suelen comportar para el iniciado un cierto sufrimiento y luego una experiencia de extrema intensidad.

Los misterios eleusinos representaban un culto agrario en el que se intentaba conciliar muchos temas, presentando en el mito una serie de gestos que se repetían en el ritual, actualizándolo cada año. Presentaban una serie de polaridades, como tierra-cielo vida-muerte, luz-oscuridad, fertilidad-infertilidad. Mientras que la comunicación entre el Olimpo y la tierra estaba abierta, no había comunicación alguna entre el cielo y el inframundo.

Con la potencia del mito, Eleusis fue el lugar intermedio sobre el que Olimpo y el Hades no tenían dominio. Allí Perséfone, una de las figuras principales de la historia del santuario, era la diosa del tránsito de esta vida a la otra y la que rige los destinos de las almas en el otro mundo. La ciudad de Eleusis era la mediadora por la fertilidad de este mundo y la vida en el otro: allí se celebraba la conmemoración del misterio sacro, donde los humanos

---

[99] La caverna estuvo asociada a los misterios de Mitra o Eleusis, así como también la mención al inframundo en el rapto por parte de Hades de Perséfone, figura central en los Misterios eleusinos.

[100] Burkert, Walter, *Cultos mistéricos antiguos*, Madrid, Trotta, 2005, p. 21.

podían comprender la historia de la organización del mundo y el papel que los hombres tienen en ella.

No cualquiera podía ejercer el papel de hierofante,[101] de conductor de la ceremonia: ese rol estaba asignado a unas familias en particular, los Eumólpidas, que lo fueron pasando de generación en generación.

En los cultos mistéricos y en especial en Eleusis, el mito tomaba vida, la comunicación entre los hombres, el cielo y el inframundo quedaba establecida. Se vivía una experiencia superadora y transformadora: de alguna manera ese misterio primigenio de la muerte, que involucraba a los cielos y a las profundidades de la tierra, comenzaba en parte a develarse.

La humanidad siempre necesitó de los ritos, los cultos y el misterio: forman parte de lo más profundo de su psiquis y, a pesar de la destrucción de sus santuarios y cultos, de una u otra forma el eterno misterio vuelve a instalarse más allá de tiempos y lugares.

La capilla del monte

La ciudad de Capilla del Monte está ubicada en el valle de Punilla, entre las Sierras Grandes y las Sierras Chicas de la provincia de Córdoba. Debe su nombre a la primera capilla fundada en la zona por la familia española Jaime, hace ya casi quinientos años; según las actas oficiales la capilla que luego se transformó en la iglesia de San Antonio de Padua. Bartolomé Jaime había recibido algunas tierras por parte del gobernador de Córdoba; en esas tierras fundó la estancia que originaría el actual núcleo poblacional. Jaime creó en su estancia un oratorio, denominando al conjunto Estancia de San Antonio de la Capilla del Monte. El oratorio era un pequeño edificio que al estar sobre una colina se hizo conocido como "la capilla del monte".[102]

En las década de 1950 fue una típica localidad serrana con pocos habitantes permanentes y muchas familias acomodadas que iban en busca de un mejor clima para las afecciones pulmonares, como también lo fueron las localidades cercanas de La Cumbre y La Falda, con su famoso y lujoso hotel Eden.

Durante la década del '70 era habitual para este autor viajar en familia a Capilla del Monte. Nos gustaba el lugar, los arroyos, el balneario de La Toma, juntar piedras y cuarzos, y visitar mi lugar preferido: El Zapato. El Zapato es una formación lítica esculpida por la erosión, justamente con

---

[101] El del hierofante o gerofante (del griego *hierophantes*, "que hace aparecer lo sagrado") es un rango dentro de los sacerdotes de la antigua religión griega, concretamente el sumo sacerdote del culto de Eleusis en el Ática así como en otros cultos mistéricos.

[102] Véase, en Internet, www.es.wikipedia.org/wiki/Capilla_del_Monte.

forma de calzado; los alrededores presentan una vista extraordinaria de las Sierras Chicas, y los aleros y oquedades eran un lugar propicio para la aventura, más cuando se tiene ocho años. Por esa época nadie hablaba de ovnis, el tema más misterioso era buscar morteros y otros restos de los antiguos habitantes de la zona.

En los '80 y apenas terminado el servicio militar (estuve incorporado más de dieciséis meses por la guerra de Malvinas), la mención a Capilla del Monte empezó a tomar otro cariz: se rumoreaba que se hacían ciertas actividades de contacto, que aparecían luces y que quizás hasta existiera una ciudad intraterrena. Pero mi interés enfiló hacia otros lugares. En esa época el misterio "real y palpable" estaba del otro lado del río Uruguay, más precisamente en la ciudad de Salto, donde las experiencias y observaciones de ovnis en la estancia "La aurora" eran frecuentes e invitaban a adentrarse en sus campos.

Fui un asiduo concurrente a "La aurora", a tal punto que llegué a establecer una amistad con Ángel María Tonna, dueño de la estancia, quien nos permitía acampar en un bosque de eucaliptos cercano al casco. Con "Toto" Tonna tenía largas charlas sobre los distintos acontecimientos que sucedían en la estancia, mate de por medio. Vi y viví muchas cosas allí, pero eso es otra historia. Lo cierto es que en esos primeros años '80 Capilla había quedado relegada, pese a que por aquellos años "La aurora" y las "enseñanzas" de Tonna terminarían de fraguar la personalidad de quien sería el hierofante de los misterios de Punilla.

Aparece el guardián de los misterios

Ahora bien, hemos visto cómo las primeras expresiones de contacto con lo sagrado, de religiosidad en el sentido estricto del término, estuvieron relacionadas con el encuentro del hombre con el primer y único misterio que permanece inalterable, la muerte, que a su vez también representa el temor más grande de la existencia. Eso dio lugar primero a la aparición de rituales de preparación para el viaje al más allá y luego, con el descubrimiento de los ENOC y las visiones, la posibilidad de simbolizar y crear un universo entero de deidades, lugares, y entidades espirituales de todo tipo y funciones.

Si algo que permaneció inalterable a través de los siglos es ese contacto con lo espiritual, propiciando rituales, ubicando lugares sagrados y preparando a personas capaces de contactar con ese otro lado, con ese mundo superior. Nuestra época no quedó ajena a ello y los momentos particulares de cambios o tensiones sociales de algún tipo fueron el caldo de cultivo específico para que, al igual que antaño, surgieran movimientos que propiciaran el contacto con entidades no humanas y la perdurabilidad de lo misterioso.

Como vimos, los cultos mistéricos de la antigüedad no formaban parte de la religión oficial: eran otra cosa, básicamente permitían al iniciado tener una experiencia, entrar en contacto directo y sin intermediarios con la divinidad. Capilla del Monte fue uno de los lugares donde este encuentro con lo misterioso ocurría y ello en una época determinada en la que su historia de pueblito serrano iba a mutar hacia lo que es hoy. Claro que para que eso sucediera debía darse una serie de factores que amalgamaran el misterio, transformándolo en algo al que un creciente número de personas pueden acceder.

La década del '80 no fue una más en la historia de la Argentina: a la derrota en las Malvinas y sus consecuencias se le sumó la salida del "inframundo" en el que estábamos sumidos, con la recuperación de la democracia y el final de una de las más terribles dictaduras que tuvimos que soportar, sumado al temor constante del posible retorno de los militares hasta que pudiéramos convencernos de que el "Nunca más" fuera una realidad definitiva. El termómetro de lo social iba marcando las condiciones necesarias para que esas creencias en lo misterioso encontraran el lugar donde expresarse.

Pero al igual que en los misterios se necesitaba de hierofantes, de aquellos que hicieran aparecer lo sagrado, y del lugar donde la "experiencia" se hiciese palpable, para que el misterio tomara forma. Fue así que en 1983 hizo su aparición en Capilla del Monte un personaje que reunía las principales características para convertirse en facilitador de experiencias trascendentes y de alguna manera lograr que aquellas personas ávidas de encuentro con lo sagrado encontraran quien los pudiera guiar en su búsqueda. Me estoy refiriendo al osteópata rosarino Ángel Cristo Acoglanis.

No ahondaremos aquí sobre la vida de Ángel Acoglanis ni sobre su fantástica historia: para ello invito al lector a remitirse a la obra de Sebastiano De Filippi *La Ciudad de la Llama Azul*,[103] donde está descripta con todo detalle su participación en la génesis del mito de la ciudad intraterrena de Erks y su relación con Los Terrones y el cerro Uritorco. Sí tomaremos algunos aspectos de cómo funcionaban los rituales que conducía Acoglanis para demostrar que de alguna forma repetían fórmulas ancestrales de antiguos cultos que se expandieron a lo largo de la historia y que tienden a diferenciarse de las modalidades del típico grupo de contacto extraterrestre.

Los misterios de Punilla

Como hemos visto, en los cultos mistéricos y en especial en el de Eleusis, más allá de la preparación previa por la que debía pasar el iniciado, en la ceremonia podían observarse tres pasos: acciones (*drómena*), visiones (*horómena*) y dichos (*legómena*). Esto mismo se cumplía en el ritual oficiado por Acoglanis:

---

[103] De Filippi, Sebastiano, *La Ciudad de la Llama Azul: luces y sombras sobre el cerro Uritorco*, Buenos Aires, Biblos, 2018.

Acoglanis comenzó a traer más gente a sus ceremonias nocturnas, personas que elegía cuidadosamente para iniciarlas en el conocimiento.

En Capilla del Monte se alojaban en el histórico hotel Roma y desde allí, por la noche, salían los grupos hacia Los Terrones. Primero con pocos participantes pero, a medida que pasaba el tiempo, los grupos crecieron. [...]

Ya en el lugar, luego de sacar el candado que abría la tranquera y los autos tomaban el camino de ascenso hasta la meseta frente a Los Terrones, se estacionaban los vehículos y Acoglanis pedía a los asistentes que se formara un círculo.

Entonces Ángel, vestido generalmente con una túnica blanca, se "convertía" o "canalizaba" a Saruma, una entidad de Erks que lo contactaba. En medio de esta ceremonia Acoglanis comenzaba a cantar mantras en voz alta. [...] Acoglanis afirmaba que, en realidad, él utilizaba el idioma irdin del cual, supuestamente, deriva el sánscrito. El irdin sería la lengua que hablan las inteligencias superiores.[104]

Por otro lado, De Filippi puntualiza:

El 21 de marzo Acoglanis/Saruma celebró la primera ceremonia de contacto con Erks. Entre 1983 y 1989 Ángel siguió trabajando como terapeuta en Buenos Aires, pero su actividad de maestro espiritual con el nombre de Saruma comenzó poco a poco a tomar la delantera.

[...] A la hora de cierre oficial de las visitas al parque, con la puesta del sol, Ángel se ponía un poncho de colores claros que indicaba el comienzo de la ceremonia sacerdotal y de su identificación con Saruma.

Comenzaba a entonar unos canticos mántricos, generalmente secundado por sus dos sacerdotisas asistentes, Betty y Marisa. [...]

La explanada era la sede de la primera estación ceremonial, la de apertura.[105]

Luego de los cantos y saludos, cortando la noche con su linterna comenzaba una coreografía de luces de distintos colores; algunas se veían más cercanas, otras más lejanas:

---

[104] González, Ricardo y Roberto Villamil, *Las luces de Erks y las ciudades subterráneas*, Buenos Aires, Ecis, 2012, pp. 41-42.

[105] De Filippi, Sebastiano, *La Ciudad de la Llama Azul*, op. cit., p. 109.

Despés de un rato se ascendía en auto para recorrer un tramo de camino, hasta llegar a otro punto de observación, un poco más abajo.

Despés de una curva bastante estrecha, llegando a una pequeña explanada junto al camino, era posible ver de nuevo el valle. Era la segunda estación ceremonial, la del encuentro.[106]

En esta segunda estación era que de vez en cuando, en medio de las luces, emergía la ciudad metafísica de Erks; allí la conmoción era general y alguna persona llegaba a desmayarse: habían tenido por fin su experiencia con lo sagrado, habían podido apreciar lo que solo unos pocos debían ver.

Luego se volvía a ascender en auto para alcanzar la última parada, todavía más abajo y junto al mismo camino: la tercera y última estación, en la que se producía el contacto y luego la clausura, era señalada por la solitaria presencia de un algarrobo. Saruma seguía su misteriosa conversación con las luces (y con Erks, en el caso de que esta hubiese aparecido poco antes), a distancia aún más cercana, en una suerte de misterioso ballet cósmico.

En ese instante Ángel se encaminaba solo por el camino, recomendando a todos que no lo siguiesen, para poder "encontrarse con los hermanos y hablar con ellos".[107]

Es interesante notar cómo terminaba el ritual:

De la misma forma en que había comenzado, la finalización de la ceremonia provocaba una conmoción entre los participantes. Se sucedían cataratas de preguntas e interrogantes. Acoglanis, canalizando a Saruma, respondía con una sonrisa, advirtiendo de que aún no era tiempo de que entendieran lo que habían experimentado: ya recibirán la información necesaria y comprenderán por que han sido elegidos como testigos.[108]

De Filippi así lo detalla:

Para concluir el sagrado oficio se entonaban simples cantos de agradecimiento, esta vez en castellano y con estructuras

---

[106] Ibíd., p. 110.

[107] Ibídem, p. 111.

[108] González Ricardo y Roberto Villamil, *Las luces de Erks y las ciudades subterráneas*, op. cit., p. 41.

repetitivas, lo que permitía la activa participación de todos los que habían tomado parte de la experiencia de contacto. La ceremonia concluía en general antes de la medianoche y el maestro Saruma, habiéndose quitado el poncho claro, volvía a ser Ángel Cristo Acoglanis.

Este trabajo ritual, explicaba el rosarino, debía ser realizado idealmente tres noches seguidas, con las mismas personas presentes.

Nadie descendió jamás de este insólito ritual montañés sin ser conmovido por él.[109]

Los tres pasos del ritual se habían cumplido, se habían concretado las acciones, las visiones y los dichos (cantados): se había contado la historia que posteriormente se trasformaría en el *Diario de Erks*, una serie de escritos canalizados por Acoglanis que daban cuenta de la ciudad intraterrena.

Luego, con la aparición en escena de los escritores Guillermo Alfredo Terrera y José Trigueirinho Netto, la historia de Erks pasaría a integrar una serie de libros sobre centros de poder subterráneos. El más explícito de ellos es *Erks: mundo interno* de Trigueirinho.[110] El libro y su posterior difusión terminarían de constituir definitivamente el mito de Erks, la ciudad intraterrena.

Los rituales oficiados por Acoglanis y las ceremonias que tuvieron lugar desde 1983 hasta 1989, año de su asesinato a manos de su amigo Rubén Elías Antonio, se diferencian claramente de otros grupos de contacto que había en esa época. Me atrevería a agregar que los que hoy intentan repetir sus ceremonias solo logran burdas imitaciones que llegan a conmover a algunas personas demasiado necesitadas de encontrarse con lo trascendente.

En ese momento y en ese lugar, la confluencia de varios personajes y factores hicieron que esas ceremonias fueran únicas, rememorando de alguna manera los viejos cultos mistéricos, separados de cualquier religión oficial, que propiciaban el encuentro directo con lo divino. Claro que aquí no estaban ni Deméter ni Perséfone como en Eleusis, sino seres espirituales venidos de las estrellas que integrarían una Hermandad Blanca de inspiración teosófica, originaria del Oriente y ahora residente en el inframundo.

Curiosamente, al igual que sucedía en la época helénica, para cimentar el misterio era necesario el componente oriental, que daba cierto sesgo de

---

[109] De Filippi, Sebastiano, *La Ciudad de la Llama Azul*, op. cit., p. 111.

[110] Trigueirinho, José, *Erks: mundo interno*, Buenos Aires, Kier, 1989.

algo oculto, alejado de las miradas profanas: el rosarino Acoglanis convenció a su crédulo séquito de que era griego, formado en la India e iniciado en el Tíbet. Esta "necesidad" de lo venido de Oriente siguió repitiéndose a lo largo de los siglos y en la modernidad formó los cimientos de la New Age.

Pero la historia mistérica de Capilla del Monte no terminó con la muerte de Acoglanis. Tras este hecho tomó otro rumbo, manteniendo el mismo halo de misterio y encuentro con lo "cósmico", pero ahora de una manera mucho más burda, predecible y comercial.

Aterrizan los marcianos

En enero de 1986 apareció en la serranía cordobesa una gran quemazón, que luego sería conocida como "huella del cerro Pajarillo" y que terminó de entronizar a Capilla del Monte como enclave ovni, además de ser en gran parte responsable de la migración de argentinos –fundamentalmente de grandes ciudades– a Capilla; ello hizo aumentar su población de pocos miles de habitantes en los '70 hasta los más de 17.000 que tiene en la actualidad.

Cuando se produjo el "aterrizaje del ovni" sobre el Pajarillo este autor se encontraba en vuelo de Santiago de Chile a la isla de Pascua, por lo que recién pudo ir a ver la famosa huella en el mes de marzo, junto a un grupo de amigos entre los que se encontraba Roberto Bava (quien sería el autor de la mejor fotografía que se tiene de la huella, tomada desde un cerro cercano).

Luego del recorrido –y de la visita de rigor a los testigos de la luz que en teoría dio origen a la huella la noche del 9 de enero– entrevistamos a uno de los principales defensores de la quemazón que habría dejado el ovni que estuvo sobre el Pajarillo, que por ese entonces todavía no era ufólogo: Jorge Suárez. El comerciante bonaerense, por entonces funcionario municipal, nos relató el caso y nos confirmó el "aterrizaje" del Pajarillo.

Llegados a este punto es interesante ver qué relata Suárez de los acontecimientos de enero del '86:

> En la época que se produjo la huella del cerro Pajarillo me desempeñaba como secretario de Gobierno del Ejecutivo municipal de Capilla del Monte. Las primeras noticias sobre lo ocurrido la noche del 9 de enero llegaron al pueblo a la mañana siguiente. Se trataba de versiones confusas que hablaban de una mancha circular y enorme, que había quedado estampada en una de las laderas de un cerro por la presencia de un ovni. De inmediato informé al intendente

Diego Sez, con quien decidimos trasladarnos esa misma tarde para comprobar la versión. Con nosotros vino el fotógrafo municipal, Raúl Ochonga, y el entonces diputado provincial Andrés Argañaraz, que se encontraba pasando sus vacaciones en el pueblo".[111]

Prosigue Suárez su relato:

Apenas habíamos andado unos metros cuando las nubes que tapaban las sierras se disiparon. Y como si se hubiera levantado un telón pudimos avistar, muy cerca de la cumbre, una mancha circular de color marrón oscuro que se destacaba sobre el verde esmeralda del pastizal. Recuerdo que el primer pensamiento que llegó a mi mente fue: "¡Dios mío, qué cosa maravillosa!".
[...] Ya de regreso a Capilla del Monte redactamos un objetivo informe sobre lo observado que se convertiría, para la investigación ovnilógica, en el cuarto documento registrado en el país por testigos calificados.[112]

Con respecto al informe mencionado, que figura en el apéndice 2 del libro de Suárez, él mismo concluye:

Este extraño fenómeno de avistamiento ovni se viene reiterando con una singular frecuencia en toda el área que comprende el ejido municipal ubicado en el extremo norte del valle de Punilla y teniendo como epicentro de los mismos [sic] el cerro Uritorco, ya que son innumerables los testimonios de nuestros vecinos que han podido comprobar estos fenómenos, aunque no de la espectacularidad del mencionado anteriormente, ya que no encontramos explicación válida para esta quemazón tan atípica, lo que nos confirmaría, de acuerdo a todo lo expresado, que se podría haber producido el descenso de una nave ovni.[113]

---

[111] Suárez, Jorge A., *Luces sobre el Uritorco*, Buenos Aires, Prolibro, 1992, p. 29.

[112] Ibíd., pp. 32-33. Se habla de "objetivo informe" redactado "por testigos calificados": parece que Suárez se refería a que se confeccionó un documento firmado por autoridades oficiales, que constataron la existencia de la huella, y que ser funcionarios municipales los convertía en testigos calificados (las profesiones del intendente Sez y del secretario Suárez eran, respectivamente, la de empresario de pompas fúnebres y comerciante en el rubro alimenticio).

[113] Ibíd., p. 171. Más allá de la rápida e insólita conclusión de los funcionarios, la expresión "nave ovni" es de por sí errónea: si es una nave no es un objeto volador no

Llama la atención que los primeros en ir a ver la huella fueran funcionarios municipales y que emitieran un comunicado con fecha 27 de enero de 1986 declarando que había aterrizado "una nave ovni". Vaya uno a saber en qué parámetros se apoyaron estos "testigos calificados" para llegar a semejante conclusión, pero lo cierto es que en ninguno de los libros de la época ni en las fotos que aparecieron en la prensa se pudo apreciar la verdadera forma de la huella: la mayoría muestra solo la parte que se ve desde la ruta, es decir una porción de la quemazón.

Siempre se sostuvo –y todo el mundo dio por hecho, quedando en el imaginario colectivo– que la huella era ovalada, cuando en realidad no lo era: claro que una forma ovalada se asemeja más a la "panza" de una supuesta nave voladora que una forma de taco de zapato como en realidad era. En las fotos que sacamos puede apreciarse que el fuego se inició de abajo y no de arriba, porque la parte superior de los pastos y pajonales no está quemada y sí la inferior. No emitiremos juicio sobre su origen porque ya hay varias páginas escritas sobre esto pero, como suele decirse, "para muestra basta un botón".

En relación a la huella del Pajarillo no pueden pasar inadvertidos elementos como su aparición, la difusión que se le dio, quién la difundió y para qué, qué sucedió después con los protagonistas y lo que se generó en Capilla del Monte a partir del hecho. Lo cierto es que lo que todavía se manejaba con cierta discreción explotó a niveles insospechados, transformando a Capilla en la Roswell argentina, con festival alienígena veraniego incluido.

Los caballeros del Grial

Si no fuera suficiente con lo que había gestado a partir de Acoglanis, Trigueirinho y la huella del Pajarillo, Capilla del Monte también se sumó a las leyendas de los caballeros templarios, el Santo Grial y un Bastón de Mando ancestral codiciado por el mismísimo Hitler. Mucho de estas historias vino de la mano del profesor Guillermo Alfredo Terrera, quien mezclando mitos locales, dioses nórdicos e ideología filonazi también se fue insertando dentro de las historias de Capilla, creando una mitología propia en la que se unen desde los pueblos originarios americanos hasta los caballeros del rey Arturo.[114]

---

identificado. Ya esta sola definición hace dudar de la seriedad de la supuesta investigación llevada a cabo y sobre si nos encontramos ante personas idóneas para identificar el origen de la quemazón.

[114] Al respecto, véase sobre todo: Terrera, Guillermo Alfredo, *Wolfram Eschenbach, Parsifal, Orfelio Ulises: leyenda y metafísica*, Buenos Aires, Kier, 1992.

Pude conocer algo de estas historias por primera vez cuando fui invitado a disertar en 1° Feria Latinoamericana del Libro Espiritual, Científico y Esotérico de Buenos Aires, en mayo de 1990. De Rosario fuimos como disertantes Guillermo Aldunati, Luis Reinoso y el autor. En ese viaje tuve oportunidad de conocer la casa del escritor Jaime Cañas, que había escrito un libro titulado *Los hijos del apocalipsis: la corte de Lucifer*,[115] en cuyas 334 páginas recorría el esoterismo nazi y los mitos en los que se cimentó el tercer Reich.

El escritor había muerto hacía unos meses, por lo que la viuda ponía en venta su biblioteca y toda la propiedad. De la biblioteca quedaba poco porque lo mejor ya se lo había llevado un empresario rosarino interesado en el esoterismo, quien fue el que nos llevó a hurgar en lo que quedaba por si nos interesaba algo. Esa corriente esotérica de tendencia ariosófica no solamente fue propulsada por Terrera en el valle de Punilla sino por muchas más personas seguidoras de esa ideología, solo que las ideas de Terrera terminaron siendo las más conocidas.

Algunas conclusiones

En 1895 se realizó en nuestro país el segundo Censo Nacional, en el que preguntó por primera vez sobre religión. El 99,14 por ciento de los argentinos era católico. Según la segunda Encuesta sobre Creencia y Actitudes Religiosas, realizada por el CONICET en 2019, en los últimos diez años esa cifra cayó de un 76,5 por ciento en 2008 a un 62 por ciento en la actualidad; pero por otro lado la creencia en "la energía" subió del 64,5 por ciento del 2008 al 75,9 por ciento en 2019, superando las creencias en Jesucristo (82,5 por ciento), Dios (81,9 por ciento), la astrología (33 por ciento) y los ovnis (30,7 por ciento).

Según los investigadores que realizaron este último trabajo de relevamiento no hubiera sido posible hablar de la "energía" que figura en el tercer lugar de la creencia de los argentinos sin la revolución de la New Age. Algunos autores citan como precedentes de la New Age a algunas de las ideas de Helena Blavatsky con la teosofía o de Alice Bailey con la Escuela Arcana, instancias en las que las tradiciones religiosas judeocristianas y de Oriente Medio se mezclan con el hinduismo, el budismo y cierto ocultismo.

La New Age se hizo fuerte en la Argentina a partir de la década de los '80, con Capilla del Monte como su epicentro más marcado. La New Age rompió con la religiones tradicionales, mezclando astrología con espiritismo, teosofía con hinduismo, budismo con ángeles, chamanes con gurúes,

---

[115] Cañas, Jaime E., *Los hijos del apocalipsis: la corte de Lucifer*, Buenos Aires, Oscar E. Madera, 1979.

energías con milagros y, en el último tiempo, el tema ovni con los pueblos originarios.

Como vimos, las primeras ceremonias rituales que pretendían conectar con algo superior –en este caso, seres espirituales en forma de luces, habitantes intraterrenos o energías cósmicas del Uritorco– comenzaron en 1983 con Ángel Acoglanis, casi como un secreto a voces que poco a poco fue incrementando el número de participantes pero sin perder el carácter de ceremonia misteriosa destinada solo a escogidos.

Hablé algunas veces con el anciano Ramón Froilán Verón, propietario de buena parte de Los Terrones, después de 1989. Los Terrones fue el lugar elegido por Acoglanis para llevar adelante sus ceremonias y nada de esta historia hubiese sucedido si no se hubiera forjado una amistad entre Verón y Acoglanis, ya que don Ramón le daba la llave del candado que permitía el acceso al lugar de las ceremonias. Verón fue bastante reticente a comentarme lo que sucedía allí, confirmando que pasaban cosas pero no eran para todos.

También tuve algunas charlas con Miguel Ángel Acoglanis, uno de los hijos de Ángel y reconocido periodista de Rosario; cuando hablamos sobre su padre me dijo que conocía lo que él hacía y que había tratado de indagar sobre los verdaderos motivos de su asesinato, pero recibió algunas amenazas y el consejo de amigos que le indicaron que era mejor no insistir con un tema tan escabroso.

Indudablemente el paso de Ángel Cristo Acoglanis marcó una etapa en la historia de Capilla del Monte y fue la piedra angular de lo que vendría después. La huella del Pajarillo y la difusión que se dio a la misma terminó de completar el círculo de New Age, esoterismo y extraterrestres, y fallecido Acoglanis varios intentaron tomar la posta en ceremonias mucho más vulgares y con fines claramente comerciales.

Así como al comienzo de este trabajo hacíamos mención a que el miedo a la muerte y el misterio que ello encerraba dieron origen a los primeros cultos religiosos –que se potenciaron luego con la aparición del chamanismo, que dio origen al modelo trino del cosmos espiritual y la aparición del templo como base del sedentarismo, con la creación de ciudades y civilizaciones– hoy sabemos que existe una predisposición natural en el ser humano hacia lo espiritual.

El psiquiatra norteamericano Robert Cloninger creó un modelo sicobiológico de la personalidad que se basa en la existencia de cuatro dimensiones temperamentales de origen genético-biológico y de tres dimensiones relacionadas con el aprendizaje y el ambiente. Estas dimensiones pueden presentar diferentes combinaciones en las personas, implicando a su vez la organización funcional que subyace a la personalidad de estas. Todas esas dimensiones tienen un correlato en lo biológico, se trate de neurotransmisores, circuitos neuronales o áreas cerebrales.

Una de estas dimensiones, precisamente una de las tres del carácter, es la autotrascendencia. La autotrascendencia puede definirse como la característica de nuestra personalidad que nos hace sentir parte de un todo, es la que agrupa las características de espiritualidad, misticismo, pensamientos mágico y religioso. Está relacionada con los lóbulos parietales posteriores, lugar del cerebro donde se localizan este tipo de sensaciones y cualidades. Curiosamente los sujetos con trastornos de personalidad en las escalas de evaluación puntean menos para la autotrascendencia que la población general. Es decir, es algo que si bien es aprendido forma parte fundamental en el desarrollo de la personalidad normal del individuo.[116]

Es justamente esta dimensión de la personalidad la que se pone en juego en la mayoría de los que participan en toda la parafernalia esotérica capillense: la imperiosa necesidad de sentirse parte de un todo y de alguna manera formar parte del misterio.

Si algo caracteriza a los participantes de talleres, encuentros, charlas, campamentos, congresos y demás actividades vinculadas con los ovnis y la New Age es un entusiasmo acrítico: los interesados aceptan generalmente todo lo que se les dice y aún más si su interlocutor ostenta el título de chamán, iniciado, maestro, contactado o guía.

Lo interesante es que si a estas personas se las saca de la zona de influencia del misterio y se tocan algunos de los temas de su creencia de forma individual y mostrando pruebas concretas de fraudes o verdades a medias, el sentimiento acrítico puede tornarse crítico e integrar esta dimensión tan importante de la personalidad en esquemas cognitivos válidos, que le permitan resolver las problemáticas del diario vivir sin buscar soluciones mágicas que seguramente no estaban ahí afuera sino aquí adentro.

Dentro de esta muestra variopinta de personalidades hay deshonestos que tratan de sacar provecho de las creencias y necesidades de los buscadores. Encontramos de todo, desde los más burdos a lo más sofisticados, incluidos quienes supieron unir leyendas americanas, la mitología propia de la zona, historias orientales, los infaltables Hermanos Mayores del cosmos y los Ancianos de la Hermandad Blanca, sumando de paso nuevos lugares de culto o de simple avistaje de bases extraterrestres y ovnis.

Pero lo cierto es que las verdaderas ceremonias que, más allá de su sustento en el engaño, tenían algo de aquellos ritos mistéricos donde se vivía

---

116 De Luis Otero, Ana María y María Inés López-Ibor Alcocer, *El cerebro religioso: neurociencia y espiritualidad*, Madrid, Salvat, 2019, pp. 54-58.

una experiencia fueron las primeras que tenían como hierofante a Ángel Cristo Acoglanis: sin importar que lo observado no fuera –con toda probabilidad– genuinamente numinoso, al menos en ellas se podía encontrar algo de misterio, de conmoción real, de ritual con etapas para alcanzar el contacto. Fueron originales dentro del valle de Punilla, aparecieron en el lugar y en el momento justos, y la personalidad de su mentor supo sostener el mito hasta su muerte.

Hoy como antaño el hombre sigue buscando amigarse con el misterio, encontrar la forma de trascender la muerte y transformarse en un elegido, pero la era de la posmodernidad con su posverdad[117] ya hizo su trabajo y ahora poco queda de los misterios de Punilla.

Bibliografía principal

ACEVEDO, Juan y Néstor BERLANDA, *Los extraños: abducciones extraterrestres en la Argentina*, Buenos Aires, Emecé, 2000.

BERLANDA, Néstor, *Detrás de la niebla: la historia real de un encuentro extraordinario*, Almería, Guante Blanco, 2019.

BREMMER, Jan N., *Initiation into the Mysteries of the Ancient World*, Berlín, De Gruyter, 2014.

BURKERT, Walter, *Cultos mistéricos antiguos*, Madrid, Trotta, 2005.

CAÑAS, Jaime E., *Los hijos del apocalipsis: la corte de Lucifer*, Buenos Aires, Oscar E. Madera, 1979.

CASTRO DE CASTRO, David y Araceli STRIANO CORROCHANO, *Religiones del mundo antiguo*, Madrid, Sociedad Española de Estudios Clásicos, 2010.

DE FILIPPI, Sebastiano, *La Ciudad de la Llama Azul: luces y sombras sobre el cerro Uritorco*, Buenos Aires, Biblos, 2018.

DE LUIS OTERO, Ana María y María Inés LÓPEZ-IBOR ALCOCER, *El cerebro religioso: neurociencia y espiritualidad*, Madrid, Salvat, 2019.

ELIADE, Mircea, *El chamanismo y las técnicas arcaicas del éxtasis*, México, Fondo de Cultura Económica, 1976.

GONZÁLEZ, Ricardo y Roberto VILLAMIL, *Las luces de Erks y las ciudades subterráneas*, Buenos Aires, Ecis, 2012.

KINGSLEY, Peter, *En los oscuros lugares del saber*, Girona, Atalanta, 2010.

LEMAIRE, Catherine, *Rêves éveillés: l'âme sous le scalpel*, París, Les Empêcheurs de Penser en Rond, 1993.

LEWIS-WILLIAMS, David, *La mente en la caverna: la conciencia y los orígenes del arte*, Madrid, Akal, 2005.

REICHEL-DOLMATOFF, Gerardo, *Desana: simbolismo de los indios tukano del Vaupés*, Bogotá, Procultura, 1986.

REINOSO, Luis Alberto, *Tras las huellas de los ovnis*, Rosario, Edovni, 1988.

---

[117] "Posverdad" (o "mentira emotiva") es un neologismo que describe la distorsión deliberada de una realidad en la que los hechos objetivos tienen menos influencia que las apelaciones a las emociones y a las creencias personales; su fin es modelar la opinión pública e influir en las actitudes sociales.

SUÁREZ, Jorge A., *Luces sobre el Uritorco*, Buenos Aires, Prolibro, 1992.

TERRERA, Guillermo Alfredo, *Wolfram Eschenbach, Parsifal, Orfelio Ulises: leyenda y metafísica*, Buenos Aires, Kier, 1992.

TRIGUEIRINHO, José, *Erks: mundo interno*, Buenos Aires, Kier, 1989.

VIEGAS, Diego Rodolfo, *Antropología transpersonal: sociedad, cultura, realidad y conciencia*, Buenos Aires, Biblos, 2016.

VIEGAS, Diego Rodolfo, "Historia y leyenda de Capilla del Monte", *Ufología Racional* 1, 1995.

IV

Leopoldo Mariano Buderacky

BAJO EL CERRO URITORCO

El grupo Uksim: un estudio de caso

Ubicado en el sector norte de la provincia de Córdoba, departamento de Punilla (República Argentina), el cerro Uritorco es el macizo que ostenta la mayor altura de las denominadas Sierras Chicas, como se conoce a una formación terciaria de las serranías centrales de nuestro país. Posee una altura de 1.950 metros sobre el nivel del mar, enclavándose el pintoresco poblado de Capilla del Monte sobre su ladera occidental. Se accede a dicha localidad –y por tanto al cerro– a través de la ruta provincial 38, que une la ciudad de Córdoba con la localidad de Cruz del Eje, tras recorrer unos cien kilómetros desde la capital provincial.

De singular belleza, sus añosas laderas, matizadas de rojo por el esplendor de los quebrachos colorados, contemplan la marcha inexorable de los tiempos, los hombres y las cosas. Sus características bióticas y abióticas tiñen de variados colores no solamente el paso de las estaciones sino el transcurrir de las horas, fluctuando desde los amarillos más intensos a los azules más crepusculares.

Por tratarse estas páginas de una síntesis de las extensas incursiones en campo del autor, hemos preferido no incluir aquí una pormenorizada descripción de sus características morfológicas, no abundando en detalles que pueden ser abordados por el lector de manera independiente y desde otras producciones.

Parte integrante del espacio inmediato de sus primigenios habitantes (los aborígenes vulgarmente conocidos como comechingones), su morfología especial le confiere características únicas en relación al contexto del cual forma parte. En orden a lo expresado, ciertas discutibles construcciones discursivas refieren al cerro como adorado por los antiguos moradores del lugar, aspecto al que se acompaña –desde las tradiciones orales y leyendas– el relato de mitos sobre su origen y sentido.[118]

Extrañamente, desde 1986 la bonhomía de Capilla del Monte y su cerro se ha visto eclipsada por miles de visitantes que anualmente recorren la zona en la búsqueda de "conexiones". Tales intereses incluyen manifestaciones que van desde el incremento de la propia "energía" al contacto con seres intraterrestres, extraterrestres y espirituales. Estas representaciones responderían empíricamente a la resignificación de contenidos simbólicos de los paradigmas de ciertas creencias religiosas; entre las más significativas destacamos el hinduismo, el lamaísmo tibetano, el budismo zen, la teosofía, el espiritismo, el gnosticismo e incluso, aunque en menor medida, el cristianismo.

La causa eficiente de este fenómeno popular pareciera potenciarse con la extraña aparición de una luz que se habría mantenido posada sobre la ladera sur del cerro Pajarillo (vecino próximo del Uritorco), la impronta dejada por ella, y por las no menos extrañas luces que –de acuerdo a las manifestaciones de una gran variedad de testigos– noche tras noche sobrevolarían la zona.

Presentación del caso

Estrictamente hablando, el caso que hemos estudiado de ninguna manera puede ser comprendido tomando al cerro Uritorco aisladamente. Vista su realidad desde una perspectiva fenomenológica, el mismo se evidencia respondiendo a un contexto integrado de comportamientos sociales que es, al día de hoy, causa o efecto de todo aquello "extraño" que según algunos acaecería en, sobre o bajo su superficie.

Dicho marco, al que arbitrariamente denominamos UPOV –empleando las primeras letras de sus topónimos–, parecería verse circunscripto a la enigmática existencia de tres cerros míticos: el Uritorco, el Pajarillo y el Colchiquí (o "cerro de la Maldición"), este último en la localidad de Ongamira. Encerrada entre estas tres formaciones, conformando un triángulo, se emplaza la quebrada de Luna, singular planicie que algunos denominan Valle de los Espíritus o inclusive valle de Erks. Sostenemos en esta investigación que la denominación simbólica "Valle de los Espíritus" corresponde, espacial y simbólicamente, a esta área geográfica y no a la que el imaginario colectivo –e incluso algún estudioso– adjudica a la pampilla ubicada en el tercio superior del Uritorco. Es necesario agregar que los aspectos vinculados al Pajarillo y al Colchiquí son tratados en este estudio en relación con el Uritorco y no independientemente.

---

[118] Véase un caso paradigmático: Terrera, Guillermo Alfredo, *Los comechingones: historia y metafísica*, Córdoba, Sol Rojo, 2004.

Es conocido que el ideario popular ha asignado a cada una de estos cerros manifestaciones que les serían propias, aunque el Uritorco pareciera concentrarlas todas. Esto, al punto tal que en lo que hace a la Argentina, la sola mención de su nombre es motivo de asociaciones a naves extraterrestres, mensajes de seres superiores, reinos de elementales, y relatos míticos puntuales objetivados simbólicamente en el llamado Bastón de Mando, la ciudad intraterrena de Erks, el Santo Grial, la Cruz gamada, el templo de la Esfera, los tres Espejos, el Libro que se lee y no se lee, bases intraterrestres y apariciones de seres sobrenaturales. En este orden, una de las expresiones más claras de estas narrativas puede advertirse en las construcciones historiográfico-mitológicas de Guillermo Alfredo Terrera, constructos de claro sesgo metafísico más que histórico o sociológico.[119]

Estas expresiones, en el transcurso de los últimos tiempos, han llegado a dar lugar al asentamiento de familias y comunidades con prácticas que, desde la creencia en muchos de aquellos símbolos mencionados, poseen costumbres, modos de vida, liturgias y ritos propios, a partir de los cuales –con una lógica y sentido discursivo y práctico– los particularizan, generando un impacto sociocultural de importante trascendencia.

Sintetizando: un primer intento descriptivo del fenómeno permite advertir que, desde la aparición de una "huella" atribuida discursivamente a un objeto volador no identificado sobre la ladera sur del cerro Pajarillo en el mes de enero de 1986, el Uritorco se ha transformado en el epicentro de la casuística ovni a nivel no solo argentino sino también sudamericano.

Como consecuencia, atraídos por las manifestaciones ya puntualizadas, miles de turistas visitan anualmente su conformación y el radio de influencia del fenómeno, que denomináramos "contexto UPOV". Otros, en cambio, han fijado residencia en la zona, estableciéndose el más alto porcentaje en los propios faldeos del Uritorco, edificando allí pintorescas viviendas (algunas de ellas de planta circular). En ambos casos se trata de comportamientos sociales atravesados por procesos más o menos hondos de búsqueda espiritual.[120]

Unos pocos residentes del lugar son miembros activos de comunidades que se autodenominan "cosmológicas" o "cosmosóficas" (hoy solo una con carácter de habitancia permanente), siendo la más conocida el denominado Grupo de Estudio Cosmosófico "Uksim", nuestra unidad de análisis aquí.

---

[119] Véanse –en tal sentido y como contraste histórico, teórico y metodológico– dos trabajos antagónicos, a saber: Terrera, Guillermo Alfredo, *Parsifal en Viarava y Charava*, Buenos Aires, Escuela Hermética Primordial de las Antípodas, 1991 y Buderacky, Leopoldo Mariano, *El Bastón de Mando del cerro Uritorco: del mito a la antropología*, Córdoba, La Reforma, 2007.

[120] Eliade, Mircea, *La búsqueda*, Buenos Aires, Megalópolis, 1971.

Con una enorme representatividad desde lo teórico de mi muestra este conjunto –caracterizado por prácticas que lo distinguen y desde la "creencia" en instancias que más abajo sintetizaremos– singulariza símbolos, cosmología, cosmogonía, modos de vida, liturgia y ritos propios. A partir de ellos, desde una apariencia lógica distinta y con sentido discursivo y práctico, tales "performances" dan coloratura a su acción social, tornándolas objeto central de descripción, reconstrucción, contextualización e interpretación antropológica. Todos estos abordajes –debe ser dicho– han resultado atravesados y mediados por la metodología cualitativa implementada a lo largo de todo este trabajo.

Valiosas aproximaciones descriptivas, que emergen tanto de un primer momento de este estudio cuanto de los dos informes etnográficos realizados en su oportunidad por mi colega el antropólogo Luis Amaya,[121] permiten establecer que este tipo de agencias se asocia a los Nuevos Movimientos Culturales,[122] a los Nuevos Movimientos Religiosos[123] y, de manera general, a la mentalidad New Age, conformando una peculiar situación de multiculturalidad en la que "conviven diferentes tramas simbólicas en un abierto diálogo de negociación cultural".[124]

Estas redes han sido entendidas, por lo general y no sin cierta peyoratividad, como "nebulosa mística esotérica".[125] En tanto mentalidad es un fenómeno sociológico que ha surgido en las naciones industrializadas de Occidente entre personas de clase media y alta que, ante las grandes crisis de

---

[121] Recomiendo consultar los siguientes textos: Amaya, Luis Esteban, "Experiencias sagradas y metafísicas en la zona Uritorco, Córdoba: de los salamanqueros a los santuarios extraterrestres y cultores de la Nueva Era", *Informe presentado ante el Instituto Nacional de Antropología*, Buenos Aires, 2002 y "Buscadores espirituales de la Nueva Era en torno al Uritorco, Córdoba", *Informe presentado ante el Instituto Nacional de Antropología*, Buenos Aires, 2002.

[122] Heller, Agnes, "Los movimientos culturales como vehículos de cambio", *Nueva Sociedad* 96, 1988.

[123] Véanse: Frigerio, Alejandro, "Introducción" y Carozzi, María Julia, "Contribuciones del estudio de los nuevos movimientos religiosos a la Sociología de la religión: una evaluación crítica", ambos en Frigerio, Alejandro (comp.), *Nuevos movimientos religiosos y ciencias sociales* vol. I, Buenos Aires, América Latina, 1993, y Forni, Floreal, "Nuevos movimientos religiosos en Argentina", en Frigerio, Alejandro (comp.), *Nuevos movimientos religiosos y ciencias sociales* vol. II, Buenos Aires, América Latina, 1993.

[124] Amaya, Luis Esteban, "Experiencias sagradas y metafísicas en la zona Uritorco, Córdoba: de los salamanqueros a los santuarios extraterrestres y cultores de la Nueva Era", op. cit., p. 4.

[125] Así se conceptualizan en Champion, Françoise, "Persona religiosa fluctuante, eclecticismo y sincretismos", en Delumeau, Jean (dir.), *El hecho religioso: enciclopedia de las grandes religiones*, Madrid, Alianza, 1995.

supervivencia por las que pasa la humanidad, practican y propagan lo que llaman una "nueva conciencia" o una "nueva espiritualidad".[126]

Desde estas categorías, las conductas del conjunto, expresadas en construcciones identitarias marcadas por necesidades religiosas (que recogen elementos de las religiones orientales tales como el hinduismo, el budismo y el cristianismo), espirituales (incorporando tradiciones gnósticas, espiritistas y teosóficas) y existenciales (las terapias alternativas, la alimentación vegetariana, la psicología transpersonal, la ecología profunda, la astrología y el autoconocimiento), y caracterizadas por la circulación de grupos urbanos con alta educación formal de corta duración, son vistas simbolizando la exclusión y la no sutura de antagonismos sociales potenciales, provenientes de órdenes simbólicos resultantes de conflictos estructurales específicos que emergerían, por tanto, resignificados.[127]

El énfasis puesto en encuadrar el caso desde estas categorías no llegó a la fecha a agotar ni la descripción ni la interpretación profunda y densa de "aquello sobre lo que se reconstruye" ni de "aquello sobre lo que se resignifica",[128] sus razones y objetivos, esto es, los significados hondos, abismales, únicos, excluyentes y exclusivos que subyacen, subsumidos en discursos y prácticas valoradas muchas veces como simples modas, cóctails espirituales,[129] meros movimientos o discutibles estrategias de reproducción o supervivencia.

Lo mismo pareciera haber sucedido con los núcleos centrales de sentido y significado, claves simbólicas estas que problematizan, particularmente para la antropología, este tipo de conductas, desde sus estructuras de integración simbólica dejadas, hasta hoy, de lado.[130]

En pocas palabras: el desafío teórico de los niveles más profundos de este trabajo es el de interpretar el caso desde la búsqueda de relaciones con los roles estructurales de los agentes involucrados, praxis que implicaría aspectos íntimos de la vida humana en tanto construcciones autorreflexivas conscientes e individuales. Esas creencias, sus símbolos, sus valores y sus

---

[126] Amaya, Luis Esteban, "Buscadores espirituales de la Nueva Era en torno al Uritorco, Córdoba", op. cit., pp. 6-7.

[127] Hall, Stuart, "What is this 'Black' in Black Popular Culture?", *Social Justice* 20, 1993.

[128] Geertz, Clifford, *La interpretación de las culturas*, Buenos Aires, Gedisa, 1987.

[129] Rubio Ferreres, José María, "¿Resurgimiento religioso versus secularización?", *Gaceta de Antropología* 14, 1998.

[130] Sahlins, Marshall, *Cultura y razón práctica: contra el utilitarismo en la teoría antropológica*, Buenos Aires, Gedisa, 1988, p. 208.

significados se relacionarían con sentimientos específicos de pertenencia a grupos diferenciados.[131]

La posibilidad de este ejercicio, orientado hacia el encuentro de aquel delicado equilibrio existente entre lo no verificable y "exigible", y el de las experiencias sin objeto y "disponibles" (que hacen de ciertas realidades humanas, como las que aquí presento, universos pletóricos de significantes y de significaciones, coexistiendo con categorías analíticas muchas veces deficitarias de significado) ha sido el resultado de dos años de trabajo de campo en el universo de nuestra unidad análisis más importante: el Grupo "Uksim".[132]

El sistema simbólico Uksim

"Uksim" –o "Cálido recibimiento", según el discurso construido en torno al vocablo que encontraría raíces etimológicas en la lengua irdin, idioma cósmico o extraterrestre– es una pequeña comunidad humana, ubicada aproximadamente a cinco kilómetros de la ruta provincial 17, polvoriento y pedregoso camino que, en pésimo estado de conservación, une la legendaria localidad de Ongamira con la ruta nacional 38. Dicha senda nace a la vera misma de esa vía que, a su vez, comunica la ciudad de Córdoba con la de Cruz del Eje. A no más de catorce kilómetros de la pintoresca localidad de Capilla del Monte, dos cerros enmarcan espacialmente su paisaje: el Uritorco hacia el sur y el Pajarillo hacia el norte.

Enclavado en la mencionada quebrada de Luna, epicentro de la casuística ovni no solamente en el ámbito local sino también en el nacional, no es dable observar su ingreso fácilmente. En efecto, solo dos minúsculos carteles anuncian su existencia: el primero, erguido entre las areniscas, declara simplemente "Uksim, Grupo de Estudio Cosmosófico" y el segundo –unido a una tranquera– anuncia la denominación "Sierra del Cielo".

Sus orígenes se remontan a la misma oleada de la "época de oro" del lugar, los inicios de los años '90, en que bajo la efervescencia producida a partir de enero de 1986 millares de curiosos e interesados arribaron a Capilla del Monte y zonas vecinas, atraídos por la aparición de aquella enorme huella de la que ya diéramos cuenta sobre una de las laderas del Pajarillo.

---

[131] Aspectos de esta naturaleza son tematizados en Gusfield, Joseph, Hank Johnston y Enrique Laraña Rodríguez-Cabello, "Identidades, ideologías y vida cotidiana en los nuevos movimientos sociales", en Gusfield, Joseph y Enrique Laraña Rodríguez-Cabello (comp.), *Los nuevos movimientos sociales: de la ideología a la identidad*, Madrid, Cis, 1994.

[132] Equilibrios y experiencias tales son abordados en: Lévy-Strauss, Claude, *Antropología estructural*, Buenos Aires, Eudeba, 1984, pp. 14-15.

Nacían con ello no solamente relatos, leyendas y mitos, sino particulares sistemas de creencias y modos de vida, que alcanzaron su institucionalización en algunas pocas comunidades. Estas, desde instancias de religamiento trascendente, construyeron su discurso, su sentido y su lógica invocando la existencia de mundos intra y extraterrestre. De improbable autosubsistencia, este grupo organiza su vida –en lo que oportunamente pudimos observar– a partir de tres instancias de pertenencia: la membresía en estado de "retiro" (o fuera del contacto con el mundo exterior a la comunidad); la membresía en estado de "semi-retiro" (con eventuales contactos con dicho mundo); y la membresía "externa" (para ocasionales visitantes e interesados en las creencias y representaciones sostenidas por el grupo).

Su metafísica y características de ejecución ordinaria, fundadas en el silencio, la impersonalidad, la entrega, la renuncia, el desapego, la obediencia y la búsqueda de armonía con lo que denominan "conciencia cósmica universal" y sus "Jerarquías", se muestran emergiendo como resultado de dos fuentes de revelación: los mensajes y estudios transmitidos por su "coordinador general" y, como prefieren denominarlo, "espontáneo", Daniel Gagliardo; y los mensajes y escritos del conocido escritor metafísico brasileño Trigueirinho.

Dos años de estudio y variadas experiencias de campo (de las cuales muchas resultaron en observaciones participantes y entrevistas profundas que efectuamos a lo largo de retiros en la comunidad, y que produjeran un enorme impacto en mi propia reflexividad) han sido las fuentes directas de aproximación a las instancias discursivas y performativas de este grupo.[133]

Desde el diseño cualitativo de la investigación, hemos entendido ese conjunto como un caso cabal a partir del cual, partiendo del concepto de saturación muestral, estuvimos en condiciones de ver transcurrir creencias, mitos, ritos, modos de vida y mundos-vida que nos propusimos investigar desde la antropología.[134]

El ingreso a campo y las experiencias personales en él –cuya hondura y seriedad no es dable ampliar en esta reseña– han sido objeto de una monografía especial que, por supuesto, excede los propios objetivos de esta.[135] Empero, en alguna medida este trabajo intenta ser el reflejo de las vivencias, temores, observaciones, y por supuesto de las aserciones teóricas,

---

[133] Debo a Guber el concepto de "impacto" del sujeto-objeto de estudio sobre la reflexividad del antropólogo. Recomiendo, al respecto: Guber, Rosana, *La etnografía: método, campo y reflexividad*, Buenos Aires, Norma, 2001, pp. 48, 49 y 81.

[134] Véanse: Valles, Miguel S., *Técnicas cualitativas de investigación social*, Madrid, Síntesis, 2000 y Saltalamacchia, Homero R., *La historia de vida: reflexiones a partir de una experiencia de investigación*, San Juan de Puerto Rico, Cijup, 1992, cap. 3 y 4.

[135] Buderacky, Leopoldo Mariano, *Bajo el cerro Uritorco: cosmos, lógica y Sentido*, Córdoba, La Reforma, 2008.

metodológicas, técnicas y conceptuales desplegadas en torno a un tipo de unidad analítica poco abordada en los ámbitos académicos. Este conjunto, con su forma de pensar y de vivir, se distancia –de modo profundo, aunque inescindiblemente unido a la cultura dominante– de nuestras propias prácticas culturales cotidianas.

Seamos concretos en este aspecto: la realidad (y por tanto las características de ejecución ordinaria) pareciera ser construida de manera diametralmente opuesta fuera y dentro de la tranquera de acceso al grupo. En él, las prácticas y sus sentidos enfrentan al investigador a mundos-vida en apariencia tan distintos cuanto opuestos al suyo propio. Vivir en "Uksim" pretende ser silencio, impersonalidad, obediencia, entrega y desapegado servicio, pues no queda tiempo ni forma ya para otra cosa: "el mundo será evacuado y regenerado en breve por seres o conciencias intra y extraterrestres", dicen allí.

Por todas sus características, la dificultad de formalizar la densidad de esta unidad de observación y de análisis nos ha llevado, desde lo metodológico, a reconocer la existencia de diferentes mundos-vida, auténticas cosmovisiones en las que la realidad y la verdad son construidas por agentes que a su vez se construyen interactivamente desde la reflexividad, la creación y la recreación de sentido, partiendo de prácticas discursivas complicadas.[136]

Definido por sus miembros como un estado de conciencia y plasmado en discursos y prácticas concretas que lo singularizan, la vida "Uksim" –y su contraparte institucionalizada como Sierra del Cielo, espacio al que denominamos arbitrariamente a partir del neologismo "cosmosterio"– merece enmarcarse dentro del concepto de *communitas*, diferenciándose así del de la categoría propia de un mero "campo" religioso. Como tal, se estructura a partir de un sistema de símbolos que, en términos conceptuales,

> obra para establecer vigorosos, penetrantes y duraderos estados anímicos y motivaciones en sus miembros, formulando concepciones de un orden general de existencia y revistiendo estas concepciones con una aureola de efectividad tal que los estados anímicos y motivaciones parezcan de un realismo único.[137]

---

[136] Tales agencias y discursos –y es valioso (aunque a mi juicio no suficiente) que así sea– podrían encuadrarse en los enfoques teóricos de Bourdieu, Pierre y Loïc J. D. Wacquant, *An Invitation to Reflexive Sociology*, Cambridge, Polity, 1992; de Clifford, James, *The Predicament of Culture: Twentieth-century ethnography, literature, and art*, Cambridge, Harvard University, 1988; y de Schutz, Alfred, *El problema de la realidad social*, Buenos Aires, Amorrortu, 1974.

[137] Geertz, Clifford, *La interpretación de las culturas*, op. cit., p. 89.

Para Turner, una *communitas* se define por su situación de liminalidad, entendida esta como "un estado experimentado por el individuo durante un rito de paso [...] donde el individuo se encuentra separado de su status anterior". Definido por sus miembros como un lugar de trabajo interior, todo "Uksim" podría entenderse como un rito de paso en fase de limen o de umbral. Así, las aparentes acciones cotidianas dejan de serlo para volverse, en esencia, acciones y situaciones rituales, situadas fuera del sistema total y sus conflictos, en donde "el término sagrado se puede traducir por estar aparte o a un lado".[138]

"Uksim", desde este estado que aparece culturalmente como edénico, paradisíaco, utópico o milenario, se nos ha revelado –desde su status liminal– como una *communitas* de compañeros libres e iguales, en la que "las distinciones seculares de rango, oficio y posición están temporalmente en suspensión o son consideradas como irrelevantes".[139]

Diferencio esta manera de representar el caso del concepto de campo bourdieuano, para quien el juego en el mismo está determinado por la producción y reproducción de capitales específicos desde intereses también específicos, resultante de un tipo de estructura estructurante a la que denomina *habitus*.[140] Asimismo, el neologismo "cosmosterio" identifica el espacio de Sierra del Cielo con los antiguos y actuales monasterios de diversas religiones. Lo hace, claro está, con sus reglas, su disciplina, sus liturgias, su administración del tiempo, sus jerarquías y sus creencias propias.

Como sistema, su estructura de percepción y representación de ideas, actitudes, juicios, anhelos, prácticas y creencias encuentra en su inmensidad simbólica objetos, actos, hechos, cualidades y relaciones que no son otra cosa que el vehículo de su concepción del hombre, del mundo, del universo y de las cosas, así como una riquísima fuente extrínseca de información para quienes –como en mi caso– abordamos su comprensión.[141] Puntualicemos aquí, de

---

[138] Para una comprensión más profunda de este tipo de espacios, recomiendo especialmente la lectura de Turner, Victor, "Pasos, márgenes y pobreza: símbolos religiosos de la *communitas*", en Bohannan, Paul y Mark Glazer, *Antropología: lecturas*, Madrid, McGraw-Hill, 1993.

[139] Turner, Victor, "Pasos, márgenes y pobreza: símbolos religiosos de la *communitas*", op. cit., pp. 516, 521, 522 y 524.

[140] Sobre la teoría de los campos recomiendo la lectura de los siguientes textos de Bourdieu: "Espacio social y poder simbólico", en Bourdieu, Pierre, *Cosas dichas*, Buenos Aires, Gedisa, 1988; "Algunas propiedades de los campos", en Bourdieu, Pierre, *Sociología y cultura*, México, Grijalbo, 1990; y "*Habitus, illusio* y racionalidad", en Bourdieu, Pierre y Loïc Wacquant, *Respuestas: por una antropología reflexiva*, México, Grijalbo, 1995.

[141] Geertz, Clifford, *La interpretación de las culturas*, op. cit., p. 90-91.

manera sumamente sintética, algunas creencias y hábitos propios de este grupo:

a) La creencia en un ser superior, a quien denominan indistintamente Dios, Energía, Conciencia Universal, Conciencia Única, Esencia Única, Vida Única, Fuente de Conocimiento o Luz.

b) La vida como conciencia: conciencia plasmada alrededor y dentro del propio hombre, los seres y las cosas de manera infinita y hacia la cual las mismas cosas tienden, es decir conciencia en evolución. Ella, por tanto, está presente en todo el cosmos, habita en todo y todo impregna omnímoda, omnisciente, omnipresente y absolutamente, estratificándose en "planos de conciencia" o "vibraciones" específicas de las que la realidad concreta material humana no es sino aquella que resulta más conocida por el hombre.[142] Expresándolo en pocas palabras: se evoluciona cuando se acorta la distancia existente entre un estado de conciencia y su núcleo interno o esencia, hallándose vinculados todo ello por una energía conductiva específica. La existencia, por lo tanto, resulta concebida como un símbolo, pletórica en equivalencias de significado correspondientes a un orden de realidad distinto al de este último".[143]

c) La existencia de diferentes Jerarquías que, expresadas como "estados de conciencia" extraterrestres e intraterrestres, participarían del gobierno del cosmos al servicio de una Voluntad Única Universal (Dios): seres de mayor perfección evolutiva entre los que se destacan Ashtar Sheran, Amuna Khur, Solhuat Kuthulli, Amhaj, Mhayhuma, Taykhuma, Ashtar Asghran y Ostmiuk. Tales energías, conciencias o esencias son representadas como rectoras de diversos centros planetarios intraterrestres, como Erks, Miz Tli Tlan, Anu Tea, Mirna Jad, Liz-Fátima, Aurora e Iberah. Las mismas, plasman la realización de los patrones arquetípicos de la Voluntad Divina, mediadas por elementos simbólicos (denominados también "energías"), tales como Rayos, Fuegos y Leyes rectoras de cada nivel, Elementos, Vibraciones y Cualidades en los diversos planos de manifestación de una realidad que se explaya de manera múltiple en su devenir hacia la perfección.

d) La predominancia de estrictos hábitos de alimentación vegetarianos y naturistas entre los miembros que se identifican con el Grupo, concitando estos la atención y adhesión de individuos de los estratos medios y medio-altos escolarizados, sin distinciones de etnia, religión, profesión o ideología política.

---

142 Trigueirinho, José, *El nacimiento de la humanidad futura*, Buenos Aires, Kier, 1994, p. 23.

143 Lévy-Strauss, Claude, *Antropología estructural*, op. cit., p. 181.

e) Un espacio propio singular: Sierra del Cielo (uno de los tantos –aunque el principal– que el Grupo conforma a lo largo de un proceso de ramificación, crecimiento y difusión que desarrolla en distintas provincias del país y aún del exterior). Definido por sus miembros como un "lugar de trabajo interior" y como espacio visible de una *communitas*, muestra dos evidentes escenarios sobre los que el juego de las interacciones es desarrollado: los escenarios explícitamente ritualizados y los no explicitados ritualmente. Ambos responden a situaciones específicas entre sus miembros en las que lo tecnológico, lo organizacional y, muy especialmente, lo simbólico configuran entorno y prácticas. Así, lo que para algunos es lo ideológico,[144] para otros la metafísica o las creencias del Grupo,[145] o –como parece ser el caso aquí – su religión formula los mecanismos para dotar a ambos de lo que Rappaport denomina "significación".[146]

Desde este trabajo se considera "religión" a aquellas conductas que, como sistemas de representaciones simbólicas, desde una lógica y sentido discursivo y práctico vinculan el mundo cotidiano, temporal y condicionado con instancias míticas, atemporales e incondicionadas. Una religión expresa así una visión ordenada del universo, proyectada desde el núcleo mismo de la cultura. Su unidad (como orden que supone) queda constituida por los significados que establece desde significaciones que son cualidades simbólicas.[147]

Entendemos asimismo que un caso como el de "Uksim" se inscribe en lo que podemos caracterizar como una manifestación religiosa, en tanto y en cuanto reúne las características expresadas por Clifford Geertz cuando afirma:

> La esencia de la acción religiosa, desde un punto de vista analítico, consiste en estar imbuida de cierto complejo específico de símbolos –de la metafísica que formulan y del estilo de vida que recomiendan– con autoridad persuasiva [...] a partir de concepciones generales y disposiciones mentales.[148]

---

144 Encuadres de esta naturaleza pueden verse en: Hardesty, Donald, *Antropología ecológica*, Barcelona, Bellaterra, 1977.

145 Esto se plantea dentro de los lineamientos teóricos expuestos en: Geertz, Clifford, *La interpretación de las culturas*, op. cit.

146 Rappaport Roy A., *Pigs for the Ancestors*, New Haven, Yale University, 1968.

147 Órdenes tales son abordados en profundidad por: Cazaneuve, Jean, *Sociología del rito*, Buenos Aires, Amorrortu, 1972 y Sahlins, Marshall, *Cultura y razón práctica: contra el utilitarismo en la teoría antropológica*, op. cit., pp. 204 y 208.

148 Geertz, Clifford, *La interpretación de las culturas*, op. cit., p. 107.

Resulta asimismo interesante contemplar el hecho de que todo fenómeno religioso (en tanto formulador de una metafísica y un estilo de vida) modela un orden social que es tomado en cuenta en esta investigación.[149] Por ello, la configuración del mismo remite, necesariamente, a pensar a "Uksim" como articulador de otras relaciones sociales concretas que estructuran procesos identitarios observables, en los que la manipulación, la fricción y el ocultamiento podrían caracterizarlo.[150]

Todo ese universo de significaciones religiosas –por otra parte, convenidas entre los agentes que en él participan– normativizan el lugar y guían a los miembros del grupo en sus acciones en y para con él. Paradójicamente, en el folleto *Vida en "Uksim"* difundido por el Grupo se expresa:

> No está considerado como válido, en el ámbito de la Tarea UKSIM, la exteriorización [sic] de rituales, ceremonias, direccionamiento de la energía o exhibición de técnicas.[151]

Empero, en las relaciones que se establecen desde instancias performativas denominadas "sintonías" o "estudios" pueden observarse, de una manera clara, lo que Turner significa como procesos de comunicación ritual, en donde se nos revelan espacios consagrados específicos, objetos rituales como símbolos instrumentales, la invocación por medio de una autoridad que controla la información, narraciones de mitos, vehículos propios de comunicación y otra concepción del tiempo; es decir, religión lisa y llana.[152]

Desde el marco de su praxis hemos identificado los espacios en apariencia cotidianos con los rituales, por parecer que aquellos se hallan contenidos en procesos de alguna manera ritualizados. Por eso preferimos referirnos escuetamente a los mismos como espacios explicitados y no explicitados ritualmente. Queremos decir con ello que tanto el entorno de Sierra del Cielo como espacio sagrado cuanto el esquema cultural "Uksim" se revelan rituales y ritualizados, aún aquellos sectores en apariencia irrelevantes. Esto nos conduce, como hemos dicho, a pensar su enclave, su entorno, el Grupo y sus interacciones en términos de una liminalidad

---

[149] Geertz, Clifford, *La interpretación de las culturas*, op. cit., pp. 107 y 113.

[150] Manipulación, fricción y ocultamiento sobre los cuales se da cuenta en Cardozo de Oliveira, Roberto, *Etnicidad y estructura Social*, México, Ciesa, 1992.

[151] Grupo "Uksim", *Apuntes para el camino 1*, 2002, p. 3.

[152] Turner, Victor, *La selva de los símbolos: aspectos del ritual ndembu*, Madrid, Siglo XXI, 1990.

teleológicamente orientada –como me fuera dicho allí– al mantenimiento de un orden cósmico.

En suma, la realidad para "Uksim" es, como pretendido estado de conciencia, percepción, y como tal el significado que se asigna a lo perceptible está condicionado por la posición que ocupa el observador mismo. Como surgiera de una entrevista con el coordinador del Grupo, Daniel Gagliardo:

> Todo es un juego de ilusión. Después de todos los telones, cuando el último telón parece que va a levantarse, continúa habiendo otro telón. Pero siempre el que lo levanta es el Único.

No es, por tanto, casual el vacío teórico y empírico existente desde la antropología, particularmente en nuestro medio, para el abordaje de fenómenos simbólico-religiosos como este: nuestra disciplina es también un modo de percepción singular. De allí que los encuadres existentes para la interpretación de casos como el que presentamos, caracterizados por niveles de aproximación descriptivos, se enfrenten al inexpugnable límite constituido por la lógica y el sentido que los "otros" asignan al universo, al hombre y a las cosas. Este límite, en antropología, es denominado "irreductibilidad cultural".[153]

Desde nuestro punto de vista, estas agencias evidencian poner en marcha procesos de racionalización con lógicas, razones y motivos propios para explicar lo que hacen y hacer lo que hacen, en donde la interacción, modalizada en procesos de comunicación (discursos), procesos políticos (como facilidades de disposición) y procesos morales (como legitimadores) hacen al núcleo mismo de interacciones.[154] De allí que no parezca adecuado insertarlos exclusivamente en una teoría, en tanto esta es la que ha debido serlo dentro del propio caso.[155]

Lo que nuestras categorías enmarcan como resignificaciones simbólicas no son para "Uksim" otra cosa que una manera de ver el mundo dentro de un mismo ciclo o etapa con características propias. Cuando una etapa o ciclo cambia, aunque los elementos parezcan los mismos, su significación puede cambiar absolutamente; es decir, un símbolo tiene para el Grupo muchos niveles de lectura y en cada etapa de la humanidad –sostienen– se

---

[153] En rigor, tomo este concepto de Saslavsky, Liliana C., "Ser antropólogo: el problema de la traducibilidad", *Epistemología de las Ciencias Sociales* 3, 1993.

[154] Giddens, Anthony, *La constitución de la sociedad: bases para la teoría de la estructuración*, Buenos Aires, Amorrortu, 1995, pp. 60-68.

[155] Combessie, Jean-Claude, *El método en sociología*, Madrid, Alianza, 2000, pp. 16 y 17.

descubrirán nuevos niveles de significado: significaciones asociadas a estados de conciencia que son anteriores a la observación del sujeto de conocimiento, que se contienen en los mismos símbolos y en la que la realidad no es sino simbólica. Por tanto, para acceder a los contenidos perceptivos más hondos de un símbolo, de la realidad misma (anclados aquellos en niveles más profundos), el despojamiento de las estructuras mentales resulta indispensable.

Interpretando el caso como "estrategias de supervivencia" o como oposición al orden simbólico imperante, la lógica y el sentido discursivo y práctico del Grupo es contundente:

> Un ser que encuentra su esencia interna siempre encuentra sustento. Sobrevive una cultura que se halla en ruptura, una cultura que se estructura con lo que pasa en el planeta. Vivir, por tanto, es llevar la Vida a su máxima expresión, a su máxima armonía, a su esencia interna. Por ello, el verdadero guerrero no es aquel que combate (se opone) sino el que refracta.[156]

Tal su aparente lógica. Desde estos parámetros, supervivencia y oposición mutan conceptual y performativamente en vida y refracción. Por ello, los estudios de este tipo, como ejercicio de un juego de posiciones signado por la actividad lúdica de toda perspectiva, conducen ineludiblemente a interrogarnos, hoy más que nunca, acerca de la naturaleza humana, nuestros mecanismos de conocimiento, nuestras formas de percibir y nuestros modos de representarnos el mundo para, como "Uksim" expresa, hacer

> aflorar la verdadera Antropología, en aquellos seres que buscan la comprensión del ser humano en las vastedades de la conciencia interna, con una nueva comprensión de símbolos y señales.[157]

Conclusiones preliminares

De acuerdo con lo aquí descripto, el cerro Uritorco y su entorno han permitido a muchos una nueva forma de religar y religarse con espacios, creencias y prácticas trascendentes. Todas estas –atravesando relaciones sociales, políticas y económicas, en cuyo contexto han generado un importante impacto sociocultural– configuran un particular proceso que ha

---

[156] Grupo "Uksim", *Apuntes para el camino* 1, 2002, p. 3.

[157] Comunicación de Daniel Gagliardo al autor, por medio de correo electrónico, 8/6/2002.

llegado a satisfacer necesidades de identidad y de sentido en hombres y mujeres de nuestra cultura occidental hipermoderna e hiperfragmentada.

"Uksim" y su sistema de creencias, por tanto, constituyen un colectivo social y una estructura simbólico-religiosa cuya performatividad más evidente busca –en lo que consideran el silencio, el desapego, la entrega, el servicio y la obediencia – expresar, desde su devenir cotidiano, una religiosidad. Este ancla en la significación asignada a su propia realidad del mundo y del cosmos, estableciendo un particular constructo mediado, modelado y descripto por el lenguaje –su lenguaje singular– y el contexto sociocultural en el que (y gracias al cual) estas logran plasmarse.

La adscripción al Grupo y a sus creencias, más que el resultado de las prácticas derivadas de un individuo pasivo víctima de fuerzas más allá de su control, permite continuar sosteniendo –y nuestro relevamiento etnográfico permite dar cuenta de ello– la vigencia del modelo de un individuo activo que, voluntariamente y a través de un proceso de selección, ha elegido, desde un particular ambiente disparador de los intereses personales que resultan de sus íntimas disposiciones, integrarse a este tipo de agrupación.[158]

De esta manera, identificarse con "Uksim" y su reencantamiento del mundo permite a algunos plasmar un remedio contra la opacidad del sistema, construir un paliativo llevado a cabo contra la incertidumbre. De allí que, inmerso en un contexto caracterizado por esta carencia de certezas, "Uksim" constriñe continuamente la acción, no solamente en términos de seguridad y continuidad sino como fuente de recursos y sentidos para la individuación, consiguiendo hacerlo rechazando los códigos dominantes de una sociedad orientada hacia el consumo, la inmediatez y el materialismo desbordado del Occidente actual.[159]

"Uksim" opera entonces sumergido, por una parte, y como emergente, por la otra, en y de la intrínseca capacidad de cambio de las sociedades modernas globalizadas, destradicionalizadas, inciertas y reflexivas, por lo que su rol social –día a día más comprometido– puede definirse desde el impacto que genera, o habrá de generar, tanto en la memoria como en la identidad colectiva.[160]

---

[158] Frigerio, Alejandro, "Introducción", en Frigerio, Alejandro (comp.), *Nuevos movimientos religiosos y ciencias sociales* vol. I, op. cit.

[159] Mellucci, Alberto, "¿Qué hay de nuevo en los 'Nuevos Movimientos Sociales'?", en Gusfield, Joseph y Enrique Laraña Rodríguez-Cabello (comp.), *Los nuevos movimientos sociales: de la ideología a la identidad*, Madrid, Cis, 1994.

[160] Giddens, Anthony, *Consecuencias de la modernidad*, Madrid, Alianza Universidad, 1993, pp. 60-79. Asimismo, y a los fines de profundizar en las conclusiones construidas a partir de mi larga estancia en campo (y que resultan imposibles de plasmar en este

Bibliografía principal

BOURDIEU, Pierre y Loïc J. D. WACQUANT, *An Invitation to Reflexive Sociology*, Cambridge, Polity, 1992.

BUDERACKY, Leopoldo Mariano, *Bajo el cerro Uritorco: cosmos, lógica y sentido*, Córdoba, La Reforma, 2008.

BUDERACKY, Leopoldo Mariano, *El Bastón de Mando del cerro Uritorco: del mito a la antropología*, Córdoba, La Reforma, 2007.

CAZANEUVE, Jean, *Sociología del rito*, Buenos Aires, Amorrortu, 1972.

CLIFFORD, James, *The Predicament of Culture: Twentieth-century ethnography, literature, and art.* Cambridge, Harvard University, 1988.

COMBESSIE, Jean-Claude, *El método en sociología*, Madrid, Alianza, 2000.

DELUMEAU, Jean (dir.), *El hecho religioso: enciclopedia de las grandes religiones*, Madrid, Alianza, 1995.

ELIADE, Mircea, *La búsqueda*, Buenos Aires, Megalópolis, 1971.

FRIGERIO, Alejandro (comp.), *Nuevos movimientos religiosos y ciencias sociales*, Buenos Aires, América Latina, 1993.

GEERTZ, Clifford, *La interpretación de las culturas*, Buenos Aires, Gedisa, 1987.

GIDDENS, Anthony, *La constitución de la sociedad: bases para la teoría de la estructuración*, Buenos Aires, Amorrortu, 1995.

GUSFIELD, Joseph y Enrique LARAÑANA RODRÍGUEZ-CABELLO (comp.), *Los nuevos movimientos sociales: de la ideología a la identidad*, Madrid, Cis, 1994.

HARDESTY, Donald, *Antropología ecológica*, Barcelona, Bellaterra, 1977.

HELLER, Agnes, "Los movimientos culturales como vehículos de cambio", *Nueva Sociedad 96*, 1988.

LÉVY-STRAUSS, Claude, *Antropología estructural*, Buenos Aires, Eudeba, 1984.

SAHLINS, Marshall, *Cultura y razón práctica: contra el utilitarismo en la teoría antropológica*, Buenos Aires, Gedisa, 1988.

SASLAVSKY, Liliana C., "Ser antropólogo: el problema de la traducibilidad", *Epistemología de las Ciencias Sociales* 3, 1993.

SCHUTZ, Alfred, *El problema de la realidad social*, Buenos Aires, Amorrortu, 1974.

TURNER, Victor, *La selva de los símbolos: aspectos del ritual ndembu*, Madrid, Siglo XXI, 1990.

VALLES, Miguel S., *Técnicas cualitativas de investigación social: reflexión metodológica y práctica profesional*, Madrid, Síntesis, 2000.

---

corto espacio), remito a la lectura de Buderacky, Leopoldo Mariano, *Bajo el cerro Uritorco: cosmos, lógica y sentido*, op. cit.

V

Sebastiano De Filippi

SOBRE GRIALES, SOLES ROJOS Y BASTONES DE MANDO

Los polémicos objetos de poder de Guillermo Alfredo Terrera

El pensamiento metafísico ha sido una constante cultural en el homo sapiens al menos desde el siglo VI antes de Cristo. La indagación intelectual de todo aquello que va más allá de lo físico y tangible comenzó probablemente por esa época –con los filósofos presocráticos, Parménides a la cabeza– y continúa hasta la actualidad, con los herederos y críticos de Deleuze, Derrida y Foucault, por mencionar solo algunos autores particularmente prestigiosos.

Aun por fuera de la reflexión de los grandes pensadores de la historia, la *forma mentis* metafísica fue y es una parte importante, acaso inescindible, de muchísimos de los humanos que peregrinamos por esta realidad tridimensional atravesada por el vector del tiempo. En algunos casos esta suerte de hábito psíquico se manifestará a través de simples supersticiones, otras veces por medio de creencias más articuladas de tipo religioso y en algunos casos se vertebrará en elaborados esquemas teóricos que todo lo abarcan.

Es este último el caso de Guillermo Alfredo Terrera (1922-1998), prolífico intelectual, investigador, docente y escritor argentino que durante la última parte de su larga vida se dedicó a cultivar –de manera crecientemente errática, a medida que las fuerzas, la salud y la lucidez lo abandonaban– una forma muy personal de pensamiento esotérico que él denominaba "hermético metafísico".

Hasta aproximadamente diez años antes de su fallecimiento el doctor Terrera intentó mantener el delicado equilibrio que suponía ser a la vez un académico y un ocultista, además de un hombre con fuertes convicciones ideológicas y grandes aspiraciones políticas. Como es fácil imaginar, fue una tarea muy ardua, máxime cuando doctrinas esotéricas incomprobables y relatos seudohistóricos –estos, comprobablemente falsos– chocan con hechos ampliamente establecidos por el escrutinio de la ciencia.

El credo metafísico de Terrera incluía muchísimos elementos imposibles de conciliar con el discurso científico contemporáneo, pero en 1987 el cordobés todavía tenía la lucidez de afirmar que la explicación material de un suceso y su interpretación metafísica eran dos caras de una misma moneda, que no se tocaban ni se superponían, pero sí se complementaban: la ciencia física aportaba la razón material, concreta, comprobable del fenómeno; el pensamiento metafísico le sumaba una capa espiritual de "belleza poética" que elevaba al hombre por sobre un pensamiento meramente prosaico.[161]

La idea, así expresada, resulta tan razonable como interesante. Ojalá las religiones pudieran hacerse eco de ella, no superponiendo el plano fideístico y simbólico –alojado en lo más profundo del psiquismo– con el material, al que podremos considerar *maya* (ilusión) todo lo que queramos, pero en cualquier caso "existe y se nos resiste" con cualidades de objetividad que permiten nuestra cotidiana interacción y, entre otras cosas, la construcción de cultura. Y ojalá nuestro autor hubiera podido sostener esa idea hasta sus últimos días.

Lamentablemente no fue así: a poco de expresarse con tanta inteligencia Terrera no pudo con su genio y cayó en la peor de las tentaciones: intentar colocar en el ámbito científico una serie de discursos que no pertenecen a la ciencia y que solo pueden ser aceptados por fuera de ella, cuando no negando sus aportes. Para ello, intentó hacer pasar mitologías de distinto origen (algunas, de su propia invención) por hechos históricos ciertos, comprobables a partir de la existencia de objetos artísticos de naturaleza arqueológica.

Se trata, como veremos, de un craso e imperdonable error, porque dilucidar con relativa facilidad todo lo inherente a estos objetos hace caer de inmediato el sustento racional del discurso terreriano, que bien podría haberse mantenido en pie en los términos de la interpretación metafórica ya aludida.

Llegamos así a los tres emblemáticos "objetos de poder" que Terrera mencionó con un énfasis creciente y obsesivo en sus últimos años, presentándolos como reliquias históricas y artísticas que daban un basamento concreto y comprobación física a sus doctrinas hermético-metafísicas.

Todo el que acostumbre leer y escuchar acerca de los misterios –supuestos o reales, poco importan en esta instancia– de la zona de Capilla del Monte ha tomado contacto alguna vez con los relatos de corte mítico que se relacionan con estos objetos: la historia del caballero Parsifal viajando a la Córdoba argentina y depositando el Santo Grial en el cerro Uritorco; la existencia,

---

[161] Terrera, Guillermo Alfredo, *Antropología metafísica: el Bastón de Mando y los triángulos de fuerza*, Buenos Aires, Kier, 1987, p. 9.

descubrimiento y robo a manos británicas del Sol Rojo de los comechingones; y el extraordinario derrotero del Bastón de Mando del cacique Vultán.

En esta sede, por razones de necesaria brevedad, nos limitaremos a exponer los aspectos más contundentes entre aquellos que permiten clarificar la cuestión de raíz: la existencia, origen y entidad de estos tres objetos.

Un cáliz para Viarava

Quienes hayan tomado contacto con el primero de estos mitos probablemente leyeron que quien probaría la existencia del viaje de Parsifal a lo que hoy es territorio argentino es, en principio, un personaje de ficción en una fuente literaria medieval: el *Parzival* del poeta germano Wolfram von Eschenbach, que Guillermo Terrera cita en varios de sus muchos libros.[162]

Ya hubo quien señaló que la obra de Wolfram no contendría los versos aludidos, pero hasta ahora estos intentos de clarificación se detuvieron allí, sin abundar y sobre todo sin profundizar ni en lo expuesto por Terrera ni en el intento de refutar sus afirmaciones. En el ínterin, lamentablemente, la mayor parte de quienes entran en contacto con esta historia sigue repitiendo con sorprendente liviandad aquello de que Parsifal trajo el Grial al cerro Uritorco.

La forma más directa de conocer este peculiar relato es leer la obra *Wolfram Eschenbach, Parsifal, Orfelio Ulises* de Terrera.[163] Publicada en 1992 por Editorial Kier de Buenos Aires, tiene –en rigor– un antecedente inmediato en un folleto impreso y distribuido por el propio autor en 1989; el libro en sí fue reeditado posteriormente, pero en la actualidad se encuentra agotado, como la práctica totalidad de la producción literaria del abogado cordobés.

En la edición de 1992, un Terrera ya alejado de la vida académica y de los trabajos científicos, y aquejado por crecientes problemas de salud –lógicos en un hombre de avanzada edad–, reproducía los siguientes versos del *Parzival* de Wolfram (que citamos respetando sintaxis, ortografía, acentuación, puntuación y mayúsculas de Terrera):

> En que lejana Cordillera podrá encontrar
> a la escondida Piedra de la Sabiduría Ancestral
> que mencionan los versos de los veinte ancianos,
> de la Isla Blanca y de la Estrella Polar.
> Sobre la Montaña del Sol con su triángulo de Luz
> surge la presencia negra del Bastón Austral,
> en la Armórica antigua que en el sur está.
> Solo Parsifal el ángel, por los mares irá

---

[162] Wolfram von Eschenbach, *Parzival*, Berlín, De Gruyter, 2003.

[163] Terrera, Guillermo Alfredo, *Wolfram Eschenbach, Parsifal, Orfelio Ulises: leyenda y metafísica*, Buenos Aires, Kier, 1992.

con los tres caballeros del número impar,
en la nave Sagrada y con el Vaso del Santo Grial,
por el Atlántido Océano un largo viaje realizará
hasta las puertas secretas de un silencioso país
que Argentum se llama y así siempre será.
El caballero del Sol, con su fuerza caminará,
llevado por la Piedra del combate ancestral.
Diadema de Lucifer, luz de su corona encantada
convertida en vaso, por el poder del Dios Vultán
junto al Bastón de Mando, por los siglos, descansará.
De donde ha salido el caballero angelical
si hace milenios en el corazón de Pamir nació.
Los hiperbóreos lo recuerdan como un Vril
convertido en el defensor del Vaso Sagrado,
de la música cósmica y de todo el lugar,
para buscar las Tierras Blancas, de la Galia partió,
como buen templario la Cruz Gamada lo acompañó.
Antiguos viajeros del Himalaya y la Rueda del Sol,
le dieron la presencia del milenario Bastón
en las altas montañas del Argentum Polar.
Porque el Lapis Exilis fue caído del Cosmos
envuelto en un tonante fuego celestial.
Oculto lo mantuvieron los Dioses de la Tierra
en un Monte Sagrado de la innombrable Viarava
donde Vultán le otorgara su Mágico Destino.[164]

Estos curiosos versos contienen tal acumulación de elementos dispares y disparatados –provenientes de lugares, tiempos y contextos culturales lejanos entre sí, además de completamente desconocidos por Wolfram (imagine el lector qué podría saber sobre el Himalaya un poeta alemán del siglo XIII)– que su análisis requeriría de muchas páginas.

Dejamos un estudio pormenorizado para mejor ocasión, siendo suficiente de momento indicar dos elementos importantes. El primero: se menciona la palabra "Vril", voz y concepto inventados de 1871 por el escritor británico Edward Bulwer-Lytton.[165] El segundo: se nombra también al Bastón de Mando lítico que Terrera tenía en su poder desde 1948. En relación a ambos puntos parece oportuno recordar que Wolfram murió en torno al año 1220.

---

[164] Terrera, Guillermo Alfredo, *Wolfram Eschenbach, Parsifal, Orfelio Ulises: leyenda y metafísica*, op. cit., pp. 19 y 22.

[165] Bulwer-Lytton, Edward, *The Coming Race*, Edimburgo, William Blackwood and Sons, 1871.

Hasta aquí la exposición del problema, originada –como venimos de consignar– en la Argentina en torno a 1992. Prosigamos nuestro derrotero.

No muchos años antes de morir –se estima que en torno a 1215– Wolfram, el caballero nativo de la ciudad bávara de Eschenbach, terminó su poema *Parzival*, una obra de significativa importancia dentro de su género. Es el prototipo de relato de caballería medieval, lleno de aventuras y de una solapada mística cristiana, en la que los viajes son claros símbolos de búsqueda espiritual y el Grial la meta última a alcanzar.

Una lectura somera del poderoso poema de Wolfram von Eschenbach arroja un resultado desolador para nuestra búsqueda: los versos que venimos de reproducir no existen en la obra mencionada. Diremos más: no hay en *Parzival* una sola palabra que haga suponer la existencia de Armórica, Argentum, Viarava, Vultán, de Bastón de Mando alguno y –por supuesto– de nada llamado Vril en el imaginario de Wolfram (o de cualquiera de sus contemporáneos, en rigor de verdad).[166]

Debe decirse que Guillermo Terrera, que no sabía alemán –por no mencionar el antiguo alto alemán de Wolfram– y no poseía una computadora, reprodujo la supuesta cita cuando Internet estaba en sus albores y varios años antes de que se pusiera en circulación la primera edición en castellano de *Parzifal* (que, irónicamente, se publicó un año después de la muerte del cordobés, es decir en 1999).[167] No parecen datos menores.

El asunto presenta ribetes todavía más interesantes si de los libros que Terrera difundía para el público general por medio de Editorial Kier pasamos a los folletos que fotocopiaba él mismo en tiradas muy limitadas, para su distribución entre discípulos de sus doctrinas esotéricas.

El opúsculo *Orfelio Ulises, maestro de Samballah: poemas inconclusos* no lleva pie de imprenta pero la datación de publicaciones aparecidas poco antes y poco después permite ubicarlo en 1992, es decir como contemporáneo del libro *Wolfram Eschenbach, Parsifal, Orfelio Ulises*. En ese breve escrito estos versos son atribuidos no ya al germano medieval Wolfram von Eschenbach sino al criollo contemporáneo Orfelio Ulises Herrera, que fuera profesor de matemática e instructor espiritual del joven Terrera. Son publicados como un poema, junto con otros cuatro. En uno de ellos, titulado "Iniciados, discípulos y

---

[166] Terrera gustaba afirmar que Parsifal era un caballero templario, acaso sin darse cuenta que con eso ponía en una estrecha encerrona a las posibilidades de que su ídolo fuera una persona histórica. Téngase en cuenta que la Orden de los Pobres Caballeros de Cristo y del Templo de Salomón fue fundada en 1119 y que la primera mención al personaje se encuentra en el *Perceval* de Chrétien de Troyes, obra de 1180 (en la que no hay referencias a los templarios).

[167] Wolfram von Eschenbach, *Parzival*, Madrid, Siruela, 1999.

maestros", se puede leer lo siguiente (citamos respetando en todo y por todo la redacción original):

> Hallouine lo hace beber el líquido de los Dioses
> como ya otros inmortales lo han tomado y comprobado
> para que cruce el Atlántido Océano en austral viaje
> y llegue con el Santo Grial y la Cruz Templaria
> hasta el lugar donde quedara enterrado el Toqui Lítico,
> luego que los antiguos pueblos de Viarava y Charava
> siguiendo el mensaje de Vultán, el Dios de Dioses,
> en las blancas y eternas luces del Templo de Piedra
> y en la Erks mitológica de los cantantes espejos,
> se convirtieran en mágicos hombres que no son hombres.[168]

Dejamos forzosamente un análisis pormenorizado de estos versos –que llevaría bastante espacio– para una futura ocasión y nos detenemos únicamente en dos elementos. Primero: el contenido y estilo prácticamente idénticos en relación a los versos citados anteriormente (nótese, por caso, la peculiar locución "Atlántido Océano"). Segundo: el hecho de que haga alusión a Erks, la mitológica ciudad intraterrena que hoy hace las delicias de los turistas citadinos de tendencias esotéricas en la zona del cerro Uritorco.

No hemos indicado en vano los elementos que venimos de destacar en relación al poema "Iniciados, discípulos y maestros", supuestamente firmado por el bonaerense Herrera, y explicaremos de inmediato por qué. Tras años de investigación, hoy sabemos que nadie pronunció la palabra "Erks" antes de principios de 1983: quien lo hizo fue Ángel Cristo Acoglanis, el terapeuta y gurú rosarino que tuvo cercano trato con Terrera entre 1985 y 1986, y del que el profesor cordobés derivó sus doctrinas en torno a este supuesto centro intraterrestre.[169] Es decir, Herrera –fallecido en 1951– jamás podría haber mencionado "Erks" en sus (por otra parte ignotos) escritos.

La siguiente consideración no es más que la lógica consecuencia de todo lo expuesto hasta aquí: los versos de marras no solo no fueron escritos en Alemania durante el siglo XIII por Wolfram von Eschenbach: tampoco lo fueron por Orfelio Ulises Herrera en Córdoba hace más de medio siglo. Claramente, fueron creados a fines de la década del '80, en su casa de San Isidro, por Terrera, que los redactó en su propio e inconfundible estilo, seguramente creyendo que los estaba "canalizando", algo usual en él.

---

168 Terrera, Guillermo Alfredo, *Orfelio Ulises, maestro de Samballah: poemas inconclusos*, Buenos Aires, Ciencias del Hombre, 1992, pp. 5-6.

169 De Filippi, Sebastiano: *La Ciudad de la Llama Azul: luces y sombras sobre el cerro Uritorco*, Buenos Aires, Biblos, 2018, pp. 127-144.

La conclusión, si fuera necesaria, es que no existe ninguna fuente literaria que atribuya a Parsifal –por otra parte, lo repetimos, un personaje de ficción– ninguna peregrinación a nada que se pueda identificar con las sierras de la Córdoba argentina. Quienes así lo crean podrán seguir repitiéndolo como un mantra hasta el fin de los tiempos, claro está, pero eso no hará que los poemas de caballería de la Edad Media se reescriban y que un personaje literario se transforme en una persona histórica.

En cuanto al Grial como eventual objeto arqueológico y artístico, quienes crean que realmente existió como tal y sigue existiendo harán bien en peregrinar a la ciudad de Valencia: allí, en la catedral de Santa María se expone el Santo Cáliz, al que está dedicada una capilla que lleva su nombre, y que la leyenda identifica con el Grial. Es una primorosa pieza, con una historia trazable hasta el año 1437; es decir, catorce siglos después de Cristo y dos siglos después del paso de Wolfram von Eschenbach por este valle de lágrimas.

Un cetro en Argentum

Entrar en contacto con el mundo umbrátil del esoterismo cordobés es casi sinónimo de toparse con la historia del Bastón de Mando. Teóricamente se trata de una legendaria pieza lítica de antigüedad casi incalculable, construida en base a una piedra caída de los cielos (al mejor estilo luciferino) por un dios nórdico que era al mismo tiempo cacique comechingón.

Que el relato es atractivo para todo el que guste de una buena historia es un hecho dado; que tenga algún viso de realidad es una cuestión totalmente distinta y mucho menos simpática, como veremos a continuación. Por lo demás, el objeto nada tiene de "legendario": nadie antes de Guillermo Alfredo Terrera lo mencionó jamás por escrito y fue el propio Terrera –naturalmente– quien afirmó que se trataba de una pieza conocida y buscada por grandes iniciados de todas las épocas y procedencias, Hitler incluido.[170]

Es importante exponer con el mayor énfasis las siguientes clarificaciones, porque los años pasan y centenares de lectores no versados en ciencias humanas siguen repitiendo como una letanía que este objeto no solo es auténticamente arqueológico, sino que es el más antiguo legado de los comechingones (y además, como si fuera poco, dotado de todo tipo de poderes sobrenaturales). Será útil comentar al menos algunas de las conclusiones a las que se ha podido llegar tras una investigación responsable del asunto.

El tema es tratado profusamente en la mayoría de los textos que el doctor Terrera publicó en sus últimos años, repitiendo una y otra vez el mismo relato; por lo tanto, en casi cualquiera de sus obras de esa época es factible

---

[170] Terrera, Guillermo Alfredo, *El Bastón de Mando: historia y metafísica*, Córdoba, Sol Rojo, 2001, pp. 49-51.

encontrar una síntesis de esta historia que abunda en generosas licencias literarias.[171]

Escribió Terrera:

> El nexo existente entre la ciencia comechingona y sus creencias ancestrales fue comprobado hace varias décadas cuando, en las proximidades del sagrado cerro Uritorco, fue hallado el legendario Bastón de Mando o Piedra de la Sabiduría, descubrimiento realizado por el maestro Orfelio Ulises en el año 1934, a poco de regresar de la doble ciudad tibetana de Samballah, donde estudiara por espacio de ocho años. Precisamente desde esa ciudad le fue revelada la ubicación del Toqui lítico, ordenado construir con piedra de basalto por el gran cacique Voltán o Multán de los comechingones, hecho acaecido hace más de 8.000 años.[172]

En palabras de Terrera, este prodigioso objeto tuvo a lo largo del tiempo varias denominaciones, siendo la de Simihuinqui –"en lengua cósmica, la Lanza que habla"– la que más utiliza en sus textos. Digamos de paso que para el cordobés esta "lengua cósmica" coincide con el quechua, el araucano, el maya, el azteca, el comechingón (ámbito lingüístico diverso y mayoritariamente perdido, por otra parte) y, como si fuera poco, con el tibetano y el sánscrito; todos ellos serían por ende el mismo idioma, o poco menos, una idea que va más allá de cualquier calificación, máxime en boca de un universitario.[173]

Este objeto sagrado habría sido mandado a construir a partir de una piedra de basalto caída del cielo por el dios germano Wotan, llenándolo de sabiduría y poder para así combatir a los "hijos de la noche y del materialismo". Como puede observarse, Wotan –que no es otro que el nórdico Odín– tendría su alter ego en el cacique Voltán, Vultán o Multán de los henia-camiare (la denominación más correcta de los hoy conocidos como comechingones), estableciéndose una insólita relación entre las culturas nórdicas tan admiradas por ciertos regímenes autoritarios y los pueblos originarios de Córdoba.[174]

---

[171] Sin perjuicio de ello, se puede comenzar cotejando Terrera, Guillermo Alfredo, *Antropología metafísica: el Bastón de Mando y los triángulos de fuerza*, op. cit.

[172] Terrera, Guillermo Alfredo, *El Valle de los Espíritus: las luces cósmicas y la ciudad de Erks*, Buenos Aires, Kier 1989, p. 67.

[173] De Filippi, Sebastiano y Fernando Soto Roland, *Los Señores del Uritorco: la verdadera historia de los comechingones*, Buenos Aires, Biblos, 2019, p. 102.

[174] Terrera divulgó en la Argentina la fábula de Wotan en América, desarrollándola a su gusto, pero el desatino no es de su cosecha: puede encontrarse –junto con otros

Es tarea dolorosa pero imprescindible aclarar de inmediato que en los listados de caciques comechingones que exhiben las obras académicas – inclusive, curiosa ironía, alguna del propio Terrera-[175] no aparece por ninguna parte el mentado Voltán/Vultán/Multán, nombre que por otra parte a duras penas podría tener de henia-camiare su último fonema.

La sinrazón no se detiene aquí. En sus libros, Terrera comenta haber recibido tres títulos más que honoríficos: el de Intichacmani, que en quechua significa "Hombre que Tiene la Fuerza del Sol" u "Hombre con la Fuerza del Sol"; el de Wilka Uma, algo así como "Cabeza de Pueblo" o "Cabeza Sagrada"; y finalmente, de boca de un maestro tibetano llamado Saruma –que no tiene existencia real, pues se trataba del rosarino Ángel Cristo Acoglanis– el de Iqui Simihuinqui, que en lenguaje cósmico (según él equivalente –no lo olvidemos– a sánscrito, tibetano, comechingón, azteca, maya, araucano y quechua) significaría "Portador del Bastón de Mando" o "Elegido del Bastón de Mando".

Como si todo lo dicho fuera poco, en una entrevista concedida en Capilla del Monte a Jorge Suárez, comerciante bonaerense y funcionario municipal que fuera uno de los precursores del sesgo ufológico que actualmente caracteriza al pueblo serrano, el profesor Terrera afirmaba que el Santo Grial y el Bastón de Mando podrían ser en definitiva un mismo y único objeto (que se encontraba, muy convenientemente, en poder del propio Terrera).[176]

Para el cordobés, el objetivo último de ese extrañísimo maridaje de reliquias sagradas sería el de concentrar la sabiduría metafísica y el poder espiritual del mundo, para poder dar paso al "regeneramiento de la humanidad" a partir del Cono Sur americano. Este singular proceso tendría a él mismo a la cabeza, como lo detalló con la prosa problemática que lo caracterizaba:

> Con Simihuinqui e Iqui Simihuinqui, portando el Bastón de Mando, que encontrara en el Uritorco sagrado, el humilde maestro Orfelio Ulises, la Obra de regeneramiento de la Especie humana se completará. En el Triángulo de fuerzas de Terrera que él lo explicitara siempre, [sic] se cumplirá tal compromiso.[177]

---

similares– en libros aparecidos durante la primera mitad del siglo XX, como por ejemplo: Wilkins, Harold T., *Mysteries of Ancient South America*, Londres, Rider, 1946.

[175] Terrera, Guillermo Alfredo, *Caciques y capitanejos en la historia argentina*, Buenos Aires, Plus Ultra, 1986, pp. 109-267.

[176] Véase, en Internet, www.youtube.com/watch?v=syAS1-MfVIU&t.

[177] Terrera, Guillermo Alfredo, *Los comechingones: historia y metafísica*, Córdoba, Sol Rojo, 2004, p. 76.

Todo lo antedicho resulta indudablemente abrumador, pero lamentablemente no es todo. Terrera afirmó que la historia que venimos de relatar estaba reflejada en múltiples fuentes autorizadas de todo tipo, desde poemas medievales de caballería (como el *Parzival* ya mencionado) hasta óperas de Richard Wagner, pasando por escritos de Roger Bacon, y por ensayos y enciclopedias de distinta procedencia, lo que –penoso es decirlo– en ningún caso se corresponde con la realidad.

Con respecto al Bastón de Mando en tanto objeto arqueológico Terrera también eligió el camino de la fantasía, pues mencionó una antigüedad comprobada "en la Universidad Nacional de Córdoba" de al menos 8.000 años[178] (sucesivamente dicha antigüedad se extendió hasta 10.000 años). El problema –más allá de que jamás se pudo comprobar quién dató qué cosa, cómo y dónde– es que hace ocho, nueve y diez milenios no había ni comechingones ni ningún pueblo asentado en la actual Córdoba que puliera grandes piezas de basalto como la que estaba en posesión de Terrera.

Habría que señalar también como dato no menor que ninguno de los estudios académicos existentes sobre los henia-camiare da cuenta de la existencia de un emblemático objeto de mando dentro de la sociedad comechingona y mucho menos de un bastón lítico del tamaño y características de pulido del artefacto terreriano, correspondiente además a un gran cacique que fuera el líder principal de estos pobladores de la antigua Córdoba.[179]

El propio hallazgo del Bastón no es menos problemático. La única fuente existente al respecto es el propio Terrera, quien afirma que fue encontrado en la zona de La Toma –al pie del cerro Uritorco– por su instructor metafísico, Orfelio Ulises Herrera, supuestamente gracias a las indicaciones telepáticas que le enviaban sus maestros desde una ciudad del Tíbet, Shambhala, que no tiene existencia física. De más está subrayar que este supuesto descubrimiento se ubica sólidamente en el ámbito de lo incomprobable, ya que el mismo nunca fue asentado formalmente en documento oficial alguno.

Como suele decirse en ámbito científico, a afirmaciones extraordinarias deberían corresponder pruebas igualmente extraordinarias. En este caso estamos muy lejos de ello: así lo señala la evidencia comentada hasta ahora y de igual modo lo indican algunos de los máximos expertos mundiales sobre los henia-camiare, a los que hemos consultado sobre el particular.

---

[178] Terrera, Guillermo Alfredo, *Antropología metafísica: el Bastón de Mando y los triángulos de fuerza*, op. cit., p. 100.

[179] Véanse, por ejemplo: Berberián, Eduardo Enrique (dir.), *Los pueblos indígenas de Córdoba*, Córdoba, Jorge Sarmiento, 2013; Montes, Aníbal, *Indígenas y conquistadores de Córdoba*, Buenos Aires, Isquitipe, 2008; Serrano, Antonio, *Los comechingones*, Córdoba, Universidad Nacional de Córdoba, 1945.

Acudimos así a Andrea Recalde, arqueóloga argentina que acopia –además de los títulos universitarios de Licenciada, Profesora y Doctora en Historia– una vasta experiencia como investigadora, docente y escritora, con eje en la Universidad Nacional de Córdoba y en el Consejo Nacional de Investigaciones Científicas y Técnicas (CONICET) de la República Argentina. "Hay varios errores, por no llamarlos inventos, relacionados con este objeto", nos comenta. Prosigue la doctora Recalde:

> En primer lugar, es imposible vincular un objeto semejante a 8.000 años atrás. Las evidencias arqueológicas no indican la existencia de jefes permanentes y menos caciques. Segundo, no contamos con evidencia arqueológica de la presencia de elementos de mando o poder entre los jefes. De todas maneras, lo que queda claro es que no había un único jefe por región, sino que había uno por poblado, ya que los lazos de parentesco fueron centrales para fortalecer los vínculos de unión entre grupos y sostener a ciertas autoridades.[180]

Otro destacado referente del tema es el doctor Sebastián Pastor, especialista a cargo de la mayor colección de artefactos comechingones del mundo, el Museo Arqueológico "Numba Charava" de Villa Carlos Paz, además de investigador del CONICET. Sus expresiones sobre el Bastón de Mando son de una precisión meridiana:

> Claramente no es un objeto arqueológico de las sierras de Córdoba. Mucho menos se puede pensar en una cronología de 8.000 años, esto realmente no tiene ni pies ni cabeza: la cultura serrana hace 8.000 años iba completamente por otro lado, nada que ver con eso. Y no solo no tiene correlato con la arqueología de Córdoba, diría que en general con el ámbito sudamericano. Para mí es un objeto reciente, una falsificación.[181]

Toda la evidencia analizada apunta, entonces, a una única serie de conclusiones, a estas alturas dolorosamente obvias: por fuera de la mente del profesor Terrera jamás existió un cacique Voltán; este bastón no es un objeto comechingón, no tiene 8.000 años de antigüedad, no se relaciona con ningún contexto arqueológico sudamericano; su descubrimiento, posterior estudio y custodia transcurrieron siempre por fuera de los senderos de la ciencia oficial.

---

[180] Comunicación de Andrea Recalde al autor, por medio de correo electrónico, 13/1/2020.

[181] Comunicación de Sebastián Pastor al autor, por medio de correo electrónico, 14/1/2020.

El Bastón de Mando es, por ende, un objeto moderno o contemporáneo; en el peor de los casos, una falsificación realizada con fines inconfesables; en el mejor, una artesanía del siglo XX confundida por lo que no es. ¿Es el autor de este lamentable intríngulis el casi legendario Orfelio Ulises Herrera o nuestro bien conocido Guillermo Alfredo Terrera? ¿O bien un tercero? Probablemente nunca lo sabremos, pero de momento hemos avanzado bastante.

Un astro desde Armórica

Hay una tercera historia fundante en el relato seudomitológico que Guillermo Alfredo Terrera intentó instalar entre los cerros de Córdoba: la del tallado, descubrimiento, robo y desaparición del Sol Rojo de los comechingones, supuestamente el auténtico símbolo espiritual de la región, cargado de hondo significado metafísico.

Los henia y los camiare (hoy conocidos como comechingones, según venimos de decir), al igual que tantos otros pueblos, manifestaban su imaginación utilizando como lienzo para sus creaciones las paredes de cuevas, aleros y otras oquedades naturales. El arte rupestre comechingón consta tanto de motivos pintados como de motivos grabados, conocidos respectivamente como pictografías y petroglifos; los primeros tienden a ser más abundantes que los segundos, sencillamente porque es más fácil pintar sobre la roca que trabajarla.

El primer relevamiento público de estos diseños fue mérito del poeta cordobés Leopoldo Lugones, que dio cuenta de ellos en un artículo publicado en Buenos Aires en 1903.[182] La noticia despertó cierto interés en los lectores, pero la indolencia típica de algunos estamentos nacionales hizo que los hallazgos de Lugones no movilizaran como hubiera debido a los estudiosos académicos dentro de la Argentina.

Lo que suscitó poca iniciativa entre los criollos despertó en cambio el entusiasmo de un estudioso foráneo radicado en Buenos Aires: el escocés George Alexander Gardner, al que algunos mencionan erróneamente como Guy Gardner. A partir de 1920 y por el lapso de seis años Gardner pasó sus vacaciones estivales en las sierras del noroeste de Córdoba, en compañía de su esposa, relevando cuidadosamente el arte rupestre que encontró a su paso.

El escocés recogió el fruto de tan importante trabajo arqueológico en su obra *Rock-Paintings in North-West Córdoba*, publicada por la Universidad de Oxford en 1931.[183] Su labor fue ejemplar: solo en años recientes los

---

182 Lugones, Leopoldo, "Las grutas pintadas de Cerro Colorado", *La Nación – Suplemento ilustrado* 30, 26 de marzo de 1903.

183 Gardner, George Alexander, *Rock-Paintings in North-West Córdoba*, Oxford, Clarendon, 1931.

arqueólogos han podido relevar pictografías no reproducidas por el autor, cuyo libro es fuente de consulta obligada para los especialistas.

Sin embargo, el esfuerzo de un investigador europeo fue mirado de soslayo por un incipiente grupo de universitarios locales que intentaban abrirse paso en el estudio del pasado de Córdoba, aun sin poseer la formación técnica específica que algunos extranjeros podían ostentar. Sin ir más lejos: Aníbal Montes era militar e ingeniero, y Antonio Serrano profesor de ciencias naturales, por citar solo dos de nuestros primeros y más meritorios estudiosos del pasado de la Comechingonia.[184]

Doce años después de la publicación del libro de Gardner, el desdén de los universitarios de la Docta –hasta entonces solo verbalizado en corrillos– se plasmó por escrito. En *Córdoba histórica* (1943) de Rodolfo de Ferrari Rueda, un prólogo firmado por Rodolfo Martínez denunciaba lo siguiente, en referencia a la Inti Huasi ubicada en Cerro Colorado, en la intersección de los departamentos de Río Seco, Tulumba y Sobremonte: "en la Casa del Sol, el arqueólogo inglés Gardner horadó la roca y se llevó el Sol de los comechingones al Museo de Londres".[185]

Ni en el prólogo ni el resto del libro se ofrece ningún dato concreto sobre el supuesto atropello, por no mencionar dos detalles que ya hablan a las claras de la chapucería del autor del texto: Gardner era escocés, no inglés; y el único "Museo de Londres" (Museum of London) que existe en la capital británica está exclusivamente consagrado a la historia de dicha ciudad y fue fundado en 1976. Se dirá que quizás Martínez se refería torpemente al museo londinense por excelencia, el Británico; más adelante abordaremos esta posibilidad.

Martínez fue rector de la Universidad Nacional de Córdoba, pero su profesión era la de ingeniero; De Ferrari Rueda fue un entusiasta historiador y poeta de la Docta, pero su formación era la de abogado. La versación arqueológica de los autores cordobeses, máxime en cuanto a arte rupestre precolombino se refiere, era nula y por ende no podía compararse a la de Gardner, al que sin embargo tildaron impunemente de huaquero y saqueador (¿un caso de "proyección", podría aventurarse?), sin aportar la menor prueba para avalar sus acusaciones.

Verba volant, scripta manent decían en latín y no se equivocaban. La palabra impresa tiene –o tenía, al menos hasta el advenimiento de Internet– un peso no menor; una vez que una imprecisión o una mentira es publicada tiende a reproducirse exponencialmente: cada lector es un potencial

---

[184] No puede culparse a los académicos argentinos de ello, dado que por entonces no había donde estudiar arqueología y antropología en el país; pero esto no es razón suficiente para justificar lo que veremos a continuación.

[185] De Ferrari Rueda, Rodolfo, *Córdoba histórica*, Córdoba, Biffignandi, 1943, p. VII.

repetidor del dato erróneo. Sucedió entonces que Atahualpa Yupanqui, que habitó en la zona de Cerro Colorado, publicó en 1965 *El canto del viento*, libro en el que se lee lo siguiente:

> Así fue que se produjo, hace treinta años, la llegada de los señores Gatner [sic] desde Londres. Estos ingleses estuvieron meses enteros entre chañares, picachos y vertientes, anotando, copiando, oteando constelaciones en las noches. Fue de ello el primer libro importante, nutrido, sobre Cerro Colorado. ¡Pero se llevaron el Sol de Inti-Huasi, descuajado de la mole pétrea, y ahora se exhibe en un museo de Londres![186]

Yupanqui fue a todas luces un gran referente de la música folclórica argentina, pero al hacerse eco del infundio de Martínez publicado en *Córdoba histórica* veintidós años antes, sin chequear su veracidad, perdió una excelente oportunidad para callar.

Por esas extrañas simetrías del destino, es también de veintidós años el salto que nos conduce al principal responsable de que en nuestros días decenas de entusiastas aficionados a lo esotérico –ya que no a lo histórico– sigan repitiendo que los comechingones profesaban una religión solar, que habían esculpido el Sol Rojo en Cerro Colorado y que Gardner lo había robado para la pérfida Albión: Guillermo Alfredo Terrera, por supuesto.

Terrera retomó, adornó y magnificó la denuncia de Martínez, agregando detalles para hacerla más interesante. En *El Valle de los Espíritus*, impreso y fotocopiado por cuenta propia en 1987 y publicado formalmente por Editorial Kier en 1989, Terrera afirma:

> El arqueólogo inglés Samuel Gardner [...] en Inti Huasi o Casa del Sol –uno de los más notables lugares del arte rupestre comechingón– tuvo la osadía de horadar la roca y sacar al Padre Sol que los comechingones adoraron durante miles de años, y llevarlo al Museo Británico donde se encuentra actualmente.[187]

Notamos aquí los típicos problemas que surgen cuando se agregan datos al azar para enriquecer una exposición. El "inglés" Gardner pasa a llamarse Samuel, en lugar de George. Los comechingones adoraban al Padre Sol, cosa que hacían los pueblos andinos, no los henia-camiare. Lo hicieron por miles

---

[186] Yupanqui, Atahualpa, *El canto del viento*, Buenos Aires, Honegger, 1965, p. 81.

[187] Terrera, Guillermo Alfredo, *El Valle de los Espíritus: las luces cósmicas y la ciudad de Erks*, op. cit., p. 61.

de años, cuando su cultura existió solo durante un milenio. El Sol Rojo fue llevado al Museo Británico... dejamos este último punto para más adelante.

Pocas páginas después, Terrera arremete nuevamente, describiendo el Sol Rojo no ya como un petroglifo, sino como una "Pictografía realizada en piedra granítica de gran tamaño, simbolizando al Dios Sol", es decir ¡una pictografía que es un petroglifo! Y agrega: "para sacarla de su emplazamiento, debieron horadar la piedra con un trépano neumático", hecho llevado a cabo en 1926 (no se aclara si el trépano fue accionado por el propio Gardner o por su esposa).

En 1998 el cordobés vuelve a mencionar el tema en *Los comechingones*, libro publicado comercialmente de manera póstuma en 2004: ya para entonces el Sol Rojo, "una de las joyas de la arqueología de Armórica", no es más de granito sino de terracota: Gardner no se llama ya ni George ni Samuel, sino Gordon; el tamaño del Sol se precisa en un metro con sesenta centímetros de diámetro y su peso se cuantifica en 3.600 kilos, datos exorbitantes que Terrera no manejaba una década atrás. Se dan, finalmente, pormenores sobre el paradero del objeto:

> No se encontraba más en el Museo Británico, pues en la guerra de Malvinas lo habían sacado, [...] no sabiendo si está en el Mankind Museum de Londres o en los Archivos Secretos del Vaticano. Quedó solo el agujero en la roca, constatado por profesores y alumnos que se llegaron a Inti Huasi.[188]

Volveremos en breve sobre el tema de los museos. De momento digamos que no hay ningún agujero de un metro con sesenta centímetros de diámetro en Inti Huasi, como podrá constatar cualquiera que visite el lugar.

Las fuentes de Terrera –el autor lo confiesa paladinamente– son solo dos: por un lado, el mencionado texto de Rodolfo Martínez; por el otro, comentarios verbales de amigos suyos (que responden a los nombres de Marcelo Garlop, Jorge Layus y Fernando Fluguerto Martí). No se aclara el origen de una única fotografía del supuesto Sol Rojo, que aparece publicada –acaso por primera vez– en *El Valle de los Espíritus*.[189]

---

[188] Terrera, Guillermo Alfredo, *Los comechingones: historia y metafísica*, op. cit., p. 33.

[189] La explicación que Terrera daba verbalmente a sus acólitos sobre el origen de esta misteriosa fotografía –de la que jamás explicita el origen– es doblemente inquietante. El profesor afirmaba haber consultado el libro de Gardner en una biblioteca londinense, oportunidad en la que habría arrancado y hurtado la página en la que figuraba la imagen. La gravedad de esta acción, de por sí censurable, cede ante una mayor: Gardner jamás publicó nada parecido en su libro.

Ya que parece imposible encontrar algún elemento concreto sobre el Sol Rojo en tierra argentina, donde a todas luces el objeto no se encuentra y nadie –¡ni los propios Martínez y Terrera!– afirma siquiera haberlo visto, nos pareció imprescindible ponernos en contacto con los museos europeos mencionados por Terrera, por sus antecesores y por sus amigos.

Ante nuestra consulta al respecto, desde el Museo Británico de Londres el doctor James Hamill, Curador del Departamento de África, Oceanía y las Américas, nos informó lo siguiente: "Lamento tener que contestarle que cualquier afirmación de que tal objeto estuvo alguna vez en el Museo Británico es enteramente infundada".

En cuanto al Museo de la Humanidad (el nombre que el Departamento de Etnografía del Museo Británico tuvo entre 1970 y 2004), al que se habría desplazado el Sol en 1982 por supuestas razones esotéricas atinentes al conflicto bélico del Atlántico Sur, el doctor Hamill agregó: "La historia de que fuera reubicado allí es un completo invento, una fantasía".[190]

Desde el Archivo Apostólico Vaticano –actual denominación del otrora Archivo Secreto del Vaticano– el profesor Marco Grilli, Secretario de la Prefectura, nos confió que "El artefacto de su interés no se encuentra en este Archivo Apostólico Vaticano, que conserva principalmente la correspondencia oficial y diplomática de los pontífices".[191]

A falta del Archivo Secreto, pensamos que quizás en los Museos Vaticanos, que poseen colecciones etnográficas, podrían saber algo al respecto; desde allí la doctora Alessandra Uncini, Registradora de Colecciones, nos contestó de inmediato: "El artefacto en el que tiene interés no pertenece a las colecciones de los Museos Vaticanos".[192]

Para mayor abundamiento, nos pareció prudente consultar también en los museos de la Universidad de Oxford, que publicara el libro de Gardner. Allí la licenciada Ilaria Perzia, Oficial de Documentación, nos comentó que "Desafortunadamente no estamos en condiciones de ayudarlo con su consulta".[193] Era la primera vez que oía hablar de comechingones.

Estamos entonces en un serio problema: el Sol Rojo comechingón, al que nadie vio en la Argentina más que en la dudosísima foto publicada por

---

[190] Comunicación de James Hamill al autor, por medio de correo electrónico, 6/1/2020.

[191] Comunicación de Marco Grilli al autor, por medio de correo electrónico, 8/1/2020.

[192] Comunicación de Alessandra Uncini al autor, por medio de correo electrónico, 2/1/2020.

[193] Comunicación de Ilaria Perzia al autor, por medio de correo electrónico, 9/1/2020.

Terrera, tampoco está en ninguna de las instituciones foráneas mencionadas por el propio Terrera. El Sol no está ni en América ni en Europa.

Agotados así los únicos rastros que nos ofrece la escueta bibliografía sobre el tema, solo quedaba consultar a los académicos que se especializan en la cultura que habría confeccionado el Sol Rojo, los henia-camiare. Ahorramos tiempo y acudimos directamente a tres de los arqueólogos que están entre los máximos referentes del tema y que actualmente son investigadores el CONICET.

El doctor Eduardo Berberián, un decano de la arqueología argentina –graduado en la Universidad Nacional de Córdoba, donde ejerció la docencia- es autor de más de una docena de obras, una de ellas dedicada a Cerro Colorado, a Gardner y a su libro, del que ofrece la primera traducción castellana.[194] Su comentario sobre la existencia, descubrimiento y derrotero del Sol Rojo de los comechingones es tan escueto como tajante: "No hay nada de ello".[195]

La doctora Andrea Recalde, también egresada de la Universidad Nacional de Córdoba y profesora de esa casa, es una especialista en el arte rupestre comechingón, sobre el que publicó varios trabajos importantes. Entre muchos otros datos de enorme interés, manifestó con total claridad: "Respecto al Sol, puedo confirmarle que esa pieza nunca existió".[196]

El doctor Sebastián Pastor, graduado de la Universidad Nacional de La Plata, se siente muy cercano al tema por el que lo consultamos, pues trabaja en el yacimiento arqueológico de Cerro Colorado: "Son solo mitos. No hay nada de eso... es una difamación. Gardner fue muy serio y meritorio, quien más sistemáticamente tomó el tema de las pinturas en el siglo XX". Tras aclarar que contestaba precisamente desde Cerro Colorado agregó, refiriéndose a la foto del Sol de Terrera: "No tiene nada que ver con la estilística local, con producciones estéticas de pueblos originarios; parece una de las primeras monedas patrias o medallas militares".[197]

Tenemos, entonces, que "una de las joyas de la arqueología de Armórica" es más bien una moneda o medalla criolla del siglo XIX.

Pero la convicción de Terrera no toleraba desmentida alguna, como no la toleran sus fieles seguidores. El primero hizo circular la falsa fotografía del

---

[194] Berberián, Eduardo, Esteban Pillado y Andrea Recalde, *El arte rupestre del cerro Colorado: provincia de Córdoba, República Argentina*, Córdoba, Brujas, 2019.

[195] Comunicación de Eduardo Berberián al autor, por medio de correo electrónico, 10/1/2020.

[196] Comunicación de Andrea Recalde al autor, por medio de correo electrónico, 13/1/2020.

[197] Comunicación de Sebastián Pastor al autor, por medio de correo electrónico, 14/1/2020.

Sol Rojo en *El Valle de los Espíritus* y adoptó la misma imagen como distintivo de las tres instituciones que fundó y dirigió, todas con sede en su domicilio particular del conurbano bonaerense: la Escuela Hermética Primordial de las Antípodas, la Fundación para el Estudio de las Ciencias de Hombres y la Editorial Patria Vieja.

En cuanto a los acólitos de Terrera, su viuda y un grupo de tardíos discípulos esotéricos propiciaron la publicación póstuma de algunos textos del profesor por medio de un pequeño sello cordobés al que se bautizó, desafortunadamente, Sol Rojo Editora, y cuyo logo es –cuándo no– la misma imagen apócrifa de una moneda argentina.

La conclusión es, a estas alturas, más que clara: no solo el Sol Rojo no se encuentra en ningún museo europeo, ni fue descubierto en Cerro Colorado, ni robado de allí por George/Guy/Samuel/Gordon Gardner/Gatner: simplemente, jamás existió.

Pero el espectáculo debe continuar y los entusiastas aficionados que siguen engolando la voz al repetir para documentales caseros que Parsifal trajo el Grial al Uritorco son acaso los mismos que desde publicaciones independientes se indignan por el robo imperialista –para peor, de sesgo seguramente metafísico– del patrimonio histórico nacional.

Palabras finales

Así pues, queda más que razonablemente claro que no hubo Parsifal alguno trayendo el Santo Grial al Uritorco, que ningún cacique henia-camiare ostentó el Bastón de Mando en poder de Terrera y que el Sol Rojo de los comechingones no existió. No en vano lo que estas tres piezas tienen comprobadamente en común es que hoy nadie que lo desee puede acceder a ellas, lo cual implica exactamente lo contrario de la definición de "objeto arqueológico".

Salvo que aparezcan nuevos elementos probatorios a futuro, todo indica que la primera y principal –o acaso única– fuente de todas estas falsedades es el propio Guillermo Alfredo Terrera, que las presentó como hechos comprobados, para peor certificados *ex cathedra* por su autoridad de investigador académico y docente universitario. Pero el intento del cordobés de avalar sus relatos ficticios con referencias a objetos artísticos de importancia histórica fracasa apenas el lector acude a las fuentes para verificar las afirmaciones del autor.

Dicho todo esto, solo nos queda deplorar enérgicamente que la amplia obra que el profesor Terrera desarrolló en el cénit de su capacidad intelectual permanezca hoy completamente olvidada, mientras que de él sobrevive solo el recuerdo de historias y afirmaciones tan insostenibles como las que nos ocuparon aquí.

Es de lamentar que también quienes buscan honrar la memoria del autor cordobés ignoren completamente su auténtico legado cultural y dediquen el tiempo a magnificar los devaneos crecientemente inconexos de sus últimos años: obrando así, logran exactamente lo contrario de lo que se proponen, a menudo con la complicidad de periodistas marginales que gustan improvisarse investigadores y presentarse como tales.

Sería hora de que, comprendiéndolo, cesaran en su afán, dejando de lado tanto sus alocados opúsculos esotéricos como sus perimidos manuales de antropología y sociología, en favor de las admirables obras etnográficas de recopilación y sistematización, entre las que se destacan *Cantos tradicionales argentinos*, *El caballo criollo en la tradición argentina* y *Vocabulario y refranero popular argentino*. Estos trabajos merecen amplia difusión y hoy pueden ser tanto o más útiles que en el momento –ya lejano– de su publicación.

Bibliografía principal

BERBERIÁN, Eduardo (dir.), *Los pueblos indígenas de Córdoba*, Córdoba, Jorge Sarmiento, 2013.

BERBERIÁN, Eduardo, Esteban PILLADO y Andrea RECALDE, *El arte rupestre del cerro Colorado: provincia de Córdoba, República Argentina*, Córdoba, Brujas, 2019.

BULWER-LYTTON, Edward, *The Coming Race*, Edimburgo, William Blackwood and Sons, 1871.

DE FERRARI RUEDA, Rodolfo, *Córdoba histórica*, Córdoba, Biffignandi, 1943.

DE FILIPPI, Sebastiano: *La Ciudad de la Llama Azul: luces y sombras sobre el cerro Uritorco*, Buenos Aires, Biblos, 2018.

DE FILIPPI, Sebastiano y Fernando SOTO ROLAND, *Los Señores del Uritorco: la verdadera historia de los comechingones*, Buenos Aires, Biblos, 2019.

GARDNER, George Alexander, *Rock-Paintings in North-West Córdoba*, Oxford, Clarendon, 1931.

LUGONES, Leopoldo, "Las grutas pintadas de Cerro Colorado", *La Nación – Suplemento ilustrado* 30, 26 de marzo de 1903.

MONTES, Aníbal, *Indígenas y conquistadores de Córdoba*, Buenos Aires, Isquitipe, 2008.

SERRANO, Antonio, *Los comechingones*, Córdoba, Universidad Nacional de Córdoba, 1945.

TERRERA, Guillermo Alfredo, *Antropología metafísica: el Bastón de Mando y los triángulos de fuerza*, Buenos Aires, Kier, 1987.

TERRERA, Guillermo Alfredo, *Caciques y capitanejos en la historia argentina*, Buenos Aires, Plus Ultra, 1986.

TERRERA, Guillermo Alfredo, *El Bastón de Mando: historia y metafísica*, Córdoba, Sol Rojo, 2001.

TERRERA, Guillermo Alfredo, *El Valle de los Espíritus: las luces cósmicas y la ciudad de Erks*, Buenos Aires, Kier 1989.

TERRERA, Guillermo Alfredo, *Los comechingones: historia y metafísica*, Córdoba, Sol Rojo, 2004.

TERRERA, Guillermo Alfredo, *Orfelio Ulises, maestro de Samballah: poemas inconclusos*, Buenos Aires, Ciencias del Hombre, 1992.

TERRERA, Guillermo Alfredo, *Wolfram Eschenbach, Parsifal, Orfelio Ulises: leyenda y metafísica*, Buenos Aires, Kier, 1992.

WILKINS, Harold T., *Mysteries of Ancient South America*, Londres, Rider, 1946.

WOLFRAM von Eschenbach, *Parzival*, Berlín, De Gruyter, 2003.

YUPANQUI, Atahualpa, *El canto del viento*, Buenos Aires, Honegger, 1965.

VI

Cristián Gallastegui

DE LA FICCIÓN A LA CIENCIA

La terapia manual osteopática de Ángel Cristo Acoglanis

Tras una vida dedicada –en lo profesional– al estudio y la práctica de la medicina, con exclusión de actividades de docencia y publicación, resulta doblemente significativo para el autor publicar este texto sobre su experiencia de vida con Ángel Cristo Acoglanis y el derrotero terapéutico de años aplicando sus técnicas osteopáticas.

Podría empezar escribiendo, como en los cuentos de antaño, "Había una vez..." o, quizás "Corría el año 1979...", pero será mejor evitarlo para no generar falsas expectativas en el lector: todo lo que sigue es estrictamente real –experiencia de vida propia– y lo relataré exactamente como lo recuerdo.

Trataré en estas líneas de informar sobre dos temas: mi relación con Ángel Acoglanis y, sobre todo, las características de su terapia manual osteopática, a la que él solía referirse como "medicina tibetana". Ambas temáticas presentan aristas complejas. Por un lado, Acoglanis no gustaba hablar ni de su pasado ni de cuestiones personales en el consultorio; por el contrario, evidentemente disfrutaba rodeándose de cierto halo de misterio. Por el otro, las características de algunas de las ramas de los tratamientos médicos considerados clásicos, antiguos o alternativos constituyen un argumento amplio y lleno de sutilezas.

En relación a esto último, dados la aceptación y el auge de estas terapias en los últimos lustros por parte de la población mundial por un lado y la necesidad de completar los espacios vacíos que deja la medicina moderna con respecto a ellas por el otro, el tratamiento del tema podría volverse inabarcable.

Es indudable que algunos de estos conceptos terapéuticos alternativos son más antiguos que nuestra medicina oficial occidental: se aplican desde tiempos inmemoriales, en sociedades regidas por principios más místicos que científicos, con un fuerte arraigo atávico en el curanderismo. Sin embargo, en tiempos más recientes la comprobación empírica de sus bondades significó un creciente interés por parte de la comunidad científica, sobre todo en aquel segmento de la misma que permanece siempre en la búsqueda de mejores resultados terapéuticos que redunden en calidad de vida para los pacientes.[198]

Algo de historia personal

Nací en 1954, en Buenos Aires, en el seno de una familia de médicos que acopia ya cuatro generaciones de profesionales de la medicina. Todos nos formamos en un ambiente académico ortodoxo y tres egresamos de la Universidad de Buenos Aires.

Mi abuelo paterno, médico y marino, se graduó en el año 1892, siendo después el primer director del Hospital de Puerto Belgrano; como tal figura en la historia de la medicina argentina junto a los doctores Gregorio Aráoz Alfaro, Tomás Varsi, Elvira Rawson de Dellepiane y Álvaro Jesús Luna, que fueron auténticas eminencias de la época.

Mi abuelo materno también estudió medicina, pero en esos tiempos el designio paterno era muy fuerte y su progenitor influyó para que no se dedicara a ello, lo que mi abuelo terminó respetando. Sin perjuicio de lo dicho, además de acopiar conocimientos médicos valiosos se destacó en muchos ámbitos: fue uno de los mejores pintores retratistas de su generación, además de excelente músico, presidente del directorio de nuestro Teatro Colón, escritor, diplomático, antropólogo, políglota, bibliófilo, coleccionista de incunables y arte, etcétera.

Mi padre, por su parte, egresó como médico en 1940 y fue un destacado gastroenterólogo, proctólogo y dietólogo, además de director del Hospital de Gastroenterología "Doctor Bonorino Udaondo".

Yo me recibí en 1980, pero el cuadro familiar prosigue con mi hija mayor, representante de la cuarta generación consecutiva de médicos, en su caso recibida en la Universidad Austral; hoy, a los 33 años de edad, es cirujana general y cirujana plástica.

En cuanto a mí, la inclinación vocacional fue clara desde un principio: ya en el colegio secundario, con un grupo de amigos que también siguieron la misma carrera faltábamos a clase para ir a ver cirugías a clínicas y hospitales. Al terminar mis estudios universitarios recibí el título de manos de mi propio padre, quien me lo entregara en el aula magna de la misma facultad en la que estudiaran él y mi abuelo.

---

[198] En la actualidad la osteopatía y la quiropraxia están reconocida oficialmente por la Organización Mundial de la Salud (OMS) como profesiones sanitarias y la quiropraxia, más específicamente, como medicina tradicional complementaria (MTC).

Comencé de inmediato mi inmersión en la actividad profesional bajo la supervisión directa de mi progenitor, en el Hospital "Udaondo", cumplimentando el curso superior de gastroenterología.

Ángel Cristo Acoglanis

Jorge Guillermo Gallastegui, capitán de navío (además de mi tío y padrino), sufría de dolencias cervicales y había encontrado una solución plausible a su problemática en manos de quien se presentaba como "profesor Ángel Christo Akoglanis" y era titular del Instituto Médico de Osteopatía "A. C. Akoglanis" de Buenos Aires.

Ya había escuchado hablar del tema a dos primas de mi madre, las hermanas Anchorena, Sonia de Crotto y Mercedes de Ferrari, que eran las dueñas de buena parte del cerro Uritorco. Sonia y "Mecha" comulgaban con Acoglanis en cuanto a sus terapias manuales osteopáticas, lo recibían en sus casas de la capital argentina para que las tratara y auxiliara también a otras personas que lo necesitaban, para lo que Acoglanis se desplazaba constantemente entre las afueras de la ciudad de Córdoba, donde residía con su familia, y Buenos Aires.

Como joven médico recién egresado mi sed de conocimientos –inclusive en ámbitos alternativos como la osteopatía– era grande y el hecho de que tres de mis parientes recomendaran a este osteópata fue suficiente para que me acercara a su Instituto. Dadas las personas que me enviaban a verlo, Acoglanis me recibió con entusiasmo en el consultorio de Callao y Las Heras, y aceptó que comenzara a frecuentarlo para aprender de él y trabajar a su lado.

Desde el principio me quedó claro que Acoglanis –al que llamaban "el Griego"– era un personaje singular, rústico y bonachón a la vez, de orígenes muy humildes y formación quizás azarosa, pero de gran talento. De inmediato me tomó cierta simpatía.[199]

Por entonces yo vivía en Rodríguez Peña y Vicente López, por ende a la vuelta del consultorio de Acoglanis, lo que me quedaba muy bien para llegar allí a las 7:30 y trabajar hasta las 19:30, aunque era tal la demanda de los pacientes que a veces nos quedábamos a atenderlos hasta las 23 horas.

Apenas me incorporé al equipo del Instituto de Osteopatía hicimos buenas migas con el doctor Ricardo Mora, un profesional destacado con quien desde entonces conservo una amistad. Por el contrario, siempre era distante el trato con la doctora Marisa Mur, estilo que –con matices–

---

[199] Anecdóticamente, resultó gracioso que Acoglanis manejara un Renault 5 "Le Car" francés igual al mío; fue un detalle que nos acercó, pues por entonces eran muy pocos esos autos importados en el país.

también podía practicar "Ako", como decíamos al jefe en confianza. Con todo, fueron buenos años, de mucho aprendizaje y práctica.

En 1982 contraje matrimonio, y Acoglanis y Mur me regalaron una bandeja de plata en ocasión del casamiento. Por entonces habíamos tomado conocimiento de que ambos habían trabajado años atrás junto al doctor Quarin, que se especializaba en acupuntura, disciplina que por muchos años siguió practicando con respetuoso criterio y buen nombre. Era por eso que en el consultorio de Acoglanis, después del tratamiento de terapia manual osteopática (OMT), se utilizaba la acupuntura analgésica sectorial.

Recuerdo también que las agujas no eran personales y se guardaban dentro de unos vasos de vidrio con antiséptico *Espadol*, inclusive utilizándolas –en casos muy aislados– asociadas a la electroacupuntura. Esto fue así hasta el advenimiento del SIDA.

Las técnicas de Acoglanis

Acoglanis gustaba referirse a sus procedimientos como pertenecientes a la "medicina tibetana", cuyos orígenes se remontaban a la noche de los tiempos y estaban estrechamente relacionados con la antigua Grecia.

Según la leyenda que él gustaba contar, este milenario tratamiento tibetano de las enfermedades de origen vertebral se plasmó durante el reinado de Tho-tho-ri-gnyan-btsan, a manos del terapeuta Bi-byi-dganh-byed. Según decía, ello se encontraba codificado en un texto médico escrito cerca del año 400 de la era cristiana, en lengua sánscrita y luego traducido al tibetano (*Rgyud-bzhi*, "Cuatro tantras médicos").

En el siglo VIII el médico Gyu-thog transmitió las enseñanzas de los cuatro tratados a nueve médicos extranjeros, todos ellos asiáticos. Estos terapeutas llevaron las técnicas del Himalaya a otras naciones. Pero, según Acoglanis, el origen primigenio de estos secretos debía buscarse en Grecia: era su convencimiento que Galeno, Hipócrates, y hasta los mitológicos Esculapio y Quirón practicaban la osteopatía.[200] Esto es imposible de comprobar, pero posible de creer, toda vez que la medicina desde siempre es a la vez arte y ciencia, teoría y empirismo.

Las técnicas aplicadas por Acoglanis, que en su momento me parecían caídas del cielo por lo novedosas y efectivas –ameritando creer en su legendario origen oriental–, eran muchas y variadas, a punto tal que sería imposible ilustrarlas en el espacio que brinda este trabajo. Merecerían un

---

[200] Este relato está volcado en unos apuntes impresos que Acoglanis realizó y me entregó en su momento. He comprobado que fue en parte retomado por un cirujano que trabajó con Acoglanis, el doctor Carlos Mario Fiore, en su libro *La espalda sana: claves de la energía creadora*, Buenos Aires, Pausa para la Reflexión, 2009, p. 26-28.

tratado completo a causa de la complejidad propia de algo tan multifactorial y pluridisciplinario, y de hecho entiendo que ya se ha intentado hacerlo.

Por lo pronto será suficiente esbozar un rápido pantallazo que permita entender en algo el grado de profundidad de la materia, ya que aborda muchas patologías de diferentes especialidades médicas como las conocemos hoy, sin tratar una especialidad completa en sí misma.

Esto conlleva a complicar la interpretación por la variedad de síntomas y signos que se entrelazan entre sí y con otros, produciendo grados complejos de diagnosis y prognosis, y pudiendo crear a simple vista una confusión en el estudio de la propedéutica misma. De hecho, durante su abordaje y práctica la gran cantidad de nociones bajo análisis –a veces contradictorias y que dificultan el aprendizaje deseado– puede producir en el neófito cierta confusión.

Para intentar resumirlo en un concepto: debe entenderse que este conjunto de elementos se conjuga internamente como los meridianos de la acupuntura y los síndromes de la homeopatía, con sus diferentes interpretaciones. Básicamente, lo que se utiliza es el tratamiento mediado a través de las vértebras –en sus diversas alturas–, desde donde se encuentra la emergencia de los nervios que se dirigen a los diferentes órganos y estructuras que los gobiernan, y que son la continuación de la médula espinal, con justa razón también llamada "cerebro periférico". De acuerdo a las alturas correspondientes que se afectarán se toman determinadas estructuras u órganos como blancos.

No solo serán las vértebras las estructuras tratadas, sino también los *trigger points*,[201] que son una representación esquematizada del síntoma que aqueja al enfermo y que trataremos de utilizar a favor de aliviarlo. Así también, en algunos casos, se tratarán las caras anteriores de las apófisis transversas y sus diferentes puntos que permiten el acceso desde el punto de vista anatómico, siempre dentro de las posibilidades del terapeuta, y de otros puntos que se puedan utilizar, como órganos o tejidos.

De ahí en más los impulsos nerviosos provocados en un sentido o en otro pueden producir diferentes reacciones y respuestas que lleven a aumentos o reducciones de estímulos e inhibiciones. Sucede que la vía nerviosa se debe a un ascenso por las astas anteriores de la medula espinal, a través del haz espinotalámico, hasta el cerebro y de ahí a la sustancia reticular ascendente (SRA), haciendo escala en relaciones no muy claras con el hipotálamo, para

---

[201] Los *trigger points* son "puntos de gatillo" que disparan diferentes respuestas en variadas partes del cuerpo. No se deben confundir con los meridianos de la acupuntura, cosa que a veces ocurre pues existe cierta similitud o cercanía entre ambos en ciertos casos.

luego descender por la influencia de la corteza y la vía motora al efector correspondiente.

Viene a la mente otro acceso de este tipo, un método tan antiguo y popular que no solo es utilizado por curanderos, sino por multitud de personas sin pretensión profesional alguna, y ya adoptado por la medicina como algo demostrado científicamente. A principios de la década del '80, el doctor Florencio Escardó –célebre pediatra argentino al que tuve oportunidad de ver y tratar repetidas veces en el Instituto de Callao– escribía en el diario *La Nación* un artículo de fondo en el que comentaba que había visto a un curandero tratar un embarazo gástrico (empacho) en un niño mediante una presión o pellizco de la piel en su espalda, logrando así el alivio del enfermo.

Su comentario fue que había quedado impresionado, pues no podía creer que ese personaje sin estudios de ningún tipo y tan precario como su vivienda pareciera estar al tanto de los últimos artículos de la prensa médica francesa, donde se explicitaba que por medio del estiramiento y la distracción con el consecuente desprendimiento de la dermis circundante en la región lumbar alta se estimulaba la metamera correspondiente a las terminaciones libres nerviosas que provocaban un arco reflejo en la médula espinal, relajando el espasmo provocado por el píloro, y así liberando al órgano de su contenido (alimentos retenidos) y aliviando a una velocidad notable las molestias del niño.

Así es que he visto en esos años como gastroenterólogos en el consultorio del "Udaondo" trataban a los enfermos "tirándoles del cuerito" ellos mismos o derivándolos directamente a un curandero, que –suponían– sabría hacerlo mejor que ellos. Estas realidades que imponen un sentimiento de humildad en los profesionales de la medicina son una maravilla de la ciencia.

El arte manual

Es el cerebelo el más implicado en coordinar los movimientos y el cerebro el que interfiere con estas actividades de tal manera de coordinar el impulso del mismo tratamiento. Por ello es que se ejerce el tratamiento mediando la presión vertebral en sus diferentes puntos, sean cuales fueren: en las carillas laterales de las apófisis espinosas, las carillas posteriores de las apófisis transversas, el ángulo espinotransverso o las múltiples variaciones que se presentan con el apoyo o el freno de las tensiones ligamentarias o musculares de los vertebrones[202] supra o infradyacentes.

De esta manera, la presión ejercida en el sentido correcto –limitada a un segmento a la vez y provocada con un énfasis específico, el *thrust*,[203] de un

---

[202] Biomecánicamente hablando, se llama vertebrón a la unidad de dos vertebras mediante un disco intervertebral.

[203] El *thrust* indica la fuerza de empuje aplicada.

nivel de desplazamiento corto y tridimensional basado en la "regla de 3D"–[204] se alejará de la dirección de la desalineación, en el sentido del centro de la masa del segmento.

Lo antedicho es para evitar un esfuerzo adicional sobre los elementos ligamentarios y para obtener la respuesta de estimulación del sistema nervioso concomitantemente a una respuesta productora de la reacción buscada, sea esta neurológica, vascular, muscular, ligamentaria o vertebral.

De esta manera, tratando el segmento adecuado –y considerando si es una fijación, una subluxación, una hipomovilidad o una hipermovilidad segmentaria– se busca encontrar una respuesta del cuerpo apropiada a nuestros designios y en pos del bien del paciente.

La tríada

Como concepto universal, la tríada –hablábamos antes de "3D"– está presente en todos los aspectos de la vida del ser humano, por eso se habla del equilibrio entre el cuerpo, la mente y el alma (o espíritu).

En esto nada difiere el sistema del cuerpo mismo, en el que la tríada también se presenta en muchos lugares, como ser en los pies, donde los puntos y apoyos del cuerpo forman un triángulo: en este caso la tríada está compuesta por la cabeza del primer metatarsiano, la del quinto y el hueso calcáneo, formando así un triángulo que posibilita un equilibrio perfecto para estar apoyado en solo dos pies. Nótese que no existe un equilibrio natural en solo dos apoyos en un mundo con gravedad, salvo en este caso en el que subsiste lo que se llama "equilibrio inestable", donde el cuerpo permanentemente se está moviendo, así sea imperceptiblemente, para lograr el equilibrio deseado y no colapsar. Sucede lo mismo en las terapias de las que estamos ocupándonos, en las que abundan y juegan un papel muy importante las tríadas de a dos.

Así es que la base de las estructuras que nos interesan es el número 3 y el triángulo. Ello se debe a que la estructura del cuerpo mantiene un equilibrio perfecto, siempre sobre tres puntos: nada sobra y nada falta. De la misma manera, los autos más rápidos utilizan tres ruedas, pues la cuarta rueda genera un frote innecesario, una dispersión de energía, una pérdida de fuerza e impulso que perjudica la optimización del sistema.

De un modo similar, las vértebras tienen tres puntos de apoyo en los que sostiene su estructura: el cuerpo vertebral con el disco intervertebral es una de ellas, completada por facetas articulares, que son las otras dos estructuras que forman la tríada. Por ello es que cualquier alteración de una de esas partes sobrecarga el esfuerzo sobre las otras, provocando problemas en su

---

[204] Regla general de las tres dimensiones del espacio, que en este caso implica utilizar los tres primeros dedos de cada mano.

funcionamiento y en todas las estructuras aledañas, ya sean nervios, arterias, venas, ligamentos, músculos, ganglios linfáticos y sus vasos.

Por lo demás, téngase en cuenta que la columna vertebral no es en sí misma un amortiguador de la carga: esa función es dispensada más por las curvas cervicales dorsales y lumbares en su normal cifosis y lordosis.

Las fuentes objetivas de la terapia

Luego de décadas de estudio científico y ejercicio de la profesión médica, con énfasis particular pero no exclusivo en el ámbito de la quiropraxia, hoy me resulta sencillo comprender el contexto del método de Ángel Acoglanis y sus fuentes reales, más allá de los poéticos relatos mitológicos que las arropan.

Lo que Acoglanis llamaba "medicina tibetana" era una mezcla astuta y eficaz –pero no revolucionaria– de técnicas preexistentes, extraídas de los ámbitos de la osteopatía, la quiropraxia, la acupuntura, la homeopatía y las medicinas tradicionales china e indiana. Al día de hoy ignoro cómo, dónde y de quién aprendió estos procedimientos, que parecían novedosos para la mayoría de nosotros en la Argentina de los años '80, pero que –supe después– en América del Norte, Europa y Asia circulaban crecientemente en todo tipo de publicaciones al menos desde un siglo atrás.

Por entonces había, es cierto, poca bibliografía específica en idioma castellano, pero evidentemente para Ángel la que encontró fue suficiente. Por lo demás, largos años de práctica empírica, éxitos y fracasos, sentido común e intuición –unidos a un talento que innegablemente poseía– hicieron de él un osteópata, quiropráctico y acupunturista de valor.[205]

Es un hecho que su "medicina tibetana" no difiere mucho de la osteopatía clásica –creada en el año 1892 por el médico Andrew Taylor Still en Kirksville (Misuri)– y de la quiropraxia clásica, fundada oficialmente por el terapeuta Daniel David Palmer en Davenport (Iowa) en 1896. Ambas parten de la misma base conceptual: las disfunciones vertebrales provocan los desalineamientos, pinzamientos, complejos de subluxaciones y lesiones vertebrales osteopáticas, según fuere la terapia dentro de la que nos encontremos.

Que la osteopatía y la quiropraxia occidentales surgieran en el mismo país y de manera prácticamente contemporánea nos hace pensar que su origen es uno solo y puede ser buscado en la tradición ortopédica. Yo mismo, si bien sigo en la actualidad utilizando con satisfacción y éxito las técnicas que aprendí de Acoglanis, echo mano también a procedimientos perfeccionados

---

[205] Luego de la muerte de Acoglanis, dos médicos brasileños –José María Campos y Geraldo Domingos Coelho– recogieron de su viuda los pocos apuntes que Acoglanis había escrito en sus últimos años y los insertaron en su libro *La medicina rescatada: introducción a la praxis vertebral*, Buenos Aires, Errepar, 1996, pp. 111-143.

por sucesores de Taylor Still y Palmer, como Stoddard.[206] Eso fue posible porque luego de dejar de frecuentar a Acoglanis estudié la osteopatía y la quiropraxia directamente de fuentes primarias en lengua inglesa.

Solo recientemente supe que quien yo conocía como el osteópata "Prof. Ángel Christo Akoglanis" poco después pasó a presentarse como el médico "Dr. Ángel Cristo Acoglanis" y que su Instituto de Osteopatía había sido rebautizado con el sugestivo nombre de Consultorios Alternativos. Durante mi permanencia en su consultorio jamás lo escuché referirse explícitamente a intereses místicos o prácticas esotéricas.[207]

Luego de Acoglanis

Gracias a un shock anafiláctico que padecí en el consultorio hospitalario de mi padre –mientras almorzaba con él, como consecuencia de una reacción alérgica desmedida a las sulfamidas– conocí a quien me ayudó a salir del mismo mediante una inyección endovenosa de corticoides, pues ya presentaba un cuadro de edema de glotis: el doctor Emilio de Vedia y Mitre, gran cirujano general y mejor persona, con quien operé durante mis primeros años de ayudante junto al doctor Pedro Sacco.

Fue con pena que abandoné a don Emilio para comenzar mi residencia de cirugía general en el Hospital Británico, aunque lo hice con su bendición, pues él comprendía que era lo correcto para mí. En el Británico también tuve el privilegio de aprender trabajando en los servicios dirigidos por médicos tan prestigiosos como O'Farrell y Vidal.

Con el pasar del tiempo mi vocación específica se hacía cada vez más clara. Hoy entiendo claramente que la misma había surgido ya a los dieciséis años de edad: estando en el Uruguay de vacaciones, cuando mi padre regresaba tempranamente a Buenos Aires para trabajar me dejaba encargado de aplicar alguna técnica que me había enseñado para tratar a mi madre, que sufría de su columna lumbar, si así ella me lo requería. El hecho es que mi madre insistía en que me dedicara a esto que tanto la aliviaba y yo contestaba ingenuamente que me gustaba la cirugía.

En el Hospital Británico trataba por sus molestias de columna a quien fuera un querido amigo de mi familia, el doctor Leonardo McLean, uno de los mejores cirujanos de mama de Latinoamérica, posteriormente académico y

---

[206] Alan Stoddard fue un destacado médico, osteópata y tratadista británico, autor de *Fundamentos de la quiropraxia: manipulaciones de la columna vertebral*, Barcelona, Jims, 1972 y de *Manual de técnicas de la quiropraxia: manipulaciones de la columna vertebral*, Barcelona, Jims, 1982.

[207] En fecha reciente leí sobre la historia real del aprendizaje terapéutico de Acoglanis y de su atribulado derrotero esotérico en De Filippi, Sebastiano, *La Ciudad de la Llama Azul: luces y sombras sobre el cerro Uritorco*, Buenos Aires, Biblos, 2018.

decano de la Universidad Austral, discípulo del gran Julio Uriburu. Siendo yo muy joven, él puso en mis manos el tratamiento de su madre, una persona mayor, y me envió además a varios jefes de servicio del mismo nosocomio – inclusive a su cuñado– para que los atendiera con los métodos osteopático-quiroprácticos que yo utilizaba, a pesar de estar dedicado a la cirugía.

Creo que el apoyo y la confianza dispensados por McLean fueron los que me ayudaron a decidirme en relación a mi vida profesional: fue así que sentí el llamado a continuar con los estudios comenzados con Acoglanis, dentro de la corriente de quien después fuera mi maestro durante casi seis años y hasta su fallecimiento, el doctor Julio Filippelli Godoy.

Filippelli era un traumatólogo mendocino, amigo de mi padre, conocido osteópata y quiropráctico que había estudiado en Francia con el doctor Sans Busiée; de él conservo algunas revistas de la American Osteopathic Association (AOA) publicadas entre 1922 y 1940. Así pues, terminé trabajando en su consultorio privado, ubicado en Maipú y Córdoba, hasta 1986, gracias a una propuesta que me hiciera en una comida en su casa, con mis padres como testigos: me prometió dejarme como regalo de casamiento su consultorio cuando él no estuviera; un obsequio imposible de rechazar.

De esa manera dejé la comodidad y la tranquilidad que me proporcionaba transitar la corriente oficial de la medicina moderna y el cobijo de mi querido Británico, por un futuro nada claro pero que en mi fuero íntimo me parecía promisorio. No faltaron quienes, en razón de su aprecio por mi persona, quisieron convencerme de que siguiera en el Hospital; entre ellos recuerdo a los doctores Newkirck e Iribarren, entre otros.

Por otra parte, rememoro que un pediatra del Británico siempre me decía "No sos muy cirujano: tratás de que la gente no se opere si puede evitarlo", a lo que yo contestaba "Es lógico: a nadie le gustaría operarse si pudiese obviar el mal trago, solucionando su problema de manera menos invasiva". La suerte estaba echada: iba a profundizar en las terapias no convencionales que me entusiasmaban por los resultados que obtenían en el corto plazo.

El hecho es que continué aplicando las técnicas de la osteopatía y la quiropraxia sobre un creciente número de médicos del propio Británico, que acudían a mí para solucionar sus problemas luego de comprobar los resultados obtenidos en otros pacientes: esto incluyó a jefes de servicio de la institución como los doctores Kelly y Ortiz, de quienes tengo un grato recuerdo.

Entiendo que la pandemia de covid-19 terminó de demostrar que la medicina moderna oficial no tiene todas las respuestas y que sus innegables avances no son suficientes. Las medicinas clásicas, redescubiertas en el siglo XIX pero originadas en tiempos antiguos, al ser estudiadas a conciencia pueden deparar muchas sorpresas: no en vano el cuerpo humano y sus órganos no han cambiado desde la antigüedad clásica.

No olvidemos que actualmente más del 78 por ciento de la población mundial no utiliza la medicina moderna y sin embargo la expectativa de vida promedio del ser humano sigue aumentando, evidentemente no a causa de dicha medicina sino en razón de la propia evolución filogenética de la especie humana.

Hacia una nueva medicina

Si volvemos a los principios de base del arte de curar, veremos a la enfermedad como conjunto de signos y síntomas, y cómo el método científico interactúa con ello desde lo epistemológico. En un sentido más holístico, la salud humana se perjudica cuando el equilibrio homeostático en que se encuentra el cuerpo sano es quebrado por alguna causa, ya sea intrínseca o extrínseca.

La primera posibilidad de cura está dada por la gran capacidad de restaurarse (autocurarse) que tiene el cuerpo a través de sus propios medios, una auténtica inteligencia innata que no debe desatenderse. De este modo nos enfrentamos a la reciprocidad entre la estructura y la función en la biomecánica, que pasa a tener una importancia clave, con supremacía del sistema nervioso, que juega un rol muy importante. El gran Walter Cannon[208] llamó a esta inteligencia "la sabiduría del cuerpo".

El desarrollo de la explicación científica del proceso es trabajo de los biólogos, que nombran y explican el lugar de la causa-efecto, sus secuencias y sus consecuencias. Por supuesto que esto incluye reconocer la capacidad de "repararse" a sí mismo, manteniéndose dentro de un determinado ambiente y de las condiciones apropiadas. Atendiendo a ello es que debemos considerar el camino terapéutico a recorrer, es decir: no aplicar ningún tratamiento, aplicar algún tratamiento osteopático-quiropráctico o, en su defecto, buscar una alternativa en otro, siempre apuntando a usar el mejor y el menos riesgoso.

Así, la prioridad estará puesta en asumir que es indiscutible la supremacía nerviosa para la resolución del cuadro, lo que crea un factor con el que contamos siempre para la resolución de estas patologías y debe ser la estrategia fundacional. En un punto, diciendo esto estamos volviendo al precepto clásico *primum non nocere* del conservadurismo clínico: cuidar y no lesionar, para lo cual todos los recaudos nunca serán suficientes.

---

[208] Walter Bradford Cannon fue un fisiólogo estadounidense. Sus ideas, ampliadas por su discípulo Philip Bard, fueron de gran importancia.

Entiendo que ya es tiempo de que la medicina sea una sola, a la vez arte y ciencia, aunque recién estemos en los albores de lograrlo. Creo que es algo que Ángel Cristo Acoglanis hubiera visto con satisfacción.

Bibliografía principal

BOYNTON, Dorothy A., Florence P. KENDALL y Henry O. KENDALL, *Posture and Pain*, Malabar, Robert E. Krieger, 1967.

CAMPOS, José María y Geraldo DOMINGOS COELHO, *La medicina rescatada: introducción a la praxis vertebral*, Buenos Aires, Errepar, 1996.

CIANCIULLI, Arnold E. y Richard C. SCHAFER, *Basic Chiropractic Procedural Manual*, Arlington, American Chiropractic Association, 1984.

COX, James M., *Low Back Pain: Mechanism, diagnosis and treatment*, Baltimore, Williams & Wilkins, 1985.

DE FILIPPI, Sebastiano, *La Ciudad de la Llama Azul: luces y sombras sobre el cerro Uritorco*, Buenos Aires, Biblos, 2018.

DVORÁK, Jirí, Václav DVORÁK, Wolfgang GILLAR, Werner SCHNEIDER, Hans SPRING y Thomas TRITSCHLER, *Musculoskeletal Manual Medicine: Diagnosis and treatment*, Nueva York, Thieme, 2008.

EDER, Manfred y Hans TILSCHER, *Quiroterapia: del hallazgo al tratamiento*, Barcelona, Scriba, 1993.

FIORE, Carlos Mario, *La espalda sana: claves de la energía creadora*, Buenos Aires, Pausa para la Reflexión, 2009.

GERTLER, Larry, *Illustrated Manual of Extravertebral Technique*, Nueva York, Harcourt, Brace & World, 1979.

MACNAB, Ian y John A. McCULLOCH, *Backache*, Baltimore, Williams & Wilkins, 1990.

MAIGNE, Robert, *Les manipulations vértebrales*, Annecy, Savoyarde, 1954.

MAITLAND, Geoffrey D., *Manipulación vertebral*, Barcelona, El Ateneo, 1981.

MAWHINEY, Robert Bruce, *Scoliosis Manual*, Oconomowoc, Roberts, 1993.

PLAUGHER, Gregory, *Textbook of Clinical Chiropratic: A specific biomechanical approach*, Baltimore, Williams & Wilkings, 1993.

SCHAFER, Richard C., *Symptomatology and Differential Diagnosis: A conspectus of clinical semeiographies*, Arlington, American Chiropractic Association, 1986.

SCHNEIDER, Werner, *Manual Medicine Therapy*, Nueva York, Thieme, 1988.

STODDARD, Alan, *Fundamentos de la quiropraxia: manipulaciones de la columna vertebral*, Barcelona, Jims, 1972.

STODDARD, Alan, *Manual de técnicas de la quiropraxia: manipulaciones de la columna vertebral*, Barcelona, Jims, 1982.

THEISLER, Charles W., *Chronic Headache Pain*, Baltimore, Williams & Wilkins, 1990.

YOCHUM, Terry, *Essentials of Skeletal Radiology*, Baltimore, Williams & Wilkings, 1987.

VII

Alejandro Otamendi

EL SURGIMIENTO DE LA ZONA URITORCO

*Entre el esoterismo y la escenificación pública de los símbolos
en Capilla del Monte*

En este trabajo se aborda un proceso de transformación histórico, social y cultural que –al menos desde una perspectiva antropológica– intenta comprender origen y motivos de una región simbólica que en el presente se conoce como "zona Uritorco". Para ello profundizaremos en algunos hechos, acontecimientos y políticas públicas que de modo gradual fueron transformando la fisonomía de los significados de la localidad de Capilla del Monte, en la provincia de Córdoba (Argentina).

No es el foco central de estas páginas ahondar en las narrativas de lo extraterrestre, lo místico o lo esotérico, aunque estas fueron vividas y experimentadas de distintos modos por los sujetos que fueron activos participantes de la vida social y política de la localidad. Se analizará la transición y emergencia de un nuevo escenario que poco a poco se fue afianzando a partir de políticas públicas concretas, llevadas adelante en colaboración con el sector privado, parte de los pobladores locales e inclusive algunos visitantes de la región.

La metodología de investigación empleada está basada en la consulta de documentos públicos, folletería turística, bibliografía académica y otros materiales escritos (impresos y virtuales), así como también en técnicas cualitativas como entrevistas, observación participante y notas etnográficas logradas en el trabajo de campo intensivo del autor durante 2001 y 2004.

Por último, este texto no tiene la intención de desacreditar ni descalificar las creencias y prácticas de residentes, turistas o cualquier otra persona creyente, ya sea en las narrativas sobre Erks, los ovnis, el Bastón de Mando, u otras, así como tampoco juzgar o dictaminar acerca de su veracidad o falsedad: esta investigación queda limitada a entender un proceso histórico y cultural particular desde la hermenéutica de la teoría social.

Lo anómalo en el pueblo serrano tradicional

A principios de los años '80 Capilla del Monte estaba consolidada como asentamiento urbano con unos siete mil habitantes y como atractivo turístico periférico al norte del valle de Punilla (cordón serrano comprendido entre las ciudades de Villa Carlos Paz y Cruz del Eje). Los testimonios orales, folletería y demás documentos escritos del período[209] señalan que en octubre de 1985, cuando se festejó el aniversario de los cuatro siglos de su fundación,[210] se exhibía al Zapato –formación rocosa ubicada a un kilómetro del centro urbano– como el símbolo turístico distintivo de la zona, junto a otros atractivos naturales, al mismo tiempo que se exaltaban como características propias de la imagen turística la tranquilidad del pueblo, la fecundidad de su clima y la particularidad de sus habitantes, enraizados en las costumbres serranas y en la religión cristiana (reflejada en la parroquia San Antonio de Padua, ícono que dio origen y nombre al pueblo).

Dicha imagen se correspondía con narrativas de la historia que privilegiaban las virtudes épicas y sacrificios de encomenderos, gauchos, criollos y demás fundadores del pueblo, tal como Adolfo Doering (Adolf Döring), al tiempo que omitían mencionar la presencia indígena en la región. La narración oficial o pública como "destino tradicional" se construía como un paisaje cultural y natural de aguas cristalinas, cielos despejados, imponentes sierras, curiosas formaciones rocosas, y aires limpios y purificadores: "Dios siempre estuvo presente en la magnificencia de nuestro paisaje".[211] El festejo fue una iniciativa municipal y una gestión pública en pos de afianzar una identidad local todavía difusa a tan solo dos años de la vuelta a la democracia.

Sin embargo, en enero de 1986 la aparición de la huella del Pajarillo (una superficie calcinada de forma ovalada de unos cien metros de diámetro, encontrada a unos veinte kilómetros del centro de Capilla, que de alguna manera se asemejaba a la forma de un "plato volador") daría comienzo a una nueva etapa en la vida social y la construcción del imaginario local.

Esta huella fue un acontecimiento que no podía ser clasificado dentro de los esquemas interpretativos existentes en esa identidad tradicional

---

[209] Dirección Municipal de Turismo, *Sinopsis de 400 años de vida: 1585-1985, Capilla del Monte en su 400º aniversario*, Córdoba, Centro Editor de Córdoba, 1985.

[210] Cito a mi colega Pablo Wright, quien me dijo alguna vez: "Las efemérides son una selección arbitraria de la temporalidad social". Si bien esto se discute debidamente en otro trabajo, se toma como fecha fundacional el 30-10-1585, día en que se firma un complemento de una merced otorgada a Lucía González Jaimes. Véase: Otamendi, Alejandro, "O turismo místico-esotérico na zona Uritorco (Córdoba, Argentina): síntese de uma perspectiva etnográfica", *Revista Brasileira de Pesquisa em Turismo* 2, 2008.

[211] Dirección Municipal de Turismo, *Sinopsis de 400 años de vida: 1585-1985, Capilla del Monte en su 400º aniversario*, op. cit., p. 4.

imaginada por las narrativas oficiales del sector público, salvo como un suceso extraordinario, misterioso, inexplicable o atípico: una anomalía de la tradicionalidad.

La emergencia de las nuevas voces del Uritorco

En ese momento histórico ya estaba presente en la trama cultural citadina un pequeño grupo de personas que en otro escrito denominé "fundadores de la discursividad",[212] en tanto

> autores que han producido no sólo sus propias obras, sino que al producirlas han producido algo distinto: la posibilidad y las reglas de formación de otros textos.[213]

Míticos relatos sobre ciudades subterráneas –esencialmente Erks–, la leyenda del Bastón de Mando, vórtices energéticos, apariciones de luces y naves extraterrestres, e incluso interesantes narrativas sobre los comechingones (habitantes prehispánicos de la región) con cualidades místicas cercanas a las de la New Age se posicionaron de manera contra-hegemónica en relación a la identidad tradicional serrana.[214]

De tal modo, las voces y obras de tales sujetos, independientemente de si coincidían o no entre sí, pudieron no solo interpretar la huella estampada sobre el Pajarillo sino también favorecer la gestación de un imaginario narrativo que potenció el cambio social y simbólico en los años venideros. Asimismo, visitantes intrigados por tales marcos narrativos se sintieron atraídos a la región, y algunos de ellos eligieron mudarse y convertirse en residentes, invirtiendo sus capitales en hosterías, restaurantes y demás emprendimientos, otros capacitándose y trabajando como guías de turismo o abocándose a la práctica y la enseñanza de terapias alternativas, cada vez más variadas y requeridas por los turistas en aumento. Estos migrantes fueron denominados por los antiguos pobladores "nuevos capillenses" o, simplemente, "los esotéricos".

Su lugar social de contacto casi directo, cara-a-cara, con los visitantes y el relato de propios testimonios o experiencias en sintonía con las narrativas emergentes favorecieron en parte la retroalimentación del proceso migratorio y fomentaron la génesis de una identidad sui generis, que más adelante se vería reflejada en la construcción de una nueva región de significación.

---

[212] Otamendi, Alejandro, *La magia del turismo: la producción simbólica de la zona Uritorco*, tesis de licenciatura, FFYL-UBA, Buenos Aires, 2005, p. 67.

[213] Geertz, Clifford, *La interpretación de las culturas*, Barcelona, Gedisa, 1997, p. 28.

[214] Sobre la descripción de esta narrativas y autores, ver: Otamendi, Alejandro, *La magia del turismo: la producción simbólica de la zona Uritorco*, op. cit., pp. 67-111.

Complementariamente, los medios de comunicación también tuvieron un importante rol en la construcción y divulgación de los acontecimientos locales. La aparición de la huella fue difundida en distintas notas de diarios y revistas de la época, aunque la mayor repercusión que tuvo a nivel nacional vino de la mano de los jadeantes relatos televisivos del periodista José de Zer, del noticiero *Nuevediario*, que le otorgaron pública trascendencia al fenómeno ovni y a su asociación con el cerro Uritorco.

De modo gradual los nuevos visitantes, peregrinos y buscadores dejaron de interesarse en El Zapato o en la calle techada,[215] mientras que el Uritorco se convirtió en el símbolo privilegiado de la localidad. Los nuevos propietarios del cerro decidieron privatizar el acceso al mismo, instalando una única vía de ingreso otorgada en concesión. En una entrevista con Francisco "Pancho" Lobo, baqueano del lugar desde su infancia –luego devenido en guía turístico autorizado por el gobierno municipal– señalaba que durante esos años venían todo tipo de buscadores a la localidad, que no solo se interesaban por los ovnis, sino que traían sus propios "delirios místicos". Asimismo mencionaba:

> Venían muchos vestidos de blanco y se metían en los cerros para hacer sus ceremonias de iniciación [...] Algunas veces nos contrataban para que los guiáramos y otras los teníamos que ir a buscar con los bomberos porque se perdían en las sierras...[216]

El cerro Uritorco, a mediados de los '90 –como comentaba Aldo Seibaa, quien en ese entonces tenía la concesión del predio– estaba plagado de símbolos religiosos y espirituales de diversa índole: cruces, grutas con Vírgenes, santos varios, estatuillas, todo tipo de altares, grafittis y otros elementos, tales como vestigios de animales sacrificados, fotos quemadas, entre otra gamas de ritos y prácticas que él no sabía bien cómo explicar.[217]

En los términos del antropólogo norteamericano Michael Taussig, el Uritorco constituiría "un espacio religioso no domesticado",[218] es decir una región popular sacralizada en la que el Estado carece de poder para imponer sus normas o regulaciones. La afluencia de cultos platillistas ya era frecuente y

---

[215] La calle techada, construida en 1964 sobre una parte de la calle diagonal Buenos Aires, con motivo de albergar la Exposición Internacional de Fotografía, se convirtió en el centro social y comercial de la localidad.

[216] Entrevista con Francisco Lobo, Capilla del Monte, 21-10-2001. Adicionalmente, "Pancho" aseguraba haber sido el guía del periodista José de Zer en 1986.

[217] Entrevista con Aldo Seibaa, Capilla del Monte, 7-10-2001.

[218] Taussig, Michael, "La magia del Estado: María Lionza y Simón Bolívar en la Venezuela contemporánea", en Gossen, Gary H., Manuel Gutiérrez Estévez, J. Jorge Klor de Alva, Miguel León-Portilla (eds.), *De palabra y obra en el Nuevo Mundo 2: encuentros interétnicos*. Barcelona, Siglo XXI, 1992, pp. 489-518.

posiblemente el suicidio colectivo de Heaven's Gate en California (marzo de 1997), sumado al miedo a la sectas locales, encendió las alarmas de los antiguos y nuevos residentes. Por su parte, los gobernantes y distintas instituciones de Capilla también entendieron que se encontraban frente a una situación problemática que requería de una necesaria intervención.

La domesticación del turismo esotérico

Los componentes mágicos o energéticos y los ovnis de la zona Uritorco no siempre estuvieron respaldados por el sector estatal de Capilla del Monte. De hecho muchos de los antiguos residentes nunca avalaron la política de esoterización de la localidad.[219] Aquí describiremos cómo, primero de una manera tímida y esporádica, y luego de una forma explícita, sistemática y constante, el municipio y distintas instituciones locales fomentaron la implementación de políticas públicas en pos de la integración y oficialización de los denominados componentes místico-esotéricos a través de un plan de diagnósticos y propuestas que se desarrollaron entre 1999 y 2001.

El primer gesto de inocente apoyo estatal tal vez se encuentre en un permiso firmado por el intendente municipal Diego Sez (1983-1987) que favorecía la tarea de un grupo de "investigadores" en la búsqueda de la ciudad de Erks.[220] Con el sello del Poder Ejecutivo del pueblo, dicho documento habilitaba a Dante Franch y a sus colaboradores, bajo la "supervisión científica" del profesor Guillermo Alfredo Terrera, a ingresar a los distintos parajes de la serranía –casi todos ellos campos privados–, comprometiendo asimismo a los "científicos" a declarar los resultados de la expedición:

> Para ser presentado ante quien corresponda: [...] el portador de la presente integra el grupo de científicos que se hallan en la tarea de investigación para el hallazgo de la ciudad de ERKS, los mismos cuentan con el permiso de este Municipio [...] se comprometen a notificar y declarar los hallazgos de objetos o asentamientos que pudieran ser detectados. 7 de enero de 1986.[221]

Nuevos vientos de cambio soplaban por aquel entonces en la pequeña localidad serrana, ya que solo dos días después de emitir tal permiso quedó

---

[219] Otamendi, Alejandro, *La magia del turismo: la producción simbólica de la zona Uritorco*, op. cit., pp. 133-144.

[220] Esta búsqueda se había anunciado en la edición del diario *Clarín* del 14-12-1985, bajo el título "Capilla del Monte: buscarán los restos de una ciudad subterránea" (p. 33).

[221] Documento reproducido en: Franch, Dante, *Erks y las ciudades subterráneas*, Buenos Aires, Encuentros Cósmicos, 1999, p. 192. De la expedición se informó del hallazgo del resto fósil de un gliptodonte (en Charbonier) y algunos restos arqueológicos como puntas de flecha o pircas.

grabada la huella del Pajarillo, precisamente el 9 de enero de 1986. Entre los funcionarios que fueron a supervisar el suceso estuvo el propio intendente y su secretario de Gobierno y Turismo, el bonaerense Jorge Suárez, luego devenido en difusor de la ovnilogía y creador del CIO (Centro de Informes Ovni).

Otro episodio anecdótico interesante de subrayar fue en 1992, durante la segunda intendencia de Diego Sez (1991-1995), cuando la Municipalidad autorizó la colocación en la plaza San Martín –principal espacio público del centro capillense– de un cristal de cuarzo de gran tamaño y peso, suspendido de una estructura metálica, que poseía una placa con la siguiente leyenda:

> A Capilla del Monte y sus visitantes de otras ciudades, de otros países y de otros mundos, este símbolo de la energía universal cristalizado, fuente de la positividad para una Nueva Conciencia. Proyecto Quartz. Colocado el domingo de Pascuas de 1992 por la Municipalidad de Capilla del Monte. Procedencia del cristal: Minas Gerais. Joaquín Felicio, que oficializó el estudio y divulgación de la energía del cristal por la Ley Municipal, en 1991.

Esta pequeña placa de bronce se mantuvo en su sitio original por lo menos hasta el 2017, siendo parte del escenario turístico, aunque el cuarzo de gran tamaño desapareció misteriosamente hacia el año 1995. De cualquier modo, consideramos estos dos episodios más un gesto de simpatía del entonces intendente que una política pública programada.

Durante los '90, como mencionamos antes, la población siguió creciendo, así como también la variedad de actividades turísticas. La oferta de servicios místicos, espirituales y terapéuticos alternativos evidenciaba un giro simultáneo en la demanda de los visitantes. En un artículo de Juana Norrild, investigadora en turismo y comunicación (Universidad Nacional de La Plata), se describen varias actividades que visibilizaban la oferta de un turismo denominado esotérico, al tiempo que se dejaba planteada una situación problemática tanto para los investigadores académicos como para las autoridades locales:

> Si bien aún no existe un reconocimiento de esta modalidad de turismo [esotérico] es importante que se la trate con respeto para evitar que sea explotada por los *iniciadores* [de ritos de iniciación], los guías improvisados y diversos comerciantes. Este nuevo

mercado necesita de una serie de servicios diferentes de los tradicionales.[222]

En 1999 se dio inicio al Plan de Desarrollo Integral (PDI) de Capilla del Monte,[223] cuyo objetivo central fue la elaboración de diagnósticos, tendencias, estadísticas, encuestas y proyectos de acción para los distintos ámbitos de la localidad: educación, acción social, salud, economía y turismo. En las consideraciones generales de su *Tema crítico IV*, "Competitividad de la actividad turística – Área turismo" se plantea que la segmentación como "destino tradicional" para familias y personas de edad avanzada "se mantuvo hasta el advenimiento de lo que se podría denominar fenómeno ovni asociado al cerro Uritorco cuya popularidad habría de cambiar su imagen".

Por lo tanto, agrega más adelante, "se suman nuevas cualidades a la imagen tradicional, introduciendo en ella un sentido mágico y misterioso. Esto produjo una situación de crisis de identidad, en la cual se halla hoy inmersa nuestra localidad".[224] Ya finalizando el primer documento se concluía que

> La demanda turística para Capilla del Monte en los últimos años ha ido transformándose para dar paso a la aparición de una nueva demanda de turistas o visitantes que quedan sin respuestas frente a una oferta tradicional que no logra seducirlos con productos específicos.[225]

De igual forma, se señalaban allí las fortalezas y debilidades del área de turismo local. Entre las primeras ventajas de la localidad se destaca un "elevado coeficiente de rareza", tendencia que se da también a nivel global:

> Una reciente y marcada característica de atractivo asociada con lo místico-esotérico hace de Capilla un lugar con un potencial importante para generar productos que integren servicios que actualmente no existen o son deficientes. Sobre esta base es posible trabajar en la búsqueda de productos específicos que

---

[222] Norrild, Juana, "Turismo y esoterismo: una aproximación al tema", *Estudios y Perspectivas en Turismo* 3, 1998.

[223] Su Junta Promotora publicó seis documentos entre octubre de 1999 y agosto de 2001. Participaron de la misma distintas instituciones de la localidad. Ver PDI 2000, donde se detallan todas las asociaciones y sectores participantes (p. 3).

[224] Plan de Desarrollo Integral (PDI) – *Prediagnóstico. Documento de Trabajo Nº 1*, Capilla del Monte, octubre de 1999, p. 61.

[225] Ibíd., p. 62.

respondan a las necesidades de esta demanda, cada vez más importante a nivel mundial.[226]

Sin lugar a dudas, la reflexión académica colaboró con los técnicos para aprovechar, nominar y entender de qué clase de turismo se trataba y si correspondía solo a una peculiaridad local o una tendencia transnacional. En el mismo volumen de la revista *Estudios y Perspectivas en Turismo* en el que expuso Norrild se pueden encontrar otros dos artículos que colaboraron en la definición de lo "místico-esotérico", focalizados en distintos casos de México,[227] e incluso en replicar que la hipótesis del éxito del "turismo extraterrestre", estudiada por los sociólogos Peter Tarlow y Alan Mills, está basada en la fórmula "una no-realidad mostrada como realidad se convierte en una realidad turística [...] en la cual hay empleos reales y beneficios reales".[228]

Sin embargo, entre las desventajas y amenazas se pusieron de manifiesto las siguientes advertencias:

> las actividades espirituales, esotéricas, terapias alternativas, fenómeno OVNI [...] muestran algunas debilidades como la dificultad de probar el conocimiento acerca del tema dado que no existe una formación sistematizada; "no siempre las propuestas están en manos de personas idóneas", "la gente seria tiene bajo perfil", "los protagonistas son chantas y estafan". El tema OVNI es un tema controvertido, con fuertes apostadores y detractores. Se observa que, por motivos que escapan a toda intencionalidad, el Uritorco es masivamente asociado a este tipo de fenómenos y a otros de carácter místico y esotérico.[229]

De esta manera, una vez planteadas tales condiciones a favor y en contra sobre aquellas características de "rareza" de Capilla del Monte, en 2001 se presenta el *Proyecto Ecoturismo*, cuyo objetivo general reside en "desarrollar y afianzar un nuevo nicho en el mercado turístico, instalando la Zona URITORCO como marca nacional e internacional",[230] precisamente con el fin de beneficiar a prestadores y operadores de servicios turísticos,

---

[226] PDI 2000, p. 88.

[227] Bernard, Alicia y Esteban Burguete, "Turismo místico-esotérico en México", *Estudios y Perspectivas en Turismo* 3, 1998.

[228] Mills, Alan y Peter Tarlow, "Turismo extraterrestre y hospitalidad: la cuarta dimensión", *Estudios y Perspectivas en Turismo* 3, 1998.

[229] PDI 2000, pp. 87-88 (mayúsculas en el original).

[230] PDI 2001, pp. 138-139 (mayúsculas en el original).

turistas, comerciantes, artesanos, microemprendedores y a la población local en general.

Por el momento, este documento nos revela que, en gran medida, la zona analizada es fruto de una política de planificación pública que intentó integrar, regular y promover una nueva identidad local, que por un lado preservara el prestigio tradicional de Capilla y por otro incorporara una política municipal que fortaleciera la demanda creciente de turismo místico-esotérico.

Sin embargo, los significados no aparecen mágicamente sino como resultado colectivo de discursos sociales y prácticas rituales que forman parte de un proceso histórico determinado que demandaba un cambio de perspectiva frente al "coeficiente de rareza", para ponerlo dentro de un marco regulatorio en una política municipal de turismo específica. La asociación del cerro Uritorco con un poderoso contenido simbólico –de múltiples significados– precede a un plan de desarrollo del municipio, porque fue además el resultado de un movimiento cultural y social gestado de modo colectivo, tanto por los fundadores de los mitos y discursos como por todos aquellos que experimentaron vivencialmente sus prácticas y ritos.

Promoción sistemática y adecuación de escenario

Ya consciente del potencial magnético del fenómeno, entre sus funciones primordiales la Subsecretaría de Turismo y Deportes (STD) tomó a su cargo la promoción constante de la localidad; la regulación y habilitación de los guías de turismo; la realización de encuestas y estadísticas; la inspección de la calidad ambiental de los paseos o circuitos turísticos –normalmente privados–; la generación o respaldo de eventos, congresos y festivales; la mejora, perfeccionamiento y actualización en la calidad de prestación de servicios; la concientización de los residentes sobre la conservación de los recursos; y demás tareas que le otorgaron un rol central en el seno de la comunidad y de sus visitantes.

La promoción de la zona Uritorco no solo ampliaba el área geográfica del cerro, sino que de alguna manera la amplificaba a todos los atractivos, consolidándose, más que como un espacio físico, como una región de simbolización.

La divulgación y marketing turístico se basó en dos etapas: la primera, fuera de la localidad y antes de que llegue la temporada alta (verano, invierno, Semana Santa y fines de semana largos); la segunda etapa corresponde al momento de arribo de los visitantes y a su estadía en la región.

En la primera etapa, la STD participó en las diferentes exposiciones de turismo regionales, provinciales y nacionales (Expo-Aventura, FIT, Expo-Turismo), realizando la distribución de folletería en distintos sitios de la provincia y el país, emitiendo publicidades y colaborando en la producción de artículos en diarios de alcance nacional (*La Nación, Clarín, La Prensa, Página/12*, etcétera) o provincial (*La Voz del Interior*), además de en revistas de interés general y turismo (*Noticias, Flash, Lugares* y otras).

Asimismo, la STD colaboró en la difusión de la localidad en programas de radio y televisión. En esos años el canal Infinito[231] transmitía abundante material sobre la zona Uritorco, sus supuestas cualidades energéticas y el fenómeno ovni. Por otra parte, también facilitó la creación de una página web,[232] y de un servicio para asistencia telefónica y reservas hoteleras. En esta fase de promoción turística, especialmente a nivel nacional, la STD se integró junto a otras localidades del corredor norte del valle de Punilla –La Falda, La Cumbre, Cosquín– para publicitar el área en su conjunto para un número potencialmente mayor de visitantes.

Realmente, tal como indica el PDI, "el aporte más importante en las acciones de difusión de la oferta local es de carácter público"[233] y semejante despliegue de promociones apuntó a atraer a todo tipo de visitantes, según indicaban las categorías de las encuestas realizadas por la STD: estudiantes, jubilados, profesionales, empleados, independientes y "otros", provenientes principalmente de la Capital Federal, la provincia de Buenos Aires, Rosario y la ciudad de Córdoba.

Además de la naturaleza, la tranquilidad del paisaje y el bondadoso aire de las sierras, muchas de estas promociones subrayaron lo misterioso, lo energético, lo mágico como propio y característico del cerro Uritorco, todo lo cual diferenciaría y distinguiría dicha localidad del resto del valle de Punilla. A continuación se presentan solo algunas de formas de promover mediáticamente tales características:

> Al encanto de Ongamira y la magia de Capilla del Monte se suma la aristocracia de La Cumbre. [...] los misterios del Uritorco, inspirador de historias y experiencias supuestamente extrasensoriales, las extrañas formaciones de Ongamira y Los Terrones que fueron el refugio de los aborígenes que resistieron la persecución de los colonizadores.[234]

También se escribió:

---

[231] Dicho canal que se emitía por señal de cable tenía un perfil que abarcaba temáticas orientadas a temas esotéricos como el misterio, las ciencias ocultas, hechos paranormales, temas clasificados como tabú y seudociencias, así como también promocionaba actividades y terapias denominadas alternativas.

[232] Véase, en Internet, www.capilladelmonte.com.ar.

[233] PDI 2001, p. 51.

[234] *La Nación*, Suplemento Turismo, 5/10/2003, p. 4.

En el Valle de Punilla, al pie del cerro Uritorco, […] Las personas se juntan por la noche a mirar el cielo en busca de sosiego y de misterios. La luna despierta en las laderas del cerro Uritorco y lo viste de aires plateados, en medio de enigmáticos relatos sobre OVNIs.[235]

En todos estos artículos era notable cómo Capilla del Monte y el Uritorco se teñían de misterio, energía, mística y ovnis, entre otros tantos significados mágicos que cargan el discurso de promoción turística. El efecto diferenciador en relación a las demás localidades de Córdoba o Punilla era la apertura de un nicho en la oferta de infraestructura y servicios: el Uritorco tenía "algo más", un plus de valor simbólico que lo hace más enigmático, más seductor, más "natural" que el resto de los destinos.

Al mismo tiempo, puede observarse como esa naturaleza, su misterio y la magia se originan como parte de una construcción social y cultural elaborada por personas históricamente situadas y con la utilización de medios de comunicación específicos, más allá de ser una eventualmente propiedad esencial y primordial irradiada por el cerro en cuestión. Así, la STD participó y colaboró directa e indirectamente, mediante la concesión de entrevistas a sus funcionarios (subsecretario de Turismo) y la entrega de material informativo sobre la localidad (mapas, hoteles, restaurantes, transportes) en la promoción del sitio. Tal promoción paulatinamente derivó en la construcción de la exoticidad, el encanto y la diferencia local.

La segunda etapa se complementó con la anterior en la promoción y orientación del turista al momento en que "aterriza" en la zona Uritorco, teniendo en cuenta que la mayoría de los turistas que arriban a Capilla del Monte lo hacía por la ruta nacional 38.[236]

En diciembre de 2000 fue inaugurada una vistosa oficina de información turística: el visitante está entrando en la zona Uritorco, se levanta el telón y comienza la función. En esta dependencia de la STD, aún existente, se observaban como parte del decorado fotografías de los paseos con sus correspondientes folletos, un póster bastante llamativo por su tamaño y su contenido (el Uritorco con un encabezado que reza "Cerro Uritorco: magia y misterio") y colgada en una de las paredes la portada de un ejemplar de la revista del CIO *Uritorco Ovni*, encuadrada en un acrílico transparente. Sobre el mostrador figuraban diferentes folletos: Hostería de las Nubes, Artesanado de la Luna, Conozca su Energía Vital: Foto Kirlian, Gemas y

---

[235] *La Nación*, Suplemento Turismo, 17/2/2002, pp.1-3.

[236] Según el promedio de las encuestas del año 2001 al 2003, los visitantes que llegan en automóvil son casi el 80 por ciento del total.

Cristales Energéticos, y muchos otros más sobre terapias alternativas (reiki, gemoterapia, reflexología, etcétera).

Normalmente –y esto aún se mantiene bastante similar– los visitantes eran atendidos y acto seguido se les entregaba un mapa de Capilla del Monte, indicando la ubicación de los principales atractivos, posibles hoteles, restaurantes y las actividades programadas. Un circuito turístico de lo que debe-ser-visto y merece-ser-visitado comienza a ser trazado en ese mismo instante: el cerro Uritorco, la calle techada, la iglesia, El Zapato. Estos son los "imperdibles", pero luego existe toda una red de circuitos secundarios y paseos alternativos que solamente el turista que disponga de una estadía más prolongada podrá realizar. Después de una breve encuesta y de haber respondido todas las preguntas e inquietudes de los visitantes, el turista se marchará cargado de información, para realizar su *performance* turística.

Adentrándose en el centro de Capilla, la oficina central de la STD se encuentra emplazada sobre la antigua estación de ferrocarril que fue restaurada y acondicionada para esta nueva función. De igual modo, el turista podía hallar el mismo tipo de folletería, imágenes –entre las cuales se suma un póster del CIO con la figura de un extraterrestre–, mapas, listados de guías habilitados y la similar atención turística por parte del personal.

Sin embargo, por si acaso el turista evitara ambas oficinas de información, la STD y la dirección de Cultura de la Municipalidad ubicaron estratégicamente señalizaciones y carteles –manufacturados en madera, por ordenanza municipal, para adecuarse a la "estética del lugar"– que destacan los principales atractivos turísticos, tales como *El Zapato: 1 KM, Cerro Uritorco: 3 KM, Dique El Cajón, Los Mogotes*, etcétera. De esta manera, el turista es permanentemente orientado hacia aquellos sitios a los que "debe" dirigirse y también se le indica cómo debe comportarse a partir de la normativa oficial vigente. Poco a poco el escenario de la zona Uritorco comienza a reglamentarse, quedando claro que el Estado es un agente normativo que debe pautar las reglas de conducta para los visitantes. Uno de los carteles indica amablemente: "Capilla, te quiero linda, te quiero limpia" (lo que por supuesto es sinónimo de "Señor turista, ¡no ensucie!").

La regulación por parte de la STD de guías habilitados se implementó a partir de año 1994, debido al número creciente de personas que se volcaban a la actividad sin conocer la región y sin disponer de los equipos de comunicación ni de seguridad necesarios, y que –al carecer de habilitación oficial– estaban exentos de cualquier responsabilidad o penalidad. En la entrevista mencionada, "Pancho" Lobo se refirió a un guía que "en vez de llevar un botiquín de primeros auxilios llevaba flores de Bach" y que como en las excusiones de montaña con grupos de más de ocho personas se necesitaban un guía habilitado y un ayudante, esta persona les decía a sus clientes que "él iba adelante y su cuerpo astral los acompañaba por detrás".

Un cartel en la plaza San Martín indicaba: "Sr. turista: por su seguridad realice excursiones de Turismo Aventura únicamente con guías habilitados por la Municipalidad de C. d. M.". En ambas oficinas de información a partir del año 2000 se imprimieron y repartieron folletos en los que constaban los guías habilitados en distintas categorías (1º, 2º, 3º, con acceso permitido a circuitos específicos) y quienes asimismo tenían el aval de la STD para las siguientes prácticas "místicas" y "alternativas", desde entonces normadas por el Estado:

> Peralta Ramos, Javier (1ª categoría): Turismo de aventura y alternativo, caminatas guiadas, [...] técnicas de meditación, reiki, Magnified Healing, shamanismo.
> Valarín, Raúl Ignacio (1ª categoría): Excursiones místicas, turismo de aventura, ecoturismo didáctico, cultura comechingona, trekking, [...] safaris fotográficos, etc.
> Fernández, Carlos Augusto, "IKI SHAMUAIKA" (3ª categoría): Viajes ecológicos, trekking, cabalgatas y campamentos; culturas aborígenes: historia, religión y chamanismo.
> Meier, Maxim (3ª categoría): Un turismo alternativo vivencial diferente, visitas a lugares energéticos, arqueológicos e históricos, talleres vivenciales, meditaciones, recepción y organización de viajes en grupos.

En la intersección de la ruta y la avenida de las Américas, paso obligado para dirigirse al Zapato o al dique El Cajón, otro cartel señalaba las distancias desde Capilla del Monte hasta lugares del extranjero popularmente considerados sagrados, misteriosos o relacionados con el fenómeno ovni, con un guiño de sentido para el visitante, indicando ese "algo más" que tiene Capilla; la asociación que realice el turista sobre esta señalización puede ser muy diversa, al igual que la cantidad de insólitos sitios que se nombran allí.[237] Años más tarde, sobre el propio cartel de bienvenida a Capilla se instaló la figura de un alienígena que sintetizaba la escenificación por parte del Estado.[238]

Reproducción mecánica y repetición publicitaria

El sector privado de la actividad turística de Capilla del Monte tuvo también una importante influencia en la construcción de la imagen de

---

[237] Capilla del Monte, Guiza – Egipto 12.102 Km., Jerusalén – Israel 12.520 Km., Katmandú –Nepal 17.024 Km., Machu Picchu – Perú 2.068 Km., Roswell – EE. UU. 8.242 Km., Chichén Itzá – México 6.221 Km., Stonehenge – Inglaterra 11.114 Km., entre otros lugares.

[238] No obstante, el historiador Fernando Soto Roland incluso documentó su quita en 2019.

destino y el escenario turístico local. Para ello trabajaba de manera independiente, aunque también aunando fuerzas con el sector público, particularmente para promocionar la zona Uritorco fuera del ámbito local.

En tal sentido, la publicación mensual *El Vocero Turístico*, inaugurada en 1999, otorgó una perfecta combinación de esta labor conjunta entre ambos sectores, en donde se unificaron el discurso oficial, la promoción turística, y las narrativas locales místicas, esotéricas, ufológicas y étnicas.

El Vocero Turístico era publicado por el Club de los Abuelos[239] y solventado por las adhesiones (pagos en concepto de publicidad) que aportaban mensualmente hoteles y hosterías, restaurantes y cafeterías, agencias de turismo, terapeutas alternativos, empresas de transporte, librerías esotéricas, comercios de productos regionales o alfajores, remiserías y demás rubros del sector turístico de Capilla del Monte.

La distribución del mismo llegaba a distintas agencias de viajes situadas en las ciudades de Córdoba, Rosario, Santa Fe y Buenos Aires, así como también se entregaban ejemplares en distintas localidades de Punilla, en comercios adheridos y en ambas oficinas de información turística de Capilla. Repetitivamente, mes a mes se destacan allí los principales atractivos turísticos, con las fotografías y los breves artículos confeccionados por guías de turismo, funcionarios municipales, colaboradores locales y, en ocasiones, por los mismos turistas que enviaban sus experiencias y sus relatos vivenciales.

Desde *El Vocero Turístico* se apuntaba a atraer a todo tipo de público – estudiantes, jubilados, jóvenes, familias, esotéricos– aunque, además, se destacaba y resaltaba permanentemente la singularidad del lugar: "Capilla es especial". En uno de los artículos un ex secretario de Turismo, Eugenio Figueroa (1997-2000), comentaba:

> Capilla del Monte TIENE DE TODO. Muchos encuentran en ella la tranquilidad de un pueblo sereno y cordial. Muchos llegan para bañarse en sus aguas de vertiente, cabalgar o realizar caminatas en sus bosques y quebradas [...] o quedarse por las noches bajo la calle techada, disfrutando de los espectáculos [...]. Otros vienen para olvidarse del mundo, meditar y reflexionar, e interesarse en el lado oculto, invisible de la Vida, donde todo es asombro y misterio. Y lo curioso es que cada cual encuentra lo que busca. [...] Capilla –o la zona Uritorco, si se prefiere– tiene algo especial.[240]

---

[239] Institución pública dependiente del municipio de Capilla del Monte, fundada en 1983, en la cual se planifican recreaciones, paseos, excursiones y otras actividades.

[240] *El Vocero Turístico* 9, 2000, p. 5 (mayúsculas en el original).

De igual modo, *El Vocero Turístico* promocionaba la localidad utilizando el eslogan "Zona Uritorco: energía, naturaleza, misterio",[241] sumándole en ocasiones el término "magia": todas características "exclusivas de Capilla del Monte". En casi todos los ejemplares figuraba algún recuadro o nota que hace mención a la huella del Pajarillo, los ovnis, la energía, la versión alternativa de la historia de los comechingones o a la bibliografía que "cita la Magia y Misterio del cerro Uritorco y Capilla del Monte".[242] Desde enero del 2003 en la publicación se incluyó *El Vocero de lo Alternativo*, con notas sobre niños índigo, hierbas medicinales, consejos sobre ecología, medicinas naturales, comidas energéticas y técnicas de relajación.

Desde febrero de 2003 hasta diciembre de 2004 en las portadas de esta publicación figuró como principal título de tapa "Capilla del Monte tiene cosas tan interesantes ¡que llegan visitantes de todos lados!" y podía verse un montaje fotográfico de un platillo volador (típica representación de supuesta nave extraterrestre) sobre distintos atractivos turísticos de Capilla: el balneario de La Toma, la estación de ferrocarril (sede central de la STD), el Uritorco y la parroquia, entre otros.

De esa manera, todos los indicadores de lo alternativo afloraron en esta publicación e hicieron partícipes al sector público y privado en la construcción del perfil exótico-mágico-extraterrestre que se quiso subrayar de la localidad.

A modo de cierre

Por cuestiones de espacio, el foco de este trabajo estuvo limitado solo a ciertas políticas públicas de un período específico, dejando de lado otras, tales como la realización –o la eventual suspensión– del corso veraniego conocido como Festival Alienígena e incluso las disputas jurídicas en torno a la expropiación y regulación del cerro que nomina la zona.

No obstante, en estas líneas tratamos de demostrar que la producción de significados es una condición eminentemente colectiva, en la que colaboran y participan de manera activa personas, instituciones y distintos estamentos de una sociedad, incluso sus visitantes.

El proceso de cambio sociocultural producido en Capilla del Monte desde el año 1986 en adelante logró la creación de una renovada identidad y un destino turístico único que, si bien abarca un área geográfica limitada, creó una poderosa región simbólica de sentidos que facilitó el surgimiento, establecimiento y reproducción de lo que hoy conocemos como "zona Uritorco".

---

[241] Dicho eslogan publicitario surge de una encuesta realizada en la STD a turistas con la pregunta "¿con qué palabras asocia el cerro Uritorco?": Misterio 31 %, Energía 20%, Ovnis 14 % y Naturaleza 14 %. Ver PDI 2000, p. 98.

[242] *El Vocero Turístico* 22, 2001, p. 7.

Para algunos significó el posicionamiento exitoso de una marca a nivel nacional e internacional, aunque para otros significa mucho más que eso.

Bibliografía principal

AA. VV., *Sinopsis de 400 años de vida: 1585-1985, Capilla del Monte en su 400º aniversario*, Córdoba, Centro Editor de Córdoba, 1985.

BERNARD, Alicia y Esteban BURGUETE, "Turismo místico-esotérico en México", *Estudios y Perspectivas en Turismo* 3, 1998.

CAMPBELL, Joseph y Bill MOYERS, *El poder del mito*, Madrid, Doubleday, 1988.

DE FILIPPI, Sebastiano, *La Ciudad de la Llama Azul: luces y sombras sobre el cerro Uritorco*, Buenos Aires, Biblos, 2018.

DE FILIPPI, Sebastiano y Fernando SOTO ROLAND, *Los Señores del Uritorco: la verdadera historia de los comechingones*, Buenos Aires, Biblos, 2019.

ELIADE, Mircea, *Lo sagrado y lo profano*, Barcelona, Guadarrama, 1981.

EVANS-PRITCHARD, Edward Evan, *Teorías de la religión primitiva*, Madrid, Siglo XXI, 1973.

FRANCH, Dante, *Erks y las ciudades subterráneas*, Buenos Aires, Encuentros Cósmicos, 1999.

GEERTZ, Clifford, *La interpretación de las culturas*, Barcelona, Gedisa, 1997.

GOSSEN, Gary H., Manuel GUTIÉRREZ ESTÉVEZ, J. Jorge KLOR DE ALVA, Miguel LEÓN-PORTILLA (eds.), *De palabra y obra en el Nuevo Mundo 2: encuentros interétnicos*, Barcelona, Siglo XXI, 1992.

MILLS, Alan y Peter TARLOW, "Turismo extraterrestre y hospitalidad: la cuarta dimensión", *Estudios y Perspectivas en Turismo* 3, 1998.

NORRILD, Juana, "Turismo y esoterismo: una aproximación al tema", *Estudios y Perspectivas en Turismo* 3, 1998.

OTAMENDI, Alejandro, "O turismo místico-esotérico na zona Uritorco (Córdoba, Argentina): síntese de uma perspectiva etnográfica", *Revista Brasileira de Pesquisa em Turismo* 2, 2008.

TERRERA, Guillermo Alfredo, *Antropología metafísica: el Bastón de Mando y los triángulos de fuerza*, Buenos Aires, Kier, 1987.

TERRERA, Guillermo Alfredo, *El Bastón de Mando: historia y metafísica*, Córdoba, Sol Rojo, 2001.

TERRERA, Guillermo Alfredo, *El Valle de los Espíritus: las luces cósmicas y la ciudad de Erks*, Buenos Aires, Kier 1989.

TERRERA, Guillermo Alfredo, *Wolfram Eschenbach, Parsifal, Orfelio Ulises: leyenda y metafísica*, Buenos Aires, Kier, 1992.

TRIGUEIRINHO, José, *Erks: mundo interno*, Buenos Aires, Kier, 1989.

TURNER, Victor, *The Ritual Process: Structure and anti-structure*, Chicago, Aldine, 1969.

WRIGHT, Pablo (ed.), *Periferias sagradas en la modernidad argentina*, Buenos Aires, Biblos, 2018.

VIII

Sebastián Pastor

VIVIR A LA SOMBRA DEL CERRO

*Comunidades originarias en el territorio serrano del centro de la
Argentina en la larga duración histórica*

Ante la proliferación de cierta literatura popular que versa sobre el poblamiento de las sierras cordobesas por parte de las etnias precolombinas –con la correspondiente difusión de afirmaciones que son presentadas como científicas sin guardar mayor criterio de cientificidad– parece importante ensayar aquí un boceto del desarrollo poblacional de esta zona central de la Argentina a la luz de los conocimientos que proceden del campo de la arqueología.

Las investigaciones arqueológicas realizadas en la última década confirmaron la presencia humana en las sierras de Córdoba desde fines del Pleistoceno. Hallazgos efectuados en el sitio arqueológico El Alto 3 (pampa de Achala), permitieron identificar las primeras ocupaciones fechadas por medio de tres dataciones radiocarbónicas, que arrojaron antigüedades de entre 11.000 y 9.300 años.[243] Los artefactos allí recuperados, consistentes en instrumentos y desechos líticos, indican que el alero fue utilizado para establecer campamentos de corta duración.

Otras ocupaciones tempranas están confirmadas por la reciente datación radiocarbónica realizada sobre restos humanos en la gruta de Candonga, con una antigüedad de 10.400 años,[244] más el hallazgo de puntas de proyectil conocidas como "cola de pescado" en algunas zonas

---

[243] Rivero, Diego, "La ocupación humana durante la transición Pleistoceno-Holoceno (11.000-9.000 AP) en las Sierras Centrales de Argentina", *Latin American Antiquity* 23, 2012.

[244] Cornero, Silvina, Walter Neves y Diego Rivero, "Nuevos aportes a la cronología de las ocupaciones tempranas en las Sierras de Córdoba: la gruta de Candonga (Córdoba, Argentina)", *Relaciones de la Sociedad Argentina de Antropología* XXXIX, 2014.

serranas, por ejemplo en las márgenes del dique San Roque.[245] Estas puntas fueron empleadas por diversos grupos de cazadores-recolectores sudamericanos entre 11.000 y 9.000 años antes del presente.

En cuanto a las estrategias de subsistencia y dispersión por el paisaje, los primeros habitantes de la región serrana conformaban pequeños grupos muy dispersos y móviles, que cubrían amplios territorios durante sus desplazamientos periódicos en busca de recursos. Sus estrategias de subsistencia se basaban en la caza de grandes mamíferos como los guanacos (*Lama guanicoe*) y venados de las pampas (*Ozotoceros bezoarticus*), y posiblemente algunas especies de fauna hoy extinta, aunque no subsisten evidencias claras que apoyen esto último. Los vegetales también formaron parte de la dieta: probablemente, frutos y semillas silvestres.

En cuanto al origen de estos pobladores y de las vías de poblamiento utilizadas por ellos, es importante remarcar que los restos materiales de los primeros humanos en llegar a una región son arqueológicamente muy difíciles de detectar; no obstante, se han propuesto varias hipótesis acerca de su lugar de origen. En la última década, arqueólogas y arqueólogos han planteado como la de mayor probabilidad aquella que considera su llegada a partir de desprendimientos de grupos establecidos en las actuales llanuras bonaerenses y uruguayas.[246]

Los cazadores-recolectores del Holoceno

Los cazadores-recolectores que habitaron la región entre hace aproximadamente 8.000 y 4.000 años estaban organizados en grupos dedicados a la caza de guanacos y ciervos, aunque también se registra el consumo de pequeños vertebrados como cuises (*Microcavia* sp., *Galea* sp.). Por medio de esta actividad obtenían –además de alimento– cueros, huesos y astas para la confección de vestimentas e instrumentos de uso cotidiano. Además de cazar, recolectaban frutos de especies silvestres como los algarrobos (*Prosopis* spp.) y el chañar (*Geoffroea decorticans*), así como huevos de ñandú (*Rhea* spp.).

---

[245] Heider, Guillermo, Sebastián Pastor y Diego Rivero, "Identificación de una punta cola de pescado en las Sierras de Córdoba: implicancias para el poblamiento del centro de Argentina", *Cuadernos del Instituto Nacional de Antropología y Pensamiento Latinoamericano* 24, 2015.

[246] Laguens, Andrés, "De la diáspora al laberinto: notas y reflexiones sobre la dinámica relacional del poblamiento humano en el centro-sur de Sudamérica", *Revista de Arqueología Suramericana* 5, 2009.

Para la captura de las presas principales se empleaban lanzas con puntas de piedra de forma lanceolada, conocidas como "puntas ayampitín", que eran arrojadas manualmente o mediante un propulsor.

En el período que abarca entre 4.000 y 2.000 años antes del presente aumentó la demografía regional y, si bien continuaron con patrones de movilidad similares a los anteriores, surgieron diferencias en la tecnología lítica y en las estrategias de obtención de alimentos. Se adoptaron nuevos diseños de puntas de proyectil, de forma triangular y tamaño mediano, que al igual que en el período anterior se arrojaban con propulsores. Asimismo se entablaron vínculos de larga distancia con otros grupos, como lo sugieren hallazgos de artefactos elaborados con valvas de moluscos provenientes del río Paraná y de la costa atlántica.

También aumentó la importancia de plantas silvestres en la dieta, al igual que el consumo de pequeños animales como armadillos (*Dasypodidae*) y roedores. De esta manera, aunque los camélidos y cérvidos continuaron siendo las principales presas, se amplió la variedad de especies consumidas, tanto vegetales como animales.[247] En tal sentido, entre 3.000 y 2.500 años antes del presente se registran las primeras evidencias del consumo de maíz (*Zea mays*), planta alóctona probablemente obtenida a través de intercambios con grupos agricultores que por entonces comenzaban a instalarse en regiones vecinas como el Noroeste argentino y el litoral del Río de la Plata.[248] Debido a esta amplitud, los grupos de este período fueron definidos como "cazadores-recolectores generalizados".

Algunos vestigios dan cuenta de expresiones simbólicas y nuevos modos de construir la territorialidad. En efecto, los cambios ocurridos durante este período se materializaron en las primeras formas simbólicas relacionadas con la creación de identidades sociales y la pertenencia de los grupos a determinados territorios, como es el caso del arte rupestre y las sepulturas.

En los ambientes de pastizales de altura sobre las Sierras Grandes se incorporó por primera vez, entre las prácticas cotidianas, la creación y

---

[247] Medina, Matías, Sebastián Pastor, Andrea Recalde y Diego Rivero, "Variabilidad en la explotación de recursos faunísticos durante el Holoceno en las Sierras de Córdoba (Argentina): una aproximación zooarqueológica", en De Nigris, Mariana, Pablo Fernández, Miguel Giardina, Adolfo Gil, María Gutiérrez, Andrés Izeta, Gustavo Neme y Hugo Yacobaccio (eds.), *Zooarqueología a principios del siglo XXI: aportes teóricos, metodológicos y casos de estudio*, Buenos Aires, El Espinillo, 2010.

[248] López, Laura, Sebastián Pastor y Diego Rivero, "Access to Maize (*Zea mays*) and its Manipulation in Hunter-Gatherer Contexts in Central Argentina (c. 3.000-2.500 BP)", *Before Farming* 4, 2012.

observación del arte rupestre. Se identificaron sitios con representaciones grabadas, como La Quebradita 1 que presenta hoyuelos en la pared rocosa de un alero con una antigüedad de 3.000 años.[249]

Este momento está caracterizado también por una mayor presencia de enterratorios, un tipo de práctica social que en arqueología se relaciona con estrategias de fortalecimiento de los lazos grupales. Esta articulación se establecía a partir de vínculos construidos entre las comunidades y sus ancestros, con la visita reiterada a determinados lugares. Las investigaciones destacan las sepulturas de los sitios Cruz Chiquita 3 y Resfaladero de los Caballos, en el valle de Traslasierra, ya que la elección de lugares elevados y la construcción de tapas de piedras promovieron una cierta demarcación y monumentalización del paisaje, es decir su configuración como un especio de memoria.[250]

Los conjuntos materiales de este período sugieren, asimismo, la creación de nuevos roles sociales al interior de estos colectivos. En contraste con las sociedades del período anterior, entre las cuales no hay evidencias de autoridades o personas con roles especiales, esa situación comenzó a modificarse en esta época. Probablemente estos cazadores-recolectores del Holoceno tardío inicial produjeron nuevos tipos de roles, posiciones e identidades personales, relacionadas con esferas como la gestión política, ritual o de redes de intercambio.

Además de los adornos mencionados en valvas de moluscos de procedencia lejana, se destacan hallazgos como los restos de un atuendo con particulares condiciones visuales y sonoras, formado por más de cien grandes cuentas de caracol terrestre (*Megalobulimus lorentzianus*), con distintos tipos de perforaciones y en parte pintadas de rojo. Este atuendo, probablemente utilizado por un individuo con una posición social especial, fue localizado en un entorno funerario a orillas del dique San Roque y cuenta con una datación radiocarbónica de 3.900 años de antigüedad.[251]

---

[249] Colqui, Erica, Gabriela Pampiglioni, Andrea Recalde, Diego Rivero y Luis Tissera, "Grabados rupestres, memoria social y demarcación del paisaje en el ambiente de pastizales de altura de las Sierras de Córdoba", *Cuadernos del Instituto Nacional de Antropología y Pensamiento Latinoamericano* 5, 2017.

[250] Díaz, Iván, Sebastián Pastor y Luis Tissera, "Celebración, identidad y memoria: construcción de la esfera comunitaria en el valle de Traslasierra (Córdoba, Argentina)", *Boletín de Antropología de Universidad de Antioquia* 32, 2017.

[251] Gordillo, Sandra, Sebastián Pastor y Luis Tissera, "Objetos y paisajes multisensoriales del Holoceno tardío inicial en el centro de Argentina (ca. 3.900 años AP): acerca de un contexto arqueomalacológico de las Sierras de Córdoba", *Intersecciones en Antropología* 18, 2017.

La transición hacia la producción de alimentos

Hace unos 2.000 años, en el marco de condiciones climáticas y ambientales similares a las actuales, se acentuaron las transformaciones en el modo de vida de los cazadores-recolectores serranos. Estos grupos experimentaron cambios en la subsistencia, en la movilidad y en la aparición de nuevas tecnologías, como la incorporación de arco y flecha, y los primeros indicios de producción de cerámica.

Hace 1.500 años se produjo una ocupación más intensa de los ambientes serranos de altura y una expansión hacia paisajes que habían estado poco integrados a los circuitos de movilidad. Se trata fundamentalmente de ambientes chaqueños áridos que proporcionaron recursos vegetales silvestres en épocas de verano (por ejemplo las sierras de Guasapampa y Serrezuela)[252]. Esta y otras informaciones permiten señalar una mayor importancia de los vegetales en la dieta.

Para estos momentos se registra el consumo de pequeños granos, entre ellos quenopodios silvestres y otros recursos como frutos de árboles chaqueños: algarrobos, mistol (*Sarcomphalus mistol*) y chañar. Asimismo se identifica el manejo de plantas anuales, posiblemente a través de la protección de especies que prosperan tras el disturbio antrópico –por ejemplo, con la limpieza de terrenos–, lo que pudo desencadenar una posterior adopción de prácticas de cultivo.

Existe así una continuidad con los procesos iniciados en momentos previos, una intensificación de los mismos durante este período y una proyección como antecedentes para el siguiente, durante el cual se produjo la máxima expresión de la trayectoria analizada (por ejemplo, respecto al aprovechamiento de los recursos silvestres, la ocupación de paisajes periféricos, el acceso y dependencia hacia las plantas cultivadas, así como las restricciones y demarcaciones territoriales).

Las comunidades prehispánicas tardías

Los poblados o campamentos residenciales a cielo abierto, localizados en los valles y piedemontes de las sierras, reflejaban la concentración –fundamentalmente durante el verano– de un conjunto de familias que realizaban actividades agrícolas, de recolección de frutos silvestres, la captura de pequeños animales, así como el procesamiento, almacenamiento y consumo de sus productos.

Estos sitios presentan diferencias relativas a su tamaño, variedad de actividades llevadas a cabo, frecuencia de las reocupaciones y persistencia

---

[252] Medina, Matías, Sebastián Pastor y Andrea Recalde, "The Archaeological Landscape of Late Prehispanic Mixed Foraging and Cultivation Economy (Sierras de Córdoba, Argentina)", *Journal of Anthropological Archaeology* 42, 2016.

en el largo plazo, en muchos casos con antecedentes de uso que se remontan hasta los períodos previos. En ocasiones estos poblados se encontraban a corta distancia unos de otros y otras veces estaban más distanciados, según las características de los terrenos y la disponibilidad de fuentes de agua.[253]

Las viviendas estaban construidas con materiales perecederos (troncos, ramas, cueros), ya que no emplearon la piedra. En algunos sitios arqueológicos como Potrero de Garay (valle de Los Reartes) las casas eran recintos rectangulares semienterrados, entre 0,6 y 1,2 metros de profundidad, con un largo de alrededor de seis metros. En el perímetro de estos recintos se identificaron los agujeros donde se colocaron los postes que sostenían el techo, así como una rampa que permitía el acceso desde el exterior.[254]

En las adyacencias así como en el interior de estos recintos se realizaban diversas prácticas a nivel doméstico. Un aspecto destacado fue la excavación de fosas para la inhumación de sus muertos. De este modo, las personas fallecidas permanecían integradas en los esquemas de actividad cotidiana (cocinar, dormir, confeccionar instrumentos), probablemente como una manera de perpetuar su memoria entre los vivos y reforzar los lazos entre los antepasados, sus descendientes y los territorios ocupados.

Para las comunidades originarias de la actual provincia de Córdoba la movilidad constituyó una estrategia central en sus modos de vida. En algunas zonas serranas se identifican sitios arqueológicos que pueden ser relacionados con mecanismos de dispersión estacional de los grupos corresidentes en los poblados a cielo abierto.

En los faldeos y cumbres de las Sierras Grandes, donde se extienden altiplanicies como la pampa de Achala (1.500 a 2.300 metros sobre el nivel del mar), no se detectan los sitios habitacionales tan frecuentes en los valles, y en su lugar son comunes los sitios arqueológicos asociados a cuevas y aleros rocosos. Casi siempre son de pequeñas dimensiones y disponen de reducidas infraestructuras de molienda (morteros). Los vestigios hallados en excavaciones señalan la realización de tareas como la preparación y consumo de alimentos, así como la confección de instrumentos líticos a partir de rocas disponibles en el entorno, como el

---

[253] Berberián, Eduardo, Matías Medina y Sebastián Pastor, "'Es gente fazil de moverse de una parte a otra': diversidad en las estrategias de subsistencia y movilidad prehispánicas tardías (Sierras de Córdoba, Argentina)", *Complutum* 25, 2014.

[254] Berberián, Eduardo, "Potrero de Garay: una entidad sociocultural tardía de la región serrana de la provincia de Córdoba (República Argentina)", *Comechingonia* 4, 1984.

cuarzo. La ocupación de estos sitios puede ser vinculada con la cacería de animales de tamaño grande y hábitos gregarios, como los guanacos y venados de las pampas.[255]

Otros paisajes ocupados de manera estacional fueron las serranías noroccidentales (sierras de Pocho, Guasapampa y Serrezuela), que comprenden ambientes áridos en la transición con el Chaco seco y la zona de las Salinas Grandes. En el valle de Guasapampa y en los alrededores de las sierras de Serrezuela se identificaron sitios arqueológicos que también señalan desplazamientos estacionales.

Se aprecian diferencias entre la sección sur de Guasapampa, por un lado, y la sección norte y las sierras de Serrezuela por otro. En el primer caso se trata de aleros y cuevas de reducido tamaño, mientras que en el segundo son sitios a cielo abierto en cercanías de pequeñas aguadas. La mayoría presenta manifestaciones de arte rupestre, pertenecientes a diferentes estilos de pinturas y grabados. Las ocupaciones se vinculan con fases de dispersión de comienzos de la temporada estival, emprendidas por los habitantes del valle de Traslasierra cuando estaban disponibles frutos del bosque serrano y huevos de ñandú.[256]

El manejo de plantas por parte de las comunidades prehispánicas fue un aspecto importante de su subsistencia. Para este período el registro arqueobotánico es amplio, con un listado diverso de especies aprovechadas. Entre las plantas silvestres se cuentan el mistol, molle de beber (*Lithraea molleoides*), piquillín (*Condalia* spp.), algarrobos, chañar (*Oxalis* sp. y *Schinus* sp.). También fueron consumidas la quínoa negra (*Chenopodium quinoa* var. *melanospermum*) y el poroto silvestre (*Phaseolus vulgaris* var. *aborigineus*).

Entre las especies cultivadas se destacan el maíz, porotos (*Phaseolus vulgaris* y *Phaseolus lunatus*), quínoa (*Chenopodium quinoa* var. *quinoa*), zapallos (*Cucurbita* spp.), papa (*Solanum* sp. cf. *tuberosum*) y posiblemente batata-camote o mandioca (*Ipomea* sp. o *Manihot* sp.).[257]

La domesticación de estas plantas no fue un proceso desarrollado a nivel local: se trataba de plantas alóctonas, ingresadas al actual territorio

---

[255] Pastor, Sebastián, "El sitio Río Yuspe 14 (pampa de Achala, Córdoba): perspectivas sobre el uso prehispánico tardío de los ambientes serranos de altura", *Mundo de Antes* 4, 2005.

[256] Medina, Matías, Sebastián Pastor y Andrea Recalde, "The Archaeological Landscape of Late Prehispanic Mixed Foraging and Cultivation Economy (Sierras de Córdoba, Argentina)", op. cit.

[257] Berón, Mónica, Guillermo Heider, María Laura López, Matías Medina, Sebastián Pastor y Luciano Prates, "Las plantas en la alimentación de pueblos originarios de la diagonal árida argentina: Sierras Centrales, Pampa Seca y Norpatagonia", *Revista Iberoamericana de Viticultura, Agroindustria y Ruralidad* 7, 2020.

de Córdoba para su aprovechamiento por parte de las comunidades originarias. Fueron los lazos sostenidos a través del tiempo con grupos de regiones vecinas, con una vasta experiencia en el cultivo, los que permitieron a los pueblos serranos el acceso a este tipo de recursos.

De este modo, una variedad de vegetales fueron integrados a la subsistencia, aprovechando aquellos que fructificaban en verano (frutos arbóreos y arbustivos) y que posteriormente se podían almacenar, junto a otros de momentos invernales, cuando el alimento en general era más escaso, como las raíces silvestres disponibles en el paisaje (por ejemplo *Oxalis*).

La agricultura practicada por las comunidades originarias de las serranías cordobesas fue de baja escala, con parcelas dispersas en el paisaje para disminuir los riesgos de pérdidas totales por causas ambientales (por ejemplo granizo o plagas), con una baja tecnificación –no construyeron acequias ni muros de contención– y a secano o temporal, es decir basada en el riego con lluvia.[258]

Este período se caracterizó por una economía mixta o diversificada, basada en la obtención de recursos silvestres y la incorporación de elementos propios de un modo de vida campesino, como el cultivo de plantas domesticadas. Como ocurría en tiempos anteriores, las principales presas de caza eran especies de porte grande, caracterizadas por hábitos gregarios y por ocupar entornos de vegetación abierta, como los pastizales de altura en las Sierras Grandes: el guanaco y el venado de las pampas.

También fue significativa la captura de pequeños animales, presentes en diferentes tipos de ambientes como los pastizales de altura y el bosque serrano. Entre ellos sobresalen la corzuela o cabra del monte (*Mazama gouazoubira*), armadillos (*Dasypus* sp., *Chaetophractus* sp., *Tolypeutes* sp.), roedores (*Microcavia* sp., *Galea* sp., *Dolichotis* sp.), lagartos (*Salvator* sp.) y aves (*Tinamidae*).

Aunque el aprovechamiento de estas pequeñas presas debió ser importante para la subsistencia, su realización no requería planificaciones especiales. Las capturas pudieron lograrse como fines "agregados" a otras actividades, por ejemplo mientras se cuidaban las parcelas de cultivo o se cazaba animales grandes.[259]

---

[258] López, Laura y Sebastián Pastor, "Consideraciones sobre la agricultura prehispánica en el sector central de las Sierras de Córdoba", en Korstanje, María Alejandra y Marcos Nicolás Quesada (eds.), *Arqueología de la agricultura: casos de estudio en la región andina argentina*, Tucumán, Magma, 2011.

[259] Medina, Matías, Sebastián Pastor, Andrea Recalde y Diego Rivero, "Variabilidad en la explotación de recursos faunísticos durante el Holoceno en las Sierras de Córdoba (Argentina): una aproximación zooarqueológica", op. cit.

Una importante fuente de proteína animal provino de la recolección de huevos de dos especies de ñandú: el ñandú común (*Rhea americana*) y el choique (*Rhea pennata*). Estas aves de entornos de vegetación abierta nidificaban hacia finales de la primavera, que era la época en que podían recogerse sus huevos.[260]

En cuanto al posible manejo de llamas (*Lama glama*), las evidencias arqueológicas no son definitivas. En general se trata de información indirecta, obtenida de los documentos escritos por los españoles a finales del siglo XVI. Allí se menciona que las comunidades originarias criaban "ganado de la tierra", que era la denominación dada a las llamas por los conquistadores en la región andina, fundamentalmente aprovechadas por su lana.

Otros datos provienen del arte rupestre, ya que en ciertas zonas como el cerro Colorado y las sierras de Serrezuela se identifican escenas que involucran a hileras de camélidos atados por el cuello, eventualmente con una persona al frente.[261] Estas observaciones son insuficientes para confirmar que se trataba de situaciones locales de manejo de rebaños –y no por ejemplo de realidades vistas en otras regiones o de caravaneros llegados desde zonas vecinas–, o bien para estimar la posible antigüedad de este tipo de prácticas en la región.

Las comunidades originarias elaboraron variados instrumentos, vinculados con las distintas tareas cotidianas (cacería, recolección de frutos silvestres, cocción de alimentos, confección de vestimentas, etcétera). No obstante, dadas las particularidades ambientales, solo perduraron hasta nuestros días aquellos realizados con materiales no perecederos, es decir piedra, hueso, valvas de moluscos y cerámica. Las herramientas de piedra tenían diferentes formas y requerían, en ocasiones, una escasa modificación de la materia prima.

En otros casos se trata de instrumentos que demandan mucho tiempo, esfuerzo y conocimientos para su elaboración, con diseños comunes o estandarizados que permitían cumplir con ciertas actividades específicas. Un ejemplo son las azuelas y hachas pulidas, fundamentales para crear

---

[260] Pastor, Sebastián, "'Juntas y cazaderos': las actividades grupales y la reproducción de las sociedades prehispánicas de las Sierras Centrales de Argentina", en Mercolli, Pablo, Axel Nielsen, María Rivolta, Verónica Seldes y Malena Vázquez (eds.), *Procesos sociales prehispánicos en el Sur andino: la vivienda, la comunidad y el territorio*, Córdoba, Brujas, 2007.

[261] Berberián, Eduardo, Esteban Pillado y Andrea Recalde, *El arte rupestre del cerro Colorado: provincia de Córdoba, República Argentina*, Córdoba, Brujas, 2019, p. 329.

claros en el bosque serrano, fomentar el crecimiento de plantas silvestres con frutos comestibles y cultivar plantas domesticadas.[262]

Las puntas de proyectil, elaboradas tanto en roca como en hueso, resultan claves para comprender aspectos tecnológicos relacionados con la intensificación económica, entendida como la incorporación de diversos recursos a la dieta, y los cambios en las relaciones sociales. Las características de las armas sugieren que la captura de presas no era una simple actividad complementaria de otras prácticas económicas más relevantes. En tal contexto, las flechas impulsadas con arcos habrían jugado un rol crucial para abatir a variados animales, en un marco de diversificación de la subsistencia, pero también de incremento de las tensiones sociales. El arco permitió la cacería individual, sin requerir necesariamente la cooperación o ayuda mutua de varios cazadores, facilitando que cada familia pudiera desarrollar pautas autónomas sin depender de la toma de decisiones de grupos más inclusivos.[263]

Los instrumentos óseos fueron elaborados a partir de desechos del consumo de alimentos, en especial huesos de guanaco. La mayoría de ellos –por ejemplo punzones, leznas y agujas– se utilizaron para procesar subproductos de la caza (pieles y cueros) o bien para confeccionar artefactos destinados a la obtención, procesamiento y almacenamiento de diversos productos. Se cuentan retocadores aplicados a la manufactura de instrumentos líticos, alisadores de cerámica, cuchillos aserrados o punzones para elaborar cestas y redes. Las mencionadas puntas de proyectil, así como una serie de artefactos de hueso caracterizados por motivos grabados, escapan a estas consideraciones y se distinguen por una elevada inversión de trabajo para su confección.[264]

La producción cerámica también avala la idea de un patrón de subsistencia diversificado y una alta movilidad residencial. Los alfareros confeccionaron a nivel doméstico una gran variedad de vasijas cuya forma o diseño se regía por las diferentes necesidades de consumo, en consonancia con un modo de vida móvil. Los recipientes tenían una morfología adecuada para hervir maíz y porotos, productos que requieren

---

262 Balena, Imanol, Nelson Coriale, Matías Medina, Sebastián Pastor y Esteban Vázquez, "Bosques, claros y cultivos: una aproximación tecnológico-funcional a las hachas y/o azuelas líticas de las Sierras de Córdoba (Argentina)", *Latin American Antiquity* 30, 2019.

263 Balena, Imanol, Matías Medina y Diego Rivero, "Proyectiles y procesos de intensificación: una aproximación desde Boyo Paso 2, ca. 1.500-750 AP (Sierras de Córdoba, Argentina)", *Chungara* 51, 2019.

264 Buc, Natacha, Matías Medina y Sebastián Pastor, "Intensificación y dinámica ocupacional en el período prehispánico tardío de las Sierras de Córdoba (Argentina): una aproximación desde el registro artefactual óseo", *Chungara* 46, 2014.

varias horas de cocción para ser comestibles, pero también resultaron adecuados para cumplir con tareas de transporte, almacenaje y cocción de distintas sustancias.

Finalmente, aunque no se conservaron en los sitios arqueológicos, sabemos que se elaboraron artefactos livianos en fibras orgánicas, destinados a usos como la vestimenta o contenedores para el traslado, procesamiento y almacenamiento a corto plazo de productos agrícolas o de la recolección. El conocimiento de estos artefactos proviene de evidencias indirectas, como las improntas dejadas en recipientes de cerámica, que suelen conservar negativos de cestas y redes utilizadas como moldes o apoyos cuando la arcilla aún estaba fresca. También aporta información el estudio de los torteros de cerámica o contrapesos del huso, con el cual se hilaban fibras de origen animal o vegetal.[265]

Numerosos sitios arqueológicos, distribuidos por diferentes áreas y ambientes serranos, señalan actividades realizadas en forma colectiva. En la mayoría se registran infraestructuras o acondicionamientos y abundantes residuos relacionados con la preparación y consumo de alimentos a gran escala. Las infraestructuras consisten en equipos para la molienda en rocas fijas, definidos por su inmovilidad y larga vida útil. Estas características promovían un retorno periódico a los lugares, que se erigían así como un tipo de monumento capaz de localizar en el espacio una parte de la memoria de la comunidad, así como sus sentidos de pertenencia al territorio.[266]

Los documentos escritos del tiempo de la conquista insisten en la importancia de las reuniones colectivas de los pueblos originarios ("juntas"), con un carácter celebratorio ("fiestas", "festines", "convites") y relacionadas con el aprovechamiento de los recursos silvestres ("cazaderos", "tiempo de la algarroba"). Estas instancias de participación colectiva, en determinados sitios de importancia pública, fueron significativas en términos de las definiciones territoriales, de la explotación de los recursos silvestres y de la integración política de las comunidades.[267]

---

[265] Tissera, Luis, "Una aproximación a los estudios tecnológicos de los torteros indígenas de las Sierras de Córdoba (Argentina)", *Anuario de Arqueología* 10, 2018.

[266] Sebastián Pastor, "'Juntas y cazaderos': las actividades grupales y la reproducción de las sociedades prehispánicas de las Sierras Centrales de Argentina", op. cit.

[267] Castro Olañeta, Isabel, "Recuperar las continuidades y transformaciones: las juntas y borracheras de los indios de Quilino y su participación en la justicia colonial", en Farberman, Judith y Raquel Gil Montero (ed.), *Los pueblos de indios del Tucumán colonial: pervivencia y desestructuración*, Quilmes, Universidad Nacional de Quilmes, 2002.

Junto a las fuerzas integradoras, materializadas en eventos colectivos de carácter celebratorio, los documentos coloniales tempranos señalan mecanismos contrapuestos que alentaban la fragmentación y el sostenimiento de cuotas de autonomía para los grupos domésticos y linajes familiares. Por ejemplo, una vez alcanzado cierto nivel de crecimiento y tensión interna, los grupos corresidentes se segmentaban y comenzaban a ocupar nuevas tierras, solo restableciendo con el tiempo, eventualmente, los lazos con la "comunidad madre".

Los diversos testimonios arqueológicos que señalan procesos de dispersión estacional de los grupos corresidentes, las variadas trayectorias de reocupación de los sitios habitacionales, así como la importancia de las prácticas rituales realizadas a escala doméstica, sugieren grados considerables de autonomía retenidos por estos segmentos sociales que, en otras instancias, podían articularse en estructuras más inclusivas. Estas condiciones significaron un límite concreto para los procesos integradores y para la centralización del poder político en el seno de estas antiguas sociedades.[268]

Durante este período se incrementaron sensiblemente las demarcaciones territoriales, iniciadas en tiempos previos a través de formas materiales como el arte rupestre y las sepulturas. Casi todas las pinturas y grabados realizados sobre rocas, en diferentes paisajes como los de Cerro Colorado, las sierras de Serrezuela o el valle de Guasapampa, entre otros, corresponden a este período. A través de estos medios se transmitieron diversas informaciones y se anclaron aspectos de la identidad y de la memoria de los grupos a determinados territorios.

A la modalidad rupestre preexistente desde hace unos 3.000 años, basada en motivos grabados de hoyuelos, se sumaron en este tiempo otros estilos de pinturas y grabados. Asimismo, se multiplicaron los sitios donde fueron realizados. Algunos fueron creados para su observación solo por un número reducido de personas, posiblemente emparentadas entre sí, como se aprecia en el sur del valle de Guasapampa.[269]

En otros casos las imágenes fueron plasmadas en lugares abiertos, de gran visibilidad incluso para numerosas personas en simultáneo, ocasionalmente en sitios de importancia pública asociados a infraestructuras para la molienda colectiva. En estos paisajes, por ejemplo

---

[268] Berberián, Eduardo y Sebastián Pastor, "Arqueología del sector central de las Sierras de Córdoba (Argentina): hacia una definición de los procesos sociales del período prehispánico tardío (900-1573 d.C.)", *Intersecciones en Antropología* 8, 2007.

[269] Recalde, Andrea, "Diferentes entre iguales: el papel del arte rupestre en la reafirmación de identidades en el Sur del valle de Guasapampa (Córdoba, Argentina)", *Boletín del Museo Chileno de Arte Precolombino* 14, 2009.

del sector norte del valle de Guasapampa o del faldeo occidental de las sierras de Serrezuela, se destacan las figuras grabadas, de mayor tamaño y con predominio de motivos geométricos, diferentes a las pinturas realizadas en los pequeños refugios transitorios del sur de Guasapampa. Se interpelaba así a grupos más extensos, eventualmente a propios y extraños, denotando la apropiación de puntos importantes del paisaje como reservorios de agua.[270]

También se crearon nuevos espacios funerarios o se incrementó la importancia de los preexistentes. Por ejemplo en Cerro Colorado, en cercanía de la principal instalación para la molienda, se detectó recientemente un sitio de inhumación colectiva, con restos de más de setenta personas sepultados en un reducido sector del mismo. De este modo, la acumulación a lo largo del tiempo de prácticas como la preparación y consumo de alimentos, el entierro de difuntos, y el pintado de cuevas y aleros, configuró este paisaje de Cerro Colorado como un sitio de gran relevancia pública.

Aunque es cierto que desde tiempos previos se identifican señales de la participación de las comunidades serranas en redes de interacción de alcance extrarregional, es durante este período cuando se verifica un máximo desarrollo de este tipo de vinculaciones. A través de las mismas ingresaron regularmente a la región objetos terminados y materias primas alóctonas, como determinadas rocas –por ejemplo sílices–, valvas de moluscos (*Anodontites* sp., *Diplodon* sp., *Urosalpinx* sp.) y en contadas ocasiones pequeños adornos de metal.

También están incluidas las especies vegetales domesticadas, que permitieron el arraigo de cultivos locales, así como posiblemente animales de rebaño como las llamas. En otros casos los vínculos no son señalados a través del movimiento de objetos y materias primas, sino de información. Algunos estilos locales de arte rupestre revelan relaciones de media y larga distancia, por ejemplo entre las sierras Noroccidentales de Córdoba y las sierras de Los Llanos de La Rioja, o entre las sierras del norte de Córdoba y las de Ancasti en el Oriente catamarqueño. Del mismo modo, instrumentos como espátulas óseas, empleadas para el consumo de plantas psicoactivas –posiblemente cebil (*Anadenanthera colubrina*)– muestran afinidades estilísticas con piezas similares del Noroeste argentino y del Norte Chico de Chile.[271]

---

[270] Pastor, Sebastián, "Aproximación inicial a la arqueología del Norte de la sierra de Guasapampa y cordón de Serrezuela (Córdoba, Argentina)", *Arqueología* 16, 2010.

[271] Boixadós, Roxana y Sebastián Pastor, "Arqueología y etnohistoria: diálogos renovados en torno a las relaciones entre las sociedades de Los Llanos riojanos y de las

El escenario de este período, definido por el incremento demográfico, la intensificación de la producción, las demarcaciones territoriales y posiblemente los movimientos poblacionales, condujo a niveles crecientes de conflictividad social.

Las tensiones pueden ser advertidas, por ejemplo, en determinados paneles con arte rupestre, ubicados en lugares con una alta visibilidad pública, donde las creaciones originales fueron parcial o totalmente destruidas para imponer en el mismo sitio otras imágenes. Tales acciones se interpretan como ejercicios de violencia simbólica, donde determinados discursos provenientes del pasado y de otras condiciones históricas o socioculturales fueron reemplazados por nuevos relatos. Se apuntó así a la manipulación de la memoria, a la creación de otros sentidos y al establecimiento, desde un determinado poder social, de qué se debía recordar y qué se debía olvidar.[272]

Entre otros sitios se registran motivos rupestres que representan armas o personas armadas, y específicamente en el caso de Cerro Colorado, escenas de enfrentamientos entre personas o grupos de individuos provistos con arco y flechas, así como con vistosos adornos dorsales, probablemente elaborados con plumas.[273]

Por último, se han registrado algunos casos de violencia interpersonal en esqueletos con diferentes lesiones y asimismo con flechas incrustadas en o entre los huesos. En estos casos se destaca el empleo mayoritario de puntas óseas alargadas, que probablemente eran destinadas con preferencia para los conflictos entre personas.

Los documentos escritos del tiempo de la conquista hacen referencia a comunes enfrentamientos entre diferentes grupos, así como a tensiones internas en las comunidades, con frecuencia provocadas por motivos territoriales o de acceso a los recursos. Estas fuentes aluden, asimismo, a la conformación de alianzas bélicas entre grupos afines y a la instalación de cercos vivos rodeando a los poblados ("arboledas espinosas"), para resistir posibles ataques de enemigos.[274]

Sierras Noroccidentales de Córdoba (períodos prehispánico tardío y colonial temprano)", *Diálogo Andino* 49, 2016.

[272] Pastor, Sebastián, "Arte rupestre, paisaje y tensión social: un caso de estudio en Córdoba, Argentina", *Revista Chilena de Antropología* 26, 2012.

[273] Berberián, Eduardo, Esteban Pillado y Andrea Recalde, *El arte rupestre del cerro Colorado: provincia de Córdoba, República Argentina*, op. cit., pp. 353, 355, 357, 359.

[274] Barrientos, Gustavo, Iván Díaz y Sebastián Pastor, "Conflicto y violencia en las Sierras de Córdoba durante el Período Prehispánico: una discusión basada en información arqueológica y etnohistórica", en Salazar, Julián (ed.), *Condiciones de*

Comunidades originarias en tiempos coloniales y republicanos

Los documentos producidos en las primeras décadas de ocupación colonial en la región –acaecida durante el siglo XVI– arrojan luz sobre la organización política y el sistema de autoridades de las comunidades originarias de ese tiempo. Algunos cronistas como Pedro Cieza de León, Diego Fernández "el Palentino" o Gerónimo de Bibar, así como las Declaraciones de Méritos y Servicios (informes elevados al rey con los servicios de los conquistadores) mencionan entre otros la existencia de dos pueblos o entidades socioculturales, denominados "comechingones" y "sanavirones". Fuera de las mismas, el vocablo "comechingón" solo se registra en la documentación colonial hasta fines del siglo XVI, como un término de referencia geográfica: "gobernación de Tucumán y sus provincias de indios comechingones, juríes y diaguitas".[275]

Por ello, existen pocos elementos para afirmar que estas denominaciones se correspondieran con entidades reales y reconocidas por los propios nativos y no fueran, en cambio, identidades asignadas por los españoles, producto quizás de una diferenciación lingüística observada.[276]

En tal sentido, los estudios de toponimia y onomástica autóctonas han determinado la presencia de tres grupos lingüísticos: henia, camiare y sanavirón. Los dos primeros eran dialectos emparentados provenientes de un sustrato lingüístico común; el sanavirón habría sido un grupo lingüístico incorporado de forma más tardía a la región. Dado el extremo hibridismo de la toponimia colonial, los grupos lingüísticos no son indicadores precisos para definir divisiones políticas prehispánicas y territorios indígenas.

Otro cúmulo importante de fuentes escritas –expedientes judiciales, títulos de merced, cartas, informaciones de los gobernadores– aporta un conjunto complejo y numerosísimo de nominaciones de pueblos y parcialidades, que revelan una enorme fragmentación política, con diferentes grados de sujeción y agregación. Así por ejemplo, encontramos referencias a los pueblos de Çincaçat, Naytoçacat, Cachoçacat, Yalaçacat, Achalaçacat (en el valle de Punilla), Quilishenen, Yobahenen, Sanen,

---

posibilidad de la reproducción social en sociedades prehispánicas y coloniales tempranas en las Sierras Pampeanas (República Argentina), Córdoba, Brujas, 2015.

[275] Berberián, Eduardo y Beatriz Bixio, *Crónicas y relaciones sobre el antiguo Tucumán, siglo XVI: documentos y estudios críticos*, Córdoba, Brujas, 2017, p. 11.

[276] Bixio, Beatriz, "Las lenguas indígenas del centro y norte de la República Argentina (siglos XVII y XVIII)", en Berberián, Eduardo y Axel Nielsen (ed.), *Historia argentina prehispánica*, Córdoba, Brujas, 2001.

Yelhenen, Tolyagenen, Yalgahenen, Macathenen, Hatanhenen, Moschenen (en el valle de Soto), y los pueblos de Hulumaen, Citon, Tulian, Punanquina, Tapacsua, Cantapas y Macatine (en el valle de Salsacate), entre varios cientos de entidades.[277] Algunos de estos nombres han perdurado hasta la actualidad como parte de la toponimia autóctona.

La extremada fragmentación política, la falta de indicadores culturales precisos y la ausencia de testimonios escritos y materiales directos que indiquen la existencia de un centro político permiten aseverar que en el espacio cordobés no existió una entidad política que englobara y gobernara, en su conjunto, a todos los pueblos bajo la nominación de "comechingones" o "sanavirones". Estas adscripciones fueron, en todo caso, construcciones posteriores, producidas por efecto de la conquista española, cuando los invasores necesitaron referirse al conjunto de la población indígena de la región bajo ciertos nombres comunes, que quizás correspondieron en realidad con alguno de los tantos pueblos con los que se enfrentaron militarmente.[278]

Situaciones similares han ocurrido en otras regiones como el Noroeste argentino, por ejemplo con los pueblos calchaquíes, o en el sur con los grupos pampas. Todos ellos conforman un conjunto numeroso y variado de pueblos cuyas identidades fueron homogeneizadas bajo una misma adscripción atribuida y condicionada, en algunos casos, por ciertas afinidades y rasgos lingüísticos.

Las fuentes coloniales más tempranas aportan algunos datos sobre las características del sistema de autoridades. Ellas revelan que las comunidades se encontraban organizadas a partir de cacicazgos simples (con un cacique o curaca) o múltiples (con un cacique principal y dos o tres secundarios). La autoridad de los jefes étnicos se basaba en el prestigio adquirido y en el parentesco, que daba preeminencia a ciertos linajes.

Si bien el liderazgo y peso de la autoridad de estos jefes fue débil, los caciques podían pactar en nombre de sus pueblos alianzas para la guerra o negociar el acceso a ciertos recursos que pudieran ser escasos (el agua, las tierras de cultivo o de caza). Los jefes étnicos gozaban del respeto de los miembros de su comunidad al punto que disfrutaban de lugares o sitiales de preeminencia en las celebraciones y en algunos casos puntuales –como en pueblos del valle de Soto– llevaron adelante prácticas poligámicas,

---

[277] González Navarro, Constanza, "Una aproximación al territorio indígena prehispánico: Córdoba (siglo XVI)", *Andes* 23, 2012.

[278] Bixio, Beatriz, "Las lenguas indígenas del centro y norte de la República Argentina (siglos XVII y XVIII)", op. cit.

rasgo que revela su nivel de prestigio y poder, así como su capacidad económica diferencial.

En cuanto a los poblados, no eran todos del mismo tamaño sino que poseían diferentes grados de agregación: algunos de cinco familias extensas y otros de veinte, treinta o cuarenta familias. Esta organización se corresponde con un tipo de economía mixta que utilizaba el asentamiento en valles, donde generalmente se realizaba la agricultura, con la explotación de recursos dispersos en otros espacios geográficos (espacialmente caza y recolección), que eran negociados o eventualmente defendidos de otros grupos.

El impacto de la conquista y colonización española en la región se inició a mediados del siglo XVI con las primeras entradas y exploraciones que ingresaron por el este al mando de Francisco César en 1529, y por el noroeste con Diego de Rojas y sus huestes entre 1543 y 1546. Poco después –entre 1553 y 1554– llegó, procedente de Chile, Francisco de Villagra, y luego en 1567 lo hizo Francisco de Aguirre por el norte. La última de las entradas fue la de Lorenzo Suárez de Figueroa, procedente de Santiago del Estero, en 1573.

Estas exploraciones produjeron los primeros impactos en la población indígena, promoviendo enfrentamientos armados y facilitando el reconocimiento del terreno que permitiría elegir el sitio de fundación de la ciudad de Córdoba, en las márgenes del río Suquía.

La fundación de Córdoba, el 6 de julio de 1573, por Jerónimo Luis de Cabrera produjo uno de los primeros movimientos obligados de población, por cuanto los nativos que habitaban ese valle de Quisquitipa[279] fueron trasladados a otros sitios de la jurisdicción. En efecto, existe registro documentado de que parte de esta población recibió nuevas tierras en las nacientes del río Xanaes (río Segundo o de la Navidad para los españoles), en un lugar denominado Quisquisacate.

Estos movimientos de población continuaron –algunos de manera voluntaria y otros de manera coercitiva– a lo largo de todo el siglo XVI y XVII como parte de las necesidades y condicionamientos impuestos por el nuevo sistema colonial. Detallamos a continuación algunos de los factores que más incidieron y alteraron la vida y las formas de organización nativas.

1) Nuevas enfermedades traídas por los conquistadores: el contacto de las poblaciones nativas no inmunes a enfermedades como la viruela, el sarampión y la sífilis hicieron estragos en la demografía de la región, como ocurrió en otros lugares de América.

---

[279] Montes, Aníbal, "Nomenclador cordobense de toponimia autóctona", *Anales de Arqueología y Etnología* XII, 1956.

2) Apropiación de las tierras más productivas para la actividad económica: los españoles que se asentaron en la región recibieron como premio a sus servicios prestados a la Corona y participación en el proceso de conquista ciertas retribuciones que adoptaron la modalidad de mercedes de tierra. Dichas concesiones se entregaron generalmente en las márgenes de los ríos, en el piedemonte y en los valles serranos, con mejores posibilidades de explotación económica. Casi todas esas tierras ya estaban ocupadas por los nativos y el proceso de otorgamiento de mercedes los impactó directamente y los desapropió. Si bien las Leyes de Indias indicaban claramente que las tierras otorgadas en merced no podían hacerse en perjuicio de terceras personas –fueran indios o españoles–, en la práctica los nuevos pobladores fueron hallando los mecanismos para usurparlas.

3) Implantación del sistema de encomiendas: la merced de encomienda constituía una cesión de la Corona, que renunciaba a su derecho a cobrar el tributo a las poblaciones indígenas en favor de un particular, el encomendero, quien a su vez se veía en la obligación de evangelizar y cuidar a los indígenas que recibía en concepto de encomienda. En la jurisdicción de Córdoba fue habitual que el pago de ese tributo se realizara en especies –mantas, telas, frutos de recolección o productos agrícolas– o bien en "servicio personal", es decir en trabajo. Se produjo así la modificación de las prácticas y mecanismos de reproducción social de las poblaciones nativas, cuya inserción en nuevas modalidades de trabajo implicó la paulatina disolución de su economía doméstica.[280]

4) El traslado masivo, fraccionamiento y recomposición de pueblos: a los fines de cumplir con el tributo y las obligaciones con el encomendero muchas comunidades fueron trasladadas a los establecimientos productivos españoles –estancias, chacaras, obrajes– y con dicho movimiento fueron desvinculándose de sus tierras de origen perdiendo, con el tiempo, todo derecho a ellas. Así se conformaron poblaciones multiétnicas en el interior de las unidades productivas españolas.

5) La introducción de especies europeas: animales como vacas (*Bos primigenius taurus*), caballos (*Equus ferus caballus*), asnos (*Equus africanus asinus*), ovejas (*Ovis orientalis aries*) o cerdos (*Sus scrofa domestica*), y vegetales como trigo (*Triticum* spp.), cebada (*Hordeum vulgare*), centeno (*Secale cereale*), vid (*Vitis* spp.) o árboles frutales fueron introducidos por los europeos para sostener a las crecientes poblaciones coloniales, alterando el paisaje y modificando la economía practicada durante siglos por las comunidades originarias.

---

[280] Piana de Cuestas, Josefina, *Los indígenas de Córdoba bajo el régimen colonial: 1570-1620*, Córdoba, Universidad Nacional de Córdoba, 1992, pp. 225-278.

6) La introducción de poblaciones foráneas a la región: desde la primera mitad del siglo XVII y hasta fines de ese siglo, grupos indígenas provenientes de otras regiones del virreinato del Perú fueron llevados y asentados en la jurisdicción de Córdoba. Se trataba particularmente de poblaciones provenientes de los valles calchaquíes, de la región chaqueña y de jurisdicciones contiguas como La Rioja y Santiago del Estero. Estas poblaciones se movilizaron en algunos casos voluntariamente pero mayoritariamente por la fuerza, esto es, fueron "desnaturalizadas" y asentadas en nuevos sitios para evitar acciones armadas o movimientos de rebelión. Un ejemplo de un pueblo que se originó en este tipo de migraciones forzadas fue el de La Toma, constituido esencialmente por indios quilmes, aunque con el tiempo integró a miembros provenientes de otros grupos. Hacia fines del siglo XVII la visita de Antonio Martínez Luján de Vargas revelaba que en el conjunto de la población de encomiendas empadronada solo la mitad correspondía a nativos del lugar, mientras que la otra mitad estaba constituida por indígenas forasteros. Por otro lado, también el comercio de esclavos de origen africano realizó su contribución al mapa poblacional de la región, que imprimió a la sociedad colonial un carácter multiétnico y mestizo.[281]

El contacto hispano-indígena produjo cambios drásticos en las poblaciones autóctonas de la jurisdicción de Córdoba. Si bien se registraron movimientos de resistencia armada durante los primeros años de ocupación colonial, puede decirse que los jefes étnicos no lograron aglutinar con suficiente fuerza cohesiva a las comunidades para enfrentar de manera decisiva al dominio español. En efecto, los enfrentamientos armados datan de las primeras décadas, mientras que con el tiempo las modalidades de resistencia fueron menos violentas y más sutiles o veladas.

Los nativos aprendieron a lidiar con el sistema y la burocracia coloniales, al punto de utilizar los mecanismos de la justicia local para reclamar derechos.[282] Finalmente, las respuestas o formas de resistencia frente a algún derecho vulnerado (reserva de tasa, tierras, etcétera)

---

[281] Bixio, Beatriz (dir.), Constanza González Navarro, Romina Grana y Valeria Iarza, *Visita a las encomiendas de indios de Córdoba, 1692-1693: transcripción y estudios sobre la visita de Antonio Martines Luxan de Vargas*, Córdoba, Brujas, 2013, t. I, pp. 7-40.

[282] Castro Olañeta, Isabel y Sonia Tell, "Los pueblos de indios de Córdoba del Tucumán y el pacto colonial (siglos XVII a XIX)", *Revista del Museo de Antropología* 9, 2016.

dejaron de ser colectivas y pasaron a ser estrictamente individuales, situación que revela la ruptura de los lazos comunitarios.[283]

A pesar de este proceso generalizado de desestructuración de la población indígena, algunas comunidades lograron sobrevivir, conservando el acceso a la tierra. A fines del siglo XVII el visitador Luján de Vargas registraba aún la presencia de cinco pueblos de indios con sus tierras originarias: Quilino, Cabinda, Nono, Salsacate y Ungamira (Ongamira). Otras poblaciones, merced a la intervención del mismo visitador –entre 1692 y 1694– y de procesos judiciales posteriores (durante el siglo XVIII), lograron el reconocimiento oficial de derechos sobre la tierra, como fue el caso de Guayascate, San Antonio de Nonsacate, San Marcos, Cosquín, Pichana, San José y La Toma. Algunos de estos pueblos fueron capaces de resistir y perdurar, inclusive, hasta fines del siglo XIX, gracias a un esfuerzo por defender la posesión de la tierra frente a las autoridades estatales.[284]

El etnónimo "comechingón", que había tenido una aparición fugaz a fines del siglo XVI, reapareció durante el siglo XX para reivindicar los derechos y la memoria de los nativos del lugar, aquellos cuyos nombres fueron olvidados. Las identidades sociales son móviles y se reconfiguran permanentemente en relación a un "otro", de allí que lo que en algún momento fue una identidad asignada por los españoles para referirse a grupos conquistados con el transcurso de los siglos se transformó en una autoadscripción de sus descendientes, seguramente sometidos a diversos procesos de mestizaje biológico y cultural, con claros intereses reivindicatorios.

Bibliografía principal

BERBERIÁN, Eduardo y Beatriz BIXIO, *Crónicas y relaciones sobre el antiguo Tucumán, siglo XVI: documentos y estudios críticos*, Córdoba, Brujas, 2017.

BERBERIÁN, Eduardo y Axel NIELSEN (ed.), *Historia argentina prehispánica*, Córdoba, Brujas, 2001.

BERBERIÁN, Eduardo y Sebastián PASTOR, "Arqueología del sector central de las Sierras de Córdoba (Argentina): hacia una definición de los procesos sociales del período prehispánico tardío (900-1573 d. C.)", *Intersecciones en Antropología* 8, 2007.

BERBERIÁN, Eduardo, Esteban PILLADO y Andrea RECALDE, *El arte rupestre del cerro Colorado: provincia de Córdoba, República Argentina*, Córdoba, Brujas, 2019.

---

[283] Bixio, Beatriz y Constanza González Navarro, "Dominación, resistencia y autonomía en la jurisdicción de Córdoba del Tucumán: siglos XVI y XVII", *Diálogos* 13, 2009.

[284] Ceballos, Ayelén Consuelo Navarro y Marta Philp (coords.), *Itinerarios: recorridos por la historia de Córdoba*, Córdoba, Universidad Nacional de Córdoba, pp. 107-139.

BERÓN, Mónica, Guillermo HEIDER, María Laura LÓPEZ, Matías MEDINA, Sebastián PASTOR y Luciano PRATES, "Las plantas en la alimentación de pueblos originarios de la diagonal árida argentina: Sierras Centrales, Pampa Seca y Norpatagonia", *Revista Iberoamericana de Viticultura, Agroindustria y Ruralidad* 7, 2020.

BIXIO, Beatriz (dir.), Constanza GONZÁLEZ NAVARRO, Romina GRANA y Valeria IARZA, *Visita a las encomiendas de indios de Córdoba, 1692-1693: transcripción y estudios sobre la visita de Antonio Martines Luxan de Vargas*, Córdoba, Brujas, 2013.

BOIXADÓS, Roxana y Sebastián PASTOR, "Arqueología y etnohistoria: diálogos renovados en torno a las relaciones entre las sociedades de Los Llanos riojanos y de las Sierras Noroccidentales de Córdoba (períodos prehispánico tardío y colonial temprano)", *Diálogo Andino* 49, 2016.

CEVALLOS, Ayelén, Consuelo NAVARRO y Marta PHILP (coords.), *Itinerarios: recorridos por la historia de Córdoba*, Córdoba, Universidad Nacional de Córdoba, 2018.

DE NIGRIS, Mariana, Pablo FERNÁNDEZ, Miguel GIARDINA, Adolfo GIL, María GUTIÉRREZ, Andrés IZETA, Gustavo NEME y Hugo YACOBACCIO (eds.), *Zooarqueología a principios del siglo XXI: aportes teóricos, metodológicos y casos de estudio*, Buenos Aires, El Espinillo, 2010.

KORSTANJE, María Alejandra y Marcos Nicolás QUESADA (eds.), *Arqueología de la agricultura: casos de estudio en la región andina argentina*, Tucumán, Magma, 2011.

MERCOLLI, Pablo, Axel NIELSEN, María RIVOLTA, Verónica SELDES y Malena VÁZQUEZ (eds.), *Procesos sociales prehispánicos en el Sur andino: la vivienda, la comunidad y el territorio*, Córdoba, Brujas, 2007.

MOSCHETTONI, Lara y Sebastián PASTOR, "Prácticas inhalatorias y redes de interacción: análisis de espátulas óseas del centro de Argentina", *Boletín del Museo Chileno de Arte Precolombino* 23, 2018.

OLIVA, Fernando, Ana ROCCHIETTI y Fátima SOLOMITA BANFI (eds.), *Imágenes rupestres: lugares y regiones*, Rosario, Universidad Nacional de Rosario, 2016.

PASTOR, Sebastián, "Aproximación inicial a la arqueología del norte de la sierra de Guasapampa y cordón de Serrezuela (Córdoba, Argentina)", *Arqueología* 16, 2010.

PASTOR, Sebastián, "Arte rupestre, paisaje y tensión social: un caso de estudio en Córdoba, Argentina", *Revista Chilena de Antropología* 26, 2012.

PASTOR, Sebastián, "El sitio Río Yuspe 14 (pampa de Achala, Córdoba): perspectivas sobre el uso prehispánico tardío de los ambientes serranos de altura", *Mundo de Antes* 4, 2005.

PASTOR, Sebastián y Andrea RECALDE, "Contextos 'públicos' y 'privados' para la ejecución del arte rupestre en el valle de Guasapampa (Córdoba, Argentina)", *Latin American Antiquity* 23, 2012.

PASTOR, Sebastián y Luis TISSERA, "Iconografía andina en los procesos de integración y legitimación política de las comunidades prehispánicas de las Sierras de Córdoba (Argentina)", *Arqueología* 22, 2016.

PIANA DE CUESTAS, Josefina, *Los indígenas de Córdoba bajo el régimen colonial: 1570-1620*, Córdoba, Universidad Nacional de Córdoba, 1992.

SALAZAR, Julián (ed.), *Condiciones de posibilidad de la reproducción social en sociedades prehispánicas y coloniales tempranas en las Sierras Pampeanas (República Argentina)*, Córdoba, Brujas, 2015.

IX

Ariel Sarvi

EL URITORCO Y LA RAZÓN HECHIZADA

*Un viaje interpretativo hacia los imaginarios, creencias
y praxis de los guías de Erks*

Creer es más originario que saber: absorber dogmas y formas de ver el mundo es un acto universal y temible de nuestra condición, es nuestra *yihad* mental. Dinastías de exaltados filósofos, místicos y científicos navegaron en todas las dimensiones y direcciones, y desde complejos argumentos a poéticas visiones del cielo lo hemos intentado todo, siempre con idéntico resultado: la verdad ha muerto decenas de muertes.

Abusando de una síntesis demasiado salvaje, digamos que los seres humanos somos ese manojo de realidades discontinuas y contradictorias que poseen una cualidad admirable, la de vivir enredadas entre historias y ficciones. Nacer es heredar: un lenguaje, una cultura, unos símbolos; pero los prejuicios y nociones con los que intentamos descifrar un orbe incomprensible son también una forma peligrosa de sujeción y de sumisión. Debemos estar alertas a esa alucinación racional que se narcotiza siempre a sí misma, con resultados bastante previsibles.

Entendemos que es hora de un abordaje disruptivo dentro de los estudios religiosos. Estamos en ese momento en el que ciertos preceptos metódicos de una época han caducado, pero parecemos no tener ni la claridad ni la voluntad suficientes para crear otros. Hablamos de algo original, no de algo novedoso, original en el sentido dado por Nietzsche: "No que alguien sea el primero en ver algo nuevo, sino que uno ve como nuevo lo que es viejo".[285] Necesitamos un sabotaje categorial que nos libere del dataísmo y genere un vórtice, un área interpretativa que arrase los conceptos arraigados mecánicamente y ya gastados por la habituación.

Mi modo peculiar de acercarme al culto de Erks consiste en un espionaje herético y vivencial: una invasión a las grutas del deseo, al momento

---

[285] Nietzsche, Friedrich, *Opiniones y sentencias*, Barcelona, Mateu, 1970, p. 138.

prohibido que origina la necesidad de creer en extranjeros muy extranjeros, en las Jerarquías interestelares. Será la conjunción de operaciones que supone la filosofía de alguien que no se percibe como civilizado, académico y puro. Me gusta explorar ese espacio incierto del "quizás", de lo inestable, la deserción de los seguros refugios de un saber taxidermista.

Desde el vamos me permito exteriorizar en pocas palabras cierto desconsuelo, una triste aceptación de ver a frágiles y aleatorias criaturas – seres de nuestra especie– balbucear palabras insensatas ante lejanos coágulos de luz, bajo el manto de un asombro reverencial, en busca de una numinosidad que dé sentido a esas palabras inciertas. Yo mismo estuve ahí, junto a ellos, como una herida abierta en el universo, invocando pequeñas luces parpadeantes que sacudieran mi piel humana y que pusieran fin a mi propia embriaguez intelectual.

Las palabras que siguen no son la verdad sobre la mítica Erks, sino la insinuación conceptual de un peregrinar hacia el sublime conocimiento de las escurridizas presencias de los seres de otra dimensión.

Asaltar los cerros en fuga hacia lo espiritual

A pesar de los lineamientos críticos que la modernidad lanza hacia la religión, hay en la coyuntura histórica y cultural que nos toca vivir un proceso de reencantamiento del mundo, una demanda de lo espiritual. Esta demanda no se produce con la misma intensidad en todos los individuos, pero demuestra la persistente necesidad de dotar de sentido a una realidad signada por la incertidumbre.

La religión como tal, a pesar de la incomprensión del saber ilustrado, es también una instancia de la realidad: realidad siempre abierta, fluctuante, de riqueza y complejidad infinitas, que en su devenir dialéctico es interpretada y resignificada por los distintos actores sociales, que la expresan en prácticas y discursos diversos, dentro de los cuales la espiritualidad constituye un modo más de conciencia social, una manera de aprehender esa realidad en la que ella misma se desarrolla.

La religión como sistema de sentido no puede ser separada de procesos sociopolíticos y económicos. La dimensión religiosa opera sobre la realidad legitimando o criticando el sistema establecido, aprueba o impugna los diferentes discursos morales. Se expresa en la cultura material a través de la organización familiar, el matrimonio, el sistema de valores, la ley y, desde luego, la economía y la política. Su injerencia en la vida pública es muy significativa y los efectos sociales de dichas prácticas nunca pasaron inadvertidos para las distintas elites gobernantes del pasado y del presente.

Pero del mismo modo que notamos un reencantamiento del mundo, también advertimos una falta de intensidad cultural, una incapacidad de las nuevas creencias "cósmicas" para procurar experiencias espirituales duraderas que suturen las heridas metafísicas en las que habitamos.

Como observó Emerson hace más de un siglo, los templos y las iglesias habían abandonado el modo de poder afectarnos, de propiciar el deseo salvaje y desenfrenado de lograr un vínculo íntimo con la divinidad. El asombro reverencial del pasado que estremecía las estructuras del sujeto con el privilegio del éxtasis dio lugar a cercanías esporádicas, a tenues aproximaciones sin compromisos. Quizás Jung esté en lo cierto al asegurar que los dioses que han habitado tanto tiempo en nuestra psique no pueden esfumarse de súbito,[286] pero sus ecos y resonancias son cada vez más lejanos.

Es que, tal vez, lo que expresó Nietzsche con su dictamen acerca de la muerte de Dios irradie al fenómeno de Erks, las religiones cósmicas y los cultos platillistas: porque si bien "Dios ha muerto", sus sombras –en los modos de alienígenas, energías y gurúes– continúan presentes en la vida de las multitudes. Después de todo, "el hombre es un animal que venera".[287]

Ahora bien, si no podemos perder de vista que el discurso religioso cumple funciones legitimadoras, tanto en lo psicológico como en lo político, ¿qué sucede con un fenómeno como los cultos cósmicos emergentes, que están todavía lejos de ser una concepción religiosa orgánica e institucionalizada?

Erks aparece a partir de la década de 1980, una época de despliegue de la técnica moderna a escala planetaria. Los seres humanos se han caracterizado por ocasionar desequilibrios en la estructura de la sociedad, en sus relaciones con el prójimo y con el entorno natural. Ahora, en la era tecnoindustrial y espacial, proyectan esos desequilibrios inclusive a luchas entre razas alienígenas. Esta cuestión revela de forma cruda un sentido más profundo, una cuestión filosófica esencial.

Si vamos horadando las creencias de tinte ufológico a través de capas más agudas, aparecen ciertas huellas, primero vagas y superficiales pero que luego se amplifican y muestran un sentido viviente de un estado arcaico, de algo común a los hombres y mujeres de toda época y cultura: el encuentro con el "otro" –se trate de dioses o mortales– es siempre conflicto, jamás armonía. Vivimos y habitamos en esa contradicción no resuelta. Como vislumbró Hegel en una de las páginas más interesantes del pensamiento

---

[286] Jung, Carl Gustav, *Mysterium coniunctionis*, en *Obra completa* vol. 14, Madrid, Trotta, 2002, p. 578.

[287] Nietzsche, Friedrich, *La gaya ciencia*, en *Obras completas* vol. III, Madrid, Tecnos, 2014.

filosófico, la dialéctica del amo y el esclavo,[288] la relación y el encuentro con el otro es un vínculo dramático: la proximidad entre dos seres libres conduce a la colisión, a la lucha, ya sea interhumana o entre razas planetarias.

¿Cómo interpretar un fenómeno actual, complejo y pluricausal, que aparentemente apunta a convertirse en una expresión de fe cada vez más extendida? Comunicar el esquema de ese drama será el desafío siguiente.

El asedio a lo real desde Capilla del Monte

El desocultar es un forzar a mostrarse. El paradigma positivista ha sido el modelo predominante que pretendió, desde una perspectiva particular, ser la única y verdadera visión del mundo, marginando todo lo que no se ajusta a sus presupuestos epistémicos. Pero el racionalismo, en su modalidad positivista (de honda pregnancia política), no es el único mecanismo de pensamiento que vuelve comprensible al mundo. Hay muchas facetas de lo real que esta concepción ha dejado inexploradas hasta el día de hoy.[289]

Justamente, en la sociedad actual, donde aún predomina este modelo que restringe lo real a lo que es percibido a través de los sentidos o a lo deducido mediante la razón, las creencias de las religiones cósmicas capillenses se alzan como un modo –por incipiente y precario que sea– de trascender las limitaciones sensoriales y el razonamiento discursivo.

Desde los inicios de la filosofía sabemos que, en tanto sujetos cognoscentes, nuestra percepción interviene de modo activo en la configuración de la realidad, y también que esa percepción fue siempre caracterizada como limitada y fragmentaria. Nos aproximamos al mundo a través de los sentidos; ellos nos conectan y entrelazan con el exterior. Pero los sentidos, a su vez, son instrumentos imperfectos que actúan reduciendo la percepción, proceden tomando un número finito de información, determinando qué ingresa y qué queda fuera de nuestras puertas sensoriales.

---

[288] Hegel, Georg, *Fenomenología del espíritu*, Buenos Aires, Fondo de Cultura Económica, 1992, cap. IV.

[289] Hegel fue el filósofo que mejor avizoró las severas limitaciones de la racionalidad unilateral y represiva del cientificismo de la modernidad, caracterizado por excluir lo que salía fuera de sus límites. Al mismo tiempo, señaló las insuficiencias de la irracionalidad del Romanticismo y postuló la posibilidad de una nueva racionalidad. El lector interesado en cuestionar la forma en que la racionalidad ha funcionado en Occidente desde los antiguos griegos hasta el presente puede acudir, además de a Hegel, a Jacques Derrida y su imprescindible libro *De la gramatología*, Buenos Aires, Siglo XXI, 2005.

El seudoesoterismo capillense es también un paradigma sobre la realidad, una narrativa acerca del funcionamiento y comprensión del cosmos y la ubicación del ser humano en ese entramado de relaciones sutiles y materiales. Indagar el trasfondo ontológico y cosmológico que configuran los presupuestos de las creencias sobre Erks no solo es necesario, sino imprescindible. Para ello, creo apropiado seguir la distinción trazada por el historiador y antropólogo Julio Caro Baroja entre los dos campos de creencias respecto a un fenómeno espiritual: una activa y otra pasiva.[290] La creencia activa sería lo que los "iniciados" en Erks creen de sí mismos y su camino interior, en tanto el campo pasivo aludiría a las ideas que provienen de forma externa, es decir, lo que todos los demás creen sobre los misterios del cerro Uritorco.

Comencemos nuestro viaje interpretativo sobre el colectivo espiritual de Erks presentando las creencias activas sobre dos emblemas que unen al buscador y a lo buscado: los "guías" y el universo invisible de la Ciudad de la Llama Azul.

La hagiografía inversa de los guías de Erks

Tras la muerte violenta –en 1989– del creador de la "fenomenología cósmica" de Erks, el legendario Ángel Cristo Acoglanis, se instaló en la Córdoba argentina una serie de peculiares individuos que dicen manejar los protocolos de acercamiento a lo sagrado: los "guías de Erks". Son personajes variopintos de quienes no se espera determinadas galas espirituales: lejos están de ser seres revestidos de sacralidad o proclives a un diálogo intersapiencial, que involucraría alguna versación cultural. Reacios a alardear en público su gusto por el argumento lógico, disimulan exhibirse como modelos de virtud y no se sienten presionados a renunciar ni al apego material ni a la búsqueda de fama.

Entre ellos practican el gangsterismo territorial para ver quién se queda con el centímetro cuadrado de la dimensión invisible, tratando de no superponerse (al menos en un mismo tiempo y lugar). A simple vista, ocultan muy bien su sed de Dios y exudan mundanidad. El sindicato de guías se haya más preocupado por cuestiones profanas como eludir la ley que por buscar lo divino.

Desde la creencia activa, la función del guía se caracteriza por la necesidad de producir experiencias significativas y renovadoras en el adepto, que lo acercarán a otro plano de realidad, más sutil y profundo. La finalidad es acelerar el progreso espiritual de sus seguidores. Las religiones cósmicas que circulan en la zona del Uritorco afirman que existen varios

---

[290] Caro Baroja, Julio, *Las brujas y su mundo: un estudio antropológico de la sociedad en una época oscura*, Madrid, Alianza, 1982, pp. 17 y ss.

niveles de realidad y no serán ni la razón ni la percepción sensible los encargados de explorarla.

El guía no actúa sobre las entidades divinas –las Jerarquías– para influirlas o conseguir de ellas beneficios, como ocurre en diversas prácticas religiosas: él más bien se somete a la voluntad exclusiva de tales entidades. Estas le habrían revelado a través de los canales de tipo contactista (telepático) el orden exacto en que Dios estableció el despliegue evolutivo del ser humano, por lo general llamado "plan divino del Altísimo".

Según el relato, los primeros en llevar adelante ese proceso fueron las Jerarquías de la Gran Hermandad Blanca. Esta última se halla conformada por los Maestros Ascendidos y seres intraterrenos remanentes de antiguas civilizaciones terrestres. La Hermandad Invisible fue la encargada de establecer el lugar de encuentro físico-iniciático conocido como Erks. De esta manera, Erks es una escuela de remanentes hacia la cual el guía fue convocado para responder al llamado de las Jerarquías, con el fin de trabajar en el plan cósmico en pos del salto evolutivo.

Las Jerarquías luminosas comparten con los guías de carne y hueso la necesidad de "ser necesitados". El ego del guía sabe que sin él los seres más evolucionados no podrían ejercer su misión. Si alguien lo necesita, entonces también él es importante, él será "alguien", a menudo en contradicción con una existencia cotidiana carente de ningún logro cívico o intelectual. El guía ambiciona el ascenso social que deviene del reconocimiento ajeno, porque la inferioridad crea ambición y el origen sociocultural de quienes asumen esta labor no suele ser de los más esplendorosos. Ese complejo de inferioridad lleva al guía a convertirse en alguien con inocultables pretensiones de superioridad.

Dado que comprende la realidad no como un dato estático, sino dinámico, se abre entonces la posibilidad de influirla para alterarla, mediante la declamación de mantras y otras técnicas. El guía tiene conciencia de que los ritos –llamados "tarea" por los practicantes de algunas vertientes del culto– son la forma privilegiada de acceso a la manifestación de las Jerarquías de luz. Esta suele ser generalmente la primera etapa del camino iniciático del buscador de Erks, el cruce en la montaña. Llamamos "cruce" a estas ceremonias practicadas en la zona de Capilla y alrededores porque la experiencia es entendida como un punto de encuentro y partida para los "dormidos", para los duros de corazón que aún necesitan ver para creer.

La "tarea" es estar, de algún modo, en el umbral, en la frontera, en el pasaje del ser al no-ser, entre un estado anterior y el nuevo aún desconocido; podemos afirmar que resulta similar a lo que los antropólogos denominan "liminal". Permanecer en un estado liminal significa que en el individuo han desaparecido las estructuras de comportamiento sostenidas por su racionalidad. Sus creencias, su personalidad, su contexto y su ego van camino a la desintegración sin que nuevas estructuras de comportamiento terminen por aparecer.

Mientras que un estado ordinario de conciencia puede ser definido como una disposición mental rutinaria, organizada y mantenida por diferentes procesos (así como por imperativos biológicos y culturales que conducen a captar al mundo de una determinada manera), el estado alterado de conciencia, por su parte, corresponde a una experiencia en la cual los límites de la conciencia ordinaria son franqueados y nuevas capacidades se despiertan con el abandono de las fronteras naturalizadas del yo. La tarea funciona entonces como un des-condicionante. Luego de atravesar ese proceso, el iniciado en Erks cree que ya nada es como antes, porque ha dejado para siempre de ser el que era: su propia ambición fue satisfecha a cambio de satisfacer la ambición ególatra del guía.

Dicho en palabras de los seguidores de la incipiente religión cósmica de Erks: "la tarea es el encuentro álmico, llamado remanente, con las Jerarquías de luz y su objetivo es extender la luz y el amor a nivel planetario". En el mismo rito se forman los guerreros y sacerdotes. "Guerrero" es la denominación utilizada para referirse a los individuos que han comenzado una lucha subjetiva contra aquellas fuerzas internas que no responden a la luz y el amor. El "sacerdote", por su parte, es aquel que ha trabajado sobre sí un proceso de formación espiritual y cuya voluntad se encuentra pulida a tal grado de conciencia evolutiva que dedica su vida a mostrar el trayecto a los que emprenden el camino.[291]

El alumbrado cósmico de Erks

La presencia en la montaña o en zonas cercanas a ellas, donde se desarrolla el ritual básico de Erks, supone un aparecer de lo oculto. Implica la apertura de un canal para el individuo, tras una ceremonia que aspira a remediar la desconexión ontológica del alma y lograr la unión con las realidades superiores.

Para poder participar del rito, el guía de turno me exigió no tener sexo ni comer carne un día antes. Puro zen, sin duda: la nueva ascesis neopuritana de Erks se muestra contraria al sibarismo, pero veinticuatro horas de purificación son suficientes para establecer el contacto con lo divino.

La eventual aparición en forma de luces es uno de los modos en que los seres de la Quinta Dimensión se expresan en nuestro nivel de realidad, aunque desde luego no se agotan en esa manifestación. Las energías, las Jerarquías de luz, reúnen lo sensible e inteligible, uniendo dos planos de lo

---

[291] En términos sociales, en principio estas tareas están abiertas a gente de cualquier condición y profesión.

real a través de una relación de contigüidad. Hasta ahí lo esencial del relato actual en torno a Erks.

En nuestras palabras, empleando la idea de creencia pasiva, diremos que hay veces que la performance de luces parece suficiente como para provocar una excitación pulsional en el iniciado, opacando su capacidad crítica. Las Jerarquías son expuestas casi pornográficamente, ofreciendo el máximo de información visual en un proceso en el que el neófito es un *voyeur* metafísico. Las luces son el objeto que se debe consumir en una suerte de gastrosofía espiritual. Para el chamán de Erks, las luminarias son su mercancía, no pueden ser expresiones matemáticamente despreciables o marginales: el ectoplasma cósmico es un espectáculo, su espectáculo.

¿Qué función cumple aquí el guía de Erks? El guía es un sujeto productor, trabaja bajo los parámetros de la época: el consumo y la acumulación. ¿Por qué el consumismo espiritual puede ser placentero? Porque el sujeto se siente feliz con algún tipo de manipulación: puede poseer, y las cosas y los fieles son obedientes, no se rebelan. Un ser que vive bajo los criterios exclusivos de utilidad suele acumular lo no esencial: si no acumula dinero, acumulará seguidores, pero acumulará.[292]

Lo cierto es que, bajo esa lógica, el despuntar espiritual de Erks acontece a través de un vínculo directo con el asombro y la frivolidad escénica. La hiperexposición lumínica obedece más a una lógica afectiva que racional. El sujeto recibe pasivamente el consumo de fluorescencias que proceden del Uritorco (o de la serranía que sea menester), convertido en un campamento de guerrillas nómadas que se prenden y apagan, que atacan y escapan, pero que –gracias a la emanación de energías– se purifica de todo tipo de racionalidad.

Asfixiado bajo ese goce concupiscente de destellos, cánticos y datos –en definitiva, puro ruido– el espectador no es capaz de procesar lo que ocurre en el exterior: le alcanza y sobra con lo vivido, con lo "sentido". Sus deseos se han materializado al encontrar una voz más profunda que la voz de su conciencia ordinaria. Finalmente hay un orden, un *telos*, más allá de toda duda cotidiana.

---

[292] Algunos de estos facilitadores de lo numinoso cobran honorarios por sus ceremonias y otros no; otros aun se ubican en un territorio intermedio, aceptando donaciones, el pago de sus gastos de traslado, o la compra de algún bien o servicio terrenal que pudieran ofrecer. Pero todos presentan dos elementos fundamentales en común: por un lado, cobijados por las tinieblas de la noche buscan –y en buena medida obtienen– de sus crédulos secuaces un reconocimiento que les es esquivo en su vida diurna; por el otro, transitan un espacio que parece plagado de trastornos psicopáticos con énfasis en aspectos mitomaníacos.

Los mantras y las cosas

El universo tiene su origen en el sonido, afirman varias religiones. Nuestra realidad misma es lenguaje. El sonido y las letras, en tanto principios creativos, conforman un instrumento indispensable para alterar lo real. La magia lo ha sabido desde siempre. Las invocaciones mántricas, en la espiritualidad de Erks, son utilizadas como el recurso imprescindible para lograr la comunión con las Jerarquías del cosmos. Los mantras poseen un poder que permite traspasar el mundo fenoménico para ingresar en un mundo de realidades más etéreas y numinosas. Son vehículos vibratorios que pueden aproximar dos regiones ontológicas diferentes: provocan la apertura de los portales.

Los mantras están creados en un idioma ininteligible y de difícil pronunciación, el "irdin". Solo el guía lo maneja y modula de forma correcta (por gracia de las Jerarquías, ya que es una lengua sin gramática). El resto de los asistentes a la ceremonia murmura lo que le sale: una constante errancia de palabra a palabra, surgida de bocas anónimas, de modo que cada cual canta su propio dadaísmo lingüístico a la luz de la Luna.

¿Estamos ante la transparencia del lenguaje adánico? ¿Las palabras y las cosas forman un solo tejido, como ocurría en el jardín de Edén? Recordemos que, según el relato del Génesis,[293] Adán hablaba una lengua transparente, divina. Pero después ocurre el episodio de la torre de Babel, en el que ese lenguaje perfecto se fragmenta en muchos porque Dios "confundió las lenguas".[294] Las palabras, a partir de la *confusio linguarum* babélica, significan por semejanza, de manera imperfecta. Al perder la transparencia originaria, el lenguaje se vuelve una cuestión de infinita interpretación, una herida incurable, con la consiguiente hermenéutica ilimitada del mundo.[295]

Pero en la ceremonia de Erks la íntima relación del lenguaje y mundo parece volver a su estado originario. ¿Las palabras en irdin son parte de lo que describen? Foucault sostuvo en *Las palabras y las cosas* que en la época del Renacimiento las palabras se asemejaban a las cosas, mientras que, en la época clásica las representaban. Puntualiza que mutan hacia una secuencia de signos que se utiliza para categorizar y ordenar el mundo.[296] Allí, donde la semejanza unía, la representación discrimina y jerarquiza. Los mantras de

---

[293] Génesis 2, 19.

[294] Génesis 11.

[295] El lector interesado en profundizar en esta cuestión podrá leer el libro de Umberto Eco *La búsqueda de la lengua perfecta en la cultura europea*, Barcelona, Grijalbo Mondadori, 1994.

[296] Foucault, Michel, *Las palabras y las cosas: una arqueología de las ciencias humanas*, Buenos Aires, Siglo XXI, 2012.

Erks, entendidos como matriz lingüística, son tan maravillosos que unen ambas *epistemai* señaladas por Foucault.

Por un lado, el idioma irdin alude a representaciones que reflejan el orden del mundo, pero esa armonía es preexistente. El irdin esclarece el lenguaje para que pueda significar, pero su significado no depende del guía. Este último sería el nexo mediante el cual la representación y el ser coinciden. De esta manera, el guía es un sujeto capaz de manejar la ruta fonológica, pero lo que reproduce es dado por Dios. A esta altura se nos impone una pregunta: ¿cuál es la naturaleza del guía en tanto sujeto epistémico?

Hemos pasado del problema sobre la existencia y conocimiento de las entidades propuestas por el culto erksiano al interrogante del guía como fuente epistémica, como condición de posibilidad necesaria para que haya conocimiento. Hemos trasladado la preocupación de la filosofía kantiana desde Königsberg a la calle techada de Capilla del Monte. Esto nos produce alguna incomodidad, cierta tensión, por dos razones. La primera: porque la exhibición de Erks es antikantiana, se fundamenta en un empirismo bajo y vulgar. La segunda: porque ese empirismo, rústico y burdo, se maneja bajo el imperativo del goce instantáneo, como ocurre en la sociedad del espectáculo.

Luego de un tiempo suficiente de exposición ante la producción repetitiva de luminarias y mantras, se invita al futuro iniciado a desfilar para comunicar sus necesidades y deseos a las Jerarquías. El guía no convence a través del razonamiento: el guía muestra. Él posee el irrefutable aval de los "chinguis" ascendiendo en la noche.[297] Dueño del monopolio energético, se muestra como el *masterchef* que dirige una barbacoa iridiscente. Sus tecnologías del éxtasis se muestran efectivas ante la credulidad de los fieles.

El iniciado voyerista

¿Qué ocurre con el sujeto iniciado en Erks luego de su experiencia nocturna? Interesa aquí la efectualidad de esas trascendencias en el discipulado de Erks. Vamos a distinguir entre dos círculos de participantes erksianos: los iniciados y los usuarios. Estos últimos se quedan en la inmediatez sin más de un consumo turístico de fin de semana largo y no nos ocuparemos de ellos. Vayamos a los que profundizan en las prácticas y se incorporan a los círculos internos.

El primer punto es preguntarnos ¿por qué justo él fue elegido? Se trata por lo general de un ser que jamás fue un heraldo de la entrega, la renuncia, la

---

[297] Se llama "chingui" a virtualmente cualquier pequeña luminaria que parezca desplazarse en silencio por la noche serrana, así se trate de un insecto bioluminiscente apreciable a simple vista o a un cualquier reflejo en el lente fotográfico que se plasme posteriormente en una imagen.

humildad, la autonegación, la cultivación del espíritu o el estudio cotidiano de textos sagrados.

La creencia activa de Erks, como ya se afirmó, postula seres superiores que descienden para ayudar a la corrección y salvación de este mundo. El alma, al cobrar existencia singular en la materia, posee limitaciones que repercuten sobre su percepción, experiencia cognoscitiva y olvido de sí. El estado de olvido de su verdadera naturaleza genera una visión fragmentada de lo real, propia de la desconexión perceptiva a la que está sometida en este plano de materialidad.

Así, se torna necesaria una emancipación de los vínculos que la encadenan a los condicionamientos y circunstancias externas. La autonomía deberá ser interior y gnoseológica, y traerá como resultado la comunión con la unidad originaria. Se plantea entonces al adepto una serie de técnicas, ejercicios y rituales que quiebren los condicionantes y lo abran a otras realidades, cuyo objetivo es siempre la liberación y la expansión de su ser divino.

Luego de su iniciación, momento –siempre en sintonía con el relato interno– en el que desarticula las viejas estructuras psíquicas, formará un nuevo universo mental, una nueva forma de conexión, que permite al sujeto evocar su esencia más pura: el amor. No hay otra manera de ascenso hacia los planos superiores. El nivel de ocultamiento y revelación de las Jerarquías dependerá del trabajo de cada individuo.

Dejando de lado toda esta especiosa pretenciosidad espiritual y luego de tratar por años a iniciados en el culto, digamos de inmediato que obrando como lo hace el fiel erksiano está mucho más cerca de convertirse en un autómata que en un ser autónomo.

En primer lugar, luego de la experiencia el iniciado reafirma con creces su ego, al confirmar que es un individuo "espiritual". Ha sido sutilizado y se autopercibe como un nuevo elegido. Ahora comprende la apertura del universo, de cara a la cerrazón de los mortales que lo rodean, a quienes debe amar –por supuesto– pero con un dejo lastimoso de piedad. Él no estuvo frente a la verdad, él estuvo en la verdad: esos momentos de intensidad han confirmado los extraordinarios resultados que ansiaba con una concupiscencia lasciva.

Pero –seamos honestos– su iniciación no fue un desmembramiento como el del dios Dioniso. El erksiano estuvo cómodo en su reposera, abrigado por una buena campera, esperando que llegaran las luces-dioses rebajadas a adornos decorativos de Navidad. Él fue esa boca bulímica, hambrienta de mantras, "atravesado de palabras inútiles, de una cantidad demente de palabras e imágenes"[298] que ni siquiera alcanzaba a comprender.

---

[298] Deleuze, Gilles, *Conversaciones*, Valencia, Pre-Textos, 1995, p. 275.

Profundicemos en la situación: el devoto de Erks practica el voyerismo tanto en lo visual como en lo moral. Solo mira el mundo a través de la ventana, sin entrometerse. Él no se transforma para dar estacadas a los déspotas y poner fin a un desorden social sin límites. Él manda "buena vibra" y "buena onda". Su espiritualidad de salón se reduce a evasiones de fin de semana y a cierto frágil bienestar emocional. Como iniciado logra ser pura interioridad, no perturbada por ninguna exterioridad.

Prosigamos. El flamante hermano de Erks se permite un ejercicio autoerótico, un gozarse, un acto de darse a luz a sí mismo: se vive como un desprendimiento inherente del Gran Espíritu, una individualidad intensa, una criatura tierna rebosante de puro amor. Es un auténtico estado de excepción, digno de su nueva condición de iniciado.

¿Cómo llega a ese estado de convencimiento? Peirce en un texto muy atinado, *La fijación de la creencia*, caracteriza a esta coyuntura como un estado de calma y autosatisfacción del que no queremos salir.[299] La define como una disposición y un hábito que dirigen nuestros comportamientos y acciones. Por el contrario, la duda no es un hábito sino una irritación, una erosión en la calma del creyente, que busca ser eliminada de inmediato. La forma de obturar la duda es la indagación.[300]

La tenacidad es un método de indagación que cancela la duda, sin permitir ningún tipo de otra consideración, con tal de aferrarse de manera obstinada a la creencia y regresar a su estado de calma mental. Pero la creencia que suplanta la duda debería resistir no solamente la experiencia personal del individuo sino también la enorme comunidad de saberes que circula en nuestra sociedad.

He aquí un problema: Erks no soporta tal testeo. Los actos de pensar y de investigar en pos de concreciones es una amenaza mortal para el culto del Uritorco; a lo sumo da un paso más en la legitimación de la creencia acudiendo al mecanismo falaz que Peirce llama "método de la autoridad". Quizá el ejemplo más puro de eso –hasta hace poco– era la apelación a Ángel Cristo Acoglanis, pero ello fue posible únicamente mientras se desconoció la historia real de este pícaro e indocto buscavida rosarino que se hacía pasar por médico griego e iniciado tibetano.

Hagamos uso de nuestra característica en tanto *animal quaerens*, es decir, animal que busca y pregunta. Busquemos trascender los límites del universo de creencias, presuntamente originales, de Erks y abrir otra vía legitima de acercamiento a sus fenómenos. Viajemos hacia "esas cosas que nunca

---

299 Peirce, Charles Sanders, *La fijación de las creencia: cómo aclarar nuestras ideas*, Oviedo, Krk, 2007.

300 Peirce señala cuatro formas o métodos de indagación: el método de la tenacidad, el método de la autoridad, el método *a priori* y, finalmente, el método científico.

ocurrieron, pero siempre son", como dice Salustio,[301] y emprendamos el camino de regreso hacia una zona intermedia, a una etapa de la humanidad que se sitúa en el otro extremo de la historia, pero que exhala innumerables acontecimientos en los que es posible apreciar concomitancias y fecundos paralelismos con los tópicos centrales de Erks.

De arquetipos medievales a estereotipos erksianos

Vamos a demorarnos, breve pero intensamente, en algunas situaciones excepcionales: en imprevistas e inesperadas vivencias del ser humano, que generaron diversas modulaciones de ideas y creencias sobre entidades, figuras y sucesos desconocidos, símbolos, tal vez, de una realidad que deberá volver a evaluarse desde la constelación de Erks.

Si escrutamos las tradiciones populares, las sagas y los relatos en la mentalidad colectiva de la época medieval, veremos un paralelismo notable que se perpetúa en el imaginario de las tesis esotéricas que abundan en Capilla de Monte. Seres de otra dimensión, aparición de luces, raptos, anomalías temporales, abducidos, contactados, mutilación de ganado y viajes a otros mundos se registran en la visión del mundo pagano medieval y, curiosamente, son reactualizados y proliferan como reiteradas pesadillas superpuestas en los modernos testimonios de la zona del Uritorco.

La creencia en una humanidad paralela que coexiste con nosotros procede de tiempos insondables y forma parte de las narraciones primitivas de nuestra especie, a tal punto que podemos afirmar que es "la historia de la prehistoria". La idea de unos seres que habitaban previamente a la aparición del ser humano se proyecta a sí misma en múltiples culturas y, por supuesto, en el folclor medieval. Encontramos ecos de este pueblo subterráneo, generalmente invisible, en la obra de Robert Kirk *La comunidad secreta* (1691). El libro de Kirk propone una arqueología que se adentra en la exploración de la alteridad radical de su tiempo.[302] Katherine Briggs, la afamada folclorista, afirmó que este era el tratado más amplio y documentado sobre la materia, opinión que compartimos; por esa misma razón, lo utilizaremos como fuente principal.[303]

---

[301] Salustio, Cayo, *De los dioses y del mundo*, Madrid, Gredos, 2008, p. 314.

[302] El título completo del libro de Kirk es *La comunidad secreta: ensayo sobre la naturaleza y acciones de los pueblos subterráneos, a menudo, invisibles, llamados faunos y hadas.* Fue publicado en español en Madrid por Siruela en 1993, con el título *La comunidad secreta.*

[303] Briggs, Katherine, *Diccionario de las hadas*, Barcelona, Olañeta, 1998.

La comunidad secreta asegura que los seres subterráneos, también llamados feéricos, son entidades que están en un reino intermedio entre lo espiritual y lo material, habitan en cavernas huecas del interior de la Tierra y son preexistentes a nuestra especie. La interacción con lo distinto, es decir, con la más densa manifestación de la materia –nuestro mundo– ocurre cuando ellos lo desean. Poseen cuerpos sutiles, de una gran mutabilidad, que les permiten no solo cambiar de forma sino aparecer y desaparecer a voluntad.

En una confidencia sorprendente, Kirk describe el advenimiento en el cielo de fuentes lumínicas y emisiones de luces en distintos grados de intensidad, sin poder reconocer su origen:[304] sucesos en cierta medida análogos a los eventos que se reproducen en toda la casuística ovni.[305] Explica el autor que la aparición de los seres feéricos, en muchas ocasiones, se revela al amparo de luces, solo percibidas en horas intermedias como el crepúsculo o el amanecer. También en el folclor medieval se cuenta de personas raptadas contra su voluntad por el pueblo subterráneo.[306]

En los medios rurales la gente creía plenamente en esos secuestros. El de los *changelings* (niños cambiados) es un asunto frecuente en la literatura y crónicas medievales del periodo isabelino.[307] No solo sustraían niños, sino mujeres que estaban a punto de dar a luz. Entrar en contacto con estos seres les provocaba un trance o perturbaciones que alteraban de forma temporal sus facultades cognitivas.[308] Por otra parte, aquellos que lograban regresar a su modo de vida humana se comportaban de manera muy misteriosa. Por fugaces que fueran, los encuentros del ser humano con lo inexplicable resultaban siempre una experiencia arrebatadora e inolvidable. Regresaban vulnerables, se volvían taciturnos, melancólicos y enfermaban.

---

[304] Otro texto que evoca manifestaciones anómalas en el cielo es el tratado de Henri de Montfaucon de Villars *El conde de Gabalis* (1670), que fue el primer texto sobre espíritus elementales de la literatura francesa. Hay traducción al español en *De silfos y humanos,* Valladolid, Universidad de Valladolid, 2004.

[305] Kirk, Robert, *La comunidad secreta,* op. cit., p. 42.

[306] Jorge Suárez en el libro *Luces sobre el Uritorco* relata la experiencia de abducción de un caballero llamado José, que tuvo un encuentro con seres extraños, muy diferentes entre sí, y que posteriormente enfermó. Para más detalles: Suárez, Jorge A., *Luces sobre el Uritorco,* Buenos Aires, Prolibro, 1992.

[307] Lady Wilde relata varias historias en su clásico libro *Ancient Legends, Mystic Charms, and Superstitions of Ireland*; también Petronio hace lo propio en su *Satiricón.* Para una lectura distinta dentro del esoterismo moderno, véase: Fortune, Dion, *Autodefensa psíquica,* Madrid, Equipo Difusor del Libro, 2012.

[308] Kirk, Robert, *La comunidad secreta,* op. cit., p. 42.

Pero no solo tenemos los abducidos, sino también los contactados que, a diferencia de los primeros, sienten una relación positiva con esas entidades. Hay que indicar que, durante el rapto, el tiempo transcurre de forma diferente: al parecer, se produce un viaje entre distintos planos. Es común que los abducidos modernos, al igual que sus remotos antepasados, afirmen que padecieron una pérdida de tiempo (*missing time*). Es un tema muy frecuente en las leyendas de las *fairies*. En las historias más antiguas lo que para un humano eran minutos podrían ser años.

Volviendo a Kirk, la mutilación de ganado ya se encuentra registrada en *La comunidad secreta*.[309] Las *fairies* mataban ganado, pero en ese caso para extraerles su sustancia más pura y nutrirse de esa especie de alimento sutil que llevaban dentro.

Si todavía quedan elementos de dudas, demos un salto aún más inesperado y abordemos dos elementos desconcertantes, representaciones presentes tanto en las narrativas folclóricas como en las ufológicas. Los afamados "hombres de negro" no son desconocidos en los informes antiguos: esto queda comprobado en la obra del reconocido antropólogo Evans-Wentz, en la que un hombre le cuenta que las *fairies*, en grupo, se infiltran en nuestra ciudad a plena luz del día, disfrazadas de humanos.[310]

Por último, digamos que la célebre "huella del Pajarillo" y otras tantas curvaturas extrañas en la maleza se localizan en las crónicas medievales bajo el nombre de "círculo de hadas". Es una marca o forma esférica que dejan las hadas en la hierba mientras danzan. El ingreso a esa circunferencia era considerado peligroso, porque funcionaba como un vórtice y podía arrastrar a la persona a otro espacio-tiempo. El herbaje quedaba con una coloración extraña que coincide con los supuestos lugares donde se posan los ovnis (o la "nave de la Federación Galáctica", como en la recordada huella del Pajarillo).[311]

Distinta terminología, distintos contextos, las mismas experiencias.

Un final oscuro en el exilio

Agite una buena porción de creencias populares, una pizca de teosofía, dos ramitas de algún gurú New Age, un poco de ciencia ficción y una fábula

---

[309] Ibíd., p. 48.

[310] Evans-Wentz, Walter, *The Fairy-Faith in Celtic Countries*, Nueva York, Kensington, 1998.

[311] Puede consultarse bibliografía de corte contactista en los libros de Dante Franch, *Huella del Pajarillo: señal de contacto*, Buenos Aires, Encuentros Cósmicos, 2020 y *Erks y las ciudades subterráneas*, Buenos Aires, Encuentros Cósmicos, 2006.

atribuida a la etnia originaria local, y obtendrá el opus esotérico de Erks. Hecho esto, bébase la poción.

Los grupos sociales e individuos utilizan los medios simbólicos que les provee su contexto para generar un imaginario efectivo, un sentido y una cohesión a la praxis religiosa en la que participan. La huella serrana asociada a Erks nos obliga a preguntarnos por su origen: un pasaje del "qué" al "quién".[312] La pregunta acerca del quién remite al sujeto, al sujeto fundante, al soberano de Erks, al hombre-Saruma.

El ya mencionado Acoglanis es el *cogito* cartesiano que estábamos buscando: es el "quién" que iluminó el "qué" y volvió posible el conocimiento de Erks. Pero como bien estableció Descartes en sus *Meditaciones metafísicas*, el *cogito* no es una entidad que flota incondicionada en el espacio: tiene un cuerpo y un lenguaje.[313] Y, sobre todo, no controla sus deseos.[314]

Ángel Cristo fue el elemento fundante de idolatría del culto, quien le otorgó sentido y legitimación, permitiendo su aceptación entre los seguidores. Pero luego de la aparición de una erudita biografía, emergió el perfil de un sujeto quebrado.[315] Resultó que Acoglanis no era en absoluto quién decía ser, sino una oscilación entre "lo impensado y el *cogito*".[316] La fisura no era entre Acoglanis y Saruma, sino entre los muchos rostros del propio Acoglanis.

A nadie como a él cabe aplicar la idea que el lama tibetano Chögyam Trungpa llamó "materialismo espiritual", es decir, el uso de la espiritualidad para inflamar el ego y evadir los aspectos más tenebrosos

---

[312] Tomamos ambas expresiones en el sentido utilizado por Jacques Derrida en su libro *La bestia y el soberano*, Buenos Aires, Manantial, 2010.

[313] Descartes, René, *Meditaciones metafísicas*, Madrid, Espasa-Calpe, 1995.

[314] Descartes, René, *Las pasiones del alma*, Madrid, Edaf, 2005.

[315] De Filippi, Sebastiano, *La Ciudad de la Llama Azul: luces y sombras sobre el cerro Uritorco*, Buenos Aires, Biblos, 2018. Es notable que luego de la aparición de este material no faltaron los guías de Erks que eliminaron referencias elogiosas a Acoglanis en sus propios espacios de Internet. Particularmente significativo es el caso de quien había publicado un sentido himno de gratitud a "don Cristo Ángel Acoglanis" en YouTube, cantado con su propia y aguardentosa voz: tal cántico fue borrado a poco de aparecer el libro mencionado.

[316] Apelamos aquí a las nociones duales que Foucault utiliza en *Las palabras y las cosas*, cuando aborda la analítica de la finitud de la época moderna. Esta dualidad se expresa en tres binomios concretos, lo que Foucault llama "dobles": el doble empírico-transcendental; lo impensado y el *cogito*; y el retroceso y el retorno al origen. Véase: Foucault, Michel, *Las palabras y las cosas: una arqueología de las ciencias humanas*, op. cit., pp. 295 y ss.

de su propia personalidad.[317] Toda su vida fue una burda mentira, una hagiografía invertida, hoy imposible de seguir siendo utilizada como hito fundacional del culto.

Caminando una vez más con Foucault y con las diferentes estrategias que se han empleado para resolver los "dobles", el filósofo francés concluye que el fracaso de esa resolución lleva al abandono del sujeto, a la muerte del mismo. Lo mismo podemos decir del portero de Erks: Acoglanis, devenido en elemento molesto e impresentable, debió ser discretamente sacrificado.

Deconstruida la subjetividad del gurú rosarino ya no puede sostenerse un discurso que legitime su figura sin cohabitar con la mentira más desfachatada. Acoglanis fue el símbolo devenido en fetiche: tal vez el mayor hechicero que soñaba Borges, aquel que se hechizaba "hasta el punto de tomar sus propias fantasmagorías por apariciones autónomas".[318]

Pasemos ahora al "qué". El modo de ser del erksiano expresa la subjetividad dominante de la New Age en el Cono Sur de América Latina. Resaltamos ese espacio geográfico preciso, el momento histórico determinado y la estructura social en la que se desarrolla la práctica de los creyentes: una tierra arrasada, agobiada por penurias económicas, bajo un fraccionamiento social infinito y una pérdida de identidad alarmante. Sin identidad no hay individuo, solo sujeto sujetado: nos transformamos en cosas manipuladas a voluntad, cedemos a la alienación de nuestro propio ser. Un individuo es una obra abierta, dinámica, procesual, algo que nunca es sino que (se) está siendo.

Hemos afirmado que Erks es un símbolo y los símbolos funcionan como espejos en los que los seres humanos se proyectan. Muchas veces el símbolo se independiza y se vuelve fetiche. Cuando esto ocurre, la conciencia del sujeto se somete al símbolo: el sujeto se empobrece, se objetualiza, deviene en un "qué". Las consecuencias de esta tendencia en términos culturales y en las distintas esferas de la vida cotidiana fueron englobadas por Lukács con el término "reificación": los códigos culturales y religiosos sufren un proceso de empobrecimiento y de reducción a mercancía, a cosa (*res*).[319]

Erks no es la excepción; por el contrario, intensifica su alejamiento de espacio sagrado para devenir en un centro recreativo. Erks ha devenido en

---

[317] Trungpa, Chögyam, *Más allá del materialismo espiritual*, Barcelona, Edhasa, 1985.

[318] Borges, Jorge Luis, "Avatares de la tortuga", en *Obras completas* vol. I, Buenos Aires, Emecé, 2004, p. 258.

[319] Lukács, Georg, *Historia y conciencia de clase*, Madrid, Grijalbo, 1969.

un "qué", en una cosa, en un objeto indigerible. Erks ya no es –si alguna vez lo fue– un sitio de búsqueda y regeneración espiritual, sino una oportunidad de simple huida, un modo de reacción y no de respuesta ante los problemas que cursa la humanidad: en otras palabras, no es progreso sino retroceso.

La Ciudad de la Llama Azul, la ciudad oculta de Erks, perdió su ubicación histórica fijada en fotografías –una vez demostrado el fraude– y al mismo tiempo dejó para siempre de ser invisible. Asediada y abrumada, marcha hacia su exilio cósmico, camino a su propia aniquilación. Sus luces se apagan como un sistema de adioses.

Pero no es tanto la oscuridad de Erks lo que inquieta, sino las luces grotescas que los seres humanos inventarán para iluminar su oscuridad.

Bibliografía principal

AA. VV., *De silfos y humanos*, Valladolid, Universidad de Valladolid, 2004.

BRIGGS, Katherine, *Diccionario de las hadas*, Barcelona, Olañeta, 1998.

CARO BAROJA, Julio, *Las brujas y su mundo: un estudio antropológico de la sociedad en una época oscura*, Madrid, Alianza, 1982.

DE FILIPPI, Sebastiano, *La Ciudad de la Llama Azul: luces y sombras sobre el cerro Uritorco*, Buenos Aires, Biblos, 2018.

DELEUZE, Gilles, *Conversaciones*, Valencia, Pre-Textos, 1995.

DERRIDA, Jacques, *De la gramatología*, Buenos Aires, Siglo XXI, 2005.

DESCARTES, René, *Meditaciones metafísicas*, Madrid, Espasa-Calpe, 1995.

EVANS-WENTZ, Walter, *The Fairy-Faith in Celtic Countries*, Nueva York, Kensington, 1998.

FORTUNE, Dion, *Autodefensa psíquica*, Madrid, Equipo Difusor del Libro, 2012.

FOUCAULT, Michel, *Las palabras y las cosas: una arqueología de las ciencias humanas*, Buenos Aires, Siglo XXI, 2012.

FRANCH, Dante, *Erks y las ciudades subterráneas*, Buenos Aires, Encuentros Cósmicos, 2006.

HEGEL, Georg, *Fenomenología del espíritu*, Buenos Aires, Fondo de Cultura Económica, 1992.

KIRK, Robert, *La comunidad secreta*, Madrid, Siruela, 1993.

LUKÁCS, Georg, *Historia y conciencia de clase*, Madrid, Grijalbo, 1969.

NIETZSCHE, Friedrich, *Opiniones y sentencias*, Barcelona, Mateu, 1970.

PEIRCE, Charles Sanders, *La fijación de las creencias: cómo aclarar nuestras ideas*, Oviedo, Krk, 2007.

SARVI, Ariel, *La comunidad arcana: sabiduría hermética en la antigüedad*, Buenos Aires, Frente a la Hoguera, 2018.

SUÁREZ, Jorge A., *Luces sobre el Uritorco*, Buenos Aires, Prolibro, 1992.

TRUNGPA, Chögyam, *Más allá del materialismo espiritual*, Barcelona, Edhasa, 1985.

WILDE, Jane, *Ancient Legends, Mystic Charms, and Superstitions of Ireland*, Charleston, Nabu, 2010.

X

Fernando Soto Roland

UN UNIVERSO ALTERNATIVO A LA RAZÓN

Las ensoñaciones ufológicas y esotéricas en Capilla del Monte

Existen lugares en los que ya sea por cuestiones geográficas, históricas, espirituales o por simple afán de dinero, todas las quimeras se concentran, convirtiéndolos en "centros energéticos" que, como la miel a las moscas, atraen a miles de almas desesperadas por creer en algo trascendente. Capilla del Monte, en el valle de Punilla (Córdoba, Argentina), es uno de ellos.

Desde mediados de la década de 1980, cuando –según dicen– un platillo volador extraterrestre aterrizó en las laderas del cerro Pajarillo, dejando una inmensa huella, este pueblo cordobés se convirtió en la meca del esoterismo más mediático que se pueda imaginar. A él convergieron individuos desequilibrados de todo el planeta en pos de sanación, crecimiento espiritual, contacto con alienígenas, relaciones con entidades superiores, avistamiento de gnomos, elfos y hasta habitantes de una ciudad intraterrena que llamaron Erks (sigla cuyo significado es el de Encuentro de Remanentes del Kosmos Sideral).

¿Qué es todo esto? ¿Qué extraña subcultura late detrás de esas historias? ¿Quiénes fueron y son los responsables de esta explosión de misticismo, que desde hace años mueve millones de pesos y alimenta un turismo tan particular? ¿Qué tipo de gente es la que concurre a esta parte de Córdoba? ¿Qué buscan allí? ¿Cómo es posible romper de forma tan flagrante y liviana con la herencia de la modernidad racionalista, cimentada desde el Renacimiento y la Ilustración? ¿Es que casi nadie advierte el delirante universo que han construido y en el que hundieron sus creencias?

Estamos frente a un síntoma más de la mentalidad de la New Age, de eso no hay duda. Pero, ¿qué estructuras cognitivas son las que permiten que se mezclen de esta manera tantos elementos inconexos? La mixtura no podría ser más completa y basta con recorrer las calles de Capilla del Monte para reconocerlo.

El neohipismo esotérico de base individualista de los años '90 ha echado raíces a la sombra del cerro más famoso del lugar, el Uritorco. Bajo su ladera mística han proliferado grupos, cultos, sectas y auténticos energúmenos que, a partir de prácticas supuestamente espiritualistas, pretenden convertirse en las almas esclarecidas de una Nueva Era en la que los iluminados alcanzarán el Nirvana en la tierra.

En Capilla todo se confunde en una única sopa conceptual, espesa, ambigua y al mismo tiempo sumamente interesante desde la perspectiva que nos da la historia de las mentalidades. En este universo onírico, producto de la imaginación más desbocada, junto al famoso cerro es posible encontrar naves extraterrestres, luces misteriosas, apariciones milagrosas, energías inteligentes, portales dimensionales, razas superiores, difusionismo ario, criaturas elementales, frases de poder, niños índigos, seres intraterrenos, avistajes programados, abducciones alienígenas, oratorios paganos, indígenas blancos y lenguajes cósmicos.

En esta selva oscura dantesca –estrictamente ayuna de cualquier frecuentación cultural seria– operan reencarnacionistas, filonazis, magos, adivinos, tarotistas, angelólogos, telépatas, videntes, sensitivos, neotemplarios, ecólogos New Age, vigilantes del cielo, budistas de country, esotéricos de fin de semana, buscadores estivales del espíritu, guías de Erks, mercachifles desesperados por facturar y germánicos espíritus guerreros que buscan dominar el mundo.

¿Cómo surgió todo esto? ¿Por qué? ¿Quiénes fueron sus responsables? ¿Dónde están sus raíces? ¿Qué significa este delirante rebrote de pensamiento mágico a fines del siglo XX y principios del XXI? Es lo que intentaremos explicar en las páginas que siguen. Una tarea, por cierto, bastante complicada.

La gran huella

Corría enero de 1986 cuando apareció. Sorpresivamente, algunos vecinos de Capilla del Monte observaron una "huella" claramente delineada sobre una de las laderas del cerro Pajarillo, anexo al Uritorco, y se desató la locura.[320]

En plena primavera alfonsinista, cuando la democracia daba su primeros y tímidos pasos tras ocho años de dictadura feroz, los extraterrestres parecieron interesarse por aquel rincón de Córdoba al

---

[320] Véase el excelente artículo de Alejandro Agostinelli publicado en julio de 1986, disponible en Internet: www.es.scribd.com/doc/169291735/Ufo-Press-23-Julio-1986.

punto de aterrizar en sus sierras, desencadenando un fenómeno de carácter social sumamente interesante y que perdura hasta hoy.

Casi de inmediato, y a instancias de autoridades municipales y medios masivos de comunicación, la marca o huella aparentemente ovalada que se perfilaba en el cerro fue interpretada como el resultado del descenso de un ovni en pleno valle de Punilla.[321]

Como en tantas otras ocasiones, la televisión y los periódicos sensacionalistas se sumaron al fraude y lo popularizaron de tal modo que nadie quedó ajeno al asunto. De todas las notas publicadas o emitidas, las del Canal 9 de Buenos Aires fueron las más famosas y de mayor repercusión. De la mano de su reportero estrella, *Nuevediario* alcanzó topes de audiencia insospechados (47 puntos) y todas las noches el país entero se convocó frente a los televisores para ser testigo de las bizarras aventuras del periodista José de Zer y su inefable escudero, el camarógrafo Carlos "Chango" Torres, persiguiendo alienígenas en las serranías cordobesas.[322]

Nadie imaginó por entonces las perdurables consecuencias de aquellos informes del más bajo periodismo-ficción: ni siquiera los habitantes de Capilla del Monte que, al principio y según consignara muchos años después Carlos Torres, no tomaron el tema con buen ánimo. Que la localidad empezara a ser famosa por cuestiones tan poco convencionales no cayó nada simpático: el país comentaba el tema con una sonrisa irónica e incrédula. Se estaba a un paso del ridículo y, según se dice, del ridículo no se regresa jamás. A más de treinta años de aquellos bizarros sucesos, muchos los seguimos recordando con la misma ironía y suspicacia de entonces.

Pero en el proceso el status de toda la localidad cambió y Capilla se convirtió en un polo turístico esotérico de creciente fama. Miles de visitantes dejaron el ridículo a un lado y lo reformularon: lo cargaron de historias rimbombantes, teorías conspirativas, seudoespiritualismo y delirios de la Era de Acuario. Transformaron esas serranías en el escenario de sucesos extraordinarios, en donde todo es posible: desde el avistaje programado de ovnis (entendiendo el término como "naves de otros planetas") hasta el contacto con entidades energéticas (luces –ellas sí– inteligentes) que protegen secretos inconfesables y auguran un apocalipsis del que saldrán con vida solo unos pocos iluminados.

No faltaron, incluso, los visionarios que sostuvieron que en la región estaba el Santo Grial y que desde allí la humanidad se regeneraría al entrar

---

[321] Agostinelli, Alejandro, "...Y los ET nunca vinieron", *Descubrir* 63, 1996.

[322] Véase el artículo de Mariano Blejman "El equipo de José", 2002, disponible en Internet: www.pagina12.com.ar/diario/suplementos/radar/9-291-2002-07-28.html

en una nueva época de luz. Así, lo que al principio fue visto con despecho se terminó convirtiendo en un filón de oro cuya veta inagotable llega hasta hoy.

Capilla del Monte se hizo famosa y no se tardó mucho para que legiones de alucinados acudieran a ella tratando de develar sus misterios, al tiempo que siguen alimentándolos. En poco tiempo, el negocio floreció y los ventajeros de siempre tomaron parte en la ganancias convirtiendo al Uritorco en un "cerro sagrado" y un "centro energético" desde donde la humanidad iba a transmutarse, en contacto con los "Hermanos del Espacio exterior" (e interior).

Alguna vez se dijo que cuanto más grande es la mentira más fácil de creer es y este es un buen ejemplo de ello: cuanto más incongruentes e irracionales son las historias que circulan por la zona, mayor es el número de adeptos.[323] Ejércitos de personas acuden anualmente a la ciudad en busca de experiencias paranormales; las encuentran al módico precio que fijan los guías turísticos y baqueanos locales. Hay que reconocer que al menos con José de Zer el asunto era gratis: bastaba con prender el televisor.

¿Quién era de Zer? Las nuevas generaciones no lo conocieron y aunque el sensacionalismo no murió con él, sí perdió el aire grotesco y lúdico que supo imprimirle con singular maestría. José de Zer (su verdadero nombre era José Keizer), con su voz ronca y agitada, ha pasado con derecho a la historia de la televisión argentina. Es sin duda un capítulo interesante y revelador de cómo algunos hacen periodismo sin que la realidad importe, o cómo esa profesión puede ser catalizadora de rumores y leyendas tan perdurables como falsos.

El Uritorco y sus misteriosas entidades deben mucho al tipo de periodismo practicado por el asalariado del Canal 9, aunque hoy la mayoría lo oculte y no quiera ver en sus intervenciones el origen del éxito esotérico del pueblo:

> Sin él es muy probable que la huella del cerro se hubiera perdido en las primeras semanas de febrero de 1986 entre noticias de accidentes automovilísticos, algún ahogado de la costa atlántica o la separación de una pareja del ambiente televisivo".[324]

---

[323] Agostinelli, Alejandro, "La mancha del Pajarillo: con pecado concebida", 2011, disponible en Internet: www.factorelblog.com/2011/11/14/la-huella-del-cerro-pajarillo-con-pecado-concebida.

[324] Dangel, Guillermo J., *Todo sobre el cerro Uritorco y la ciudad de Erks*, Buenos Aires, de la Tortuga, 2012, p. 27.

El Uritorco, Erks y todos sus espejismos derivados no son más que productos, mercancías que son vendidas a un colectivo de personas omnifágicas que aduce tener "la mente abierta" y una visión espiritualista –totalmente acrítica– de la realidad. De todo eso se alimenta hoy Capilla del Monte.

Leyendas modernas

Por contradictorio que parezca, una aparente experiencia científica y la exacerbada adoración a supuestas autoridades académicas constituyen la base de esta irracional y risible creencia, alimentada por una ingenua e infantil manera de interpretar el mundo. No hay duda de que estamos una vez más ante el complejo, interesante y fascinante mundo de las leyendas contemporáneas.

Cuando alguno de los gurúes locales elucubra su historia paralela –tanto respecto de templarios escondiendo el Grial en las laderas del Uritorco, como de misteriosos indígenas comechingones descendientes de vikingos o pueblos germánicos– no hace más que partir de hechos o argumentos no probados, inverosímiles y sumamente dudosos, pero aceptados de antemano por algunos como lógicos, evidentes y hasta obvios. Una vez dado ese paso, cualquier cosa es posible: en el delirante universo de Capilla del Monte los conceptos, ideas y premisas más importantes (y disparatadas) se dicen siempre al pasar. Se da por sentado que todos "saben" que las energías misteriosas, los extraterrestres y los habitantes de la Tierra hueca existen, y sobre esta plataforma se levanta el edificio en el que apoyan todas sus maravillosas teorías.

Temas como los nombrados están poblados de supuestos prohombres –en realidad, meros conspiracionistas de gabinete– que alimentan y son retroalimentados por escuetas legiones de crédulos e ignorantes que los siguen, considerándolos iluminados. La riqueza cultural de todo este fenómeno social radica justamente en ellos, porque son la única usina de los ensueños disparatados que invaden la zona: conforman lo que se ha dado en llamar "las autoridades", los sabios de turno.

Partamos de una premisa fundamental: los catedráticos, sacerdotes, pilotos, comerciantes y limpia-parabrisas de la esquina, dadas ciertas circunstancias, se equivocan. Todos nos equivocamos. Somos falibles la mayor parte del tiempo, mucho más cuando nos ponemos a opinar sobre temas totalmente ajenos a nuestras respectivas profesiones: que un abogado o un sociólogo opine libremente y con aire de sapiencia absoluta sobre fenómenos astronómicos, atmosféricos o geológicos debería ponernos en alerta.

El público es propenso a creer en mentiras, máxime cuando ellas tienen que ver con sucesos extraños, maravillosos y deseables: en realidad, convierten en algo cierto sus propios anhelos y sueños. Esto es conocido de sobra por los medios de comunicación, que se encargan de publicitarlos con grandes titulares, ilustraciones a todo color y música de fondo. Pero cuando un suceso de estos es convenientemente rebatido, el espacio que se otorga al descargo es pequeño, insignificante, generalmente publicado en las páginas interiores del periódico.

Se quiere creer, como demanda el cartel que colgaba en el ficticio despacho del agente del FBI Fox Mulder en la serie *Los Expedientes Secretos X*. Por eso, de todas las cosas que molestan y causan las más airadas y vehementes intervenciones entre los fabricantes de mentiras está la exigencia de pruebas y evidencias. No hay duda que ello los incomoda e irrita muchísimo.

Ver para creer

Las neurociencias están de moda y el cerebro parece haberse convertido hoy en la vedette principal: decenas de libros y documentales de televisión se abocan a explicar las últimas investigaciones sobre su funcionamiento y –hay que admitirlo– resulta muy interesante reconocer cuán equívoco y vago puede ser este fundamental órgano de nuestro cuerpo.

Su función principal parecería ser la de ahorrar energía, es decir, hacer lo mínimo indispensable al momento de funcionar. Ello conduce, casi inevitablemente, a una distorsión en la manera en que apreciamos e interpretamos el mundo, especialmente cuando nos centramos en la forma en que lo vemos. Los especialistas están de acuerdo en sostener que "vemos con el cerebro". De ahí que reconozcan una serie de principios de funcionamiento que pueden interesarnos a la hora de explicar el fenómeno del Uritorco, Erks, y todas las afiebradas apreciaciones y creencias que orbitan en torno al tema.

Empecemos por lo que se ha dado en llamar "falacia del experto": solemos creer cualquier disparate si quien lo dice viene apropiadamente arropado de profesionalismo y conocimientos específicos. Se confía, inclusive, en las personas bien vestidas, que encarnan el estereotipo socialmente difundido del "investigador experto": cualquier idiotez dicha usando saco y corbata tiene más posibilidades de ser digerida que si es expresada por alguien que se muestra mal entrazado o no respeta los códigos que se cree debe tener un especialista.

Por eso la apariencia física, el tono de voz, la postura corporal y –desde ya– los títulos académicos (sean estos reales o no) que anteceden al orador son tomados como prueba irrefutable y confiable de cualquier cosa. No en vano la bibliografía sobre la temática que nos ocupa –naves extraterrestres, ciudades intraterrenas y demás dislates– dedica páginas enteras a describir el curriculum vitae de los expertos que la difunden, remarcando las universidades, institutos y academias de fama mundial (la presencia de la NASA suele ser tan infaltable como falsa) a los que supuestamente asistieron o en las que supuestamente trabajan. Desde el vamos el cerebro, ahorrando energía, opta por confiar y aceptar lo que se dice si ello viene de quien se presenta como autoridad.

De todos modos, las creencias sobrenaturales no se transmiten exclusivamente por lo que se nos dice que debemos creer. Para el psicólogo Bruce Hood, "hay algo biológico que nos lleva a creer",[325] además de existir la tendencia a creer que lo que pensamos podría ser cierto. El origen de esto puede estar fundado en una teoría ingenua sobre el funcionamiento de la vista y de las cosas: existe cierta inclinación a confirmar prejuiciosamente que lo que creemos es verdadero. Esto se denomina "sesgo de confirmación" y determina que es muy fácil llegar a conclusiones falsas cuando desconocemos todos los datos o nos guiamos por ideas preconcebidas. Tal como lo señala Hood, "el sesgo confirmatorio revela que las ideas preconcebidas moldean fácilmente la manera como interpretamos la información".[326] Por otra parte, el simple hecho de que todos experimentemos algo no lo vuelve real necesariamente.

También debemos considerar otras opciones que parten de la psiquiatría y la psicología clínica: el hecho de que muchas personas se crean vigiladas por entidades extraterrestres manejando ovnis puede deberse a un sentimiento de culpa o, más cruentamente, a un síntoma de esquizofrenia paranoide capaz de distorsionar la percepción de la realidad.

He aquí la base de todo pensamiento conspirativo y el origen de un trastorno psíquico conocido con el nombre de apofenia, que consiste en la tendencia anormal de ver conexiones por todos lados, aun y sobre todo donde no parece haberlas. Una vez que esta inclinación se desboca las ideaciones mágicas se convierten en parte de la vida cotidiana. Muchos las controlan, otros sucumben a la patología.

Insatisfacción

En una época en la que las grandes religiones parecen no dar respuestas satisfactorias a las grandes inquietudes humanas, y en la que las instituciones tradicionales han perdido el prestigio de antaño, no es de extrañar que proliferen los más desatinados cultos esotéricos. Estos – atentando flagrantemente contra el sentido común, la razón lógica y todo

---

[325] Hood, Bruce M., *Sobrenatural: por qué creemos en lo increíble*, Bogotá, Sefira, 2009, p. 257.

[326] Ibíd., p. 267.

acervo intelectual– hacen propios delirios sin sentido que, a simple vista, se dan de bruces con todo el conocimiento acumulado en los últimos quinientos años.

No hay razonamiento posible que los convenza de lo contrario y cuanto más grande el delirio mayor es la difusión y adeptos que gana. La ignorancia representa el punto de partida imprescindible en el que se apoyan esas creencias, la mayoría hoy transmutadas en lucrativos negocios. Se comprueba así lo que era de sobra sabido: es más sencillo creer que saber, pues lo segundo exige mucho esfuerzo y lo primero solo una tácita aquiescencia. Además, estudiar e investigar no suele reportar beneficios económicos inmediatos, mientras que la fe y el dinero mueven montañas, en especial una: el Uritorco.

Como sucede con la mayoría de los creyentes, generalmente es imposible hacerlos entrar en razón. Después de absorber una cosmovisión que da sentido a sus necesidades espirituales sin exigirles ningún esfuerzo intelectual, de nada sirve tratar de demostrarles lo contrario. El sentido de realidad queda trastocado y la línea que separa lo posible de lo imposible se esfuma, creando un universo alternativo en el que conviven sin problemas duendes, alienígenas, energías misteriosas y la Tierra hueca (cuando no plana): en suma, el pensamiento mágico en su máxima expresión.

Asistimos, pues, a una medievalización de la forma de interpretar el mundo. Hay una materialización de las fantasías que, en ese acto, dejan de serlo y se convierten en parte de la realidad cotidiana. Es este un camino muy angosto y peligroso, del que no resulta difícil desbarrancarse. Basta una crisis –individual o social– para que la New Age y su descomunal fárrago capturen a las almas más indefensas y descontentas, generando quiebres personales y profesionales, familiares y comunitarios.

Así, el legado de la modernidad racionalista perece sin más en un océano de palabras sin sentido, en ese alud mixturado de suposiciones erráticas, dudosos nombres, fechas incomprobables y falsas autoridades. La exageración y la mentira se unen en el proceso y, a la postre, ambas se convierten en verdades reveladas a las que solo los "herejes" del materialismo atacan. Constituyen una inmensa y perdurable bola de nieve que, desde hace algunas décadas, viene creciendo y adquiriendo una fuerza cada vez mayor: se lleva todo por delante, arrasa con lo que se le cruce en el camino.

Como ya hemos dicho, los medios de comunicación contribuyen al engrandecimiento de estos nuevos cultos mistéricos y al pensamiento conspirativo –metastásico en nuestros días– en el que se sostienen. Ya no se requieren pruebas para nada, siquiera algún indicio certero: cualquier aseveración, revestida de supuesta sapiencia, pasa por ser cierta e incuestionable, máxime cuando sus difusores son profetas o iniciados.

Cuando estos iluminados ostentan algún supuesto título universitario, la falacia de la autoridad académica se impone.[327] Por eso, repetimos, en sus discursos abundan los supuestos títulos de profesor, licenciado y doctor, importando poco si son reales o ficticios: el hecho de ostentarlos llevará automáticamente a la verdad más absoluta. Casi nadie lo discute y la retroalimentación del delirio resulta así poderosísima.

¿Cuáles son los mecanismos por los cuales mentes con algún entrenamiento formal caen en un hoyo tan profundo de irracionalismo? ¿Qué persiguen con todo ello? ¿Ganar dinero o fama, alcanzar algún objetivo político o ideológico? ¿O es una simple y estrambótica manera de criticar los tiempos que corren? ¿Estamos frente a una patología de carácter mitomaníaco, en la que el propio autor de las mentiras termina creyéndolas? En primerísima instancia pareciera que sí: de otro modo no se comprende cómo se divulgan en voz alta y con tono episcopal los dislates más rebuscados que puedan imaginarse.

Los simples embusteros suelen disfrazarse, cuidando cierta coherencia argumentativa, pero estos grupos cultores del misterio no tiemblan un ápice al relacionar todo con todo y llegar a explicaciones del tipo siguiente:

> Perdón por llegar tarde, es que fui abducido por seres de luz de otro planeta y al regresarme a la Tierra, tras una peligrosa operación de cerebro, la autopista galáctica estaba muy congestionada. Como usted ya sabe, los fines de semanas son terribles en ese sentido.[328]

En este universo paralelo nadie duda, nada se cuestiona. Cualquier aseveración es defendida a capa y espada *per se*. Los seños fruncidos, los rostros de grave compromiso y las serenas sonrisas seráficas contribuyen a que los neófitos terminen convenciéndose de las "enseñanzas del sabio", convirtiéndose en fuerzas de choque despiadadas ante el más mínimo cuestionamiento. Por eso buscan cerrarse en ellos mismos y los grupos de iniciados no aceptan herejes librepensadores: no toleran la discusión porque no tienen argumentos en los que apoyarse. ¿Qué pruebas materiales pueden aducir a la hora de probar la existencia de mensajes

---

[327] Se ha dicho con razón que cualquier grado académico, exhibido en un mundo que tiende a desconocer a la universidad, parece sinónimo de verdad.

[328] Esta cita no es tal, desde luego, sino una invención del autor. Lo interesante, sin embargo, es que en el mundo paralelo de Capilla del Monte se escuchan formulaciones similares.

telepáticos provenientes del Tíbet para descubrir la puerta de ingreso al reino de Erks? No las tienen, por eso evitan la confrontación y buscan caminos explicativos emocionales en donde las energías, los sentimientos y el "corazón abierto" son los soportes de todo.

En el fondo de la cuestión hay una crisis de confianza en la ciencia, en la razón y hasta en la civilización: un neorromanticismo galopante que nos demuestra la vigencia de cosmovisiones mágicas de muy larga data.

Los mundos paralelos ("para lelos", como diría con atrevido humor un epistemólogo argentino cuyo nombre callaremos) existen: los tenemos a nuestro lado e invaden todo. Auspiciados por un amor cósmico no carente de garras nos arrastran a una infantilización de la realidad para cuya crítica, a veces, faltan las palabras. Solo nos queda la ironía porque, aun con las palabras adecuadas, invitar al ámbito del pensamiento crítico a quien se obstina en combatirlo con fervor es perder el tiempo. De nada sirve: el fanatismo está instalado.

Los sabios del Uritorco

La galería de próceres metafísicos que participaron en la construcción de esta moderna leyenda contemporánea no fue al principio para nada extensa; si bien hoy los creyentes son algunos miles, el universo onírico elaborado en torno al cerro Uritorco y la evanescente ciudad intraterrena de Erks tiene un responsable original cuyo nombre es Ángel Cristo Acoglanis.

La historia de este singular personaje es ya de por sí interesante y marca desde el inicio del tema el sinuoso camino que este tomó: un camino jalonado de mentiras, inventos y exageraciones de corte esotérico que solo las mentes preclaras pueden develar, conocer y comprender en profundidad (generalmente a través de revelaciones divinas, como tales siempre indiscutibles).[329]

En un mundo de caballeros enemigos del libro y damas llenas de tedio, ellos –los iniciados, la vanguardia moral y espiritual de la galaxia– son los únicos capaces de comprender cabalmente qué es lo que ocurre en el cosmos (palabra que les encanta utilizar). Son los auténticos sabios del Uritorco, quienes están "de vuelta" de todo, los que tienen todas las respuestas, los herederos de la Tierra y de sus conocimientos más secretos. Son, además, el enlace con los Hermanos Mayores, acaso ellos mismos una estirpe superior.

Las veleidades de supremacía de toda esta fauna vernácula pueden producir un poco de miedo: su rictus de inspiración y su mirada

---

[329] De Filippi, Sebastiano, *La Ciudad de la Llama Azul: luces y sombras sobre el cerro Uritorco*, Buenos Aires, Biblos, 2018.

reconcentrada, acompañados de sentencias casi papales sobre temas de su propia invención, son de por sí atrayentes porque nos retrotraen a un clima de fanatismo irracional que, de no ser por sus peligrosas derivaciones, causaría gracia.

Las conexiones que practican son, en efecto, hilarantes, y como todo está relacionado con todo no les tiembla el pulso al unir mitología germana con creencias precolombinas, física cuántica –cuándo no– con sociedades secretas, vidas pasadas con extraterrestres. Un lugar aparte merecen los "objetos de poder" (bastones de mando, piedras sagradas, copas místicas, reliquias comechingonas) a través de los cuales se canalizarían, según ellos, las energías de esa ciencia infusa que idolatran.

Lo que hay que reconocerles es la seguridad con la que explicitan sus alucinaciones. Como ya dijimos, nunca dudan: viven en un contexto de convicciones envidiables, sintiéndose diferentes –superiores, más esclarecidos– al resto de los mortales. Tal vez por eso se creen poseedores de sabiduría y suponen que sus popes lo son en grado excelso.

En el fondo, creen conocer el mundo a la perfección: saben cómo funciona pero, claro, ese conocimiento debe ser otorgado con cuentagotas, por lo que siempre hablan a medias tintas. Como responsables y guardianes de ese saber sagrado sienten ocupar un estrado más elevado, más lúcido. No es para menos: han sido elegidos desde lo alto para desempeñar esa tarea, una misión trascendente. Ellos son el nexo a un nuevo orden que conducirá a la humanidad a un nivel de conciencia más elevado; bienaventurados aquellos que los sigan.

Quien transite por esta existencia esforzándose cotidianamente por comprender algo de la realidad que lo rodea –consciente del enorme compromiso diario que ello implica– puede sentir cierto grado de impotencia frente a esta farsa descarada, en especial cuando se advierte lo desvergonzado de esas mentiras y cómo son seguidas mansamente por miles.

La única explicación que encontramos para este singular fenómeno es la de entenderlo del mismo modo en el que se comprende el fenómeno religioso, que asienta sus reales en un sector preciso de la mente humana, dejando que los restantes sigan operando más o menos racionalmente (condición *sine qua non* para sobrevivir en la realidad cotidiana). No se avizora otra opción: todo se reduce a la multívoca "fe", omnipresente comodín que se saca de la manga cada vez que se quiere dar por terminada una discusión. Claro que, en este caso, estaríamos alejándonos a pasos agigantados de la ciencia, de la lógica, de la razón y de la historia, entendida esta como disciplina para conocer y comprender con rigurosidad el pasado.

Hay algo que debemos considerar: si cada pasado es interpretado a partir de un presente particular, el hecho de mistificar el devenir humano, adornándolo con sucesos que nunca ocurrieron, habla más del presente que del pasado propiamente dicho. ¿Cuál es ese presente en el que se pronuncian tantos dislates con voz segura y sin ruborizarse? Esta es sin duda la cuestión de fondo de todo el asunto y la respuesta es: una época en la que todo está en crisis, en que la muerte de los grandes relatos, el fin de la idea de progreso y la desconfianza generalizada habilitan a buscar en el espacio exterior (o interior) lo trascendente, sin importar la rigurosidad de dicha búsqueda.

Así es que algunos reescriben el pasado en clave esotérica, a sabiendas de que sobre el papel todo es posible y de que la historia se constituye en el caldero ideal para esas operaciones alquímicas, ya que sus grandes espacios en blanco pueden ser rellenados con cualquier sandez imaginativa, desde teorías conspirativas hasta tramas secretas, cuando la honestidad intelectual se ausenta y sobreviven solo las "señales".

Quimeras

Aun cuando en este contexto subsistan quienes aparentan ser personas racionales –me refiero a algunos periodistas e indagadores del tema–, el esoterismo New Age, de honda raíz mágico-delirante, lo invade todo. Bajo el rótulo de investigadores o especialistas, una legión de "diabólicos" (como Umberto Eco llama a los creyentes conspirativos en su novela *El péndulo de Foucault*)[330] pulula por los medios masivos –prensa escrita, radio, televisión e Internet– difundiendo la palabra que da de comer a Capilla del Monte desde enero de 1986.

Los indicios son más que claros: a partir de los primeros años de la década de 2010 la Municipalidad de la ciudad, cooptada por políticos que adhieren a estas creencias (o fingen hacerlo), pretende dar al tema ovni y a las "energías" del Uritorco un cariz oficial que buscó –y en menor medida busca todavía– ejercer un mayor control sobre la razón de ser del turismo esotérico. No hay en el fondo una intención sincera por conocer la verdad, sino el deseo de explotar, aprovechar y sacar ventaja económica de los dislates, errores y exageraciones que hacen de Capilla una verdadera capital del delirio.

El Municipio tardó poco más de veinte años en reconocer la importancia que el "Uritorco cósmico" tiene en el desarrollo económico de la ciudad. Más vale tarde que nunca, dirán los interesados locales, que reconocen los beneficios adquiridos cuando el Estado municipal tomó

---

[330] Eco, Umberto, *El péndulo de Foucault*, Barcelona, Lumen, 1989.

parte en el asunto, inclinándose de su lado: era la autoridad que faltaba en el curriculum.[331]

Pero a no sorprenderse, algo similar ocurrió en otras partes del mundo. En Escocia, por ejemplo, los órganos gubernativos municipales han votado ordenanzas que protegen de cazadores inescrupulosos al mismísimo Nessie (un supuesto plesiosaurio, remanente del período jurásico, que todavía nadaría en sus oscuras aguas). En algunos territorios de los Estados Unidos han hecho lo mismo con respecto al famoso Bigfoot (Piegrande), un bípedo humanoide tupidamente peludo.

Se genera así un nuevo aparatado jurídico, el de las leyes que protegen quimeras. La razón, claramente, no es que la quimera exista objetivamente –sería un despropósito– sino por la cuantiosa suma de dinero que esta genera para esas regiones. Una vez oficializado el disparate, este cambia su estatus ontológico y "por decreto" adquiere una seriedad nunca antes reconocida; esto basta para seguir alimentando la leyenda.

En el fondo de todo está el capital, el único Santo Grial que mantiene el circo en pie.

Las tribus urbanas y el prestigio del pasado

Desde los más especializados buscadores de ovnis, pasando por alquimistas autorreconocidos, tarotistas improvisados, expertos angelólogos, ecologistas apocalípticos, maestros espirituales, gemoterapeutas, parapsicólogos y antropólogos graduados en academias no oficiales –sin desechar a los que son sencillamente mitómanos delirantes–, toda una tribu de renovados hippies ha copado el lugar, contrariando a los vecinos más incrédulos, quienes se han visto involucrados en un asunto del que será difícil salir en breve.

Decir hoy "Capilla del Monte" es hablar de discos voladores y muchas veces resulta complicado contener la sonrisa irónica y cansina cuando se hace referencia a la ciudad. Esto no es del agrado de todos, aunque los hoteleros, empresarios gastronómicos, operadores turísticos y comerciantes sean los principales beneficiarios. El turismo se alimenta, desde 1986, de contingentes de "diabólicos", de los creyentes que los visitan.

Hay un aspecto más que analizar. Lo hemos detectado in situ y es el deseo de darle a las creencias un antecedente histórico que las prestigie y, al mismo tiempo, las aleje del hecho fraudulento que dio el puntapié inicial a esta singular forma de insania: la huella del cerro Pajarillo del año 1986.

---

[331] Otamendi, Alejandro, "El turismo místico-esotérico en la zona Uritorco: una perspectiva etnográfica", en Wright, Pablo (ed.), *Periferias sagradas en la modernidad argentina*, Buenos Aires, Biblos, 2018, pp. 107-123.

No son pocos los residentes –comunicadores y místicos, particularmente– que intentan remontar los fenómenos misteriosos relacionados con la zona Uritorco a un pasado cada vez más remoto y darle al enigma una profundidad cronológica que parece no tener. "Lo extraño en la región ya estaba", sostienen, "y la huella fue solo el catalizador que hizo conocido lo que pocos veían antes". Incluso en las redes sociales se observa la tendencia a buscar fotos antiguas y recortes periodísticos que abonen esta dudosísima tesis.

"La región es mágica desde épocas precolombinas",[332] se pretende implantar. ¿Qué otra cosa podría esperarse de una región habitada por "indios" que algunos no dudan en describir altos, blancos, barbados, rubios y de ojos azules?[333]

Lo maravilloso y las fronteras de la realidad

Como señaló el historiador francés Jacques Le Goff, cualquier abordaje que se realice al problema de lo maravilloso en una sociedad determinada debe partir del análisis del vocabulario que, como es de prever, cambia con el paso del tiempo. Las palabras también tienen su historia: un término no siempre significa lo mismo en épocas distintas; por tanto, se corre el riesgo de caer en conclusiones anacrónicas si no se tiene en cuenta ese devenir semántico.

Un buen ejemplo al respecto es el de la palabra "progreso". Actualmente este concepto conlleva la idea de mejoría, de avance, pero no siempre ha sido así. La idea de progreso, tal como sobrevive –o agoniza– hoy, es el producto de un profundo cambio, tanto epistemológico como de mentalidades, que se operó fundamentalmente en el siglo XVIII, responsable de ese nuevo mito que muchos arrastran y que se resumiría en la frase "Todo tiempo pasado fue peor".

Pero la palabra existía y era usada mucho antes del siglo XVIII. La cuestión es que su significado no era el que hoy le damos: antes de la modernidad, progresar era trasladarse de un punto A a un punto B; es decir, tenía una clara connotación espacial, muy lejana y ajena a la idea de "mejoría" que adoptó en el Siglo de las Luces.

---

[332] Terrera, Guillermo Alfredo, *Los comechingones: historia y metafísica*, Córdoba, Sol Rojo 2004. Del mismo autor véanse asimismo *El Valle de los Espíritus: las luces cósmicas y la ciudad de Erks*, Buenos Aires, Kier, 1989; *Antropología metafísica: el Bastón de Mando y los triángulos de fuerza*, Buenos Aires, Kier, 1996; *Wolfram Eschenbach, Parsifal, Orfelio Ulises: leyenda y metafísica*, Buenos Aires, Kier, 1992; *El Bastón de Mando: historia y metafísica*, Buenos Aires, Artes y Letras, 2016.

[333] De Filippi, Sebastiano y Fernando Soto Roland, *Los Señores del Uritorco: la verdadera historia de los comechingones*, Buenos Aires, Biblos, 2019.

Hoy, transitando la segunda década del siglo XXI, tras las decepciones sufridas en la centuria anterior, muchos son los que ponen en duda el recalcitrante optimismo y confianza de los pensadores ilustrados. El mito del progreso se ha revelado falso: no somos necesariamente mejores a los hombres de hace tres siglos. La tecnología no basta ni es suficiente para etiquetarnos como superiores a ellos.

Algo parecido pasó con el ámbito semántico de lo maravilloso. El contexto histórico condicionó su significado y Le Goff es bien claro al respecto: entre la gente letrada de la Edad Media, nuestro adjetivo "maravilloso" ("genial", "sorprendente", "curioso") se traducía en un término prolíficamente utilizado: *mirabilis*. Pero no existía una categoría mental que se correspondiera a lo que nosotros hoy llamamos "lo maravilloso".[334]

En tanto que actualmente esta es una categoría literaria y espiritual ("¡Qué maravillosa es tal cosa!"), para la gente del Medioevo, sin que mediara la palabra, era una categoría del universo mismo, que no atentaba –como los milagros– contra el esquema lógico de representación que tenían del mundo: lo maravilloso no producía ninguna ruptura, no turbaba (como hoy) a nadie. La existencia de gnomos, hadas, espíritus, dragones o sitios con caracteres "sobrenaturales" era aceptada como algo normal y cotidiano, una parte más de la naturaleza, con la misma entidad que podía tener un árbol o una vaca.

En una época en la que la ciencia desconocía el funcionamiento del universo y las intervenciones divinas se aceptaban como dogma de fe, es lógico que "lo maravilloso" como tal no existiera, por carecer de sentido. Tampoco la categoría "sobrenatural" tenía sentido. Tuvimos que esperar al siglo XVIII para que las cosas cambiaran; solo a partir de entonces "lo maravilloso", en tanto sobrenatural, irrumpiría en nuestra conciencia, convirtiéndose en sinónimo de ideas ajenas a lo que tiene existencia real. Pero en la historia de mentalidades las permanencias tienen una sostenida y larga inercia, la misma que detectamos en Capilla del Monte y sus fabulosas historias.

Dentro del catálogo de "maravillas" que hallamos en esta meca de fantasías es interesante notar las muchas similitudes que hay con los inventarios que los historiadores medievalistas hicieron del período que va del siglo XI al XIII. En primer lugar nos topamos con los países y lugares maravillosos, protagonistas de decenas de libros de caballería y demás relatos, que vienen circulando desde por lo menos la Baja Edad Media y el primer Renacimiento.

---

[334] Le Goff, Jacques, *Lo maravilloso y lo cotidiano en el Occidente medieval*, Barcelona, Gedisa, 1986.

La montaña hueca es uno de ellos. Generalmente constituye, como lo indicara Daniel Granada, un lugar de refugio, un sitio alejado del neófito y al que solo se accede dando pruebas de pureza moral y espiritual. Es una reservorio de riquezas inconmensurables, que van desde cantidades ingentes de oro o plata, hasta la posibilidad de encontrar allí el conocimiento y la trascendencia absolutos.[335] ¿Qué representa Erks sino algo así?

En Capilla del Monte, la montaña hueca es el Uritorco, cerro que concentra todos los demás elementos y seres maravillosos de las antiguas leyendas: las rocas mágicas (aún consideradas reservorios y productoras de extrañas energías), las fuentes y manantiales (hoy vistos como muy deseados por los extraterrestres), los árboles mágicos (a los que se acude para abrazar sus místicas emanaciones de fuerza telúrica), los gigantes y enanos (hoy identificados con dos de las razas alienígenas que visitan el lugar) y, finalmente, los hombres y mujeres con particularidades físicas y mentales únicas (como es el caso de los Hermanos Superiores que habitarían Erks o el mismísimo Ángel Cristo Acoglanis con sus poderes místicos, capaces de convocar a seres de otras dimensiones).

Camuflados, ciertos objetos del imaginario medieval mantienen su vigencia en el corazón de las sierras cordobesas, a pesar de los siglos transcurridos. Objetos también mágicos, poderosos, protectores, como en el caso del Bastón de Mando de los comechingones, vuelto famoso por un místico abogado cordobés, o el Santo Grial que, según afirman grupos esotéricos vernáculos, existe y está escondido en la Argentina.[336]

Capilla del Monte se ha convertido en un lugar en el que las dudas se diluyen en un océano de certezas y la ilusión de los sentidos, producto de la imaginación desbocada o de una mala lectura de las leyes naturales, descarta la posibilidad de considerar que todo sea un error o una fantasía.

Los "diabólicos" no vacilan, no plantean ambigüedad alguna frente a los fenómenos en los que creen. Por ende, otra categoría que carece de sentido dentro de ese universo mental es la de lo fantástico, ya que, por los supuestos de los que parten, el concepto de lo imposible pierde progresivamente peso hasta desaparecer. Como dijimos más arriba, las fronteras entre lo real y la fantasía se diluyen, conviviéndose sin cuestionamientos con una cosmovisión que une la fe con la credulidad y la ignorancia.

---

[335] Granada, Daniel, *Reseña histórico-descriptiva de antiguas y modernas supersticiones del Río de la Plata*, Buenos Aires, Guillermo Kraft, 1896.

[336] Brienza, Hernán, *Los buscadores del Santo Grial en la Argentina*, Buenos Aires, Sudamericana, 2009.

Los supuestos fenómenos que sea dan en Capilla y sus inmediaciones (el Uritorco, Los Terrones, el valle de la Luna, Ongamira, etcétera) anuncian algo que Tzvetan Todorov clarificó perfectamente en su *Introducción a la literatura fantástica*: las consistentes diferencias que existen entre lo extraño y lo maravilloso.[337] En tanto que lo extraño, según este autor, surge en un marco en el que las leyes de la realidad se mantienen firmes y lo inexplicado se reduce a hechos conocidos racionalmente –es decir, son explicados manteniendo el aparato epistemológico vigente–, lo maravilloso requiere de nuevas leyes y permanece inexplicado, pero perfectamente aceptado a pesar de ello.

Desde ese punto de vista, cuando en las Sierras Chicas cordobesas se oye hablar de extra o intraterrestres, o de seres de energía provenientes de otras dimensiones, sin que se produzca reacción alguna (conviviendo con ese mundo onírico como si fuera una parte de la naturaleza misma), estamos ante lo maravilloso en su estado más puro.

Pero lo más interesante de todo es que cuando Todorov hace mención de estas cosas se refiere al mundo de la literatura, no al mundo real, como sí lo hacen los creyentes que pululan por el Uritorco, construyendo una realidad alternativa en la que lo invisible se manifiesta en lo mundano sin problema alguno.

Las maravillas y los prodigios –antes signos de Dios– toman entonces un nuevo formato. Las alas dejan paso a los propulsores o ingenios anti-gravitacionales y las antiguas entidades elementales adquieren un origen alienígena que pareciera anunciar a gritos la necesidad de un orden trascendente más acorde con nuestros avances tecnológicos y científicos, que han desencantado al mundo desde hace por lo menos trescientos años.

Así como es arriba es abajo

Montañas, cavernas y abismos han despertado desde siempre nuestra curiosidad y respeto. A lo largo de la historia les hemos atribuidos cualidades mágicas, al tiempo que los imaginamos repletos de tesoros. Mitos y leyendas de todo el mundo dan cuenta de ello. Son sitios que nos elevan, sumergen y esconden en ámbitos a los que la mayoría no suele estar acostumbrada. Nos sobrecogen y protegen, muestran cuán insignificantes y finitos somos; sus rocas, que tienen de por sí la cualidad de "ser", son las que nos aproximan de manera más inmediata a la idea de eternidad.

Lo alto y lo profundo se conjugan en los cerros: el techo y el sótano, el pináculo de la cima y las subyugantes oquedades, el *axis mundi* y el útero de la Tierra: lugares de hierofanías que, como tales, nos conectan con las

---

337 Todorov, Tzvetan, *Introducción a la literatura fantástica*, México, Premia, 1981.

divinidades celestes y ctónicas, que habitan respectivamente en el empíreo y en el inframundo. Son los sitios sagrados por excelencia, espacios trascendentes que el hombre buscó para comunicarse con sus dioses y a los que transfirió sus miedos y esperanzas.

El cerro Uritorco no fue ajeno a esas creencias y, sobre todo, no lo es actualmente. En su moderna mitología se detectan las huellas de las más antiguas, las precolombinas, aquellas que animaban lo inanimado y la daban la categoría de madre o padre, según el caso, y en cuyas cimas generaciones enteras creyeron encontrar el canal adecuado para salir del tiempo profano (cotidiano, humano), comulgando así con una realidad que los superaba y generaba un sentimiento místico-religioso tan profundo como perdurable.

En el Uritorco de hoy las viejas creencias tradicionales se han metamorfoseado, acaso intensificándose. Se *aggiornaron* a los tiempos que corren, a las oscilantes anacronías de la Nueva Era y a los redituables requerimientos del mercado de misterios. Pero hay más.

Teosofía uritorqueana

Desde el primer día en que visité Capilla del Monte, guiado por una mirada curiosa y asombrada a la vez, la ciudad convocó mi atención de manera muy particular. Fue como resucitar las viejas y ya muertas convicciones adolescentes que habían consumido muchas de mis horas, hacía ya más de treinta años. Es que la convivencia sin contradicciones con supuestos extraterrestres, espiritualismo, sabiduría oriental, mancias de todo tipo, terapias alternativas y seres intraterrestres provenientes de la ciudad de Erks me retrotrajeron a los días en que era un joven "creyente".[338]

También llamó mi atención el modo en que la literatura de divulgación científica se acopló, sin demasiada crítica, a las historias y fenómenos señalados, divulgando a los cuatro vientos esas características supuestamente tan especiales de la región, tan únicas que terminaron convirtiéndola en un polo de turismo alternativo de primer orden.

En ese sentido, Capilla del Monte es única en todo el país, logrando generar una mitología que ninguna otra localidad ha conseguido de manera tan certera y duradera. Por eso, indagando en los rumores, creencias y personajes emblemáticos locales que contribuyeron a erigirla en lo que hoy es, surgió en mí la duda sobre el origen lejano de todo ese interesante fenómeno social.

---

[338] Soy el primero en confesar gustoso y sin pudor que no dejé de sentir cierta nostalgia por la inocencia perdida: en el fondo, lo misterioso es lo más bello que uno pueda experimentar, como señaló Albert Einstein.

Al principio creí encontrarlo en 1986, año en que se produjo la famosa huella del Pajarillo. Ese suceso puso a la localidad en la primera plana de los diarios, transformándola en el ojo del ciclón ufológico nacional. Pero si bien es cierto que la marca del Pajarillo es un mojón ineludible y explícito en la historia local (actuando como catalizador de un proceso que la incluye y supera), la pregunta respecto del sustrato previo sobre el que se levantó todo el asunto siguió ocupando mis razonamientos.

Aquellos que llegaron a Capilla del Monte a partir de 1986 y teorizaron sobre el Uritorco y las características "mágicas" de la región traían consigo creencias que eran parte de una tradición mucho más antigua, en la que germinaron gran parte de las bases teóricas que circulan en la actualidad. Es que detrás de los principales divulgadores del tema asoma la cabeza una escuela esotérica cuyos orígenes estuvieron muy lejos de las sierras cordobesas: me estoy refiriendo a la teosofía, una corriente de pensamiento que alimentó y alimenta todo el imaginario de la mitología uritorqueana.

Que en una sola región confluyeran tantas ideas irracionales, siempre presentadas bajo un barniz científico que populariza, tergiversándolos, ciertos discursos de la ciencia real, divulgando fantasías como si fueran verdades absolutas, también llamó profundamente mi interés. Capilla del Monte se ha sobre-espiritualizado: las energías de la "buena onda" han cooptado el lenguaje cotidiano, la publicidad local, las vidrieras de los negocios, incluso los eslóganes oficiales lanzados por el Municipio para estimular el turismo.

La naturaleza parece haber cobrado vida propia y conciencia de sí misma: se tutea al Uritorco, se habla con las plantas y con la Madre Tierra. El animismo pulula por doquier y una visión holístico-panteísta, implantada hace ya varios años, pretende aunar todo con todo, religar al hombre con su entorno, dentro de una concepción mágica de la realidad que nos retrotrae a tiempos premodernos.

La cosmovisión uritorqueana, por más distante que diga estar de la denigrada ciencia oficial, apoya sus argumentos y teorías espiritualistas en un discurso que no desecha en absoluto lo científico: por el contrario, busca su apoyo en él. El solo hecho de titularizar a algunos de sus gurúes con grados universitarios –aun siendo acreditaciones mayormente apócrifas– es una evidencia clara del deseo y necesidad de legitimarlos a través de un sustento académico serio, que solo la ciencia puede dar.[339]

Como los teósofos desde fines del siglo XIX, los uritorqueanos pretenden fusionar ciencia con espiritualidad: así, la física, la química, la

---

[339] Quereilhac, Soledad, *Cuando la ciencia despertaba fantasías: prensa, literatura y ocultismo en la Argentina de entresiglos*, Buenos Aires, Siglo XXI, 2016.

matemática, la antropología, la sociología y la historia –entre otras de las disciplinas duras y blandas del espectro científico– son convocadas en artículos, libros, congresos y convenciones que se celebran en el pueblo, guiados por el afán de elevar el status de sus conocimientos y prédicas, por más que estos giren en torno a temas que la llamada "ciencia oficial" descarta de plano.

No es extraña, pues, la constante –casi mántrica– alusión a la NASA y a sus aparentemente infalibles científicos, cuando lo que se persigue es dar apoyo a alguna idea (por estrambótica que resulte); llegados al caso, se nos quiere hacer creer que la NASA estuvo en el Uritorco, en el Pajarillo, en Ongamira y en Unquillo, casi como si tuviera una filial fija en la provincia de Córdoba y se dedicara a estudiar las serranías argentinas y no el espacio exterior.

Como vimos, ser abogado, médico o químico parece una carta de presentación más que legítima a la hora de disertar sobre extraterrestres, ciudades subterráneas y misteriosas fuerzas dimensionales que convierten al Uritorco y su entorno en una gran puerta a otros mundos.

Al mismo tiempo –y no parezca una contradicción– el desprecio a todo lo que sea intelectual, racional, cultural, científico y académico se presenta de manera clara en los argumentos que los "diabólicos" uritorqueanos despliegan cuando son criticados. El rechazo expresado a una mirada supuestamente materialista y positivista de la realidad une sus fuerzas a otra más ideologizada, conservadora y enemiga de la izquierda atea que reduce todo a lo concreto, a la que adjudican una perspectiva limitada, de mente estrecha y corazón cerrado, aun cuando conservan la visión teleológica y optimista que el relato marxista tuvo hasta hace poco tiempo.

El paraíso comunista en la Tierra, desechado por los ideólogos uritorqueanos clásicos, se mantiene en su cosmovisión a pesar de todo, aunque desmaterializado y barnizado con una profunda capa "espiritual". Incluso las características inmateriales que se asocian a los Maestros superiores de Erks, devenidos en luces o energía psíquica concentrada, apoyan lo que sostenemos.

Otro principio teosófico de fuerte presencia en el universo capillense es el evolucionismo, tan en boga cuando la Sociedad Teosófica fue creada en 1875. Las razas aludidas en numerosos libros sobre el tema pretenden demostrar que la evolución no es únicamente física, sino también espiritual: el darwinismo, interpretado erróneamente como un progreso continuo y universal, queda simplificado en una especie de devenir del espíritu.

Todo este discurso, que resalta los distintos estadios del alma, tiene sus fundamentos en ciertas doctrinas orientalistas traídas a Occidente por la teosofía. La más importante tal vez sea la creencia en el poder efectivo del karma, es decir, en el mejoramiento espiritual del hombre a lo largo de sucesivas encarnaciones, teniendo en cuenta las buenas y malas acciones del individuo en la vida presente. Por ende, la reencarnación y sus consecuencias morales se injertan en el supuesto mejoramiento evolutivo de los seres humanos, llevándonos otra vez –irónicamente– a la idea de progreso, tan propia de la centuria decimonónica.

Los distintos protagonistas, reales e imaginarios, de la mitología de la zona Uritorco poseen un grado de elevación evolutiva que se orienta a lo que la New Age ha denominado "estadio álmico": todos son Almas Grandes, *mahatmas* como gustaba llamarlos madame Blavatsky en sus dos libros más emblemáticos, *Isis sin velo* (1877) y *La doctrina secreta* (1888). Según esta manera de ver las cosas, esas almas elegidas serían los guías necesarios para concretar un mundo mejor.

Este intento por reflotar una cosmovisión optimista, moribunda tras las dos guerras mundiales del siglo XX, y de cuya crisis nacieron las concepciones mágicas e irracionales que sostienen las creencias uritorqueanas, es de por sí un dato interesante a tener en cuenta. Que delirios incongruentes sean repetidos sin que a nadie le tiemble el pulso como consecuencia del fin de ese otro relato fundacional, el iluminista, es algo entendible; pero que ese proyecto, en teoría enemigo del andamiaje irracionalista, sea el sustento que alimenta y justifica la cosmovisión uritorqueana es por demás sugestivo y nos recuerda aquel doble pensar orwelliano por medio del cual se cambiaba el sentido originario de palabras y frases, tergiversando el diccionario de tal modo que –ante la falta de parámetros teóricos claros– todo se vuelva verosímil y posible.

Verosímil, posible e inclusive necesario se torna así el advenimiento de un Hombre Nuevo: una nueva raza (dirían los teósofos) que entraría en la historia de la mano de alienígenas e intraterrestres para concretar –como en Erks– el ideal utópico y ucrónico de una fraternidad universal basada en el amor, la tolerancia, y la convivencia pacífica entre hombres y seres de otras galaxias.

Pero el amor, la tolerancia y la paz de este nuevo Edén no son para todos: de acuerdo con la creencia uritorqueana, los niveles de "conciencia vibratoria", a través de los cuales el iluminado explicita su proyecto elitista, dejan a mucha gente afuera. No todas las almas han quemado suficiente karma y solo unos pocos privilegiados serán los beneficiarios de semejante bendición.

Así, de la misma manera que la teosofía explicaba y justificaba las desigualdades sociales y económicas en términos kármicos, los uritorqueanos, haciendo gala de una ideología claramente conservadora, imitaron los mismos argumentos y los hicieron propios, autoarrogándose la tarea de alumbrar al mundo, llevar a los neófitos por el sendero verdadero y actuar un paternalismo filantrópico más que explícito.

El amor, la tolerancia y el pacifismo apuntados tienen también otra contracara: quien se atreva a desafiar públicamente las endebles ideas de los adalides de esta forma vernácula de New Age deberán tolerar desde sutiles discriminaciones hasta veladas amenazas, pasando por manifestaciones verbales denigratorias *ad hominem* dignas del más belicoso de los odios.

Por su parte, la crítica al materialismo tanto como la prédica del desapego (uno de los ideales más altos del budismo) devinieron en ese caso en doctrinas vacías: solo las personas que tienen sus necesidades materiales básicas más que satisfechas pueden defender –así sea desde lo meramente teórico– esos ideales. De ahí que haya sido mayoritariamente una clase media y media-alta, con alguna educación formal, la que comulga con el proyecto y pasa a componer los cuadros que ritualizaban ese anhelo, en ceremonias celebradas en el área de influencia del "sagrado" cerro cordobés.

Es que el espíritu tiene razones que el bolsillo no comprende: hay que tener dinero suficiente para viajar a Capilla del Monte, hospedarse allí, adquirir viandas vegetarianas *ad hoc*, pagar por los ritos, iniciaciones y talleres, comprar la bibliografía al uso, y –en fin– tener un margen de maniobra económica que por lo general no se corresponde con las finanzas del *Lumpenproletariat*. De hecho lo ideal es adquirir una propiedad in situ y mudarse al pie del Uritorco. En este Reino los primeros, y no los últimos, serán los primeros.

En el universo capillense-uritorqueano nada se da al azar, porque no hay tal cosa como el azar: las casualidades no existen. Todo está escrito o digitado por fuerzas superiores que anulan la posibilidad de que las cosas se den porque sí. El cosmos se mueve por el principio –también teosófico– de la causalidad, que nos lleva una vez más a las consecuencias kármicas del hinduismo.

Todo se da por algún motivo oculto que pocos conocen o intuyen, todo es efecto de una causa trascendente. Aún las situaciones más cotidianas son interpretadas bajo esa perspectiva. "Por algo será" es el lema. Para los uritorqueanos, "el que busca encuentra". Esta convicción, que también tiene un origen teosófico, parte de la seguridad de que todas las disciplinas del conocimiento confluyen en una única teoría o cosmovisión, que resume a todas las leyes naturales, y que el universo entero puede encontrarse en las manifestaciones más pequeñas. La analogía se convierte de este modo en la piedra de toque para establecer omnipresentes conexiones; una de las más interesantes es la que se establece entre el pasado y el presente.

En historia hay una verdad de perogrullo y es que en las épocas pretéritas encontramos las herencias culturales del presente. Pero la teosofía se arriesga a mucho más y difunde la falacia de que los conocimientos actuales ya habían sido conseguidos en el pasado más remoto, atribuyéndoselos a civilizaciones ficticias, como la Atlántida, Lemuria o incluso a sociedades extraterrestres, miles de años más antiguas y avanzadas que la nuestra.

Como era de prever, escritores inescrupulosos como el ya célebre Erich von Däniken[340] –fuente en la que abreva el argentino Guillermo Alfredo Terrera– no tardaron en subirse a este tren para difundir arriesgadas hipótesis que defienden una seudoarqueología que busca (y encuentra, cuándo no) pilas prehistóricas, motores antediluvianos, generadores de energía telúrica en el Neolítico y –obviamente– naves voladoras alienígenas en las representaciones artísticas de culturas precolombinas, entre otras.

Mucho antes de que Tintín, el célebre reportero del cómic francés, recorriera sus alturas en busca del Yeti, el Tíbet se transformó en el destino místico que teósofos e iniciados de otras escuelas ocultistas eligieron como lugar ideal en donde aprender, de la mano de una hermandad de maestros espirituales, todo lo referido a las doctrinas esotéricas que conservaban los antiguos fundamentos de la verdadera religión. No faltaron los místicos criollos que afirmaron haber imitado a Helena Blavatsky en ese mentado viaje iniciático.

Tanto Ángel Acoglanis –fundador del culto a Erks– como el evasivo Orfelio Ulises Herrera (descubridor del objeto de poder más emblemático de Capilla del Monte, el Bastón de Mando luego traspasado a Terrera) adujeron haber visitado el Tíbet en momentos de su formación espiritual y haber adquirido allí la sabiduría que les permitiera entablar contacto con las entidades superiores del cosmos, descubriendo el potencial mágico que tienen ciertas palabras o frases (mantras) y ciertas reliquias arqueológicas, con las cuales sería posible cambiar el destino de la humanidad, inaugurando un Nuevo Orden Universal.

Si bien nunca se probó que los dos personajes nombrados hayan realizado el viaje que mencionan sus acólitos –más bien lo contrario–, el Tíbet guardó, desde fines del siglo XIX, un halo de misterio que, como Machu Picchu décadas más tarde, terminó convirtiéndolo en una referencia obligada a la hora de legitimar la sabiduría que decían portar.

---

[340] Däniken es el principal exponente de su género literario, pero de ninguna manera el único: mencionemos también, a título de mera ejemplificación, a Charles Fort, Peter Kolosimo, Robert Charroux, Charles Berlitz, Zecharia Sitchin, Juan José Benítez, Salvador Freixedo y David Icke.

El viaje, como institución superadora, iniciática y de autoconocimiento, así como la presencia de Maestros destinados a revelarles al mundo verdades absolutas y olvidadas, se transformó en un lugar común dentro del discurso esotérico.

Oriente se acercaba a Occidente y por intermedio de la Hermandad Blanca del Tíbet, oculta en recónditos parajes (incluso subterráneos), podía accederse a registros antiquísimos, como los akáshicos, que traían a la luz la verdadera historia de la humanidad, en la que –como era de prever– se mezclan realidades y fantasías en partes iguales. Fue así como emergió el dogma teosófico de las siete razas, del cual los erksianos realizaron sus propias adaptaciones.

Según Blavatsky, habrían existido cuatro razas antes que la nuestra y hay dos más por venir, sintetizando así el espectro completo de la evolución humana. Como se puede advertir, nada de esto es comprobable, quedando todo circunscripto en un mero asunto de fe. Solo el conocimiento de la doctrina secreta aprendida en el Tíbet sería el vehículo necesario para esclarecer el verdadero proceso evolutivo de nuestra especie. Por tanto, secretismo, elitismo y misterio se convierten en el trío perfecto a la hora de desarrollar esa exaltada premisa teosófica.

La primera raza estaba constituida por seres etéreos, compuestos de niebla y fuego. La segunda raza habría sido la de los que Terrera llamaba hiperbóreos, seres que habitaban en la región que hoy se correspondería con el Ártico, Groenlandia y la península de Kamchatka. La tercera sería la de los lemurianos, habitantes del perdido continente de Lemuria, ubicado en las inmensidades del océano Índico. La cuarta raza habría estado conformada por los atlantes, provenientes de la mítica Atlántida y con una antigüedad de 80.000 años. La quinta raza es la actual, la nuestra. Blavatsky la llamó aria, "la raza blanca del globo", condenada a seguir evolucionando en dos razas más.

La sexta raza, caracterizada por el enorme desarrollo espiritual y la adquisición de un sexto sentido, con capacidades que hoy llamaríamos paranormales, surgirá en una época en la que el materialismo iría perdiendo poder e influencia. Finalmente, la séptima raza, que se caracterizará por un completo y absoluto desarrollo moral y psíquico, la verdadera cumbre en el avance de los sentidos humanos: los hombres-dioses. Lo más interesante de todo es que, según Blavatsky, florecerá en el lejano continente sudamericano. No puede extrañar entonces que muchas de estas ideas se mencionen en los textos uritorqueanos que se escribieron a partir de la década del '80.

Esta bibliografía es vasta y heterogénea. En ella es posible encontrar de todo, desde escritos cuasi-sagrados, producto de la pluma iluminada de los primeros gurúes (como el *Diario de Erks* de Ángel Acoglanis, *El Valle de los*

Espíritus de Guillermo Terrera y *Erks* de José Trigueirinho), hasta verdaderos bodrios literarios que solo rescatan la veta ufológica del asunto, centrando la atención en las observaciones de luces extrañas y objetos voladores no identificados que se denuncian en la región, atendiendo muy especialmente al famoso episodio del cerro Pajarillo y su huella.

Frondosos contenidos populares y elitistas, exotéricos y esotéricos, están a disposición del interesado en el tema. Pero no importa cuán variada sea esta producción, ni la calidad argumentativa de la misma. Toda ella, explícita o implícitamente, retoma, reproduce, manipula y vulgariza ideas, conceptos, ejemplos y doctrinas que la Sociedad Teosófica importó a nuestro país a partir de la década de 1890.[341]

A fin de ejemplificar lo que acabamos de manifestar, enumeramos a continuación algunos de elementos comunes que teósofos y uritorqueanos comparten hasta el día de hoy.

La idea de una evolución espiritualizada, seguida por todos los seres a través de sucesivas épocas y de la que los habitantes de Erks serían claro reflejo. El viaje como institución superadora de la personalidad y rito de iniciación. El Tíbet como centro energético universal y lugar de peregrinaje de los principales místicos de ambas corrientes.

La necesidad de una iniciación a través de ceremonias para alcanzar un status más alto, elitista, que hace del secretismo una de sus notas más importantes. La existencia de maestros inmateriales, responsables de todo lo que sucede en el universo, cuya base se encuentra en la leyenda del Rey del Mundo. Las ciudades secretas a las que solo los puros de corazón pueden ingresar: Erks, Shambhala, Shangri-La, Paititi, Ciudad de los Césares, etcétera.

El milenarismo y el pensamiento teleológico. Un optimismo ingenuo, que reproduce la idea de progreso presente desde el siglo XVIII, aunque en baja desde 1914. La creencia en el poder mágico de palabras y frases.

La utilización de un lenguaje cósmico, secreto y conocido únicamente por los iniciados por medio del cual se puede abrir puertas a realidades superiores. La práctica de la meditación como camino que conduce al contacto con seres de otras dimensiones y que facilitaría el acceso a capacidades telepáticas. Los elementos propios del espiritismo de Allan Kardec.

La mezcla de doctrinas occidentales y orientales. La creencia en el karma y en la reencarnación. El convencimiento de que el conocimiento

---

[341] Washington, Peter, *El mandril de madame Blavatsky: historia de la teosofía y del gurú occidental*, Barcelona, Destino, 1995.

verdadero estaba presente en las culturas más antiguas y fue posteriormente olvidado.

La presencia de un racismo latente con inclinaciones ideológicas eurocéntricas y conservadoras. La creencia en la inminente llegada de una Nueva Era y con ella de un Hombre Nuevo, desencarnado, de pura energía. La preeminencia del principio de causalidad, descartando el azar.

Una mirada holística, animista y panteísta del universo. La naturalización de lo sobrenatural y la actualización del pensamiento premoderno, en lucha contra la herencia de la modernidad iluminista. El convencimiento del poder de la magia para manipular a distancia la naturaleza.

El uso del lenguaje científico, acomodado en función de creencias irracionales, para legitimar las doctrinas ocultistas en las que se apoyan. La presencia de ideas catastrofistas, aunque con la presencia de una instancia superadora que salvaría a minorías escogidas. Las teorías conspirativas que explican las causas de la ignorancia en las que están sumidas y por la que son sometidas las masas.

La creencia en mundos subterráneos donde se resguardaría el verdadero conocimiento cósmico. El valor de las reliquias antiguas, con el Bastón de Mando de los comechingones como ejemplo vernáculo reciente. La posibilidad de una futura fraternidad universal, fundada en el amor, la tolerancia y la vida pacífica en común.

Invito al lector interesado a buscar los principios teosóficos arriba indicados en los textos que giran en torno al Uritorco y su mitología derivada: allí los encontrará, aunque por lo general en una versión sumamente resumida y simplificada, apta para consumo masivo de una clientela con escasos hábitos de lectura. Podrá así observar cómo raíces poco conocidas devenidas de un Occidente orientalizado han marcado a fuego el discurso místico y los asombrosos contenidos que siguen divulgando las empresas de turismo de Capilla del Monte. Un lugar mágico, por cierto.[342]

Un cuadrilátero de conflictos

Capilla del Monte es como un ring de boxeo en el que la ciencia y la superstición se enfrentan a brazo partido: no pareciera haber tregua. Pero quizás es un error verlo de ese modo. En la "capital espiritual de la Argentina" el escéptico cultivado prefiere no subirse al ring porque lleva todas las de perder contra el crédulo indocto; se lo relega, no se le oye.

---

[342] Colombres, Adolfo, *El resplandor de lo maravilloso: o el reencantamiento del mundo*, Buenos Aires, Colihue, 2018.

Es precisamente su versación la que vuelve un ignorante consumado a los ojos de estos singulares analfabetos funcionales: un materialista desdeñable, una "fuerza regresiva" que no encaja en la Nueva Era de esta peculiar (por lo crematística) espiritualidad que los "diabólicos" anuncian desde hace décadas, haciendo caso omiso al terrorismo, las guerras, la torturas y las desigualdades que colectivos inmensos de seres humanos sufren a diario, contradiciendo en todo el proyecto de salvación individualista de los modernos gurúes, acaso hijos del neoliberalismo vernáculo de los '80 y los '90.

La superstición y los misterios venden muy bien: al no necesitar de preparación cultural alguna, pueden ser consumidos fácilmente por todos. Hay que alimentarlos, divulgarlos, hacer del delirio la materia prima que distinga a los "diabólicos" de aquellos que no lo son, inculcando la idea de que así se es diferente, especial, mejor, superior a los demás: un iluminado caballero, una dama sensible, y en cualquier caso un elegido, alguien que está por encima del resto de los mortales, que no entienden cómo funcionan las cosas realmente.

El exceso de credulidad –la superstición, así definida por Caro Baroja– es muy redituable.[343] Bien lo sabía José de Zer, bien lo saben los editores de libros y revistas New Age, y todos aquellos que lucran a diario con ese esoterismo de cafetín, fabricante nato de universos esquizoides.

¿Estamos ante un verdadero cambio de época? ¿Experimentamos una fatal devaluación del racionalismo? ¿Acaso el mundo sin milagros surgido hacia fines del siglo XVIII está agonizando? ¿Está el pensamiento mágico ocupando espacios que la razón creía conquistados para siempre? ¿Somos testigos de un real retroceso de la modernidad? ¿Es acaso el miedo el único responsable de todo esto, y la inseguridad la catalizadora de prácticas y creencias que creíamos habían quedado definitivamente en el pasado? ¿O es que los portentos y los atajos mágicos nunca dejaron de estar?

En Capilla del Monte –no nos cabe la menor duda– esos atajos perduran con fuerza creciente, de la mano de porteros y guías de Erks, sacerdotisas de la Hermandad Blanca, vigilantes de los cielos, contactados solitarios y fotógrafos cósmicos: los noveles mercaderes del templo de una Jerusalén desquiciada.

---

[343] Caro Baroja, Julio, *De la superstición al ateísmo: meditaciones antropológicas*, Madrid, Taurus, 1974.

Bibliografía principal

AGOSTINELLI, Alejandro, *Invasores: historias reales de extraterrestres en la Argentina*, Buenos Aires, Sudamericana, 2009.

BRIENZA, Hernán, *Los buscadores del Santo Grial en la Argentina*, Buenos Aires, Sudamericana, 2009.

CARO BAROJA, Julio, *De la superstición al ateísmo: meditaciones antropológicas*, Madrid, Taurus, 1974.

DANGEL, Guillermo J., *La ciudad perdida de Erks: una ciudad subterránea habitada por extraterrestres*, Buenos Aires, García Molt, 1996.

DANGEL, Guillermo J., *Todo sobre el cerro Uritorco y la ciudad de Erks*, Buenos Aires, de la Tortuga, 2012.

DE FILIPPI, Sebastiano, *La Ciudad de la Llama Azul: luces y sombras sobre el cerro Uritorco*, Buenos Aires, Biblos, 2018.

DE FILIPPI, Sebastiano y Fernando SOTO ROLAND, *Los Señores del Uritorco: la verdadera historia de los comechingones*, Buenos Aires, Biblos, 2019.

DEL PRETE, Jorge Rubén (comp.), *Hechos y relatos fantásticos de Capilla del Monte*, Córdoba, El Autor, 2004.

ECO, Umberto, *El péndulo de Foucault*, Barcelona, Lumen, 1989.

GONZÁLEZ, Ricardo y Roberto VILLAMIL, *Las luces de Erks y las ciudades subterráneas*, Buenos Aires, Ecis, 2012.

GRANADA, Daniel, *Reseña histórico-descriptiva de antiguas y modernas supersticiones del Río de la Plata*, Buenos Aires, Guillermo Kraft, 1896.

HOOD, Bruce M., *Sobrenatural: por qué creemos en lo increíble*, Bogotá, Sefira, 2009.

LE GOFF, Jacques, *Lo maravilloso y lo cotidiano en el Occidente medieval*, Barcelona, Gedisa, 1986.

MARKIC, Mario, *Cuadernos del camino: de Tierra del Fuego al cometa Halley*, Buenos Aires, Marea, 2005.

NISCO, Jorge y Ramiro SAN HONORIO, *El séptimo bastón de Dios*, Buenos Aires, Planeta, 2012.

PIOTTI, Martín, *Reto Uritorco: el legado*, Córdoba, Sol Rojo, 2014.

PRINGLE, Heather, *El Plan Maestro: arqueología fantástica al servicio del régimen nazi*, Buenos Aires, Debate, 2008.

SOTO ROLAND, Fernando, "Fantasías y mitos sobre las expediciones nazis al Uritorco", *Todo es Historia* 580, 2015.

SUÁREZ, Jorge A., *Luces sobre el Uritorco*, Buenos Aires, Prolibro, 1992.

TODOROV, Tzvetan, *Introducción a la literatura fantástica*, México, Premia, 1981.

XI

Flavio Vega

ERKS NO SE VENDE Y NO SE COMPRA

Aportes desde el estudio del esoterismo y la docencia de la historia

La historiografía en tanto disciplina académica tiende a descartar el abordaje de temáticas consideradas marginales. Aun así, el pensamiento crítico que desde la escuela se propone fomentar –como mínimo– a partir de la enseñanza media obliga a los docentes de historia a considerar todos los elementos subyacentes en el entorno en que se inscribe su labor.

Este proceso incluye ordenar textos de naturaleza dispar para colocarlos en su justo lugar, de acuerdo con categorías previamente estructuradas que permiten saber a qué atenernos: en principio no es (ni debe ser) lo mismo un cuento, una leyenda o un mito que un hecho histórico comprobado.

Sin embargo, cotidianamente se otorga cierto valor histórico a narrativas que pertenecen a ámbitos ficcionales. Sucede que justamente esos discursos han mezclado adrede datos históricos comprobables con otros que no lo son, en una suerte de maniobra de camuflaje, deviniendo en lógicas –muchas veces ilógicas– que son devoradas fácilmente por un público acrítico. De ello nos ocuparemos aquí.

Labor histórica

Cuando miramos al pasado lo hacemos desde el presente; aunque esto parezca una verdad de perogrullo, muchas situaciones impulsan a que debamos recordarlo. Reconstruir el pasado es siempre una tarea titánica para quienes pretendemos la mayor objetividad posible, aún a sabiendas de la imposibilidad de llegar alguna vez a la fidelidad absoluta. Para ello, nos valemos esforzadamente de restos, testimonios, trabajos, memoria oral, etcétera.

Al respecto, dice Joaquín Prats Cuevas, catedrático de Didáctica de la Historia en la Universidad de Barcelona:

233

> Respecto al concepto de desarrollo intelectual y cultural de las
> personas, no hay mejor aprendizaje que aquel que no ofrece
> certezas ni respuestas acabadas. Las mejores lecciones son las
> que no te sacan de dudas y te abren nuevas preguntas e
> inquietudes.[344]

Pues bien, a falta de respuestas definitivas y en línea con la idea de Prats Cuevas, intentemos al menos generar nuevas preguntas, a la vez que comunicar algunas consideraciones de análisis crítico.

Mirar al pasado es mirar por una carretera: los objetos cercanos se nos presentan con claridad, mientras que los más lejanos nos aparecen difusos y, muchas veces, confusos. Un día de calor en esa carretera mostrará a la distancia un espejismo de agua sobre la carpeta asfáltica. Seguramente nos corresponderá llegar hasta ese sitio para cerciorarnos de que lo que vemos es una ilusión óptica. Con una actitud similar, en el estudio histórico podemos acceder al pasado lejano mediante los restos que de esa lejanía temporal aún se conservan.

Retomamos y ampliamos lo que decíamos al comienzo de este escrito: la ciencia no puede considerar sin más afirmaciones tales como "cerca del cerro Uritorco, pero en una dimensión metafísica, existe una ciudad extraterrestre llamada Erks", porque de esa afirmación no se deriva consecuencia observacional alguna;[345] ello no descarta el abordaje hermenéutico que podamos hacer del relato circulante, máxime cuando este contiene datos históricos que sí se pueden cotejar con la base empírica y son susceptibles de análisis metódico.

En el año 1986 comenzaba el viraje en el tipo de atractivo turístico de Capilla del Monte, la localidad serrana emplazada en las faldas del Uritorco.[346] No serán pocos los que recuerden a esa inocente destino ofreciendo sus dulces y la visita obligada de los "mieleros" a parajes tradicionales como El Zapato.

La historia la hacen los hombres, todos ellos. Existen corrientes historiográficas que centran su atención en cuestiones particulares: algunas en el área de lo político, otras atienden a lo social, otras a las mentalidades a través del tiempo, etcétera. Volviendo al punto del viraje

---

[344] Prats Cuevas, Joaquín, "La historia es cada vez más necesaria para formar personas con criterio", Escuela 914, 2007.

[345] Klimovsky, Gregorio, Las desventuras del conocimiento científico: una introducción a la epistemología, Buenos Aires, A-Z, 1997, pp. 137-141.

[346] Otamendi, Alejandro, "El turismo místico-esotérico en la zona Uritorco: una perspectiva etnográfica", en Wright, Pablo (ed.), Periferias sagradas en la modernidad argentina, Buenos Aires, Biblos, 2018.

en el atractivo turístico, es posible mencionar que el discurso que situaba en un pedestal al Zapato perdía vigor ante otro que entronizaba al Uritorco como centro místico, a pesar de que fue otro cerro cercano –el Pajarillo– el que introdujo el acercamiento de un mundo de objetos fijos, palpables, a otro de una dimensión metafísica y, por lo mistérico, más cautivante.

La historia de las mentalidades brinda un marco de entendimiento a estas situaciones concretas, dice Carlo Ginzburg:

> Lo que ha caracterizado los estudios históricos sobre la mentalidad es la recurrencia de elementos inertes, oscuros, inconscientes de una determinada visión del mundo. Las supervivencias, los arcaísmos, la afectividad, lo irracional, todo ello delimita de modo específico la historia de la mentalidad, diferenciándola con bastante nitidez de las disciplinas paralelas ya consolidadas, como la historia de las ideas o la historia de la cultura.[347]

Desde la antigüedad el ser humano ha pretendido una realidad más allá de la existencia física; para esta empresa ha construido herramientas conceptuales que le permitan un contacto más próximo con esa otra realidad. Quizá esta necesidad deviene como resultado colectivo del temor ante la impermanencia de la vida individual. Con el tiempo, los otrora dioses primitivos fueron superados por un Dios único. ¿Estamos entonces ante una nueva construcción colectiva en busca de sentido a nuestras vidas?

Atrapante Capilla

En abril del año 1994 con un grupo de amigos llegamos a Capilla del Monte para tratar de percibir algo de lo mucho que allí se "comentaba". Por aquella época se podía pernoctar en el tercio superior del Uritorco y ello sin realizar un desembolso especial. Pasamos dos noches en la pampilla, más recientemente denominada "Valle de los Espíritus".

Una de esas noches, cuando decidimos ir a dormir, notamos que en una carpa contigua hablaban de manera apresurada. Al día siguiente los vecinos explicaron que habían sentido algunos toques muy suaves desde fuera de su carpa. Se hicieron bromas sobre el hecho porque, a pesar de haber organizado el acampe para conocer el origen de "aquello", nadie pudo observar nada raro: fue una noche clara y serena. Este es un solo ejemplo de numerosas anécdotas más o menos fabulosas.

---

[347] Ginzburg, Carlo, *El queso y los gusanos: el cosmos, según un molinero del siglo XVI*, Barcelona, Muchnik, 1999, p. 21.

La situación vivida, en perspectiva, hizo pensar que podía haber un fenómeno que emergía en determinados momentos, ante fuertes estímulos. Nos pareció posible establecer un núcleo fenoménico rodeado por un epifenómeno aún más interesante y sobre el que se podía extraer conclusiones fundadas. ¿El fenómeno era genuino y alrededor de él se gestaba otro de características discursivas? ¿O el mismo fenómeno era el resultado del discurso? Intentaremos ofrecer algunas respuestas posibles.

Se trataba y se trata de despejar la paja del trigo, separar en sus partes elementales esto que se decía y se dice sobre el sitio. Así como el programa informático Photoshop brinda la posibilidad de agregar capas –unas sobre otras, tantas como se desee– los diferentes discursos sobre el núcleo mistérico local habían creado ese fenómeno que hacía sentir, pensar, ver, hablar y escribir a muchas personas. Había dos cuestiones, una oscura y otra que también lo era pero permitía al menos ser examinada por métodos conocidos y probados. Analizar los discursos se nos presentó como una meta para tratar de entender algo de lo que rodeaba a este enigma. Fue así como empezamos a cotejar cuanto se decía y si se mencionaban hechos históricos a averiguar si se ajustaban a los datos disponibles en fuentes autenticadas.

Levantar una capa tras otra implicó ir al origen de los discursos originales y observar qué otras capas discursivas se le sumaban con el paso del tiempo. Pudimos apreciar que hasta la actualidad han sido varios los sedimentos que se solapan, se mezclan y se asimilan por parte del turista desprevenido que no se siente inclinado –muchas veces por simple desinterés, otras por ignorancia– a emplear el razonamiento lógico que caracteriza la defensa natural (o así debería serlo) de todo ser humano.

En principio era la razón

El pensamiento crítico –según Franco Cortazar, Mackay Castro y Villacis Pérez–[348] es la capacidad que se adquiere por la acumulación de conocimientos, más el crecimiento en experiencias personales y también profesionales (por caso, las del investigador). Uno de sus más poderosos coadyuvantes es la lectura.

Lo importante de todo esto es que el pensamiento crítico facilita realizar un proceso de toma de decisiones acertado. Si pensamos que lo mencionado no aplica a los casos citados estamos equivocados: nunca estará de más poner en crisis hasta lo que tomamos por certeza, más aún

---

[348] Franco Cortazar, Diana Elizabeth, Rubén Mackay Castro y Pamela Wendy Villacis Pérez, "El pensamiento crítico aplicado a la investigación", *Universidad y Sociedad* 10, 2018.

si consideramos que la realidad es cambiante y que a cada instante aparecen muchas cosas nuevas.

El ejercicio de la facultad crítica es de tal relevancia que el Ministerio de Educación de la Provincia de Córdoba lo menciona y recalca en sus documentos oficiales.[349] Es posible agregar que este desarrollo no solo es importante porque nos permite tomar decisiones mejor fundadas: también nos brinda la posibilidad de argumentar con solidez, aplicar la mejor opción dentro de un abanico de buenas estrategias y también emitir juicios precisos de probabilidad.[350]

Muy a pesar de que la educación argentina –pos dictadura militar– ha tomado conciencia de la necesidad de propiciar educandos críticos, la realidad nos demuestra día a día que todavía hay muchísimo trabajo por hacer.

Los medios masivos de comunicación son en gran medida quienes "mediatizan" la realidad. Recordemos el revuelo provocado por la huella del Pajarillo y el "¡Seguime, Chango, seguime!", frase esgrimida por el inefable periodista José de Zer a su camarógrafo Carlos Torres. Esas notas no fueron inocentes: pretendían vender una noticia sin tomar nota de la manera en que influiría en la *mélange* posterior que caracterizaría a Capilla del Monte. Esos reportajes sensacionalistas agregaron fuego a la huella; Carlos "Chango" Torres mencionaría en una nota para la revista *Sudestada*:

> Llegamos, hicimos un plan de trabajo y fuimos mostrando primero un poco, investigando un poco más, y ahí empezamos una cadena de sucesos sobre platos voladores en Capilla del Monte. Apenas llegamos al lugar, José pensaba en cómo le podíamos dar un poco más de vida a la noticia. Entonces lo que hicimos fue juntar cascarudos de la ruta, que cuando se mueren quedan secos, vacíos por dentro. Tiramos los bichos sobre la mancha y en la nota nos sorprendíamos de lo secos que estaban. Había algo que les chupó la energía, decía José después.[351]

---

349 AA. VV., *Educación secundaria: encuadre general 2011-2020*, Córdoba, Ministerio de Educación de la Provincia de Córdoba, 2011, p. 8.

350 Agredo Tobar, Julián Gilberto y Teresita Bulbano Malcue, "El pensamiento crítico, un compromiso con la educación", 2012, p. 6, disponible en Internet: https://ridum.umanizales.edu.co/xmlui/bitstream/handle/20.500.12746/792/El%20 pensamiento%20cr%c3%adtico%2c%20un%20compromiso%20con%20la%20educ aci%c3%b3n.pdf?sequence=1&isAllowed=y.

351 Montero, Hugo, "Seguime, Chango, seguime", *Sudestada* 35, 2004, p. 7.

Como podemos apreciar, la trama discursiva extra e intraterrestre tiene mucho de ingenio humano. Toro Castillo afirmó lo siguiente:

> Este discurso mediático coincide en tiempo y espacio, virtualmente, con nuestro aquí-ahora, confundiéndose el tiempo real del individuo con el tiempo discursivo mediático. Se establece una continuidad discursiva en la representación de un mundo mediatizado, irreal, ficcional. Los MMC (Medios Masivos de Comunicación) responden, así, a un hacer ver la realidad, en su equivalencia en imágenes, historias del mundo filtrado y reinterpretado en la producción de estos discursos espectaculares.[352]

Basta decir que a la mediatización de la realidad concurre el fértil campo de las emociones, siempre atentas a hacernos "sentir vivos". Esto tal vez sea uno de los condimentos esenciales que permiten que el fuego de aquella huella del Pajarillo aún siga encendido, mutando, reactualizándose, pero siempre vivo.

Mediatización y posverdad

"¡Si sale por televisión cómo no va a ser cierto!": quizá esta sea la lógica con la que muchas de estas cuestiones son percibidas. No obstante, una mirada atenta nos tiene que posicionar estratégicamente, otorgándonos el espacio mental suficiente para permitirnos ver la intencionalidad oculta tras el mensaje.

Mucho se ha escrito en el ámbito de la publicidad política: se habla de la posverdad, una mentira emocional que suple un espacio en nuestro ser que quiere ser engañado (tal vez no de manera consciente), "acariciado" por eso que nos otorga identidad, que nos permite romper el vacío existencial y dotar de sentido tanta monotonía. Necesitamos "comprar" lo que nos "venden", porque nos sentimos aislados, frustrados, inquietos. Esto no solo sucede en el ámbito político, también se cuela en el área espiritual y religiosa.

Si a lo antedicho sumamos la increíble capacidad de nuestros sentidos para engañarnos, nos encontramos ante una mezcla potencialmente explosiva. Hace varios años un amigo del autor, luego de visionar una película sobre la zona del Uritorco y el budismo Zen, decidió incursionar en el templo –real– que era parte de esa ficción. Luego de un periplo no

---

[352] Toro Castillo, Bárbara, "Medios masivos de comunicación: una construcción de la realidad", *Pequén* 1, 2011, p. 110.

menor llegó al sitio y se le informó que no lo podían atender pues estaban impartiendo un curso pautado anteriormente.

El paisaje del sitio, que cortaba el camino utilizado por los monjes, daba lugar a un espacio propio de los mejores sueños gozosos: monjes caminando de un lado para otro, cánticos celestiales, sonidos de cuencos, aromas embelesantes y una "energía" especial. Creyó ver árboles enormes y hasta un pequeño hilo de agua correr entre ellos. Tuvo deseos de tomar uno de esos cursos, pero se decidió a esperar un tiempo, ya que sus vacaciones terminarían en breve y la siguiente actividad se ofrecería justo cuando él se retiraba del lugar.

Al año siguiente se puso en marcha, llegó hasta el sitio sospechando que caería a destiempo y fue así, pero esta vez los monjes le informaron que no había actividad. El camino que antes se había cortado por el curso que se daba en el lugar se encontraba limpio –a excepción de una vaca que se cruzó y que lo hizo retroceder–, pero lo más impactante a sus sentidos fue que lo que había visto el año anterior no tenía los ribetes que se había sugerido a sí mismo: el lugar ya no era tan amplio como lo había visualizado, no era digno de cuento alguno, el sitio de los monjes era pequeño... en suma, no encontró nada de lo que le había parecido observar: ni árboles del tamaño que recordaba, ni el hilo de agua cruzándolos.

¿Qué había pasado? ¿Por qué un cuadro difería tanto de otro? ¿Había estado presente en otro sitio? La respuesta más acertada que le surgió luego de meditar el asunto fue que simplemente sus sentidos le habían informado de más, que ciertos lugares que no había podido apreciar con su vista los había inventado con la imaginación: lo que se menciona como apofenia había completado el cuadro con la información faltante de una manera inconsciente.

Algunas cosas eran concretas y ciertas, otras una sombra derivada de un discurso conceptual que se superponía a esos eventos y que se acomodaba a la línea de menor resistencia: "un curso de ese estilo no tiene que ser menos que celestial", esa sensación interna basada probablemente en conocimientos previos –pero también en ignorancia– había pintado un paisaje surrealista. ¿Un sesgo cognitivo?

El sesgo cognitivo surge de distintos procesos, no siempre fácilmente distinguibles, vinculados a nuestra influencia social, educación, experiencias, motivación de tipo emocional y moral, procesamiento heurístico (atajos mentales), etcétera. Estos procesos cognitivos actúan sobre cómo captamos e interpretamos hechos, informaciones y situaciones.[353]

Aunque la formación académica nos hace tomar cierta distancia de algunos aspectos de la realidad –cuando esta presenta dudas– tal prudencia no es suficiente: hay una parte de nosotros que debe ser cultivada, entrenada para atender y en todo momento aguzada para sortear las fallas perceptivas de los sentidos. Cabe mencionar que desde la psicología se estudian las representaciones de la memoria como un factor ampliamente subjetivo, lo que no es poco decir.

Posteriormente nuestro amigo se enteró del costo económico de los cursos. Posiblemente en el momento en que se desarrollaban las actividades el escenario trataba de estar a la altura de tal precio.

Problematizando la mirada

Cuando en la labor investigativa y docente nos proponemos "problematizar" un cierto tópico no estamos tratando de complicar el asunto sino de considerar la mayor cantidad de elementos posibles, inclusive aquellos que son contradictorios o que aparecen como contradictorios en las primeras observaciones. De esta forma se ponen en tensión diferentes fuentes para que, luego de analizarlas, podamos arribar a una conclusión que conduzca a una mirada más completa y más compleja.

El posmodernismo es definido filosóficamente en contraposición al modernismo considerado como el imperio de la razón. Así tenemos que los grandes relatos han caído frente a una nueva tendencia que desde finales de los años '70 propone que la vida es esencialmente irracional. Esta concepción –junto con otras que vienen aparejadas– se observa en lo artístico y hasta en las formas del quehacer histórico, no obstante como categoría conceptual nos permite un acercamiento más abarcativo a los objetos de estudio. Como tendencia social se generan ciertas pautas que son dignas de análisis, teniendo presente que las categorías conceptuales no siempre se relacionan con un referente empírico intachable: una cuestión es la teoría y otra la realidad, sin perjuicio de lo cual todo ayuda a comprender el mundo en el que vivimos.

En esa tónica la historiografía presenta dos cuestiones claras: la negación de la elaboración de los grandes relatos y la negación de la reconstrucción del pasado como un hecho absolutamente objetivo. ¿Por qué mencionamos esto? Porque justamente este tipo de inclinaciones da lugar a investigaciones osadas, a menudo por parte de personas sin

---

[353] Escudero, Manuel, "Sesgos cognitivos", 2017, p. 1, disponible en Internet: www.manuelescudero.com/sesgos-cognitivos/.

preparación intelectual que toman en sus manos irresponsablemente –o a sabiendas– la representación de ese pasado en el que parece que "todo vale".

Un periodista argentino adquirió cierta fama por libros muy vendidos sobre el supuesto derrotero de Hitler en Sudamérica: obras que van en la línea narrativa más que la reconstructiva, de valor comercial pero no académico. Leyendo a Guillermo Alfredo Terrera comprobamos que este autor afirma que contingentes nazis estuvieron en la Argentina en búsqueda del "famoso" Bastón de Mando comechingón.[354] La afirmación es risible desde lo histórico, sin perjuicio de lo cual no faltará el que piense "cómo no va a ser cierto si aparece en un libro".

Es preciso mencionar que el "todo vale" (o, mejor expresado, el relativismo en grado extremo) nos lleva a un callejón sin salida, dado que si todo es relativo, si "mi verdad" es tan válida como la de cualquiera, si todo el mundo está habilitado a expresarse *ex cathedra* de lo que desee –y hoy un opinador de bar puede tener más difusión que un premio Nobel, gracias a las redes sociales– entonces el relativismo también es relativo y quedamos con las manos vacías.

De allí que la relatividad necesariamente se dirija a un contexto preciso; por ejemplo, el concepto de frío: en sus extremos coincidimos en esa cualidad, pero una persona habituada al frío polar no estará de acuerdo con alguien acostumbrado al clima tropical cuando este último diga que una temperatura de 10 grados centígrados implica frío. Por ello no da lo mismo que un ingeniero pontifique sobre medicina ni viceversa, ni que un supuesto contactado sustituya por dislates improvisados los conocimientos que otras personas han estudiado esforzadamente durante años.

Lo antes mencionado no agota en absoluto cómo el posmodernismo parece haber influenciado las místicas contemporáneas. Vamos a intentar decodificar esta influencia tomando como objeto de estudio el relato capillense de ovnis, nazis e intraterrenos. Para esta labor no solo se tienen presentes los textos del profesor Terrera, José Trigueirinho o los dictados por Ángel Cristo Acoglanis, sino que se rompe ese molde para permitirnos cabalgar a una distancia prudente del relato actual. Este último tramo histórico está jalonado por los discípulos de los fundadores del mito capillense, así como de novedosos sucedáneos que tuvieron poco o nulo trato con los primeros.

Dentro de esa narrativa presente, las hebras textuales se engarzan con ese pasado fundacional de ciudades intraterrenas, comechingones

---

[354] Terrera, Guillermo Alfredo, *El Bastón de Mando: historia y metafísica*, Córdoba, Sol Rojo, 2001.

extratemporales y contactados por seres superiores, dueños del espacio y del tiempo, residentes de moradas celestiales, pero no por eso inviolables. Cabe mencionar que nuevas capas discursivas se apilan sobre el texto original, surgen nuevos contactados, ergo nuevas interpretaciones y nuevos mensajes.

Si sus afirmaciones fueran meramente de orden metafísico, poco podríamos decir desde la academia, pero no es así: el punto álgido es que se inmiscuyen datos históricos que pueden ser comprobados o desmentidos, y no ya únicamente por profesionales en la materia, sino por cualquier ciudadano de a pie que tenga la capacidad y sienta el deber de cuestionar lo que se presenta a sus sentidos.

Al referirnos a supuestas ciudades intraterrenas en la zona del Uritorco se hace imposible no citar a Erks (entre otras cosas, acróstico de Encuentro de Remanentes del Kosmos Sideral, con "K" incluida). Esta ciudad estaría emplazada en niveles etéricos, aunque también físicos, con entradas tanto astrales como materiales –de más difícil acceso– en las cercanías del Uritorco. Sin embargo, pruebas publicadas recientemente hicieron que los creyentes dejaran de validar la ubicación precisa que de la ciudad daba su propio fundador, Acoglanis:[355] según las últimas revelaciones, Erks es algo así como un estado interior, por lo que puede encontrarse literalmente en cualquier parte... y en ninguna.

En esta urbe santa habitarían seres de exaltada evolución que contribuyen con el crecimiento espiritual de los hijos de la Tierra. Se movilizan en naves, que para algunos de sus más fervientes seguidores pueden ser de factura humana, más precisamente nazi. De nuevo: a falta de espíritu crítico, "todo vale".

Misticismo posmoderno

El estudio de la historia incluye el de las corrientes de pensamiento –generalmente generadoras de filones literarios, también objeto de estudio– y la tradición esotérica no es una excepción. En los párrafos siguientes intentaremos comprender cómo se relaciona la literatura esotérica tradicional con su reciente encarnación vernácula, eminentemente posmoderna.

Lo posmoderno plasma un nuevo tipo de misticismo, cuyas características son: lenguaje como motor del pensamiento y creador de la realidad, relativización de la verdad de acuerdo con el contexto, holismo, desencanto, fragmentación, heterogeneidad, oposición a los valores de la modernidad, globalización, culto a la imagen (importa parecer, no ser),

---

[355] De Filippi, Sebastiano, *La Ciudad de la Llama Azul: luces y sombras sobre el cerro Uritorco*, Buenos Aires, Biblos, 2018.

individualismo, atención a la forma por sobre el contenido (no es importante el mensaje sino cómo se transmite y la emoción que provoca), cuestionamiento de la religiosidad tradicional, importancia del presente (el pasado no importa), pérdida de peso de los ideales, revolución interna más que externa, satisfacción en la inmediatez, relativización de la autosuperación personal, culto a la tecnología (aunque se pierde fe en la ciencia y la razón)[356], conspiracionismo.[357]

Algunas de estas características parecen divisarse dentro de la "textualidad mística" en torno a Capilla del Monte. Avanzaremos en clave comparativa para poder identificar los elementos posmodernos que se vislumbran allí. Las nociones místicas capillenses de la actualidad son hijas algo lejanas de la tradición esotérica afín a la línea blavatskiana y me atrevo a decir "algo lejanas" justamente porque cada una de las propuestas se diferencia cualitativamente.

El contacto pregonado por la teosofía y afines (Escuela Arcana, Sociedad Agni Yoga, Fraternidad Rosacruz de Max Heindel, etcétera) se consigue mediante un esfuerzo personal de superación, de sublimación de la naturaleza animal hacia un estadio de conciencia cuasi angélica; en dicha empresa interviene el factor tiempo en su rasgo más monótono: la sucesión de encarnaciones. Esto llevaba a esos practicantes del ocultismo occidental decimonónico a no esperar demasiado hasta que "el discípulo no esté listo".[358]

En el caso de la mística capillense se reactualizan los vínculos, la necesidad de la hora hace pasible que el más leve curioso, mientras devenga en creyente, pueda contactar con los "hermanos mayores". No se requiere mucho y no se pide demasiado, de hecho casi nada: los tiempos se acortan y el discipulado está a la orden del día para quien pueda pagar el precio, en este caso solo material.

El contacto ya no es físico, sino de orden metafísico, inclusive a través de sueños; que ningún creyente lea a Freud facilita el esquema. Tampoco se requiere de arduas encarnaciones de perfeccionamiento para superar etapas de aspirantado, probacionismo y *chelado* (discipulado). A su vez la

---

[356] Martínez Gutiérrez, Daniel, "Kaleidoscopio: la posmodernidad de Lyotard explicada a los posmodernos", 2007, p. 4, disponible en Internet: www.kaleidoscopio.com.ar/fs_files/user_img/Problematica_Filosofica/21-3_GUTIERREZ%20MARTINEZ_La%20posmodernidad%20de%20Lyotard%20explicada%20a%20los%20posmodernos.pdf.

[357] Estas características no son inflexibles; de hecho, los autores que escribieron sobre posmodernismo todavía discuten sobre cuáles son esas características. Es una discusión inacabada, lo que hacemos aquí –a título general– es contar con una guía para el análisis.

[358] Powell, Arturo E., *El cuerpo causal y el ego*, Buenos Aires, Kier, 1994, p. 189.

"iniciación" –etapa evolutiva en la que se logra membrecía con la Jerarquía oculta del planeta– no tiene carácter sagrado: se asiste a una desacralización de lo tradicional y cualquiera que toque el manto del cerro sagrado se puede considerar autoconvocado o iniciado, si así lo desea.

El esoterismo tradicional habla de los fenómenos paranormales, pero los considera un estorbo para el progreso espiritual:[359] se puede ser psíquico sin tener el menor atisbo de evolución espiritual; de cualquier manera, se trata de un psiquismo de orden inferior. Por otra parte, se contempla cualquier desenvolvimiento prematuro de las *siddhis* o facultades psíquicas como poco o nada deseable. Dentro de la mística capillense, por el contrario, se estimula el desarrollo de cuanta facultad sea posible mencionar: ver más allá de lo físico (clarividencia), poder recibir los mensajes extraterrestres (telepatía), doble vista, proyección astral, etcétera.

En esta línea, el acceso a la memoria del pasado siempre estuvo celosamente guardado para unos pocos capaces de leer en el "archivo de la naturaleza" (teniendo en cuenta al esoterismo tradicional en contraposición a las nuevas tendencias presentes en sitios como Capilla del Monte). Los archivos akáshicos estaban vedados para quien no pudiera concretar al menos la tercera iniciación planetaria; en términos corrientes equivale a decir que del 1 al 10 en el progreso evolutivo el ser humano debería tener un 8.

En las nuevas místicas criollas, por el contrario, el acceso a los archivos akáshicos se puede realizar de manera personal con un simple curso de fin de semana, cuyo único requerimiento es un pago en dinero; pero si no hay tiempo o concentración para seguir el cursillo el facilitador puede leer el registro y transmitírselo al creyente-cliente: esto es suficiente hasta para diagnosticar la causal de enfermedades, sucesos negativos o positivos del presente, etcétera.

En el caso del esoterismo tradicional esos registros tenían tan solo una función pedagógica: enseñar a los más aventajados discípulos, para quienes no había privilegio alguno. Se les enseñaba a ver las causas de acontecimientos mundiales importantes y la forma en que se habían desenvuelto y resuelto. La memoria era una cuestión seria. De existir este tipo de memoria ya quisiera uno ser digno de abordarla: no tendríamos tantos dolores de cabeza al analizar, sopesar y elaborar conclusiones del pasado más pretérito.

La tradición esotérica emprende la explicación histórica en base a una evolución por ciclos denominada en su conjunto *manvantara* o "esquema

---

[359] Blavatsky, Helena Petrovna, *La voz del silencio*, Buenos Aires: Kier, 1993, p. 29.

evolutivo".[360] El *manvantara* está compuesto por siete ciclos menores que a su vez se dividen en rondas y ciclos de "reencarnación de la tierra" y dentro de cada una de estas coagulaciones terrestres se asoman diferentes "razas" (con un significado más general que el usual, algo así como una etapa de la humanidad). En el momento presente y de acuerdo con esta clasificación nos encontramos en la cuarta ronda, de la cuarta cadena, del cuarto globo y la raza que se especializa es la quinta. Esta quinta raza debe desarrollar la mente: es claro que los sentimientos siguen su curso y especialización, pero la tarea del momento tiene por norte el desarrollo mental que se logra mediante el estudio y la comprensión a través del razonamiento.

Muy por el contrario, en buena parte de las narrativas místicas que bordean el cerro Uritorco se escucha decir que hay que "sentir", ya que el pensamiento estorba la percepción. Aunque esta sentencia pudiera poseer algún viso de realidad, no puede asumirse como una regla general desde ninguna perspectiva y ciertamente jamás los haría un esoterista formado en las lecturas tradicionales, para quien el estudio, la reflexión y la comprensión son primordiales. Nuevamente asistimos a la presencia de los valores –o disvalores– propios de la posmodernidad: hoy no solo casi nadie escribe como y cuanto lo hacía Blavatsky... tampoco casi nadie lee obras tan largas y complejas.

Hay que destacar que no todo –de acuerdo con la concepción posmoderna– es negativo, ni todo lo pasado es necesariamente mejor. De lo que se trata es de disponer de la mayor cantidad de datos y miradas posibles para intentar el armado de un rompecabezas lógico y de alguna utilidad. En los tiempos que corren ¡vaya que es necesario contar con algo de pragmatismo!

Como decíamos, el esoterismo tradicional se opone al contacto con el plano de las emociones,[361] del cual se derivan pocos aprendizajes serios, a no ser que se cuente con una guía lo suficientemente aventajada como para poder discernir entre tanta confusión y engaño. El plano astral –sugieren los *mahatmas*– es de paso, el estudiante serio debería prestar poca atención al mismo, a no ser que sea abordado desde las mismas emociones del discípulo que tiene que sublimarlas, controlarlas, purificarlas; caso contrario se encontraría en un remolino de ilusiones que no solo lo desviarían de su objetivo de servicio humanitario, sino que lo convertirían en un estorbo.

El centro de la atención para el estudiante de la tradición esotérica es el plano mental: allí dirige su atención y prácticas, debe ejercitar la mente y,

---

[360] Heindel, Max, *Concepto rosacruz del cosmos,* Buenos Aires, Kier, 1994, p. 160.
[361] Blavatsky, Helena Petrovna, *La clave de la teosofía*, Buenos Aires, Kier, 1993, p. 17.

en lo posible, convertirse en un filántropo. En el caso de los "nuevos místicos" el hincapié se pone justamente en el plano de las ilusiones, se invita al practicante de estos pasos a realizar todo lo que esté a su alcance para desarrollar las facultades o medios para conectar con un "más allá".

Resumiendo: un esoterista tradicional deja a un costado el plano astral (emocional), mientras que las nuevas tendencias paramísticas New Age –como las que se encuentran en Capilla del Monte– hacen caso omiso de ello y se centran en lo emocional, en lo fenoménico y en lo irracional.

Las ciudades interiores, intraterrenas, etéreas o sutiles tampoco son nuevas, pero sí es nueva la modalidad de ingreso a ellas: encontramos que sintonizar con estos retiros –cuando no acceder a ellos– ya no es consecuencia del mérito de las buenas obras, sino únicamente de la pureza de corazón (o, mejor explicado, la pureza de corazón en tanto sea como la de un niño que, inocente y desprovisto de herramientas conceptuales, mora en una dulce ignorancia).

Otra diferencia significativa está en el orden de lo organizativo. Los grupos esoteristas tradicionales, inclusive los que perduran en la actualidad, tienen un programa reglado de encuentros, conferencias o clases y, a menudo, hasta su personería jurídica; si no son secretos buscan al menos ser discretos. Por el contrario, en los movimientos místicos asociados a la nueva "espiritualidad" New Age reina la informalidad tanto estructural como legal: las reuniones son anunciadas por gacetillas multicolores y en ellas la gente puede hablar, cantar, meditar y hasta comer o beber, si así lo desea, al tiempo que "avista ovnis". Esto sería impensado en los *rendez-vous* de grupos históricos, ligados –ellos sí– a una larga tradición esotérica.

Es cierto que algunos grupos continuadores de los primitivos fundadores de la mística capillense han agregado nociones de ciertas escuelas norteamericanas que hablan de Maestros Ascendidos y Llamas Divinas; aun así, continúan centrando su metafísica en la figura del contactado y en el fenómeno *per se*.

Haremos una digresión en esta línea comparativa entre el esoterismo de corte conservador-tradicional y las nuevas textualidades cordobesas para atraer la atención sobre cierto contenido místico aportado por Terrera. Es posible escuchar entre los contactados algunos vocablos que refieren a un orden superior de hombres: el *siddha* (leal o traidor), una jerarquía de seres muy evolucionados en comparación con otros que no lo son: el *pasu* (hombre animal) y un tipo intermedio, el *virya* (humanidad promedio, que puede estar "despierta" o "dormida").[362]

---

[362] Debemos mencionar que este aporte está en sintonía con el esoterismo nacional-socialista de autores como el chileno Miguel Serrano y el argentino Nimrod de

Terrera también se nutre de este esoterismo, pero resignifica algunas cuestiones: Shambhala –ciudad mística donde viven sabios superhumanos– pertenece al bando de los héroes, de hecho su mentor Orfelio Ulises Herrera se ha formado en ese centro espiritual a lo largo de ocho años. Esta situación es opuesta a la visión que de ese sitio tienen los citados Serrano y Moyano, ya que para ellos Shambhala es el epicentro del mal, la avanzada del Demiurgo-Jehová-Satanás (dios creador del universo material). Salvando diferencias como esta, en el fondo el pensamiento antijudío es evidente: con analizar los escritos de Terrera nos encontraremos con lo señalado y más también.

El romanticismo esotérico nacionalsocialista hizo su aporte a la causa hitleriana, pero es en el último tercio del siglo XX cuando adquiere verdadera potencia. Libros como *El retorno de los brujos* de Pauwels y Bergier otorgan el fermento necesario al "renacer" mundial de las ideas conspirativas que vehiculan nociones conservadoras y racistas.[363] Terrera no es ajeno a esta influencia; sin embargo, creemos en que esa ola ariosofista exagera desmedidamente la influencia del esoterismo en el nacionalsocialismo original, al menos en las personalidades con más poder y responsabilidad política de ese momento.[364]

Resta mencionar que tanto el esoterismo tradicional como la mística *sui generis* en torno a Capilla del Monte hablan de extraterrestres, no obstante el peso abrumador que tiene en esta última propuesta no deja lugar a dudas de cuál es el eje de la narrativa más reciente. La centralidad del "otro" extraño, sea intra o extraterrestre, presenta una paradoja ya que existe una admiración por ese "otro" superior, pero quien sale beneficiado del contacto o experiencia es el mismo percipiente, que –teóricamente– no vuelve a ser el mismo. La experiencia de contacto es transformadora y el progreso espiritual pareciera darse por ósmosis, no requiriendo de mayor esfuerzo: he aquí otra vez la presencia del posmodernismo en el ámbito supuestamente espiritual.

Si de todo lo antedicho se desprende que este misticismo posmoderno no se lleva bien con el esoterismo tradicional, es fácil comprender que se lleva aún peor con el pensamiento crítico propio de la ciencia en general y de la historiografía en particular. Este licuado y crematístico

---

Rosario (Luis Felipe Moyano Cires Roca). Véase: Moyano, Luis Felipe, *Fundamentos de la sabiduría hiperbórea*, Morrisville, Lulu, 1985, p. 787.

[363] Bergier, Jacques y Louis Pauwels, *El retorno de los brujos*, Barcelona, Plaza & Janés, 1969.

[364] Campo Pérez, Ricardo, "El ocultismo nacionalsocialista y el discurso alternativo contemporáneo", *Éndoxa: Series Filosóficas* 27, 2011, pp. 271-293.

neoesoterismo New Age se defiende de la razón crítica como una suerte de enfermedad autoinmune del cuerpo social: el cuestionamiento de cualquiera de los postulados "místicos" asociados a estas nuevas líneas discursivas será entonces automáticamente calificado de oscura conspiración, so pena de grandes males para quien se deje arrastrar por la ola de escepticismo materialista.

Para no concluir

La escritura sobre esta temática en particular es producto de que el posmodernismo también tiene su influencia en el ámbito educativo y académico: ni la docencia escolar ni la investigación universitaria escapan por completo a este sesgo eminentemente contemporáneo. Sin perjuicio de ello, aquí se intentó lanzar una mirada crítica y analítica, tal y como se propone desde las instancias ministeriales de la Argentina para los programas de enseñanza oficial.

Este trabajo no agota lo que se pueda decir sobre las nuevas tendencias o expresiones místicas asociadas a Capilla del Monte, lo que se propone justamente es generar nuevas preguntas y cuestionamientos para su estudio diacrónico y sincrónico. Como dijimos, existen datos concretos que pueden analizarse, junto a otros fenómenos derivados de lo observable que resultan más esquivos; aquí tratamos con lo que "hay a la mano" y no es poco. Si algún lector se siente motivado a profundizar sobre los diferentes textos y subtextos capillenses el objetivo de estas líneas estará sobradamente cumplido.

"Erks no se vende y no se compra", o al menos no debería ni comprarse ni venderse, pero lamentablemente se vende y se compra a diario. Un bien espiritual, de serlo realmente, no tiene por qué tener un costo material ni estar atado a los caprichos y devaneos de improvisados profetas que pisotean siglos de discurso científico y de tradición esotérica, pero a la vez intentando utilizar el prestigio de sus formas.

Lo propuesto en estas líneas va dirigido a movilizar el pensamiento tanto en el estudio y la investigación como en la docencia y la divulgación, a observar que podemos ir más allá de los límites de lo cotidiano, y ante cualquier estímulo de lo externo (o interno) preguntarnos por qué vemos lo que vemos y por qué sentimos lo que sentimos: por qué alguien dice lo que dice, quién es el que lo está diciendo y si vive conforme a lo que pregona.

Bibliografía principal

ALMAGRO JIMÉNEZ, Manuel (ed.), *Representaciones de la posmodernidad: una perspectiva interdisciplinar*, Sevilla, Publidisa, 2011.

BAPTISTA LUCIO, Pilar, Carlos FERNÁNDEZ COLLADO y Roberto HERNÁNDEZ SAMPIERI, *Metodología de la investigación*, México, McGraw-Hill, 1997.

BERGIER, Jacques y Louis PAUWELS, *El retorno de los brujos*, Barcelona, Plaza & Janés, 1969.

BIANCHI, Susana, *Historia social del mundo occidental: del feudalismo a la sociedad contemporánea*, Quilmes, Universidad Nacional de Quilmes, 2007.

BLAVATSKY, Helena Petrovna, *La clave de la teosofía*, Buenos Aires, Kier, 1993.

BLAVATSKY, Helena Petrovna, *La voz del silencio*, Buenos Aires, Kier, 1993.

BRAUDEL, Fernand, *La historia y la ciencias sociales*, Madrid, Alianza, 1970.

DE FILIPPI, Sebastiano, *La Ciudad de la Llama Azul: luces y sombras sobre el cerro Uritorco*, Buenos Aires, Biblos, 2018.

FREIRE, Paulo, *Pedagogía da autonomia: saberes necesários a prática educativa*, San Pablo, Paz e Terra, 2004.

GINZBURG, Carlo, *El queso y los gusanos: el cosmos, según un molinero del siglo XVI*, Barcelona, Muchnik, 1999.

HEINDEL, Max, *Concepto rosacruz del cosmos*, Buenos Aires, Kier, 1994.

HOBSBAWM, Eric, *Historia del siglo XX*, Buenos Aires, Crítica, 1999.

HUNTINGTON, Samuel P., *El choque de civilizaciones y la reconfiguración del orden mundial*, Buenos Aires, Paidós, 2001.

KLIMOVSKY, Gregorio, *Las desventuras del conocimiento científico: una introducción a la epistemología*, Buenos Aires. A-Z, 1997.

LYOTARD, Jean-François, *La condición posmoderna: informe sobre el saber*, Buenos Aires, Rei, 1991.

MOYANO, Luis Felipe, *Fundamentos de la sabiduría hiperbórea*, Morrisville, Lulu, 1985.

POWELL, Arturo E., *El cuerpo causal y el ego*, Buenos Aires, Kier, 1994.

TERRERA, Guillermo Alfredo, *El Bastón de Mando: historia y metafísica*, Córdoba, Sol Rojo, 2001.

VIGOTSKY, Lev S., *El desarrollo de los procesos psicológicos superiores*, Barcelona, Crítica, 1996.

WRIGHT, Pablo (ed.), *Periferias sagradas en la modernidad argentina*, Buenos Aires, Biblos, 2018.

XII

Diego Rodolfo Viegas

CULTOS OVNI, CONTACTADOS Y SANTUARIOS EXTRATERRESTRES EN LA ARGENTINA

Una mirada antropológica

En los años '50, pasados los horrendos episodios de la Segunda Guerra Mundial, el holocausto judío llevado a cabo por los nazis y la masacre provocada por las primeras bombas atómicas, ya en pleno enfrentamiento entre los bloques Este-Oeste, renacieron con gran fuerza las creencias milenaristas. Por primera vez el hombre podía destruirse a sí mismo en pocos minutos gracias a las nuevas armas nucleares, mientras el acelerado avance técnico y científico colocaba al gran público de cara al cielo estrellado.

En la posguerra el desarrollo de los cohetes-bomba alemanes ofrecía la posibilidad de que el ser humano comenzara la carrera espacial a bordo de cápsulas cósmicas. La Luna fue el primer objetivo, casi palpable, pero los medios masivos de comunicación dieron por hecho que antes de 1990 estaríamos en Marte. La era espacial y una creciente sensación de milenarismo apocalíptico invadieron imperceptiblemente los espíritus de Occidente.

Ambos movimientos –milenarismo y era espacial– se mezclaron en nuevas visiones místicas y cultos de adoración a todo lo proveniente del espacio exterior. Si nosotros vamos al espacio, ¿por qué no pueden "otros" venir a la Tierra? ¿No se habla continuamente de ovnis y extraños signos en el cielo? ¿Qué otra cosa pueden ser, sino los antiguos ángeles que vuelven, alertándonos acerca del mal camino que hemos tomado?

Para 1969 el hotelero suizo Erich von Däniken conoció la fama internacional, a través del arrasador éxito de su libro *Regreso a las estrellas*, en el que postulaba de la forma más seudocientífica especulaciones sobre la visita de "dioses-astronautas" en la antigüedad, que de algún modo eran responsables de casi todo el asombroso patrimonio cultural de África, Asia y América (de un modo colonialista y eurocéntrico: los europeos no fueron tutelados... el resto del mundo sí necesitó el padrinazgo alienígena).

Esta idea, jamás probada pero con una fuerte carga emocional, trató de sustentarse de cualquier forma, hasta con falsas pruebas arqueológicas, verdades a medias e incluso abiertas mentiras por parte de muchos autores, antes y después del señor von Däniken, devenido por obra y gracia de la credulidad pública en "prestigioso arqueólogo". Todavía hoy, medio siglo más tarde, mucha gente sigue llamando "pistas de Nazca" a los geoglifos preincaicos del Perú, que representan simbolismos que denotan el admirable progreso filosófico, matemático, astronómico y ritual de la cultura nazca, y no un absurdo "aeropuerto para el aterrizaje de platillos voladores".

Las excavaciones han descubierto pequeñas cavidades en los geoglifos, en las que se han encontrado ofrendas religiosas de productos agrícolas y animales, sobre todo marinos –propiciatorias de la lluvia y la fertilidad– y recientemente se ha puesto de relieve una relación espacial, funcional y religiosa entre los geoglifos y los templos de Cahuachi. La perspectiva "desde el aire" que los nazca quisieron dar al conjunto (a través de geometría, estacas, cordeles y limpieza de piedras en la pampa) tiene que ver con la visión chamánica del "mundo superior" y de la proyección del "vuelo" mental-espiritual de sus sabios; no en vano el cactus psicoactivo de San Pedro, Wachuma o Cardón Santo se refleja en los motivos cerámicos y en el arte de esta cultura.

De igual forma, el personaje maya representado en la lápida encontrada en Palenque (Chiapas, México) se perpetuó como "el astronauta de Palenque" –por su supuesto parecido con un moderno cosmonauta tomando los controles de su cápsula– cuando en realidad el mensaje del bajorrelieve ha podido descifrarse con ayuda de la tradición oral, la lectura de los glifos, y la comparación arqueológica y etnohistórica: representa una complejísima y bella cosmovisión del paso a la vida más allá de la muerte, en honor al rey-sacerdote Pakal I,[365] cuyos restos descansaban bajo la famosa lápida.

Se describe allí su descenso al inframundo, donde toma la identidad de uno de los dos gemelos que, en el *Popol vuh*, derrotaron a los señores de dicho reino y alcanzaron la inmortalidad. En los jeroglíficos de la cripta se describen también el origen y los ancestros de Pakal, así como una serie de deidades mayas.

Varios escritores antecedieron y continuaron impunemente esta tendencia de historia-ficción: el ruso Alexander Kazantsev (no es casual

---

[365] K'inich Janaab' Pakal, conocido también como Pakal "el Grande" (603-683).

que fuese pionero de los "astronautas ancestrales" en la atea y aceleradamente industrializada Unión Soviética), el francés Robert Charroux, el español Eugenio Danyans, el azerí Zecharia Sitchin y el italiano Peter Kolosimo. Ya en la década del 2010, fue convertida en producto televisivo risueño con el programa de la señal History Channel *Alienígenas ancestrales* (*Ancient Aliens* en los Estados Unidos y *Generación alien* en España), conducido por el exótico productor Giorgio A. Tsoukalos –devenido un "meme" de las redes sociales–, con quince temporadas y casi doscientos episodios.

El entusiasmo que provocaban todas estas controvertidas hipótesis, que diluían la asombrosa realidad del salto tecnológico con una buena cantidad de misterio e ilusión, realimentaba y daba forma a creencias, que poco a poco pasarían a conformar las doctrinas de los nacientes grupos mesiánicos. Llamados popularmente "sectas platillistas", "cultos ovni" o, con más propiedad –gracias a los sociólogos– nuevos movimientos religiosos (NMR) de devoción extraterrestre, o religiones alternativas o contemporáneas (de contacto extraterrestre), son grupos religiosos o espirituales que tienen orígenes recientes, pero son periféricos en relación a la cultura religiosa dominante de su sociedad, como producto y respuesta a los procesos modernos de secularización, globalización, destradicionalización, fragmentación, reflexividad e individualización.

En este caso son NMR con un origen novedoso: el debate sobre los ovnis surgido a comienzos de los años '50. Algunos tienen pocos miembros, otros miles; unos buscan formar colectivos doctrinales, otros abrazan un canon más individualista y borroso, tan "flotante" como los propios ovnis.

El investigador rosarino Luis Alberto Pacheco, pionero en advertir el surgimiento de estos cultos relacionados con los ovnis en la Argentina, define un credo de este tipo como

> el conjunto de voluntarios que comparten una misma creencia religiosa, mesiánica o mística, que siguen a un líder en particular (generalmente un contactado con seres espaciales o de otras dimensiones) y que utilizan la temática ovni –discos voladores– como herramienta de captación y unificación grupal, siendo sus características básicas el discurso New Age (Nueva Era), narrativas pseudocientíficas, el milenarismo, el mesianismo y, en ocasiones, el fundamentalismo.[366]

---

[366] Pacheco, Luis Alberto, *Los mercaderes de la fe: sobre ovnis y sectas*, Rosario, inédito, 1991.

No obstante, esta definición se aplicaría a grupos con una estructura y dogmas más definidos, existiendo también individuos canalizadores o contactados que reúnen sujetos variables, de creencias flexibles y fluctuantes, en permanente recambio, con una mixtura de ideas difusas y mudables provenientes de noticias de actualidad, ciencia popular, conspiraciones, mitologizaciones modernas, elementos originados en el ocultismo y en la mediumnidad europea del siglo XIX, o bien de un romanticismo orientalista e indigenista ramplón.

Parece ser que la llegada de los fines de siglo y de milenio provoca cierta inquietud espiritual y el afloramiento de supersticiones en Occidente, fomentadas desde la cultura judeocristiana y las crisis históricas.

Dice el filósofo Pablo Capanna que hay una regresión religiosa y un conflicto en nuestra cultura, pero que el "clima mágico" ya se dio en otras épocas, entre las que cita el Bajo Imperio, cuando se percibía el fin de una era –la civilización romana– y se abandonó la razón, imponiéndose cultos exóticos, la astrología y peculiares formas de paganismo. También se repitió el fenómeno durante el Renacimiento, que según Capanna es irónicamente conocido como "la edad de la razón" cuando en realidad fue una de las épocas más mágicas que se recuerden.[367] El astrónomo Kepler elaboraba horóscopos para poder vivir y el matemático Cardano, curiosamente, aseguraba tener contactos con enviados de otros planetas.

Sobre el final de este texto discutiremos estas observaciones, dado que en realidad en ninguna época dejó de existir el pensamiento simbólico-mitológico-mágico, conjuntamente con el empiriológico-racional.

La irrupción de los llamados inicialmente "platillos voladores", en 1947, tiene mucho que ver con estos procesos, ya que cabe recordar que la observación del piloto Kenneth Arnold de nueve objetos brillantes sobre los montes Cascade, en Washington, fue atribuida por el propio testigo a unos nuevos misiles que en pocos días más las fuerzas armadas de su país darían a conocer.

Sin embargo, una explosión inusitada de informes similares siguieron al suyo, primero en los Estados Unidos y posteriormente en todo el mundo, como si el modesto hombre de negocios hubiera abierto, sin querer, la puerta que la gente necesitaba para volcar como una avalancha sus necesidades numinosas de trascendencia, magia, mito y de creencia en algo superior, durante una época de racionalismo y materialismo extremos, agnosticismo cientificista, estrés tecnológico, y sobre todo de paranoia y temor derivados de la Guerra Fría. Claramente, el llamado

---

367 Capanna, Pablo, "De la secularización al neopaganismo", en AA. VV., *Las sectas en América Latina*, Buenos Aires, Claretiana, 1985.

"incidente Roswell" (el supuesto *UFO crash* ocurrido también en 1947) disparó aún más este proceso psicosocial.

Lo cierto es que el campo estaba abonado para que declaraciones en apariencia descabelladas como las de George Adamski, Howard Menger, George King, Eugenio Siragusa, Giorgio Bongiovanni, Claude Vorilhon, "Bo y Peep", etcétera, fueran objeto de preocupación y respeto por una parte de la población mundial, incluidos jefes de estado, profesionales y respetables referentes del cuarto poder.

Pasado el período de la Guerra Fría, con la llegada del neoliberalismo triunfalista, la revolución informática y la nueva fase de capitalismo financiero y extractivista, los nuevos movimientos religiosos centrados en los extraterrestres no desaparecieron, sino que se adaptaron a las nuevas agendas, modas y preocupaciones sociales: ecología, biodiversidad, "contacto interior", nuevas conspiraciones, uso de las redes sociales y tecnologías novedosas, subjetivismo, relativismo e individualismo, en correspondencia con la etapa posmoderna.

Tanto Christopher Partridge (Universidad de Lancaster) como James Lewis (Universidad de Gales), estudiosos de los nuevos movimientos religiosos, colocan la "religión ovni" dentro del contexto del esoterismo teosófico, señalando la influencia decisiva recibida en la mayoría de ellos por la teosofía de madame Blavatsky y por el grupo *I am* ("Yo soy") creado por Guy Ballard en 1930. Existen muchos paralelismos, como la creencia en la misma Jerarquía espiritual, la idea de que los seres extraterrestres son "heraldos de una Nueva Era" y los encuentros con Maestros Ascendidos (que "descienden" hacia nosotros; en el caso de Ballard, el Conde de Saint Germain en el monte Shasta).

Muchos señalan a Adamski como uno de los pioneros en conformar un culto platillista. De origen polaco, Adamski era gerente de un restaurante en la falda del monte Palomar, y aficionado a la teosofía y a la astronomía. Para 1946 había sido capaz de escribir una novela de ciencia ficción sobre un viaje al cosmos y también había publicado una obra esotérica titulada *La Real Orden del Tibet*. En estas obras se encuentra parte del discurso que luego pondría en boca de sus amigos venusinos.

En 1952 Adamski afirmó haber visto un objeto volador en forma de cigarro, junto a su amigo George Hunt Williamson (que más tarde se convertiría en "Brother Philip", fundando la Abadía de los Siete Rayos en el lago Titicaca) y luego un encuentro a solas en medio del desierto de Arizona con un humanoide de Venus, alto, rubio y algo andrógino. En 1959 fundó el International Get Acquainted Program, ya convertido en un nuevo profeta.

El inglés George King, un curandero, ex bombero y taxista, comenzó a recibir las voces de unos seres pertenecientes al Parlamento

Interplanetario, con diputados de Marte y Venus. Al poco tiempo, en 1955, dio forma a la Sociedad Aetherius, para algunos académicos el primer auténtico culto ovni y ciertamente uno de los más duraderos. El mismísimo Jesús comenzó a hablar a King desde su platillo, dictándole una ampliación de los dogmas de la Iglesia a Doce Bendiciones que redactó en su libro *Tú eres responsable*.

Unos sesenta años después el culto seguía vigente casi sin cambios en sus doctrinas y en sus estereotipos ovni, anclados en la década de 1950, cuando la ciencia aún no había puesto pie en la Luna, Marte y Venus. En todo ese tiempo y hasta su muerte en 1997, King ostentó una serie de títulos que incluían los de Reverendo, Eminencia, Comendador de Caballeros, Doctor en Divinidad, Doctor en Sagradas Humanidades, Arzobispo Metropolitano de las Iglesias Aetherius, etcétera. Algunos de esos títulos fueron concedidos por la propia Sociedad y otros por orden de los extraterrestres. Hoy cualquiera puede visitar su web,[368] y enterarse de los servicios ofrecidos, consistentes en el almacenamiento de plegarias en una máquina contenedora de energía espiritual, y su radiación para curaciones individuales o armonización del mundo.

Metamorfosis Humana Individual, fundada en California en 1970 por la pareja integrada por Bonnie Nettles y Marshall Applewhite ("Bo y Peep"), prohibía a sus seguidores tener sexo, ver televisión y escuchar radio: solo el material de la secta estaba permitido. En 1975 Bo prometió que una nave espacial llegaría para arrebatar a sus fieles; como esto no ocurrió, el culto entró en un cono de sombra hasta 1993. Peep falleció en 1985 y Bo impulsó un resurgimiento del grupo, rebautizándolo Puerta del Cielo. En 1997 el mundo contempló con horror el trágico suicidio de Bo y sus 39 seguidores, para "alcanzar el nivel superior e ingresar a una nave extraterrestre que seguía la trayectoria del cometa Hale-Boop" y los rescataría de este triste planeta Tierra.

En Europa dos extraños personajes conocieron el éxito con sus doctrinas. Eugenio Siragusa, "el Anunciador" y Claude Vorilhon, "Raël". Siragusa era un empleado ferroviario en Catania (Italia) que pasó a ser en 1954 un embajador de los extraterrestres –Ashtar, Adoniesis, Ithacar, Woodok– a través de su Centro de Estudios Fraternidad Cósmica, con delegaciones en varias naciones. Sus mensajes apocalípticos de oscurecimiento global del planeta y plan de evacuación cósmica fueron continuados por su discípulo rebelde Giorgio Bongiovanni (fundador de Non Siamo Soli), que luce supuestos estigmas milagrosos y adicionó elementos marianos a las naves del viejo fundador. Bongiovanni pronosticó sin suerte el fin del mundo para 1991, 2000 y 2012.

---

[368] Véase, en Internet, www.aetherius.org.

Raël, ex cantante y periodista automovilístico francés, en 1975 fue invitado por "los Elohim" a bordo de un platillo volador para cenar junto a Moisés, Buda, Jesús y Mahoma; luego del convite le informaron que los hombres fueron creados en un experimento genético de laboratorio. La sede central de los raëlianos se encuentra en Ginebra y el movimiento cuenta con unos 15.000 seguidores, sobre todo en Francia, Japón y Corea del Sur. Una de sus misiones aún no consolidada es la de preparar una embajada oficial para acoger el regreso de los Elohim. En 2002 la compañía raëliana Clonaid anunció su intención de clonar un ser humano por primera vez en la historia y en 2003 declaró que se había clonado una niña, si bien jamás pudo probarlo.

Los cultos ovni se expanden a Sudamérica

Innumerables cultos platillistas han surgido y desaparecido hasta el momento, y al menos hasta principios del siglo XXI irrumpieron más congregaciones con estas características, lo mismo que supuestos contactados y canalizadores que no han conformado grupos estables de seguidores.

A modo de ejemplo mencionaremos algunos cuya influencia ha sido menor en relación a los citados anteriormente: Unarius, de Ernest y Ruth Norman (1954); Cosmic Circle of Fellowship, fundado por William Ferguson (1955); Universal College of Wisdom, de George Van Tassel (1955), conocido por organizar las Spacecraft Conventions de Giant Rock en el desierto de Mohave, cerca del condado de San Bernardino (California del Sur); Buck Nelson, un aturdido granjero amigo de los venusinos que vendía en sus propias convenciones en las montañas de Ozark (Misuri)[369] sobres con pelo negro de su perro (los venusinos le habían regalado al perro, perdido en un viaje espacial); Understanding, culto teosofista de Daniel Fry, famoso contactado con el alienígena A-Lan en el desierto de White Sands en 1950; Truman Bethurum, creador del grupo filosófico Santuario del Pensamiento, cerca de Prescott, Arizona, tras sus difundidos encuentros con la capitana Aura Rhanes del ficticio planeta Clarion (1953); Orfeo Angelucci, el primer contactado de la década de 1950 en usar repetidamente el término "Nueva Era", además de adelantarse unos cuarenta años a las narraciones estándar de seres dimensionales, abductores insustanciales que pueden aparecer o desaparecer.

Nombremos también a la Association of Sananda and Sanat Kumara (1965), fundada por Dorothy Martin ("Hermana Thedra", discípula del mencionado George Hunt Williamson, que anteriormente había creado

---

[369] Las conferencias anuales sobre ovnis en los montes Ozark continúan al día de hoy, en el vecino estado de Arkansas, no necesariamente con contactados.

una rígida secta prediciendo el fin del mundo para 1954, según mensajes dictados desde Clarion);[370] Fiat Lux, comandada por una tal Uriella desde 1980; la Hermandad de Urantia, con su particular texto sagrado, *The Urantia Book*; la Universarius Foundation; los Afiliados de la Luz, a quienes un ser de otro mundo llamado Ox-Ho advirtió que la catástrofe mundial se daría en 1969; One World Family, conducida por el desequilibrado Allen Michael Noonan de California, a quien el ser interplanetario Ashtar propuso ser el Redentor del Mundo, y hacerse con el gobierno de los Estados Unidos y la dirección de la ONU; el Instituto para la Investigación Cósmica de Michigan, que aglutinó desde 1967 a 1974 a un grupo de seguidores con el fin de construir un platillo que volaría al mando de su líder sobrenatural, un tal Gordon; la Orden de Melquisedec; la Iglesia Universal y Triunfante conducida por Elizabeth Clare Prophet, que pronosticó el fin del mundo para 1990; el Comando Ashtar, liderado por Thelma Terrell ("Tuella") desde 1977, cuya "biblia" se intitula *Proyecto Evacuación mundial*, de tendencias claramente catastrofistas; la Iglesia de Jesús el Platillista, etcétera. Todos estos cultos nacieron en los Estados Unidos.

De Europa podemos mencionar al grupo Galacteus, de origen francés, que se aisló en la paradisíaca Polinesia francesa para esperar el establecimiento de la Nueva Era; la comunidad de Eduard "Billy" Meier (fundada en 1975), el granjero suizo conocido por sus espectaculares –y fraudulentas– filmaciones de platillos. Viajando hacia el este, citaremos a los seguidores de la contactada Klara Malikova, de la República de Georgia, y la cofradía Chen Tao, de Taiwán (1995), dirigida por Hon-Ming Chen.

En Latinoamérica el fenómeno comenzó de la mano de la congregación dirigida por José Hipólito Trigueirinho Netto en Brasil y otras del mismo país como Universo en Desencanto o Alfa-Omega. Surgieron también el Núcleo Alción, del portorriqueño Orlando Rimax; Bienaventuranza Cósmica, dirigida pasajeramente por la actriz argentina Estela Molly y su esposo Sergio de los Santos; el FICI, del pseudocientífico Pedro Romaniuk, que en vida del enérgico esoterista mantuvo una comunidad en Morón (Buenos Aires) y se caracterizaba por su extravagante discurso, según el cual la Argentina ganaría la Guerra de las Malvinas ayudada por las naves

---

[370] Este es el culto estudiado desde adentro por el psicólogo social Leon Festinger, con resultados que aparecen en el famoso libro *When Prophecy Fails: A social and psychological study of a modern group that predicted the destruction of the world* (1956), traducido al español en Alicante por Reediciones Anómalas (2019), bajo el título *Cuando las profecías fallan*, con prólogo de Ignacio Cabria. Festinger guardó la privacidad de Dorothy Martin con el alias de "Marian Keech" y trasladó a su grupo de Chicago –en la vida real– a Michigan.

extraterrestres e Irak a su vez la Guerra del Golfo por la misma causa, y por su inmutable convicción de que el Sol es frío.

Dignos de nota son también La Misión, culto mendocino liderado por la "madre magnética" Perla Perviú; la comunidad de Isidris, ciudad etérica extraterrestre que de acuerdo a la contactada Verónica Lizana ("Kervher") se encuentra en esa misma provincia cuyana de la Argentina; la Hermandad Cósmica Hamir, del curandero panameño Iván Karica; la Fundación Sol Radiante; el Movimiento Ayllu; la Escuela Gnóstica del mexicano Salazar Bañol, que oportunamente se estableció a pocos kilómetros de la localidad cordobesa de Capilla del Monte; y un larguísimo etcétera.

Sin embargo, ningún colectivo sudamericano fue tan exitoso como Misión Rama, del peruano Sixto Paz Wells, quien a partir de 1974 comenzó a recibir mensajes telepáticos de guías extraterrestres, especialmente de Ganímedes, abriendo filiales en España y otros treinta países. Paz Wells afirmaba dialogar con Oxalc, del planeta Morlen, a quien también podía visitar traspasando unas puertas dimensionales llamadas "xendras".

Llegando a un extremo de absurdo y peligrosidad –que por suerte se da en casos muy aislados– hubo noticias de grupos que bajo la pantalla de la creencia en visitantes galácticos cometieron verdaderas aberraciones, aprovechando la pasiva credulidad de sus discípulos.

Jorge Boronat, un locutor español, fundó a principios de los '80 la Misión Extraterrestre y adoptó diversas personalidades, como Dios el Padre, Jubata (mano derecha de Dios), Oto (predictor del futuro), Mazar (jefe supremo de las naves de Ganímedes) y Ummoboa (personaje justiciero cuyo nombre tomó de las especulaciones ufológicas sobre el planeta Ummo). A través de esta última personalidad, Boronat castigaba en forma salvaje a los adeptos que lo creían un ser extrahumano venido de un satélite de Júpiter.[371]

En ese mismo país se llevó adelante el resonante juicio contra los dirigentes de la secta Edelweiss, fundada por Eduardo González Arenas –alias "Eddy"–, condenado por 28 delitos de corrupción de menores, a los cuales había convencido de ser el príncipe Alain, llegado del planeta Nazar. En dicho planeta no existían las mujeres, por lo que parecía lógico que el "extraterrestre" se sirviera de los adolescentes captados para satisfacer sus apetitos sexuales.

---

[371] La misión consistía en una serie de chocantes acciones programáticas que mantenían ocupados a los miembros todo el tiempo, bajo una coacción psicológica y una presión constante por el miedo a una nueva paliza, mientras el líder se daba la gran vida con las cien mil pesetas diarias que recibía de sus traumados e ingenuos fieles.

En 1992 se presentó en la televisión argentina un video interno de los grupos formados por el gurú chileno Carlos Warter, donde en el marco de un alocado discurso se refería al presidente argentino de aquella época, Carlos Menem, como "un extraterrestre que pusimos acá para que haga una transformación". A partir de allí, diversas investigaciones revelaron que este personaje, poderoso económicamente y a nivel de influencias internacionales, se presentaba ante sus seguidores –muchos de ellos famosos miembros de la farándula local– como Zarkar, un "maestro multidimensional".

María Pía Meritello, una ex integrante de los "retiros espirituales" de Warter, recuerda su convivencia con el gurú trasandino como la experiencia más negra de su vida, a causa de la continua expresión violenta de aquel, la imposición de prolongados ayunos y las manipulaciones psicológicas; todas ellas, conocidas técnicas usadas a veces inconscientemente por los líderes carismáticos que terminan creando organizaciones de contenido esotérico, religioso, pseudocientífico o extraterrestre.

Aunque no es intención de este trabajo hacer foco en los caminos desviados que cierta gente toma al mezclar supuestos ovnis con dudosas recetas religiosas, milenaristas o rituales, recordaremos que en España ocurrieron a fines de los '70 los insólitos suicidios de dos jóvenes trastornados por las más demenciales teorías ufológicas, quienes pusieron sus cuerpos en las vías del tren pues "los extraterrestres de Júpiter los llamaban".

Cultos platillistas argentinos

Como es usual, en la Argentina nos quedamos atrás únicamente desde lo cronológico: en la década de los '80 comenzaron a surgir tardíamente cultos ovnis criollos, aunque precedidos por lejanos embriones y antecedentes de las primeras épocas ufológicas del Cono Sur.

Entre estos colectivos de perfil acentuadamente místico se destacan cuatro: Grupo Alfa (o Centro para el Hombre Nuevo), LUS (Lineamiento Universal Superior), FUPEC (Fusión para el Encuentro Cósmico, originalmente Fundación para el Encuentro Cósmico) y Radar-1.

FUPEC tiene su origen en el desaparecido grupo IPEC (Instituto Planificador de Encuentros Cercanos), que por sugerencia del cordobés Guillermo Alfredo Terrera –abogado volcado al esoterismo y ocasional asociado del gurú rosarino Ángel Cristo Acoglanis– organizó una expedición en busca de la hipotética "ciudad sagrada extraterrestre de Erks", que según algunos cultores del misterio se encontraría en las proximidades del también "sagrado" cerro Uritorco, en Capilla del Monte.

Huelga decir que dicho operativo fue un verdadero chasco, sin perjuicio de que uno de los "investigadores científicos", Dante Franch, se volvió con el tiempo un referente del tema y lo es hoy de una importante red de grupos FUPEC en todo el país y en Colombia.

Dante Franch y FUPEC

He aquí un caso de contactismo extraterrestre catolicocéntrico. Según sus declaraciones, Franch comenzó sus andanzas de contactado cuando un día, cruzando la avenida porteña Nueve de Julio, tuvo la visión de Cristo con un plato volador detrás, figura que hoy constituye el isotipo de su agrupación.

Este hombre se presenta en sus conferencias como "representante en la Tierra de la Confederación Intergaláctica de Planetas" y desea que sus fieles lo acompañen al campamento-granja que mantiene a los pies del cerro Pajarillo, en Córdoba. Franch cree ser una especie de nuevo profeta bíblico (escribió un libro titulado *Claves de las profecías* y, en dos tomos, *Los extraterrestres y el plan cósmico*). En sus boletines y grabaciones de audio –antes en casetes, ahora mediante plataformas digitales– prescribe marchas y oraciones como "Vamos, grupos del FUPEC, todos juntos a rezar" o "Con las flotas de naves guardianas, del cielo a la tierra Jesús bajará".

En general, puede decirse que ha instituido un sincretismo católico-alienígena, dando importancia a los aspectos vinculados a la virgen María y Jesús (dos comandantes espaciales), los papas (Juan XXIII fue visitado por un venusino), la Biblia (que es el relato de la vinculación entre los Hermanos Mayores del espacio y los hombres en la antigüedad), los milagros, etcétera. Franch dice recibir continuos mensajes telepáticos de los Hermanos cósmicos, referidos a conceptos del espacio-tiempo, y sobre todo a advertencias de las catástrofes que sobrevendrán, el castigo inminente y la evacuación masiva que los seres del cosmos realizarán entre los elegidos.

Ya pasados treinta años del auge de este nuevo movimiento religioso, Dante Franch –a tono con los tiempos que corren– se mantiene muy activo mediante su programa de radio *Encuentros cósmicos* y las redes sociales: página web, Facebook, Instagram, YouTube, iVoox. Desde fines de los '90 posee un grupo de seguidores en Bogotá, con la idéntica misión de transmitir los mensajes de los extraterrestres desde "la línea crística de contacto", bajo la égida del Comando Ashtar.[372] Como veremos más adelante, desde un principio FUPEC buscó reunirse en rituales de meditación y contacto con los mensajes del Maestro Jesús y la

---

[372] Véase, en Internet, www.dantefranch.com.ar.

Confederación Intergaláctica, en Capilla del Monte, a los pies del cerro Uritorco, en el cerro Pajarillo (donde mantienen su retiro), la región de la quebrada de Luna y Ongamira, es decir aquellas regiones dominadas por un pico montañoso que se convierten en santuarios del movimiento contactista.

Hasta el momento Franch es esforzado firmante de doce títulos. *Claves de las profecías* analiza el "contexto profético" transmitido por Jehová, Jesús, María, los arcángeles Gabriel, Miguel y Uriel, los antiguos profetas, los seres extraterrestres, Rasputín, Nostradamus y el psicógrafo argentino Benjamín Solari Parraviccini. *Los extraterrestres y el plan cósmico* se aboca a los métodos extraterrestres de traslación, las tipologías y procedencias de los alienígenas, los orígenes estelares de la raza adámica, los cambios planetarios por venir, el "mundo subterráneo" y el "astronauta Jehová". *Mensajero impersonal* habla de un "Yo superior" en todo ser humano e identifica a los servidores del bien y el mal. *La voz interior* analiza los diversos tipos de mensajes, tanto en su contenido como en su fuente emisora; ayuda a los perceptivos a entender, mejorar y purificar lo que "reciben". *Anatomía de un contacto* narra algunas de sus muchas experiencias de contacto extraterrestre; describe además detalles sobre su elevación y traslación a las naves.

Contacto extraterrestre revela conocimientos sobre la Hermandad Blanca (tomada de la vieja teosofía) y la ciudad subterránea de Erks. *Mensajeros del cosmos* especifica mensajes espaciales de origen crístico y mariano. *Erks y las ciudades subterráneas* refleja sus pioneras expediciones desde 1985 y los secretos tanto de Erks como de otras ciudades subterráneas en América. *La evacuación mundial y los cambios planetarios* contiene mensajes de la virgen de Fátima, del comandante Ashtar (recibidos por Tuella) y de Jesús, más datos sobre la próxima depuración planetaria. *Telepatía cósmica y contacto* versa sobre las distintas formas de diálogo extraterrestre. *El otro despertar: la vida después de la vida* trata del tema de la reencarnación. *Huella del Pajarillo: señal de contacto* repasa la supuesta implicación de Franch en la famosa "huella de aterrizaje" sobre el cerro cordobés. Por contenido y forma, toda esta producción es alarmantemente cercana a la de Pedro Romaniuk.

En sus numerosas apariciones televisivas Franch ejercita la prudencia y se presenta generalmente como "ufólogo y parapsicólogo" (es decir, como un investigador especializado con intenciones científicas), no mencionando su faceta de contactado, canalizador y profeta, adecuando su discurso al público masivo y recortando la metanarrativa abiertamente religiosa.

Los orígenes reales de la veta actual que explota Dante Franch son, desde ya, distintos a los narrados por él. Todo comenzó cuando, ejerciendo su profesión de albañil y electricista, le tocó realizar algunos arreglos en casa de Guillermo Terrera. El profesor cordobés lo invitó a participar de las charlas que daba allí mismo, en su domicilio, y Franch entendió rápidamente que podía haber horizontes más interesantes que los trabajos de refacción doméstica.

Francisco Checchi y Grupo Alfa

Con Checchi y Alfa tenemos un caso prototípico de contactismo New Age. El también denominado Centro para el Hombre Nuevo fue creado por el porteño Francisco Checchi (que hoy prefiere hacerse llamar Franco), quien asegura haber visto descender de una nave gigantesca, a través de un tubo de luz, personajes celestiales como "el maestro Jesús, Saint Germain y Kuthumi".

Su culto ovni –a diferencia del catolicocéntrico FUPEC– se vuelca a la comercialización más explícita de toda la parafernalia de la Nueva Era[373] y de un difuso espiritualismo verde y neopagano, disfrazado de ecología. El logo del Grupo Alfa es un triángulo que encierra la letra griega "alfa", un platillo volador y una paloma de la paz, con el lema "Preparándonos para la Nueva Era".

Alfa se hizo famoso en la Argentina por la difusión de sus cientos de fotos plagadas de "tubos de luz" y "energías lumínicas" que a la vista de cualquier fotógrafo profesional son nada más que reflejos, emulsiones y trucos de fácil explicación; no obstante, para sus seguidores constituyen pruebas materiales y evidencias científicas de sus revelaciones teológicas espaciales. Después de muchos años de convocar exitosos "Congresos de ciencia cósmica" en la localidad de Capilla del Monte y de empapelar la ciudad de Buenos Aires con la promoción de sus conferencias sobre encuentros programados telepáticamente y el plan de evacuación ante la guerra nuclear y los desastres naturales, Checchi y su colectivo se trasladaron a la estancia "La dorada" –5.000 hectáreas en la provincia de Catamarca donadas por algún mecenas– que a partir de entonces se convirtió por supuesto en un nuevo "vórtice energético" para la meditación e imán para los tripulantes espaciales.

Su boletín de divulgación *Mensajes cósmicos, Revista de la Nueva Era* se distribuyó incluso en los kioscos de todo el país a fines de los '80 y principios de los '90, pero durante mucho tiempo se supo poco de sus actividades, centradas en Catamarca (a más de 1.100 kilómetros de la capital argentina). Hacia 2009 Checchi regresó a Buenos Aires, con su proyecto de comunidad aparentemente fracasado, rodeado de los

---

[373] El menú de servicios ofrecidos incluye talleres de yoga, radiestesia, orientalismo, control mental, flores de Bach, etcétera.

primeros seguidores de su vieja guardia y en enero de 2019 volvió a desembarcar en Capilla del Monte, en el marco de sus charlas y reuniones de contacto, con renovado show de fotos y diapositivas de naves de energía pura y seres energéticos luminosos.

Sus libros más conocidos fueron *Ovnis: encuentros programados*, donde afirmaba ya desde la portada que 1.700 personas habían comprobado la existencia de los Maestros cósmicos en los contactos directos propiciados por Alfa, y *Ovnis: plan cósmico y evacuación en la Argentina*, con los redundantes mensajes de los Maestros mayores de la humanidad. En su regreso público, sin el brillo de antaño, afirma que ya son 4.900 las personas a quienes ayudó a contactar con los citados instructores cósmico-espirituales. Ya no sitúa el temido Armagedón a fines del siglo XX, o en diciembre del año 2012: ahora lo "estira" a una fecha indefinida del futuro.

Valentina de Andrade y LUS

LUS (Lineamiento Universal Superior) es un caso aparte y especial: un culto ovni gnóstico. Creado en 1983 por la brasileña Valentina de Andrade y establecido en Buenos Aires, el grupo captaba miembros a través de las conferencias de "la Señora", quien afirmaba recibir mensajes transmitidos por "individualidades cósmicas" desde los ovnis, cuyo contenido versaba sobre inapelables verdades universales. Para los trescientos devotos originales el verdadero dios se llamaba Zuita, siendo el judeocristiano un "dios nefasto"; por lo demás, se entregaban buenamente a las características típicas de estos grupos: presiones psicológicas, trastocación de valores, cambio de vida.

En un pasaje de su libro *La verdad sobre Dios*, Valentina advertía: "Tengan cuidado con los niños, ellos son instrumentos inconscientes de la gran farsa denominada Dios y sus nefastos colaboradores". En junio de 1992 Valentina de Andrade y su pareja, el argentino José Teruggi, se vieron envueltos en un escándalo judicial de proporciones internacionales, al acusársele de estar vinculados de manera indirecta a unos asesinatos rituales de niños en Brasil.[374]

Finalmente, la falta de pruebas concretas contra ella y su esposo cerró el caso, aunque según parece Interpol continuó siguiendo durante un tiempo a la "sacerdotisa". El caso en sí es una excelente pieza de estudio sociológico, en la que se mezclan los miedos de la sociedad, la intolerancia de ciertos grupos autodenominados "anti-sectas", la voracidad de la

---

[374] Estos homicidios fueron cometidos en realidad por un brujo quimbanda brasileño en complicidad con policías del vecino país, que nada tenía que ver con Andrade ni con su grupo argentino y sí mucho con sectores políticos del Brasil.

prensa por la espectacularidad a cualquier precio, y un sinnúmero de detalles que finalmente resultaron en la dispersión de los paranoicos y gnósticos "valentinos".

Uno de los más destacados miembros del culto era un extraño personaje, inteligente y delirante por partes iguales: Claudio Omar Rodríguez, que apareció algunos años después (24 de junio de 1997) en un *talk show* de la televisión de Buenos Aires, con su rostro cubierto por un pasamontañas verde, haciéndose pasar por un extraterrestre asimilado a la Tierra: su nombre era Clomro (obvio acróstico de "Claudio Omar Rodríguez") y desautorizaba a famosos contactados presentes en dicho programa –por ejemplo a Francisco Checchi– al tiempo que brindaba su doctrina espacial en forma directa y sin intermediarios.

El comandante Clomro tuvo más tarde su propia página de Internet, desde la que polemizaba con los incrédulos que le negaban su condición extraterrestre y decían haber descubierto el verdadero rostro detrás de su pasamontañas, y también por ese medio hacía conocer sus ideas filosóficas gnóstico-extraterrestres. Fue entrevistado por el contactado mexicano Humberto Sánchez en la televisión de Monterrey (México), lugar donde falleciera tristemente y solo en 2016.

Claudio Romeu y Radar-1

El suicidio de un raro personaje –por una aparente crisis de pareja– develó los entretelones de un culto que empezó como un grupo de contacto extraterrestre, continuó como iglesia evangélica pentecostal (la iglesia Manantial, inscripta en el Registro Nacional de Culto con el número 2.975) y después se convirtió en una especie de comando guerrillero místico-tecnológico, algo así como unos modernos cruzados espaciales argentinos, cuya consigna era –como aquella de la Edad Media– rescatar los lugares sagrados (de la ufología, como la ciudad entrerriana de Victoria) y combatir a los infieles: los "grises", una raza de extraterrestres que, como se sabe, se dedican a secuestrar seres humanos.

El líder de tan disparatados propósitos era Claudio Romeu, un ex pastor del ministerio Ondas de Amor y Paz, creación del inefable Héctor Giménez, convencido de que su espíritu "no era de este mundo". Desde 1991 el grupo evangélico-platillista Radar-1 había comenzado a acopiar armamento pesado y tecnología de punta en su templo de Boulogne (Buenos Aires) y a emplazar tambores con alimentos no perecederos en zonas estratégicas para la llegada del fin del mundo, ocasión en la que habría que combatir a los extraterrestres "grises", para luego ser rescatados por los comandantes angélicos "bajo el mando de Jesús y la Confederación Intergaláctica".

Radar-1 comenzó a visitar regularmente la ciudad de Victoria –famosa por una oleada ovni a principios de los '90 y pronto convertida en un segundo santuario extraterrestre argentino, luego de Capilla del Monte– en combis que los lugareños describían como "llenas de instrumentos técnicos y radares". Hacían exhibiciones de uniformes, de armas y credenciales aparentemente oficiales que asombraban a los victorienses; después se supo que no eran de "la Fuerza Aérea", sino autorizaciones del Registro Nacional de Armas.

Publicaban avisos en los diarios locales advirtiendo a los ufólogos que "no se acercasen y no los molestasen en sus tareas", cosa que extrañó a la comunidad ufológica, temerosa de que este fuera un grupo paramilitar. Difundían entre la población creencias extrañas: "Si de noche ven algún gris, hay que disparar a quemarropa"; "Cristo llegará en una nave para arrebatar al cielo a los elegidos"; "El gobierno de los Estados Unidos pactó con los grises la entrega de cobayos humanos a cambio de tecnología para fines militares" (archiconocido mito).

Los discípulos de Romeu eran un pequeño grupo de no más de quince jóvenes, cuyas edades oscilaban entre los 26 y 33 años. El diezmo y las ofrendas mensuales que Romeu comenzó a exigirles para la iglesia Manantial fueron derivados a la compra de armas de guerra, una camioneta Ford "Bronco", una avioneta Piper, cuatro motos, tres ciclomotores, una estación portátil de FM, radares, ocho computadoras, contadores Geiger, artefactos de supervivencia, máscaras de gas, binoculares infrarrojos, una ametralladora Intratek 22, morteros, bombas incendiarias, gases lacrimógenos, fusiles, misiles y pistolas, entre ellas un Águila del Desierto israelí calibre 50.

La creciente paranoia del contactado, sumada a fuertes conflictos con su ex pareja y la extraña y nunca bien explicada visita que recibiera en 1996, en Victoria, de unos "Hombres de Negro" que se animaron a enfrentarlo,[375] hicieron que Romeu tomara la decisión de suicidarse delante de sus dos pequeños hijos. "Se cuadró, miró al frente y se puso firme. Mi papá se murió como un comandante del espacio": así narró Cristian –que en ese entonces cumplía ocho años– la muerte de su padre.

Claudio Romeu había seguido un largo camino, primero como integrante adolescente de la Escuela Científica Basilio (institución pionera del espiritismo en la Argentina), luego miembro de la Iglesia Mesiánica

---

[375] Se habría tratado de la planificada visita de psicólogos y antropólogos, pulcramente disfrazados de *Men in Black* (Hombres de Negro) y agentes de la Fuerza Aérea estadounidense, para efectuar un experimento sobre los límites de las creencias del propio Romeu y acerca de los rumores que ayudó a extender en Victoria. Sin embargo, nunca se publicó ninguna conclusión.

Mundial, después alternando entre el FICI de Romaniuk y el seminario evangelista con el pastor Giménez, fundando el Comando Ashtar, hasta llegar a construir el desatinado culto Radar-1, que finalmente –con la muerte de su estratega– perdió su particular "guerra de los mundos" por abandono del campo de batalla.

Los nuevos cultos ovni y el cerro Uritorco

A lo largo de los últimos veinte años, la República Argentina ha visto renovarse el ambiente UFO-religioso, casi siempre vinculado de una manera u otra a la localidad de Capilla del Monte y a su cerro Uritorco.

Podemos mencionar como nuevos cultos ufológicos a la fundación Arsayian, liderada por Matías De Stefano; la comunidad Uksim, capitaneada por Daniel Gagliardo; y el grupo Cena Ufológica Uritorco, coordinado por Alejandro Pratt. A estos colectivos se suman contactados, canalizadores y guías de distinto tipo, entre los que deben mencionarse a Antarel Elohim, Marcelo Albala, Abelina "Lina" Castro, Ariel Pro, Néstor Corsi, "Nanni Luminarias", Gustavo González Anessi ("Mikhael Nurshuma"), el peruano Ricardo González y la italiana Alessandra Sambrotta, turista rápidamente devenida en "iniciada y mensajera de Erks".

Un lugar especial, por supuesto, ocupan los parientes y allegados de los tres evangelistas del Uritorco –Ángel Cristo Acoglanis (el auténtico creador de Erks), Guillermo Alfredo Terrera y José Trigueirinho Netto–, entre los que debemos mencionar a Oscar Acoglanis, Beatriz Mühn, Roberto Villamil, Osvaldo Allie, Alfredo Di Prinzio (residente en Roma) y Rubén Lazo, este último seguidor de Terrera, sobre el que volveremos más adelante. La mayoría de ellos oficia de algo que se encuentra en el medio entre un neocontactismo y un emprendimiento turístico-comercial, a veces con el ingrediente adicional del ejercicio de inciertas formas terapéuticas.

El más pintoresco de todos ellos es quizás Néstor Corsi, alias "el profeta Kropp", residente en San Marcos Sierras. Corsi construyó una pirámide y un "aeropuerto para ovnis" en su "centro terapéutico" Pozo de Luz. Paralelamente, fue sentenciado a cuatro años y 15 días de cárcel por ejercicio ilegal de la medicina. Kropp decía entonces –y repite hoy, ya libre– tener la cura de graves enfermedades, incluso el cáncer, a través de una "vacuna rusa", la picadura de las hormigas coloradas y otros métodos.

La fundación Arsayian (según sus promotores significa "Aquellos que hablan al mundo" en sayónico) realiza reuniones en las fechas de equinoccios y solsticios, en diversos espacios públicos de la Argentina – incluyendo Capilla del Monte–, Latinoamérica y países europeos, difundiendo una abstrusa filosofía que denominan "ontocracia" (poder o gobierno del ser) que sigue las revelaciones de Matías De Stefano.

De Stefano es un treintañero oriundo de Venado Tuerto (provincia de Santa Fe), supuesto ex "niño índigo" que desde muy pequeño recordaría vidas pasadas, como en el antiguo Egipto, pero también en otros planetas; en una de aquellas existencias fue archivero de toda la información de nuestra galaxia. Sayontü o sayónico sería una lengua derivada de la Atlántida, que –según De Stefano– se hablaba en el norte de África hace 10.000 años.

Por supuesto también creen en la ciudad subterránea de Erks, pero la llaman Urlindim (en sayónico, claro). Para este joven hierofante de los misterios atlantes, los humanos somos híbridos de veintidós razas extraterrestres. La membrecía plena a la fundación tiene un costo de 180 dólares anuales (no cobran en la devaluadísima moneda argentina).[376]

De algún modo De Stefano se las arregla para viajar por todo el mundo con el remanido mensaje New Age de la "apertura de la conciencia": Roma, El Cairo, Tel Aviv y hasta Nueva York lo vieron pasar. Además solicitó el ministerio de Educación a un excéntrico norteamericano que se autoproclamó rey de Sudán del Norte en Bir Tawil, un área entre la frontera de Egipto y Sudán, que rodea un pozo de agua, y que aparentemente no reclama ninguno de los dos países.

Recientemente el joven memorioso de otras vidas ingresó a Gaia, la principal plataforma de streaming especializada en contenidos sobre bienestar personal, teorías alternativas, yoga y meditación, conocida como "el Netflix de la espiritualidad". Allí conduce *Iniciación*, una serie de trece episodios que promete llevarnos al origen del universo y encontrar nuestro propósito dentro del plan cósmico, y en la cual explica cada una de las nueve dimensiones que nos conforman, la creación de los planetas, el origen del alma, y por supuesto el gran legado de Atlántida y Mu, dos continentes perdidos que tan bien conoce.

Uksim, por su parte, es un "centro de servicio planetario" y de "cosmosofía" ubicado en Sierra del Cielo, un predio sobre la ruta provincial 17, en Quebrada de Luna, entre los cerros Uritorco y Pajarillo, en cercanías de Capilla del Monte. Sus miembros siguen una estricta dieta vegetariana y ritos calendáricos también rigurosos, con mantras, cantos, trabajos en la huerta, meditación silenciosa y estudios con su líder Daniel Gagliardo, para quien la polaridad femenina planetaria se activó el 8-8-1988, y desde entonces todos los anteriores sistemas filosóficos y esotéricos caducaron.

Los seres de jerarquías cósmicas, solares, planetarias, y también los de las jerarquías intraterrenas y extraterrestres tienen fluida comunicación

---

[376] Véase, en Internet, www.fundacionarsayian.org/#!/-bienvenido.

con Gagliardo. Para 2019 se informaba en su web sobre giras de conferencias por Bulgaria y Portugal.[377]

Antarel Elohim es un personaje bizarro que, como muchos otros emergentes de las fantasías literarias y esotéricas de Guillermo Alfredo Terrera, dice ser el actual depositario del Bastón de Mando, un antiguo cetro de piedra con poderes sobrenaturales que habría sido descubierto en las laderas del Uritorco y entregado al mesiánico autor nacionalista por su maestro espiritual.

El hecho es doblemente falso, no solo por no ser el Bastón de marras lo que Terrera decía de él, sino por no estar el objeto en poder de Antarel: tras la muerte de Terrera quedó en manos de uno de sus hijos. Sin embargo Antarel, desde Villa Libertad (Córdoba), exhibe una recreación del Bastón, que dice procedente de la ciudad intraterrena de Erks. Se trata de una pieza mucho más pequeña que la original, robusta y de punta afilada, casi una lanza corta.

El caballero entrerriano que se hace llamar Antarel afirma que es una conciencia energética transitando una forma tridimensional, pero a la vez actuando constantemente en múltiples dimensiones superiores. Por lo tanto transmite mensajes propios, a la vez que de otros seres extraterrestres o dimensionales, sumando a estos conocimientos la chispa de energía crística para ayudar a la elevación vibracional del planeta. Suele vestir vistosos uniformes o ropajes blancos de tipo "guía intergaláctico" y en sus apariciones en Facebook y YouTube (como corresponde a los contactados más cercanos en el tiempo) está acompañado por sus huestes: su pareja, Tyshina Amancay, el *mahatma* Krishananda y el indio Coria, personajes no menos bizarros que él, que mezclan nombres, conceptos y palabrerías de origen quechua, mapuche e hindú, en una verdadera ensalada cósmico-indigenista-orientalista-newager.

Lina Castro es otra contactada que lleva grupos de personas a ver "luces" en cercanías de Cuchi Corral y Capilla del Monte. Según ella hay tres tipos de seres que se manifiestan: los intraterrenos de la ciudad de Erks, que viven a quinientos kilómetros de profundidad; aquellos que conocemos como ángeles, los ángeles de la guarda y avatares "como Jesús o Buda"; y, por último, los extraterrestres propiamente dichos, que provienen de distintos lugares como las Pléyades y otros sistemas lejanos.

Desde sus emplazamientos favoritos –notoriamente, el acantilado desde el cual se practica parapente en el cerro de Cuchi Corral– Lina canta mantras en irdin, la lengua de Erks, con los que abre los portales entre mundos. Al caer la noche "comienzan a aparecer sobre el horizonte luces

---

[377] Véase, en Internet, www.uksim.org.ar.

de colores".[378] Para los escépticos, mal pensados y afines, por supuesto, son solo luces de autos, campings y pueblos cercanos (Monte Hermoso, La Falda, San Esteban, Los Cocos, San Marcos Sierras y Cruz del Eje, según en qué dirección se mire).

Idéntica tarea ejercita Gustavo González Anessi, empleado bancario jubilado que se presenta con el alias de Mikhael Nurshuma y cuya vivienda en la localidad de La Granja anuncia abiertamente, en un cartel, "Guía de Erks".

Terminamos este rápido pantallazo con María del Carmen Dionigi, alias Nanni Luminarias, una empleada pública de Rosario que pasa por extravagante contactada y mentalista, aficionada a los videos de Facebook y YouTube. Obsesionada con los extraterrestres reptiloides, estos según ella –sin aportar razones o pruebas– se esconden (pues nadie los ha visto, solo Nanni los "siente") en la abadía de los monjes benedictinos de Victoria.

De montañas sagradas a santuarios contactistas

Hemos nombrado varias veces la localidad de Capilla del Monte y el cerro Uritorco. Es recurrente mencionar distintas regiones y montes cuando hablamos de los nuevos movimientos religiosos centrados en el tema ovni y en la New Age: recordemos el monte Palomar de Adamski y las montañas señaladas por los extraterrestres a George King. ¿Cuál es la vinculación que ciertos lugares adquieren con estos cultos de la eras espacial y posmoderna?

Quien parece haber encontrado una respuesta a este interrogante es el psicólogo social Rubén "Gurú" Morales, creador del concepto de santuario extraterrestre. Para este analista, tarde o temprano los sacerdotes de los ovnis sienten la necesidad de trasladarse a una zona (montañosa, preferentemente) donde llevar a sus seguidores, con el fin de reeditar el antiguo simbolismo religioso de unir místicamente el cielo y la tierra.

Si antes se sacralizó al Elbruz en la milenaria Persia, al Olimpo donde moraba Zeus, al Ararat que guarda el arca de Noé, al Montsegur de los cátaros, al Kun Lun en China, al Fuji en Japón, y a los cerros Aconcagua, Tupungato, Milimoyu, Champaquí, Colorado, Casuati y Ánimas entre las distintas culturas indígenas argentinas, ahora los lugares mágicos son aquellos donde a la tradición legendaria y las antiguas historias se agrega la creencia de que los ovnis los visitan permanentemente.

---

[378] Ver la narración de una experiencia típica por parte de una familia de creyentes o buscadores espirituales, publicada en Internet: www.complotsymisterios.com.ar/ovnis-y-extraterrestres/objetos-no-identificados/mi-experiencia-de-contacto.html.

Es el caso del monte Shasta en California, elegido para las concentraciones de diversos cultos ovni, en especial Sananda and Sanat Kumara, pero que ya cargaba con el rico acervo mágico de los indígenas yakima y de los rosacruces. La meseta de Marcahuasi (Chilca, Perú) fue elegida por el grupo Rama. El Montserrat (Cataluña, España) es donde los ovnis contactaban a Luis Grifol, mezclándose con la tradicional veneración de la Virgen negra del lugar y las obras esotéricas del ocultista Beltrán Anglada. El volcán Etna (Sicilia, Italia) fue el centro de los contactos con extraterrestres de Eugenio Siragusa, además de antiguo dominio del dios Hefestos-Vulcano para la mitología grecorromana; el Pico del Jaraguá (San Pablo, Brasil) es visitado por la comunidad de Trigueirinho, Alfa-Omega, Universo en Desencanto y otros nuevos grupos pararreligiosos. El cerro Uritorco, a partir de 1986 –con la huella del Pajarillo– dio lugar a una fiebre contactista y de turismo místico que cambiaría para siempre la fisonomía de la zona.

Para el investigador Morales no cualquier lugar será convertido en un verdadero santuario extraterrestre: solo aquellos que reúnan una serie de requisitos tales como características naturales llamativas, leyendas antiguas que lo acrediten como "lugar de poder", existencia de arcaicos y enigmáticos asentamientos humanos, etcétera.

La historia de la estancia "La aurora", en Salto (Uruguay), merece destacarse, aunque Morales la considere un seudosantuario. Se trató de un antecedente del fenómeno capillense, en el hermano país vecino y a otra escala. A partir de 1976 Ángel María Tonna, propietario de dicha estancia, comentó a la prensa que su terreno se había convertido en algo así como un ovnipuerto e incluso que los alienígenas que descendían le hablaban telepáticamente. Aseguró que todo tipo de extraños fenómenos ocurría en sus tierras, incluidos avistamientos de luces voladoras y aterrizajes. Estas entidades habían provocado una insólita explosión en un viejo ombú, dejando en su lugar una profunda cavidad, considerada la boca de entrada a una civilización intraterrestre.

Pronto invadieron la región personas de tendencias mesiánicas y los primeros grupos contactistas de la Argentina y Uruguay, que difundieron cientos de rumores acerca de curaciones mágicas en los arroyos de la estancia, así como hechos paranormales en huellas, piedras y árboles. Sin embargo, una década después los rumores se apagaron, al cambiar el escenario por el cerro Uritorco.

Con todo, actualmente diversos grupos siguen visitando las cercanías de "La aurora", cuya fenomenología cambió para hacerse definitivamente religiosa: ya no son los ovnis los que viven en Salto sino el espíritu del padre Pío.[379] Los peregrinos que viajan periódicamente en tours especiales aseguran que el padre Pío, santo que al parecer se bilocaba, habría sido visto en el país sudamericano, relacionándose con aquella civilización invisible que según Tonna moraba allí debajo, de la que proviene la paz y la armonía que algunos dicen sentir. La misión de esos enigmáticos sabios cósmicos combina la sanación corporal con "abrir el corazón espiritual del hombre".

Además de la interpretación que nos lleva a hablar de neosantuarios ovni o New Age, no hay que olvidar que existe una antigua tradición en todas las culturas humanas de referirse a un tiempo místico en el que los dioses no solo mantenían una relación muy cercana con el hombre, sino que incluso habían reservado para él una determinada región en la que debería vivir con privilegios, pero sin desobedecer ciertas normas. Las grandes religiones continúan esta idea del lugar atemporal, pleno de felicidad y dicha, destinado a los justos. Leyendas vinculadas a estas antiguas creencias de la "edad de oro" nos hablan de la permanencia de paraísos ocultos en nuestro mundo.

Entre los pueblos nórdicos el mito de Hiperbórea, un continente paradisíaco construido con piedras de cristal y rodeado de altas murallas de hielo, ha inspirado varias obras épicas. Entre las leyendas celtas se contaba la de otro Edén situado en el confín del mar Occidental, denominado Tir Na Nog o Tierra de la Juventud, donde los habitantes nunca envejecían y poseían una extraña belleza, consumían maravillosos alimentos y cultivaban flores eternas. Notable semejanzas con esta mágica región tienen las sagas sajonas de Ávalon, la Isla de las Manzanas donde reposaban los grandes guerreros y reyes difuntos. Allí viajó el rey Arturo después de su última batalla, para restablecerse de sus heridas.

En el Lejano Oriente se hacía mención del reino oculto de Shambhala, residencia del Rey del Mundo. Lyonesse es otro reino misterioso que se suponía sumergido en el extremo sur-occidental de Gran Bretaña, patria del caballero Tristán, así como Belovodye –literalmente, "Tierra de aguas blancas"– era un misterioso lugar de retiro reservado a los santos rusos.

Todos estos mitos cumplían una función de esperanza en recuperar la felicidad original y de acceder a un trascendente conocimiento superior. La historia nos enseña las aventuras de aquellos hombres que en el siglo pasado marcharon tras la búsqueda de Agartha, Thule, El Dorado, la Ciudad de los Césares, el Edén, los Campos Elíseos, los Jardines de Alcinoo, el Olimpo, el Jardín de las Hespérides, el Reino del Preste Juan, el Hades,

---

[379] Francesco Forgione (1887-1968), conocido popularmente como padre Pio de Pietrelcina –su lugar natal–, fue un fraile capuchino conocido como estigmatizado y sanador, canonizado en 2002 por Juan Pablo II.

Paititi, Vilcabamba, Shambhala, Mu, Lemuria, la Atlántida, etcétera: todas ellas ciudades etéricas, dominios subterráneos o regiones inaccesibles.

Marco Polo y otros viajeros buscaron infructuosamente el fantasmagórico imperio del preste Juan, el amigo de los cristianos del que se esperaba ayuda para las cruzadas; se lo ubicaba tanto en Rusia como en Mongolia, India o Etiopía. El padre Nicolás Mascardi murió martirizado luego de sus expediciones para hallar la legendaria Ciudad de los Césares en la Patagonia argentina. El explorador Percy Fawcett desapareció durante su búsqueda de El Dorado en la Amazonia. El polaco Ferdinand Ossendowsky realizó en 1920 un accidentado viaje a través del Asia central en búsqueda de Agartha y aún en épocas más recientes (1984) el periodista alemán Karl Brugger fue asesinado en misteriosas circunstancias cuando investigaba los relatos acerca de la fantástica ciudad perdida de Akakor en el Amazonas.

Si los sociólogos, folcloristas y estudiosos de las religiones comparadas piensan que en nuestro materialista y tecnificado siglo XX ya han desaparecido por completo los relatos acerca de misteriosos reinos sutiles, debe hacerse notar que se equivocan. Hoy dichas tradiciones han resurgido y en términos generales lo han hecho de la mano de la mayor saga contemporánea o el más grande *moderner Mythus* en palabras de Carl Gustav Jung: la creencia en los ovnis como visitas extraterrestres y aún sobrenaturales.

Historia y leyenda del Uritorco

El 10 de enero de 1986 fue descubierta en la ladera del cerro Pajarillo, muy cerca del Uritorco, una gran huella de pastos quemados de unos 115 metros de largo por 57 metros de ancho. La noche anterior la señora Esperanza Pelliza de Gómez, de ochenta años de edad, junto con su nieto Gabriel, de once años, dijeron haber observado las evoluciones de una curiosa luminosidad rojiza sobre el cerro Áspero, bastante lejos del Pajarillo.

Para crear una euforia platillista que convirtiera a Capilla del Monte en un nuevo lugar de culto New Age bastó juntar ambos hechos y sumarle el inmediato reconocimiento oficial de las autoridades municipales de que allí sin dudas había aterrizado un ovni. Una cuota de sensacionalismo periodístico hizo el resto: durante varias semanas el amarillísimo noticiero televisivo *Nuevediario* del Canal 9 de Buenos Aires envió a la zona un payasesco periodista, José de Zer, que jadeando continuamente entre piedras y matorrales simulaba perseguir a los ovnis. Todo eso contribuyó a un flujo turístico creciente en busca de pilotos galácticos, gnomos, ángeles y curanderos.

Tal euforia esotérica se apoderó del lugar que surgió la necesidad inconsciente de encontrar un nuevo reino perdido. Afortunadamente ya había sido creado, aunque en secreto, tres años antes: la sutil urbe subterránea que descansa en proximidades del macizo más alto de las Sierras Chicas responde al nombre de Erks.[380]

Su descubridor (creador) relataba que es habitada por sacerdotes enigmáticos como Witaicón, Kitiuma y Tokor, que solo pueden ser vistos en determinadas circunstancias en forma de luces cósmicas, y que en ciertas noches Erks ilumina los cerros y quebradas con un tenue resplandor blanquecino. Los ruidos que algunos turistas afirman percibir en el valle serían producto de la actividad de Erks, en este caso de su "laboratorio espacial de los tres espejos" que trabaja sin descanso allí abajo. Terrera afirma en su obra *El Valle de los Espíritus* haber conocido al guardián de Erks, un tibetano a quien llama Saruma.[381]

El ocultista brasileño Trigueirinho escribió que Erks es la mayor ciudad intraterrena activa y es controlada por una civilización suprafísica que jamás podrá ser descubierta, a menos que se manifieste y se haga visible; esto habría ocurrido, por ahora, solo esporádicamente.[382] Más modesto que el padre Mascardi o el explorador Fawcett, José de Zer se embarcó en la búsqueda de la misteriosa ciudad de Erks, en una cobertura televisiva memorable, ocasión en la cual solo logró caerse de un burro.

"Nunca fui testigo de una nave en Capilla del Monte, como la mayoría de los que vienen creen ver, pero sí viví tres experiencias extrañas que me sorprendieron total y absolutamente". Esta aseveración es de un verdadero "capillólogo", el psicólogo Juan Acevedo, quién desde 1986 viaja permanentemente a la localidad cordobesa, realizando un sistemático y silencioso trabajo de "investigación psicosocial sobre la génesis y evolución de un mito moderno en este pueblo de las serranías".

El comentario se demuestra exacto con solo echar un vistazo apenas se llega al santuario extraterrestre. En la cima del cerro Uritorco, que domina toda la geografía capillense y las expectativas de los nuevos viajeros místicos, se encuentran pintados símbolos supuestamente extraterrestres, como la "H" del legendario planeta Ummo y ya de entrada, en la plaza principal de la ciudad, bajo un cuarzo de supuestas propiedades energéticas la municipalidad colocó una placa de bronce en la que se

---

[380] Según Ángel Cristo Acoglanis, se trata de una sigla: Encuentros de Remanentes del Kosmos Sideral (con "K" en lugar de la correcta "C").

[381] Terrera, Guillermo Alfredo, *El Valle de los Espíritus: las luces cósmicas y la ciudad de Erks*, Buenos Aires, Kier, 1989.

[382] Trigueirinho, José, *Erks: mundo interno*, Buenos Aires, Kier, 1989.

agradece las visitas no solo de argentinos y extranjeros, sino también "a los de otros mundos".

El surrealismo es total. A fines de los '90 la poderosa cadena noticiosa estadounidense CNN se encontró en la "remota" localidad, como antes lo estuvo la televisión española, y posteriormente –ya entrados en el nuevo milenio– la televisión de Japón hizo otro tanto. La fama internacional del poblado se incrementa a medida que nuevas historias y leyendas tiñen su antigua y mágica coloración.

El Uritorco y la mole pétrea conocida como El Zapato seguramente ya eran lugares significativos para los habitantes originarios, los barbados comechingones, de los que muy poco se sabe: ni siquiera como se llamarían a sí mismos puesto que la locución "comechingones" –"gente que vive en cuevas"– es el etnónimo que les daba la vecina etnia de los sanavirones.[383] Parece que se reunían en la zona con sus caciques y chamanes, en ritos calendáricos para meditar y pedir sabiduría a sus dioses.

En la década de 1970 era el sitio elegido por los hippies criollos vinculados a cultos orientales. En la actualidad, los turistas van en busca de la supuesta energía del macizo y a estudiar los morteros legados por los aborígenes; a contactarse con ovnis, extraterrestres y otros seres cósmicos; a curarse con manosantas, neochamanes urbanos y "cirujanos psíquicos" del lugar; a ver pequeños gnomos y seres elementales de la naturaleza; a enterarse de las leyendas del ermitaño de Huertas Malas o del monstruo del dique Los Alazanes; a toparse con la mítica entrada a la ciudad subterránea de Erks; a buscar piedras-talismanes; a asistir a las charlas de profetas mesiánicos, terapeutas alternativos, maestros de yoga o embajadores de los extraterrestres; a preguntar por la fuente de la eterna juventud y hasta a intentar descubrir, cual Indiana Jones, el Grial traído por Parsifal desde la Europa medieval.

La imaginación tiende a desbordarse, acompañada no solo por la magia natural que puede ofrecer el paraje, sino también por cada rincón que uno examine. Existieron y existen restaurantes con nombres como *Entreplatos*, simulando en su logo un plato volador; *Samadhi* y *Shangri-La*; una hostería naturista denominada *Tercer Milenio*, una discoteca *Erks* y una cerveza artesanal *Erks*; un puesto de artesanías y recuerdos llamado *El Parador de los ET*; otro similar denominado *La Pirámide Misteriosa*; un agua mineral *Capilla del Monte* en cuya etiqueta se representaban platillos voladores descendiendo en la ciudad; disquerías que publicitan "música de meditación, relajación y New Age"; posadas para avistajes nocturnos como

---

[383] Su denominación original es "camiare", según los especialistas, aunque aparentemente estos fueron solo un grupo de clanes o parcialidades.

Puerta del Cielo; y, de más está decir, librerías –como *Nagual* o *El Ángel*– que se especializan en ciencias ocultas, esoterismo y ensayos de autoayuda.

Entusiasmos y narraciones para todos los gustos aquí son posibles. Pero esto ocurre, como ya dijimos *ut supra*, cuando un disparador desata los deseos de transcendencia y se desarrollan procesos de mitopoiesis, tras las crisis y carencias espirituales de aquel fin de milenio y de la actual posmodernidad. Ese disparador no podía ser otro que los ovnis, o mejor dicho, la famosa huella provocada por sus poderosos rayos: por lo menos, en mítica hipótesis, así lo creen cientos de personas y así lo han difundido en los medios de comunicación personajes tan disímiles como el novelista español Juan José Benítez y el "mesías" porteño Francisco Checchi. Sobre el particular, dice Acevedo:

> No me interesan tanto los hechos como el significado de los mismos. Si mañana se comprueba fehacientemente lo que desde un principio se sospechó, es decir que la famosa huella no fue provocada por un ovni, sino por un incendio natural o, más aun, que fue realizada por agentes de la municipalidad para atraer turismo, puedo asegurar que la historia de Capilla no cambiará en nada. No convencerá a quienes ya creen en lo contrario, pues el efecto de significación seguirá intacto.[384]

Sin embargo, este psicólogo –que subió al enigmático cerro Uritorco en más de cincuenta oportunidades– no descarta, por su experiencia en el lugar, que ese efecto de significación esté siendo usado por un fenómeno inimaginado que controlaría los hilos de lo que encuadramos como "ovnis", "apariciones marianas" o "duendes de la naturaleza": algo similar a lo que ya intuyó el ufólogo Jacques Vallée (a quien Acevedo nunca leyó).

Autores como Guillermo Alfredo Terrera insistirán con Erks, sus luces nocturnas y sus sonidos subterráneos, pero investigadores descreídos y poco románticos como Juan Marcelo Encalada y Andrés Torres replicarán que se trata de luces de autos y casas, y de ruidos debidos a la actividad geológica y a los cantos de las ranas. Otros escépticos y malpensados similares han demostrado con todo detalle que Erks es una invención del difunto curandero conocido como "doctor" Ángel Cristo Acoglanis,

---

[384] López, Fabián (comp.), *CIFO, el legado: tratado de metaufología del siglo XX para el siglo XXII*, Rosario, Centauro, 2019, p. 210.

antecesor de Terrera y primer contactado en organizar visitas guiadas a las alturas del mágico cerro.[385]

Aquellos que deciden internarse atrás del Uritorco para visitar Los Terrones –un conjunto rocoso tallado por la erosión en formas que se asemejan a objetos y animales– sabrán que aún se recuerda al fallecido "griego" (en realidad nacido en Rosario), quien se comunicaba mediante un extraño lenguaje con luces voladoras de colores en esa región. Al parecer, el misterioso personaje que se hacía pasar por médico había realizado estudios "metafísicos" en lejanos países asiáticos –siempre según sus crédulos seguidores–, especializándose en acupuntura, digitopuntura y mantras sagrados de origen tibetano.

Estos conocimientos lo habrían llevado a relacionarse con poderosos señores de ideologías totalitarias, entre los que se cuenta al dictador paraguayo Alfredo Stroessner. Sin embargo, ello de nada le valió cuando fue asesinado a la voz de "hay que matar a todos los brujos". Él –dicen– ya sabía de su trágico final. Como para dar un corolario digno de una película de misterio, posteriormente el asesino se suicidaría en sospechosas circunstancias. De todas maneras, el legado de Acoglanis continúa en aquellos a quienes influyó decisivamente, como el brasileño Trigueirinho, líder de un culto ovni muy famoso en su país y también en todos los contactados, grupos y cultos ya mencionados.

No obstante, son muchos aquellos que encontraron en este clima mágico y casi sacro un lugar para instalarse en paz cerca de la naturaleza, donde es posible ver las infinitas estrellas en un cielo sin contaminación. Darío C., un estudiante de la carrera de antropología de la ciudad de Rosario, en 1991 abandonó todo para marchar a una granja ecológica en el paraje conocido como El Carrizal, a muy pocos kilómetros de Capilla del Monte. En su nuevo hábitat vive en armonía con la tierra, alimentándose materialmente con platos vegetarianos y espiritualmente con los célebres platos voladores.

Un enamoramiento a primera vista con la misma zona tuvo el matrimonio Sedita. En Rosario eran prósperos comerciantes, pero necesitaban la "comunión con Dios" que consiguieron trabajando como panaderos artesanales al pie del cerro Uritorco. Tanto Sergio como su mujer Cristina –quien, antes de poseer el horno de barro en Capilla, se desempeñaba en tareas inmobiliarias– no están arrepentidos de haber emprendido esta nueva vida, que comparten con sus hijos Yamil de siete años y Sofía de tres.

---

[385] De Filippi, Sebastiano, *La Ciudad de la Llama Azul: luces y sombras sobre el cerro Uritorco*, Buenos Aires, Biblos, 2018.

Más de cuatro mil nuevos habitantes cosechó el santuario con su permanente prédica de hechos extraños y avistamientos de ovnis. Lo más sorprendente es que varios de ellos son españoles, italianos y alemanes que abandonaron su tierra quizá con la secreta esperanza en esa futura "regeneración" de la que escribía Terrera o en la "evacuación de los Hermanos cósmicos" de la que hablan los contactados. Construir para sí una utopía celeste o un paraíso verde parece ser el norte de muchos anónimos personajes que se trasladan a este punto del valle de Punilla, convertido a fuerza de inconfesadas experiencias individuales y de la inteligente publicidad turística de las autoridades en la ciudad argentina de los alternativos, heterodoxos y soñadores.

Los nuevos santuarios extraterrestres

Un poco como efectos secundarios, émulos o remedos del fenómeno mitopoiético de Capilla (cuyo antecedente –hemos visto– fue "La Aurora" en Uruguay) surgieron, con mayor o menor fortuna, un par más de nuevos santuarios argentinos: Isidris y Victoria.

Dos místicas mendocinas –Verónica Lizana y Susana Muriel– han promovido la creencia en una "ciudad dorada intraterrestre denominada Isidris", ubicada geográficamente en la zona del Challao, provincia de Mendoza, y habitada no solo por seres superiores, sino también por humanos terrestres "evolucionados". Instalado en 1987 en la Tierra, este distrito etérico no está a simple vista: para observarlo debe realizarse una serie de ritos con meditación y por sobre todo creer en su existencia, ya que de otro modo no se manifestará.

En un librito que circula entre grupos newagers titulado *Isidris*, se reproducen dibujos enviados telepáticamente por un comandante interplanetario a las contactadas, con vistas de la ciudad energética, que incluyen pistas para naves espaciales, pirámides de cristal y centros de recreación. Mientras tanto, ya se han comenzado a vender en lotes los terrenos superiores para quienes deseen vivir en la "terraza" de Isidris, aunque parece ser que, con los años y las décadas, esta región no ha logrado acopiar ni la cantidad de fieles necesarios ni la creencia fuerte que le diese suficiente continuidad.

Victoria es una pequeña ciudad de la provincia argentina de Entre Ríos, hasta 1829 llamada Matanza o La Matanza. El municipio comprende la localidad del mismo nombre, la de Charigüé, y áreas rurales e insulares sobre el río Paraná, ubicándose en la costa opuesta de la segunda ciudad en importancia de la Argentina, Rosario. Hasta 1991 Victoria solo era conocida por la abadía de monjes benedictinos, fundada por religiosos franceses, que produce su propia línea de productos comestibles –quesos, dulces, miel, licores, cerveza– y por sus tradicionales, ya centenarios carnavales.

Sin embargo, ese año un periodista del diario y la televisión por cable local, de apellido Pereyra, comenzó a difundir diversas manifestaciones ovni en estancias ubicadas en zonas rurales, así como sobre las colinas (sobre una de las siete se asienta la ciudad), en especial sobre el denominado cerrito La Matanza, así como presuntos avistamientos de luces anómalas sobre las aguas del río Paraná, desde su avenida costanera y playas.

La localidad recibió entonces una verdadera invasión de rosarinos y porteños, aunque en aquellos tiempos aún no se había construido el famoso puente entre ambas ciudades que se habilitó en 2003. En todo ese tiempo –y a partir de la mayor rapidez en la comunicación vial– los contactados argentinos comenzaron también a efectuar acampes en carpas y a intentar encuentros programados en el cerrito La Matanza.

El establecimiento en el pueblo del "Museo ovni", montado por Silvia Pérez Simondini a partir de la donación de toda la biblioteca y objetos relacionados al tema del difunto ufólogo rosarino Nicolás Ojeda, constituyó otro punto de inflexión para un turismo tanto ufológico clásico-tradicional como de tendencia más religiosa.[386]

A Mendoza y Entre Ríos podemos adicionar una localidad de Salta. En los últimos diez años se ha promocionado mucho la concentración y frecuencia de avistamientos ovni y luces anómalas en la pequeña ciudad de Cachi (ubicada en los valles calchaquíes), fogoneadas por algunos periodistas del diario *El Tribuno* de la capital salteña. Desde el histórico lugar, con sitios y objetos patrimoniales arqueológicos de hasta 10.000 años de antigüedad, se puede observar las cimas del Nevado del Cachi, desde donde se dice surgen las enigmáticas luces o naves.

Curiosamente también, el folclorista argentino Juan Bautista Ambrosetti escribió en 1917 sobre las arraigadísimas creencias en fabulosos tesoros escondidos de la época incaica, custodiados por los espíritus indígenas en forma de luces o emitiendo ellos mismos una luz especial, suerte de fuego fatuo al que denominan "el farol".

Pensamiento mágico y ufología espiritual

Los antropólogos y otros pensadores evolucionistas del siglo XIX estaban convencidos de que el racionalismo mecanicista eurocéntrico y la ciencia oficial no solo eran los únicos sistemas de conocimiento posibles, sino que además el pensamiento religioso, mitológico y mágico

---

[386] Un interesante y curioso dato en relación a la presunta concentración de luces extrañas tanto en el cerro Uritorco como en el más bajo cerrito La Matanza es que en ambos lugares –o en sus cercanías– se produjo un casi total exterminio de culturas indígenas durante la era colonial: en Capilla del Monte los comechingones y en Victoria "la matanza" fue de parcialidades chanaes, guaraníes y charrúas (minuanes).

desaparecería poco a poco, ante el arrollador avance del colonialismo moderno y los vientos del progreso materialista-científico-tecnológico.

Sin embargo, tal como Evans-Pritchard notó,[387] curiosamente todos estos intelectuales racionalistas –que arrojaron por la ventana las religiones, los mitos y los símbolos como supervivencias infantiles, irracionales y neuróticas de un modo primitivo de conocer– provenían de familias altamente religiosas.

Edward Burnett Tylor, hijo de cuáqueros ricos, fue educado en esa comunidad religiosa disidente, cuyos miembros pretendían volver a ser "movidos por el Espíritu Santo" (*quake*: temblor) y deseaban revivir el cristianismo primitivo, donde la voz o luz interior representase un contacto más directo con la divinidad. Émile Durkheim, uno de los fundadores de la sociología, era hijo de un rabino, y con un linaje de ancestros rabinos. La madre del otro gran fundador de la sociología, Max Weber, era una devota calvinista que influyó en sus definiciones acerca del protestantismo y el espíritu del capitalismo. Bronislaw Malinowski tuvo una educación católica y por su frágil salud siendo niño viajó por Europa visitando las iglesias de los países católicos.

James George Frazer tuvo una educación presbiteriana, es decir en una secta muy próxima al calvinismo y creyente en la predestinación, y era hijo de un pastor escocés pietista, doctrina que propiciaba una religiosidad emocional y personal, opuesta a la frialdad de la justificación por la fe. El abuelo de Max Müller, fundador de la mitología comparada, era un teólogo de Leipzig. El padre de Wilhelm Dilthey, el más importante pensador del historicismo, era un pastor y predicador en la corte del duque de Nassau. La mujer de Sigmund Freud era nieta del gran rabino de Hamburgo. Los dos abuelos –paterno y materno– del materialista Karl Marx fueron rabinos. Lucien Lévy-Bruhl habló de la "prelogicidad" de los pueblos originarios, pero tampoco comprendía muy bien la perduración de los grandes sistemas religiosos en su tiempo, incluyendo su propia tradición familiar.

La intelectualidad europea de la época estaba persuadida de que la gente era estúpida y necia a causa de las instituciones que la sumergían en la ignorancia y la superstición. La religión era una de las peores formas de explotación y como se integraba de ideas tan absurdas era necesario explicarla en términos psicológico-afectivistas o sociológicos.

Muchos de los mencionados y otros tantos autores del momento (Wundt, Spencer, Mauss) se interesaron por las "religiones primitivas", que podrían explicar la supervivencia de las instituciones religiosas

---

[387] Evans-Pritchard, Edward Evan, *Teorías de la religión primitiva*, Madrid, Siglo XXI, 1973, p. 32.

europeas, y las redujeron a fenómenos y dispositivos sociales que aportaban consuelo o algún tipo de utilidad ante la culpa, el miedo, la inseguridad y la frustración, o bien a una necesidad social, un modo de idealizar la propia sociedad, que aporta cohesión, orden y sostén a los sistemas de gobiernos ("la manera en la que la sociedad se piensa a sí misma").

El lento cambio de paradigma científico en el siglo XX, paradójicamente arrastrado desde las ciencias más "duras" –la física cuántica, la teoría de los sistemas y el caos– y también desde las nuevas psicologías profundas, la lingüística y la mitología arquetípica transcultural, transformaron completamente aquellas visiones simplistas, hoy consideradas erróneas.

El giro lingüístico en filosofía permitió comprender que el ser humano posee un doble pensamiento *Mythos/Logos*.[388] Para vivir necesita pensar desde el plano lógico, tecnoeconómico, empírico, instrumental, pragmático, laboral, perceptual, pero para sobrevivir también tiene la exigencia (es mucho más que una necesidad) de enfrentar el sinsentido de la muerte, el caos, la fragilidad, la enfermedad, lo impredecible y el deseo que suele romperse como un fino cristal, a través de un sistema que –como una goma– resiste cualquier golpe, es a prueba de fracasos y nos sostiene. Por suerte nacemos dotados con él: el plano simbólico, mitológico, mágico; el mundo de las representaciones, los referentes, las resonancias evocativas, los valores, las creencias, las significaciones y resignificaciones, las asociaciones y sustituciones simbólicas.

El neopositivismo, el neoiluminismo y los movimientos racionalistas o intolerantes "anti-sectas" –muchas veces promovidos por lúmpenes alejados de la ciencia tal como se la concibe hoy y de los ambientes universitarios– pueden suponer que se lava el cerebro a mucha gente "indefensa, ignorante e inocente", inculcándole ideas absurdas (en el caso que analizamos, relacionadas con ovnis, visitantes extraterrestres y mensajes religiosos del espacio exterior).

Sin embargo, lo que ocurre es similar a la fábula de la zorra y las uvas de Esopo: sin perjuicio de lo certero de la adjetivación utilizada aquí en relación a personajes y credos, los seres humanos psicológicamente demandamos ideas y exigimos sentido. Esta demanda es astuta y justificadora, no hay en ella inocencia. Que esto sea aprovechado sin piedad por legiones de pícaros y mitómanos es igualmente cierto, pero es harina de otro costal.

---

[388] Morin, Edgar, "El doble pensamiento (Mythos – Logos)", capítulo VIII *de El método II: el conocimiento del conocimiento – Libro primero, Antropología del conocimiento*, Madrid, Cátedra, 1993.

En la etapa actual, en la que el mercado nos vacía de sentido simbólico como nunca antes, bombardeándonos solo con imagen y consumo, los grupos que analizamos pretenden llenar ese vacío, aunque no siempre logren conformar un símbolo fuerte. Las resistencias contra el imaginario (asociado al frágil deseo) continúan entonces en busca del símbolo pleno, ya que el capitalismo globalizado y las grandes iglesias teístas-políticas han dejado yermo ese espacio que exige el espíritu humano. Podemos desplegar con todo derecho innumerables calificaciones sobre estas improvisadas doctrinas, pero no debemos regresar a las inexactitudes del paradigma epistémico del siglo XIX.

Aunque parezca increíble, ya en pleno siglo XXI, otros paraísos dormidos comienzan a ser reverenciados y buscados: la ciudad de Miz Tli Tlan enclavada en los andes peruanos, cuyas calles están "pavimentadas con piedras semipreciosas semejantes a las ágatas y a los rubíes"; Mirna Jad, santuario interior ubicado en Brasil; y finalmente el sutil reino de Zurhuv, bajo el río Paraná, responsable según los creyentes de las misteriosas luces que cada tanto sorprenden a los habitantes de las islas y de la ciudad de Victoria. Se dice –cuándo no– que su existencia era conocida por los originarios de la zona y por ciertos teósofos alemanes.

Así es como vemos en nuestros días la aparición de relatos a mitad de camino entre la ciencia ficción y la teología, cuya base es la antigua idea de la edad de oro que cantó Hesíodo e idealizó Platón: una nueva vuelta de tuerca al retorno de los orígenes y la unidad con los dioses, con vestido de fantaciencia. Se trata de versiones modernas del paraíso terrenal con los ingredientes extraterrestres y acuarianos de nuestra actual cultura "pop" y un resurgir del arcaico mito de la montaña sagrada, el *axis mundi* que une cielo y tierra.

Por lo visto, una de las facetas más importantes del impacto cultural producido por el fenómeno ufológico fue convertir a los ovnis en portadores de una nueva fe: nuevos avatares que unen misticismo, ciencia y tecnología, para dar lugar a una corriente que parece transformarse, de a poco, en una difusa espiritualidad del siglo XXI.

Si esto es cierto, entonces la ufología tal como hasta ahora la conocíamos –y me animo a agregar, las sectas contactistas tal como surgieron entre los '50 y '80– se diluirán, como sugiere Martin Kottmeyer, en una filosofía de identidad cósmica que de alguna manera fusione a la humanidad y al cosmos, o al hombre y a Dios, o bien otro acto profundo de unificación.[389] Como afirmó Terence McKenna, "los ovnis podrían

---

[389] Kottmeyer, Martin S., "La ovnilogía como sistema desarrollado de la paranoia", en Stillings, Dennis (comp.), *Lo imaginario en el contacto ovni*, Madrid, Heptada, 1990.

sencillamente desaparecer"[390] o fundirse en una abstracción cósmica-espiritual-gnóstica-tecnológica futura.

Bibliografía principal

AA. VV., *Las sectas en América Latina*, Buenos Aires, Claretiana, 1985.

CABRIA GARCÍA, Ignacio, "Historia del interés social por los ovnis en España", *Cuadernos de Ufología* 6, 1989.

DE FILIPPI, Sebastiano, *La ciudad de la Llama Azul: luces y sombras sobre el cerro Uritorco*, Buenos Aires, Biblos, 2018.

EVANS-PRITCHARD, Edward Evan, *Teorías de la religión primitiva*, Madrid, Siglo XXI, 1973.

KRIPAL, Jeffrey J., *Autores de lo imposible: lo paranormal y lo sagrado*, Barcelona, Kairós, 2012.

LEWIS, James R., *The Gods Have Landed: New religions from other worlds*, Nueva York, State University of New York, 1995.

LÓPEZ, Fabián (comp.), *CIFO, el legado: tratado de metaufología del siglo XX para el siglo XXII*, Rosario, Centauro, 2019.

McKENNA, Terence, *La nueva conciencia psicodélica: de las alucinaciones a la realidad virtual*, Buenos Aires, Planeta, 1994.

PARTRIDGE, Christopher (ed.), *UFO Religions*, Londres, Routledge, 2003.

RODRÍGUEZ, Pepe, *El poder de las sectas*, Barcelona, B, 1989.

STILLINGS, Dennis (comp.), *Lo imaginario en el contacto ovni*, Madrid, Heptada, 1990.

STORM, Rachel, *En busca del paraíso en la tierra: cuando las utopías acaban en cultos y sectas*, Buenos Aires, Planeta, 1992.

VIDAL MANZANARES, César, *Diccionario de sectas y ocultismo*, Estella, Verbo Divino, 1992.

VIEGAS, Diego Rodolfo, *Antropología transpersonal: sociedad, cultura, realidad y conciencia*, Buenos Aires, Biblos, 2016.

VIEGAS, Diego Rodolfo: "Dios se pasea en un ovni", *Rosario/12*, 4 de octubre de 1992.

VIEGAS, Diego Rodolfo, "El retorno de los paraísos perdidos", *Ufología Racional* 5, 1997.

VIEGAS, Diego Rodolfo, "Karma camaleón", *Rosario/12*, 29 de septiembre de 1993.

VIEGAS, Diego Rodolfo, "La salvación en cuotas", *Rosario/12*, 8 de enero de 1995.

VIEGAS, Diego Rodolfo, *Los espíritus del aire: ovnis, visiones y antropología transpersonal*, Buenos Aires, Dunken, 2018.

VIEGAS, Diego Rodolfo, "Rosarinos en Capilla", *Rosario/12*, 29 de diciembre de 1993.

---

[390] McKenna, Terence, *La nueva conciencia psicodélica: de las alucinaciones a la realidad virtual*, Buenos Aires, Planeta, 1994, p. 98.

LOS AUTORES

Lic. Juan Acevedo (Buenos Aires, 1961). Investigador, escritor y divulgador. Cursó estudios de medicina y psicología en la Universidad Nacional de Rosario, donde se graduó en esta última con méritos. Fue cofundador de la Fundación Mesa Verde y colaborador de la Fundación Desde América. Miembro fundador de Runa Wasi, en 2000 fundó el Comunitario Otorongo Wasi. Es autor de *Plantas sagradas: el linaje secreto del chamanismo sudamericano*, y coautor de *Los extraños: abducciones extraterrestres en la Argentina* y *El Shinkal y su Inty Raymi: el renacer de los olvidados*.

Lic. Sebastián Araya (Buenos Aires, 1974). Cursó estudios universitarios en biología, medicina clínica y comercio exterior. Recibió posteriormente el título de Licenciado en Análisis de Sistemas por la Facultad de Ingeniería de la Universidad de Buenos Aires, especializándose en el área de minería de datos y descubrimiento de patrones en *big data*. En el año 2006 fue distinguido en la entrega de los premios Sadosky (CESSI), realizada en el Congreso Nacional, por su trabajo en tecnología aplicada al desarrollo de un motor de búsquedas orientado a la recuperación probabilística y estadística de información.

Dr. Néstor Berlanda (Rosario, 1962). Investigador en ufología, medicina y estados ampliados de conciencia, con estudios de antropología. Médico psiquiatra (Universidad Nacional de Rosario), miembro y directivo de la Asociación de Psiquiatras Argentinos. Fue subdirector del Centro Regional de Salud Mental de Rosario. Es docente de la UNR, además de presidente de la Fundación Mesa Verde. Escribió *Detrás de la niebla*, y es coautor de *Ayahuasca: medicina del alma* y *Los extraños: abducciones extraterrestres en la Argentina*. Fue coprotagonista del documental *Testigo de otro mundo*.

Prof. Leopoldo Mariano Buderacky (Buenos Aires, 1958). Es Diplomado en Formación Religiosa (Universidad FASTA), Técnico en Arqueología (Instituto Cultural de Historia, Arte y Arqueología Americana), Técnico Superior en Orientación Teológica (Seminario Internacional Teológico Bautista), Licenciado en Ciencias Políticas

(Universidad Argentina John F. Kennedy) y Magíster en Antropología (Universidad Nacional de Córdoba), además de Seglar en la Orden de Predicadores. Fue docente en los niveles medio, terciario y universitario, y publicó varios trabajos de investigación antropológica.

Lic. Sebastiano De Filippi (Buenos Aires, 1977). Investigador, ensayista, docente y gestor cultural, es Diplomado (Escuela de Altos Estudios Musicales de Huelva), Licenciado (Real Academia de Música de Londres) y Doctorando (Universidad Católica Argentina de Buenos Aires) en Música. Cursó estudios de antropología en la Universidad de Buenos Aires y de ciencias políticas en la Universidad Católica Argentina. Desde 2013 ejerce la dirección titular, por concurso, de la Orquesta de Cámara del Congreso de la Nación. Es autor de un centenar de artículos y de cinco libros, publicados en tres idiomas.

Dr. Cristián Gallastegui (Buenos Aires, 1954). Médico egresado de la Universidad de Buenos Aires, se especializó en el IDIM del Hospital Tornú y en el Hospital de Clínicas. Fue residente de cirugía en el Hospital Británico y coordinador de guardia en el Sanatorio Güemes. Trabajó en los hospitales Udaondo, Antártida, Francés y en el Sanatorio San Lucas. Se formó en osteopatía y quiropraxia con Ángel Cristo Acoglanis y Julio Filippelli Godoy. Asistió a encuentros y cursos internacionales sobre quiropraxia en los Estados Unidos, como miembro de la International Chiropractors Association.

Dr. Alejandro Otamendi (Quilmes, 1971). Profesor de Enseñanza Media y Superior en Ciencias Antropológicas, Licenciado en Ciencias Antropológicas y Doctor en Antropología (Facultad de Filosofía y Letras, Universidad de Buenos Aires). Es investigador y docente de las universidades de Buenos Aires y Nacional de Lanús. Participa como expositor en eventos académicos, y es autor de varios artículos científicos en el campo de la antropología de la religión y del turismo. Su trabajo "El turismo místico-esotérico en la zona Uritorco" integra el libro colectivo *Periferias sagradas en la modernidad argentina*.

Dr. Sebastián Pastor (Córdoba, 1974). Arqueólogo, obtuvo los títulos de Licenciado en Historia por la Universidad Nacional de Córdoba y de Doctor en Antropología por la Universidad Nacional de La Plata. En la actualidad se desempeña como investigador independiente del CONICET en el Centro de Investigación y Transferencia de Catamarca. Es director científico del Museo Arqueológico "Numba Charava" de Villa Carlos Paz. Autor de más de ochenta trabajos sobre la arqueología del centro de la Argentina, entre los que sobresalen 52 artículos para revistas científicas nacionales e internacionales.

Prof. Ariel Sarvi (Buenos Aires, 1977). Autor, docente e investigador, es egresado de la Facultad de Filosofía y Letras de la Universidad de Buenos Aires como Profesor de Filosofía. Se especializa en filosofía de la religión, historia de las religiones y su relación con el ecologismo. Ejerce una profusa labor docente a nivel universitario, además de dictar conferencias y seminarios sobre su área de investigación en diversas instituciones y centros culturales de la Argentina. Es autor de los libros *La religión aria: cultos y corrientes paganas del tercer Reich* y *La comunidad arcana: sabiduría hermética en la antigüedad*.

Prof. Fernando Soto Roland (Buenos Aires, 1963). Se graduó con honores como Profesor en Historia por la Universidad Nacional de Mar del Plata. Desde 1992 ejerce labor docente en su especialidad a nivel secundario, terciario y universitario. Es autor de artículos publicados en revistas argentinas, peruanas, españolas y francesas. Publicó los libros *Visitantes de la noche, Aproximación al imaginario de los exploradores durante la Era del Imperio* y, en coautoría con Sebastiano De Filippi, *Los Señores del Uritorco*. Se dedica a la investigación del imaginario contemporáneo y la historia de las mentalidades.

Prof. Flavio Vega (San Francisco, 1973). Realizó estudios terciarios y universitarios de grado, obteniendo los títulos de Profesor de Historia (Colegio Superior San Martín, San Francisco) y Licenciado en Enseñanza de la Historia (Universidad CAECE, Buenos Aires). Docente de su especialidad en el nivel secundario dentro de la provincia de Córdoba e investigador de campo en ufología, actualmente es coadministrador del grupo de intercambio en línea *Enigmas del Uritorco*, dedicado a los temas de frontera relacionados con la zona de Capilla del Monte. Fue colaborador de la revista *Alternativa Ovni*.

Lic. Diego Rodolfo Viegas (Rosario, 1969). Abogado y Licenciado en Antropología (Universidad Nacional de Rosario), especializado en Epistemologías del Sur (CLACSO). Es Director del Centro de Estudios en Antropología del Conocimiento y de su revista *Uáipo Nem*. Profesor titular en la Facultad de Humanidades y en el Posgrado de Medicina Tradicional

Indoamericana (UNR), en la Maestría en Diversidad Cultural (UNTREF) y en la Escuela Superior de Museología (Rosario). Autor de una veintena de artículos y de cuatro libros, fue asesor de la película *Testigo de otro mundo*.

OTRAS PUBLICACIONES

Extraterrestres bajo
la lupa
Martin Kottmeyer

La gran ilusión
extraterrestre
Martin Kottmeyer

100 fotos de
extraterrestres
Luis Ruiz Noguez

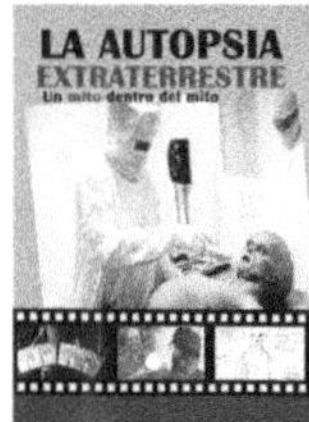

La autopsia
extraterrestre
Luis Ruiz Noguez

Pasaporte a
Ovnilandia
Sergio Sánchez R.

La gran invasión
marciana
Sergio Sánchez R.

A Magonia sin
pasaporte
Sergio Sánchez R.

El gran enigma de la
imaginación
ufológica
Sergio Sánchez R.

Noticias de Marte
Diego Zúñiga

Un marciano en
Alemania
Diego Zúñiga

El fenómeno ovni en
Canarias desde 1981
a 2015
Ricardo Campo

Encuentros con
extraterrestres en
Chile
Sebastian von Kleist

Disponibles en Lulu.com, Amazon y Mercado Libre.

www.ingramcontent.com/pod-product-compliance
Lightning Source LLC
Chambersburg PA
CBHW070752240726
48654CB00007B/49